区域合作法导论

叶必丰 著

图书在版编目(CIP)数据

区域合作法导论/叶必丰著.—北京:商务印书馆,2024
ISBN 978-7-100-23375-0

Ⅰ.①区… Ⅱ.①叶… Ⅲ.①区域经济合作—法规—研究—中国 Ⅳ.①D922.290.4

中国国家版本馆CIP数据核字(2024)第041201号

权利保留,侵权必究。

区域合作法导论

叶必丰 著

商 务 印 书 馆 出 版
(北京王府井大街36号 邮政编码100710)
商 务 印 书 馆 发 行
北京盛通印刷股份有限公司印刷
ISBN 978-7-100-23375-0

| 2024年4月第1版 | 开本 880×1230 1/32 |
| 2024年4月北京第1次印刷 | 印张 14¾ |

定价:75.00元

目 录

缩略语说明 ··· 1

第一章 区域合作法的理论研究 ································· 3

第一节 区域合作法研究的学术使命 ························· 3
本节导语 ··· 3
一、强烈的中国问题意识 ·· 4
二、特别行政法研究的范式 ······································ 6
三、地方法制的基本范畴 ·· 8
四、经济宪法学研究的面相 ······································ 10
本节结语 ··· 12

第二节 区域合作法研究的参照系 ····························· 12
本节导语 ··· 12
一、已有研究中的参照系 ·· 13
二、取决于需实现的目标任务 ··································· 17
三、取决于环境的相同性 ·· 21
四、取决于理念的先进性 ·· 24
五、国内法方案的核心 ··· 27
本节结语 ··· 29

第二章　区域合作法的体制基础 ……………………………… 30
第一节　中央的区域治理 ……………………………………… 30
本节导语 ……………………………………………………… 30
一、区域治理原则的发展 …………………………………… 30
二、中央统筹与地方负责 …………………………………… 34
三、从组织法转向行为法 …………………………………… 41
本节结语 ……………………………………………………… 50
第二节　地方政府的事权 ……………………………………… 50
本节导语 ……………………………………………………… 50
一、地方事权的范围 ………………………………………… 52
二、地方事权的界限 ………………………………………… 58
三、地方事权的保障 ………………………………………… 65
本节结语 ……………………………………………………… 72

第三章　区域合作法的理论基础 ……………………………… 73
第一节　区域治理的法治协调 ………………………………… 73
本节导语 ……………………………………………………… 73
一、区域法治协调的逻辑前提 ……………………………… 74
二、区域一体化需要法治协调 ……………………………… 79
三、区域法治协调的早期探索 ……………………………… 82
四、区域法治协调的创新发展 ……………………………… 89
本节结语 ……………………………………………………… 93
第二节　区域合作法的基本关系 ……………………………… 94
本节导语 ……………………………………………………… 94
一、区域合作中的政府与社会关系 ………………………… 96

二、区域合作中的国家机关间关系 ······ 103
三、区域合作中的行政区之间关系 ······ 110
本节结语 ······ 119

第四章 区域合作的立法和创新 ······ 121
第一节 区域合作的立法状况 ······ 121
本节导语 ······ 121
一、区域合作法的检索和整理 ······ 122
二、区域合作法的统计结果 ······ 128
三、区域合作的立法进程 ······ 135
四、区域合作的法律条款 ······ 139
五、区域合作的法律文件 ······ 142
本节结语 ······ 145

第二节 地方人大的共同立法 ······ 146
本节导语 ······ 146
一、地方共同立法的要件 ······ 148
二、地方共同立法的程序 ······ 154
三、地方共同法规的必要条款 ······ 160
本节结语 ······ 165

第五章 区域合作的组织机制 ······ 167
第一节 区域合作中的共设机关 ······ 167
本节导语 ······ 167
一、地方政府的自主组织权 ······ 169
二、区际共设机关的法律依据 ······ 175

三、区际共设机关的设置 ································ 182
四、区际共设机关的运行 ································ 188
本节结语 ·· 195
第二节 区域合作中的法定机构 ····························· 197
本节导语 ·· 197
一、法定机构的法律性质 ································ 202
二、法定机构的法律依据 ································ 208
三、法定机构的职权职责 ································ 213
四、法定机构的体制机制 ································ 218
本节结语 ·· 223

第六章 区域合作的职权机制 ································ 225
第一节 行政机关间职权的委托 ····························· 225
本节导语 ·· 225
一、行政机关不得自行处分职权 ·························· 226
二、我国行政机关间委托的发展 ·························· 230
三、行政机关职权的层级委托 ···························· 238
四、行政机关职权的横向委托 ···························· 243
本节结语 ·· 249
第二节 事务委托和职权委托 ······························· 250
本节导语 ·· 250
一、行政机关间委托的类型 ······························ 251
二、职权委托的特别法构造 ······························ 260
三、行政机关间委托的法律效果 ·························· 268
本节结语 ·· 278

第七章 区域合作的行为法机制 280
第一节 行政组织法功能的行为法机制 280
本节导语 280
一、行政组织法的缺陷 281
二、行为法机制的弥补 286
三、行为法机制的成因 294
四、行为法机制的改革 301
本节结语 309

第二节 区域合作的行政行为理论资源 311
本节导语 311
一、区域合作应具备的法律要件 312
二、区域合作中的行政行为类型 318
三、区域合作中的职务协助行为 326
四、区域合作中的审批要件行为 331
本节结语 336

第八章 区域合作之行政协议 337
第一节 区域行政协议的探索 337
本节导语 337
一、区域行政协议的法律依据 338
二、区域行政协议的参与主体 344
三、区域行政协议的履行 354
本节结语 359

第二节 区域行政协议的法律效力 362
本节导语 362
一、区域行政协议的拘束力 362

二、区域行政协议的拘束可能性 …………………………… 370
三、区域行政协议的规制力 …………………………………… 377
本节结语 ……………………………………………………… 383

第九章 区域合作法的实施机制 ………………………………… 385
第一节 地方毗邻区域的联合执法 ……………………………… 385
本节导语 ……………………………………………………… 385
一、毗邻区域联合执法的法治基础 ……………………………… 388
二、毗邻区域联合执法的组织形式 ……………………………… 395
三、毗邻区域联合执法的程序机制 ……………………………… 402
本节结语 ……………………………………………………… 410
第二节 区际联合应急制度的实施 ……………………………… 411
本节导语 ……………………………………………………… 411
一、区际联合应急制度的实施数据 ……………………………… 412
二、区际联合应急制度的实施准备 ……………………………… 417
三、区际联合应急制度的实施检验 ……………………………… 423
四、区际联合应急制度的实施评价 ……………………………… 430
本节结语 ……………………………………………………… 435
第三节 跨界污染纠纷的司法态度 ……………………………… 441
本节导语 ……………………………………………………… 441
一、基于区域合作思维的合法权益确定 ………………………… 443
二、基于区域合作思维的取证及其审查 ………………………… 448
三、跨界污染纠纷审理中的司法中立 …………………………… 454
本节结语 ……………………………………………………… 460

后记 ………………………………………………………………… 462

缩略语说明

本书除有特别说明外,在正文和注释中使用下列缩略语:

1. 法律、行政法规名称中省略"中华人民共和国";在有必要使用被修改或修正的法律、法规或规章时,用年度加括号注明,省略注释。

2.《地方各级人民代表大会和地方各级人民政府组织法》,简称"地方组织法"。

3.《地方各级人民政府机构设置和编制管理条例》,简称"地方机构设置条例"。

4.《国务院关于推进中央与地方财政事权和支出责任划分改革的指导意见》(2016年8月24日,国发〔2016〕49号),简称"国务院央地事权划分意见"。

5.《国务院关于加强国民经济和社会发展规划编制工作的若干意见》(2005年10月22日,国发〔2005〕33号),简称"国务院发展规划编制意见";"国民经济和社会发展规划"简称"发展规划"。

6.《长江三角洲区域一体化发展规划纲要》,简称"长三角一体化规划";《长江三角生态绿色一体化发展示范区总体方案》,简称"长三角示范区方案"。

7. "人民代表大会"简称"人大","常务委员会"简称"常委会"。

8. 开发区"管理委员会",简称"管委会"。

9. "长江三角洲区域"简称"长三角区域","珠江三角洲区域"

简化为"珠三角区域"。

10. "洋山保税港区管委会",简称"洋山港管委会";"长三角一体化示范区执行委员会",简称"长三角示范区执委会";"粤澳横琴深度合作区执行委员会",简称"粤澳横琴合作区执委会"。

11. 案例名称一般简化为原告名。

第一章 区域合作法的理论研究

第一节 区域合作法研究的学术使命[①]

本节导语

我国历来重视区域协调发展。毛泽东主席的《论十大关系》中的第二大关系就是沿海和内地的关系。1986年全国人大通过的《关于第七个五年计划的报告》设专章阐述了区域合作,提出了"地区协作实行中央和地方分级管理,以地方为主的原则"。21世纪初以来,长三角区域从经济合作走向区域一体化。珠三角区域、长株潭城市群合作紧随其后,京津冀协同和其他区域的合作相继展开,区域合作逐渐在全国推开。中央适时确立了包括区域平衡发展在内的协调理念,并提出了"中央统筹与地方负责相结合"的区域合作原则。2022年刚刚通过的"地方组织法"为"贯彻国家区域协调发展战略,总结地方实践经验和做法",在第10、49条新规定了区域协同立法,在第80条新规定了地方政府可以共同建立区域协同发展工作机制,并规定了上级政府机关对区域合作的指导、协调和监

---

① 本节原标题为《明晰区域合作法研究的学术使命》,首发于《中国社会科学报》2022年5月24日,头版。此次出版时有修改。

督。与有关学界的研究相呼应,法学界也积极开展了区域合作法律问题的研究,至今已经形成了较为强大的研究队伍,积累了较为丰硕的重要成果。那么,区域合作法研究承担着什么样的学术使命?

一、强烈的中国问题意识

区域合作是区际地方主体间的合作,而不是同一政府所属各部门间的合作。到目前为止,区域合作法研究并不是对一部可称为"区域合作法"的解释性研究,尽管有学者主张但总体上并不是要构建一个区域合作的法学理论体系,[①]而是研究区域合作实践中所提出的法律问题。

根据宪法的规定,我国划分了行政区,按行政区建立了相应的地方政权,并规定了各地方政权的地域管辖权。但行政区划制度只是分工治理的需要,实际上无论是国家还是社会都是统一体。社会的统一是一种自生秩序,国家的统一是一种组织秩序。国家除了科层制的统一领导和组织外,就取决于各地方主体间的合作和团结,因而就必然存在区域合作。当然,我国当下的区域合作主要是区域经济的共同发展和环境生态的可持续发展而引发的。

基于依法治国的理念,区域合作首先所面临的问题是,现有的法律资源是什么、有哪些?在我国社会主义法律体系基本建成的背景下,经济和社会领域的任何改革或推进,都不可能是法治的空白区。在以科层制建设为主要内容的现行法治体系中,哪些因为其封闭性而需要改革?尤其是地方性法规和地方政府规章中哪些构成

[①] 参见李煜兴:《区域行政法初论》,《行政法学研究》2009年第4期,第95页;李煜兴:《区域行政的兴起与行政法的发展变迁》,《武汉大学学报》(哲学社会科学版)2018年第4期,第141页。

了行政壁垒而妨碍了区域合作？苏州的出租车载客到嘉兴后能否载客返回苏州？单行立法中已经出现了一些有关地方合作的条款，这些法律条款是否足以支撑区域合作？

在区域合作的法律资源不足的情况下，就需要开展立法或制度构建。区域合作法律制度的构建并非基于逻辑，而仍然是基于实践中的冲突和问题。政府首先关注的是经济，然后经济纠缠了法治。地方政府首先要开发的是特定项目，然后才是围绕该项目顺利实施的制度设计。这就要求法学研究者按照法学的专业体系和话语体系，从经济建设中去观察、发现、梳理和描述法律问题本身。于是，法律问题的整理工作就成为区域合作法研究的一项重要内容，从而使得区域合作法理论呈现出实践跟进型、分散点状的特征。并且，区域合作法研究对象的地域特征和问题属性也使得这项研究大多具有地方法制和对策性色彩。

对于区域合作的立法或制度构建，是中央还是地方的任务？跨行政区并不是区分中央或地方事权的唯一标准，不能仅仅因为跨行政区而将立法任务或制度构建完全归为中央事权。区域合作制度的构建需要同时充分发挥地方立法的积极性和主动性。实际上，正因为跨行政区才需要地方的协同立法甚至共同立法。但全国性的区域合作法或者重要制度的构建无疑是中央事权，只能由中央供给。中央立法应针对特定区域还是向所有地方开放？应更具区域性还是普适性？应分区域、领域立法还是统一立法？区域合作条款应当作为所有单行法律、法规和规章的必要条款还是制定为统一的法律？这些也都是区域合作法研究的任务。

在我国构建区域合作法，就要了解国外有没有解决同类问题的法治先例，分析是否适合我国的国情。这就需要开展外国法的翻译或比较法的研究,并建立相应的参照系,寻求与我国政体及地方合作最相接近的法治经验。本文所称的区域合作不是国与国之间的合作,而是一国内部的地方合作。在国际上既有联邦制国家又有单一制国家,既有自治地方也有非自治地方。在借鉴国外区域合作法治经验的时候,就必须牢牢把握我国是单一制国家和扩大地方自主权的国情,进行筛选和取舍。如以地方自主权为维度,则粤港澳合作并不比长三角一体化难度大,相反有更多的外国法经验可供借鉴。

二、特别行政法研究的范式

部分区域合作法研究立足于法的适用论,力图解决不同行政区地方性法规和地方政府规章之间的冲突,所运用的专业工具则为民法或国际私法。还有少量实务工作者立足于本职,讨论区域检察合作或司法裁量基准的协同。但是,区域合作的主要任务在于政府的行政治理及行政壁垒的破除,地方性法规和地方政府规章的基本内容是行政法而不是刑法、民法或国际法。因此,行政法学也就成了区域合作法研究的主要知识工具。

行政法学所关注的是政府机关与相对人间的关系即所谓外部行政关系。只有为了保障外部关系的法治化,才会考察政府机关相互间的关系即所谓内部行政关系。基于根深蒂固的行政科层制观念,行政法学即使考察内部行政关系也往往局限于上下级关系,主要包括上级政府机关在组织法上的领导、指导、监督和下级政府机关的执行,上级政府机关在行为法上的事先指示、命令与事后审批、备案,以及组成政府机关的行政首长与其成员间关系的集体讨论制度。

区域合作是由地方政府相互间通过协商一致达成的共同建设基础设施、共同开发和管理园区、产业转移和承接、公共服务联通连接以及共同保护环境生态等。它打通了区际政府间的横向关系，并从合作双方政府外溢到了辖区内的公众。由此，行政关系不仅是科层关系还有区际关系，不仅是命令关系还有合作关系，不仅是本地政府机关与相对人间的关系还有异地合作方政府机关与相对人间的关系。于是，行政关系获得了更为丰富的维度，治理主体也变得更为多元。

区域合作法研究运用行政法学原理为实践提供了理论支持，又根据实践的发展，发现和概括出了新的行政法学范畴，揭示和丰富了行政法学原理。如观察三峡库区区际移民实践，可以发现区际政府机关间甚至上下级政府机关间协商处理共同事务的探索，从而阐发协商行政或民主行政的可适用性。观察长三角区域合作协议，可以发现区别于行政合同的行政机关相互间的行政协议，不仅约束缔约方行政机关且约束辖区内的公众。基于区域合作中行政职权的转移提出了职权委托，以区别于仅为代理权的事务委托；基于合作一方政府派员参加合作对方政府所设管委会的事实，探讨地方政府区际共设机关的可能性；基于行政组织法制度的有限性，行政行为法机制替代性地发挥了行政组织法功能。深圳前海、珠海横琴和长三角示范区三个执行委员会的出现，以及在广西、安徽、成都、天津等地的发展，在原有行政机关、被授权组织和受委托组织三驾马车的基础上增加了法定机构序列，改写了行政主体理论。区域合作实践既检验了行政法资源解决实际问题的适合性，又丰富了行政法学基本原理。

应该说，行政法学对区域合作法的研究属于特别行政法的范畴。特别行政法往往与部门行政法混同。其实，部门行政法可以按行政部门也可以按场域确定研究范围，其研究侧重于行政法原理在特定部门的具体运用,以构筑该部门的体系化行政法理论。特别行政法则主要关注一般行政法在特定部门或场域的契合性,尤其关注特殊行政法规则或制度的构造及机理,从而在解决特定部门或场域法律问题的同时反哺和丰富行政法的基本原理。区域合作法的研究对特别行政法的研究范式作出了自己的努力。

三、地方法制的基本范畴

地方法制是一国法治的重要组成部分。在联邦制国家,除了联邦的法律还有州法,州以下的地方又有自己的立法。在单一制国家,除了国家的统一法律也有地方法制。国家治理体系和治理能力现代化既包括中央也包括地方的治理现代化,如果抽空了地方法制,那么国家法治也就残缺不全了。法治建设必须观照到地方治理,地方的法治经验应该得到更多认可。

但长期以来,我国的地方法制研究局限于地方立法和地方治理的个别性、分散性经验,缺乏对地方法制的基础性建设。地方法制的核心基础,在国外是地方自治权,在我国是地方自主权。地方自主权是建立在宪法所确立的民主集中制原则的基础上的地方相对于中央而言的积极性和主动性。改革开放以来,中央一直在向地方放权,始终在激活地方的积极性和主动性。

地方自主权的主要内容则是事权而不限于地域管辖权。从主体角度讲,地方自主权限于地方人大和地方政府的职权,司法权只能是国家的事权,因而地方司法机关间的合作并非区域合作的应有之义。从事务角度讲,地方具有哪些事权取决于中央的依法配置,而并非地方所固有。中央对地方各级主体事权的配置应尽可能避免重叠,尽量减少共同事权,应把与公众密切相关、量大面广的事权配置给基层政权。当然，我国的地方自主权还缺乏防御权。但全国人大常委会法工委认为，法律、行政法规明确配置给地方政府的事权，不得任意上收。①"国务院央地事权划分意见"也已有意对各级事权分工和财政支付责任的相应争议建立裁定制度。可以相信，我国的地方自主权将会得到不断完善。

与事权紧密相关且同等重要的是地方的财税收益权。地方自主权是以宪法和法律上承认地方利益的合法性为前提的，它在地方没有自己独立的利益而只有国家利益的情况下是不存在的。地方利益的核心是财税利益。我国从1993年起就实行了央地分税制改革，并在次年的《预算法》中确认了地方的财税利益。横跨重庆市和湖北省的三峡水电工程，关于其取水费，中央和地方各应得多少？重庆市和湖北省的取水费分配应由中央决定还是两地相互协商？这都是地方自主权的具象化。事权与财税责任相一致，多大的事权就承担多大的财税责任。

合作都是主体自愿与他人平等协商而达成的一致意愿和行动，目的是在自己利益最大化与尊重他人利益两者间实现平衡。地方主体基于其自主权、事权和财权才有法律上的能力开展区域合作，才有制度上的动力推进区域合作。区域合作则进一步检验和激发了地方自主权，不断发现、确定地方事权和财权的新边界。从各自地方立法到地方协同立法再到呼唤地方共同立法，从各自决定本辖区内的事务到共同行文处理区际事务，从合作方的财税分享到利益补偿，从合作一方政府在另一方辖区内建立管委会并吸纳其所派人员加入管委会工作到合作各方政府共同设立管理机构，都是地方自

---

① 参见全国人大常委会法工委：《上级人大或政府是否有权将下级行政机关的职权上收》，2006年12月29日，载中国人大网。

主权的探索和实践。

因此,地方法制不限于地方立法或国家法律在地方的实施经验,而是以"地方自主权—事权—财权"为核心基础的法治体系。区域合作就是地方合作,区域合作法主要属于地方法制的范畴。区域合作法的研究发现和找回了地方法制的灵魂,丰富了地方法制的内容,促进了地方法制研究的进一步发展。

四、经济宪法学研究的面相

行政法学和地方法制的基础理论是法理学,更直接的基础理论则是宪法学。有的把行政法当作宪法的具体化,把宪法学与行政法学统一为公法学。[1] 英美行政法学在内容上并不包括行政行为理论,而着重讨论代表国会控权的行政程序法和构成法院控权的司法审查,实为其宪法上分权制度的具体化。确实,我国行政法上的法律优先原则、法律保留原则和平等原则以及许多重要的制度,都可以从宪法上找到渊源。

区域合作中的行政法、地方法制问题大多可以归结为宪法问题。法国在宪法上实行立法、行政和司法分权的基础上,20世纪80年代又实行了地方分权,构成了地方合作的宪法基础。我国作为地方合作基础的地方自主权就渊源于宪法上的民主集中制原则,地方事权渊源于全国人大和国务院依据宪法所作的配置。区域合作法的主要内容是区际政府间的关系规则。澳门在珠海横琴建设澳门大学新校区就涉及行政区划制度,需要由全国人大常委会作出决定。粤港澳大湾区建设就是通过互利合作让香港和澳门融入国家

---

[1] 参见袁曙宏:《建立统一的公法学》,《中国法学》2003年第5期,第34页。

发展战略，强化"一国两制"的"一国"原则。尽管对我国内地行政区间的相互关系在宪法上未作具体规定，但宪法相关法即现行"地方组织法"对此作出了规范。深圳率先探索，普及于珠三角、海南，发展到全国许多地方，按决策、执行和监督三分制组织、实行企业化运作的法定机构，作为非行政机关却行使行政权，首要的问题不是重新阐释职权法定的行政法原则，而是国家垄断公权力行使的宪法原则。凡此种种，无须一一列举。

区域合作主要是经济事务的地方合作，以区域内的市场统一，产业合理布局，避免恶性竞争，合作共赢，以及共享清洁美丽的生态环境为主要目标。有少量是与经济事务密切相关的社会事务的合作，属于经济体制改革的范畴。比如，法定机构被限定在经济发展和技术创新领域，深圳前海的深港合作是现代服务业，珠海横琴的粤澳合作是教育事业及相关产业。作为地方事务的城市公共交通是否可以通过合作实现跨行政区运营，可以说是经济事务兼有社会事务。由此，地方自主权的内容主要是以经济事权为核心、以财税收益权为重点、辐射到社会领域的权利。区域合作不是政治上的，地方主体在政治上的联合或结盟是应被禁止的。因此，区域合作中的宪法问题主要属于经济宪法范畴。

经济宪法学可因运用经济分析方法研究宪法而得以命名，也可因研究对象为经济领域的宪法问题而得以成立。当然，布伦南和布坎南的"宪法经济学"既运用了经济分析方法又以宪法问题为研究对象。本书所说的经济宪法学，则主要在于经济改革政策的合宪性论证。区域合作问题的解决和推进，往往需要运用合宪性论证。作为上海市政府规章的《洋山保税港区管理办法》为什么可以适用于建设在浙江省辖区内的洋山深水港？香港的法例能否适用于位于深圳市的前海合作区的民事交易？澳门的法律能否适用于横琴合作区的经济和社会事务？因此，区域合作法研究又具有经济宪法学的面相。

本节结语

区域合作法研究以我国的区域合作实践为导向，坚持了理论面向国家和地方建设需求的立场，积极总结区域合作法治的中国方案。它以行政法学为主要专业工具，以宪法学为支撑，以地方法制为主要对象，丰富了行政法基本原理的地方经验，深化了地方法制研究，回应了经济宪法学的呼唤。这既是区域合作法研究的已有轨迹，也是它未来的学术使命。"地方组织法"为区域合作的深化提供了有力的法律保障，同时也必将推动区域合作法研究的进一步发展。

第二节　区域合作法研究的参照系[①]

本节导语

经济学和政治学对区域合作较早地开展了研究。作者也从法学角度较早地进入了这一领域，得到了法学界同仁的积极响应。从地方建设需求的角度出发，法学界探讨了长三角区域、泛珠三角区域、环渤海区域、东北地区、长株潭城市群和武汉城市群的法治问题；从行为法机制角度，探讨了区域行政协议、区域行政规划和区协作立法。并且，学界还先后提出了建立区域经济法和区域行政

[①] 本节原标题为《区域经济一体化法制研究的参照系》，首发于《法学论坛》2012年第4期。此次出版时进行了重写。

法的构想。①这些研究回应了经济建设和社会发展的现实需求,取得了令人欣喜的成果。同时,许多研究最终几乎都走向了立法的呼吁。无疑,立法和制度建构是必要的,但"喜欢诉诸'通过立法的救济',既误解了法学的使命,也误解了立法的使命"。②未经法解释、充分挖掘制度资源就讨论区域合作的立法甚至修宪是轻率的。在研究方法的选择上,这其中之一就是参照系。

一、已有研究中的参照系

任何研究的开展都需要一项坐标。当缺乏所需要的坐标时,则只能寻找一项接近坐标的参照系。对参照系的寻找,往往首先看正在运行的规则或仍在使用的方法,然后看历史上或国外是否存在。区域合作法研究的参照系,当前主要有国际法方案和国内法方案。

(一)国际法方案

对我国区域合作中的法律问题,有学者认为应当以国际私法上的法律冲突理论或规则为参照,制定全国统一的区际冲突法等。③

---

① 参见徐孟洲:《论区域经济法的理论基础与制度构建》,《政治与法律》2007年第4期,第2—9页;李煜兴:《区域行政法初论》,《行政法学研究》2009年第4期,第95—97页。
② 〔奥〕欧根·埃利希:《法社会学原理》,舒国滢译,中国大百科全书出版社2009年版,第471页。
③ 参见樊禄萍:《准区际法律问题》,载叶必丰主编:《长三角法学论坛——论长三角法制协调》,上海社会科学院出版社2005年版,第227页;宋坤、洪琦:《"一国两制"背景下粤港澳大湾区建设的法律冲突与合作》,詹鹏玮、冯泽华:《粤港澳大湾区环境行政法律冲突研究》,载深圳市律师协会、深圳市前海深港现代服务业合作区管理局编:《粤港澳大湾区的法律体系构建》,法律出版社2019年版,第52、83页;佚名:《智库对话:粤港澳大湾区规则衔接下一步怎么做?——国内外经验对大湾区民商事法律规则衔接的启示与借鉴》,载澎湃网。

国际私法即冲突法方案的实质,是在涉外民事案件中对有关国家的现行法律规范进行对接或缝合的法律适用方法或规则。① 香港和澳门特别行政区是独立关税区。国际私法方案可以在大湾区建设中解决港澳特别行政区民商事法律规范与内地民商事法律规范的冲突,但无法解决公法冲突。

区域法治协调所需要的是区域内不同行政区的法治改革,而不是简单的冲突法适用。为此,不少学者主张以欧盟模式为参照系。中国科学院可持续发展战略研究组就提出,区域经济的发展应当以欧盟构架为借鉴,突破区域行政体制。② 后续跟进的学者也认为,"经济一体化程度较高的欧盟与我国国内的区域经济一体化具有一定的相似性和可比性"。"这种相似性和可比性,使我们可以从欧盟相应的法治协调机制及有效运作经验中得到借鉴。"③ 主张这一模式的研究,概括起来有以下两个方面:第一,制定专门的区域合作法。其中,既包括适用于全国各地方区域合作的法律,如"区域经济发展法"或"区域发展协调法",又包括仅适用于特定地方区域合作的法律,如"长江三角洲区域经济开发法"等;④ 还包括区域经济一体化的各类行为法,如区域规划法、区域财税法、区域金融法和区域产

---

① 参见黄进主编:《国际私法》,法律出版社1999年版,第219、231页。
② 参见中国科学院可持续发展战略研究组:《2004中国可持续发展战略报告》,科学出版社2004年版,第63页。
③ 方世荣、王春业:《区域经济一体化与地方行政立法变革——区域行政立法模式前瞻》,《行政法学研究》2008年第3期,第77页。
④ 参见李建勇:《长江三角洲区域经济发展的法律思考》,《政治与法律》2003年第5期,第2页;宣文俊:《关于长江三角洲地区经济发展中的法律问题思考》,载叶必丰主编:《长三角法学论坛——论长三角法制协调》,上海社会科学院出版社2005年版,第165—169页;朱未易:《试论我国区域法制的系统性建构》,《社会科学》2010年第10期,第94页。

业政策法等。①第二,按经济区建立统一的国家机构。主张者认为,应在有关行政区国家机构与上级国家机构之间,按经济区范围增设一套立法、行政和司法机构或类似机构,统一负责和处理区域性事务。②但也有的主张通过设立经济区司法机构来保障区域经济一体化,而不主张建立其他国家机构;③或主张由上级政府建立专门的管理机构,而不主张建立一级政权组织。

(二)国内法方案

1.以美国州际法治协调为代表的国内法方案。美国是联邦制国家,除了联邦有宪法和法律外,各州都有自己的宪法和法律。各州之间的法律冲突,与单一制国家相比,更为突出和明显。美国"州际之间商务的发展和全美经济一体化的趋势,需要消除各州在立法上各自为政的局面,减少州际之间的法律冲突和经济壁垒"。④为此,解决州际法律冲突的机制也逐渐发展起来,如州际模范法、"法律重述"、共同诉讼行为和州际协定等。德国也有类似的法治协调机制。它们是主权国家内,联邦制国家组成成员间的法治协调经

---

① 参见徐孟洲:《论区域经济法的理论基础与制度构建》,《政治与法律》2007年第4期,第6—8页;何瑛:《环渤海地区经济一体化的思考》,《中国城市经济》2007年第1期,第42页;朱未易:《试论我国区域法制的系统性构建》,《社会科学》2010年第10期,第94页。

② 参见宣文俊:《关于长江三角洲地区经济发展中的法律问题思考》,载叶必丰主编:《长三角法学论坛——论长三角法制协调》,上海社会科学院出版社2005年版,第165—169页;安筱鹏等:《城市区域协调发展的制度变迁与组织创新》,经济科学出版社2006年版,第189、226页;张思思:《欧盟模式对粤港澳大湾区建设的启示》,载深圳市律师协会、深圳市前海深港现代服务业合作区管理局编:《粤港澳大湾区的法律体系构建》,法律出版社2019年版,第209页。

③ 参见李建勇:《长江三角洲区域经济发展的法律思考》,《政治与法律》2003年第5期,第2页。

④ 封丽霞:《美国普通法的法典化——一个比较法的观察》,载蒲公英文摘网2020年5月21日。

验。作者在初期讨论区域合作法时,就是以美国州际法治协调为主要参照系的。[1] 对区域合作中的行政协议有专门研究的何渊,[2] 讨论区域协同立法的宋方青等、[3] 研究长三角城市群发展的左学金,[4] 也都选择了美国州际法治协调方案。美国州际法治协调方案的主要内容有:第一,借鉴美国州际协定和行政协议的经验,把我国区域行政协议制度化;借鉴美国州际协定、州际示范法或州法统一经验,开展区域协同立法;借鉴美国的经验,倡导区域政府实施共同行政行为;借鉴美国根据州际协定设立合作机构的经验,区域内政府可以在必要时设立协调组织或管理机构。第二,借鉴美国州际法治协调的经验,观察和分析我国区域合作中的中央政府与地方政府、地方政府与地方政府、公权与市场、政府与公众、政府与人大间的关系。

2. 地方合作法方案。随着研究的深入,作者区分了联邦制国家成员间的法治协调和地方的区际法治协调,更多地采用法国和日本等单一制国家的地方合作法为参照系。[5] 对联邦制国家区域合作法之经验,也限定于联邦成员以下的地方合作法。这是因为,法国和

---

[1] 参见叶必丰:《长三角经济一体化背景下的法制协调》,《上海交通大学学报》(哲学社会科学版)2004年第6期,第6—10页;叶必丰:《行政协议:政府间合作的重要手段》,载莫建备等主编:《大整合·大突破——长江三角洲区域协调发展研究》,上海人民出版社2005年版,第101—103页;叶必丰:《我国区域经济一体化背景下的行政协议》,《法学研究》2006年第2期,第57—68页。

[2] 参见何渊:《美国的区域法制协调——从州际协定到行政协议的制度变迁》,《环球法律评论》2009年第6期,第87—94页。

[3] 参见宋方青等:《论我国区域立法合作》,《政治与法律》2009年第11期,第19—26页。

[4] 参见左学金主编:《长江三角洲城市群发展研究》,学林出版社2006年版,第51—61页。

[5] 参见叶必丰:《论行政机关间行政管辖权的委托》,《中外法学》2019年第1期,第98、99、101—102、105—108页;叶必丰:《地方政府的跨行政区共设机关》,《环球法律评论》2020年第6期,第23—39页。

日本以及美国州以下的地方尽管都实行地方自治，但其权力都来自中央（州）的授予。采用单一制国家地方合作法以及联邦制国家成员所辖地方合作法为参照系，更符合我国的实际情况。为了更好地了解外国的地方合作法，为区域合作法的研究提供基础性支持，作者积极组织了法律的译介工作。①

二、取决于需实现的目标任务

法学研究的科学性，重要的不是对象而是方法。"一切研究之要务在于寻找到与其研究对象相适应的研究方法。"② "当一个科学的描述与世界不符时，描述是错误的，而世界并没有改变。但一个与来源不符的法律'描述'却能改变法。"这样，"在法学的科学性问题的讨论中，要求讨论的重点从对象领域转向方法领域"。依据某项方法所进行的研究是否科学，其核心标准在于该研究是否具有可检验性或可重复性。"法学作为科学，应限制在各种命题上，这些命题在描述意义上是可检验的。"③ 参照系的确定即方法的选择，关系研究的科学性。

参照系的选择取决于所要实现的目标任务，就要求应当考虑该参照系所具有的功能实现。我国区域合作的任务是深化改革，破除地方保护和行政壁垒，开放和统一市场，保障经济自由，并理顺中央

---

① 参见叶必丰主编"地方合作法译丛"，包括《法国地方政权总法典选译》，李贝、韩小鹰译；《日本地方自治法》，肖军、王树良译；以及《美国各州地方合作法选译》，王诚、申海平译。这三本书均由上海社会科学院出版社 2022 年出版。
② 〔奥〕欧根·埃利希：《法社会学原理》，舒国滢译，中国大百科全书出版社 2009 年版，第 8 页。
③ 〔德〕阿图尔·考夫曼等主编：《当代法哲学和法律理论导论》，郑永流译，法律出版社 2002 年版，第 450—451 页。

政府与地方政府、地方政府与地方政府、公权与市场、政府与公众、政府与人大间的各种关系。[1]计划经济时代遗留下来的制度,出于地方保护和官员晋升博弈而形成的那些行政壁垒,[2]都是市场统一和区域合作的改革对象。也就是说,学者们所指出的区域合作中存在的不同行政区法治之间的冲突,尽管有些系基于不同行政区的特殊情况所致,但更多的并非是良法之间的冲突,而是需要加以改革的对象。

国际私法上的法律冲突及其解决不具有改革的使命,基本上仅具有技术意义。即使是冲突法立法,所建立的也不过是对外国民事法律规范如何予以适用的规则。[3]这与市场统一和区域合作中的法治问题有着本质区别,因而也就不能作为我们研究区域合作法的参照系。其实,国际私法与国内公法存在众所周知的重大区别。不同行政区法治的冲突,是主权国家内部地方性法律规范的秩序问题,受中央法律规范的调控。萨维尼发现国际私法上的法律冲突并提出"法律关系本座说",是以国内法即罗马法为基础的。他曾明确指出国内法中不同位阶法律间的冲突,以及不同行政区法律规范间的冲突。[4]但是,他所提出的"法律关系本座说"被学界广泛接受后并发展到现在,已远离国内法,不再适用于国内区际法律冲突。以研究国际法所作贡献而著称的凯尔森,曾积极主张国际法与国内法

---

[1] 参见《中共中央关于完善社会主义市场经济体制若干问题的决定》,2003年10月14日中国共产党第十六届中央委员会第三次全体会议通过。

[2] 参见周黎安:《晋升博弈中政府官员的激励与合作——兼论我国地方保护主义和重复建设问题长期存在的原因》,《新华文摘》2004年第17期,第33—40页。

[3] 参见肖永平:《中国冲突法立法问题研究》,武汉大学出版社1996年版,第73页。

[4] 参见〔德〕弗里德里希·卡尔·冯·萨维尼:《法律冲突与法律规则的地域和时间范围》,李双元等译,法律出版社1999年版,第11—12页。

的相同性,但仅限于法律秩序这一目标和法律效力这一目的。①他对国内法规范秩序,并没有采用国际法规则,而是提出和建立了中央与地方以民主为基础、地方相互间以分权为基础的法律规范秩序说。也就是说,在国内法领域,即使是良法之间的冲突,也不适用国际私法而有自己的适用规则。

欧盟法律的核心是经济公法,所贯彻的是作为基本权利的"四大自由",即"货物自由流动、人员自由流动、服务自由流动与资本自由流动",所解决的是"欧洲统一大市场的竞争秩序法律问题"。②并且,这些法律(不包括安全外交领域)已不是传统意义上的国际公法,可以直接适用于成员国内部的社会关系或对成员国内部社会关系具有直接效力。③从这一意义上说,欧盟方案能够承担起我国区域法治协调的部分任务,并推动公权与市场关系的改革。但欧盟法律的重点旨在解决主权国家间的经济一体化,并不重点关注主权国家内部中央政府与地方政府关系的调整,政府与民意机关关系的理顺,公众与政府间关系的民主化,以及区际利益关系的平等。

美国州际法治协调中除联邦和州关系的部分外还有一些重要制度,如州际协定、行政协议、州际示范法和共同行政行为等,经过长期的变迁后具有区域合作的技术性功能,仍值得重视。④尤其是

---

① 参见〔奥〕凯尔森:《纯粹法理论》,张书友译,中国法制出版社 2008 年版,第 126—135 页。

② 王维达:《欧洲联盟法》,格致出版社、上海人民出版社 2009 年版,"绪论",第 2 页。

③ 参见王铁崖主编:《国际法》,法律出版社 1981 年版,第 3 页;王维达:《欧洲联盟法》,格致出版社、上海人民出版社 2009 年版,第 28 页;曾令良:《欧洲联盟法总论》,武汉大学出版社 2007 年版,第 168—179 页。

④ 参见何渊:《美国的区域法制协调——从州际协定到行政协议的制度变迁》,《环球法律评论》2009 年第 6 期,第 87—94 页;James A. Visser, Voluntary Regional Councils and the New Regionalism, *Journal of Planning Education and Research*, pp.51-63 (2004)。

州际协定对我国的区域协同立法具有重要的借鉴意义。更值得我们借鉴的是法国、日本和美国州以下的地方合作法。它们都旨在央地事权分工或地方自治的背景下，实现地方相互间的协调一致，尤其是经济的一体化发展，环境生态的协同保护。法国有三万六千多个城镇，都具有自治权，相互间并无隶属关系。根据任何地方政权都不得监督另一地方政权的宪法性原则，小城镇所需要的交通、教育、科技和卫生等公共服务在其自身难以解决时无法获得大城市的支持，大城市发展所需要的空间也无法获得小城镇的土地。1971年，法国政府曾尝试对若干市镇加以合并，却遭到了公众的强烈反对，被指破坏了历史延续和文化个性。为此，2003年法国宪法性改革的任务之一就是，建成一个亲密无间的共和国，实现各城镇的共同行动、协调一致。[①]法国还通过了一系列法律，允许一个地方政权开展改革试验、出面牵头组织地方合作事宜，并建立起了城镇间的管辖权委托、合作协议、合作组织、利益分配和国家监督制度。法国关于区域合作的立法，不仅仅有普遍适用于全国地方合作的法律，还针对大巴黎区、里昂大都会和马赛大区制定了特别法。日本和美国各州对地方合作也都建立了各具特色的法律制度。[②]

总之，相比较而言，以法国为代表的地方合作法与我国区域法治协调所要解决的问题具有更多的共性，它大体上能满足我国区域合作的需求。如果对与所要实现的目标任务更具共同性的参照系弃之不用，而选择与所要实现的目标任务有较大差异的分析框架作

[①] 参见〔法〕让·里韦罗等：《法国行政法》，鲁仁译，商务印书馆2008年版，第124、129页。

[②] 参见肖军等译：《日本地方自治法》，上海社会科学院出版社2022年版，第104页；王诚等译：《美国各州地方合作法选译》，上海社会科学院出版社2022年版，第111页。

为参照系,则违背了科学规律,所取得的研究结果就值得质疑。因此,国际法方案一般不宜作为我们讨论区域合作法的参照系。

三、取决于环境的相同性

我们寻找的参照系,不仅应具有可以实现我们目标任务的功能,而且还应具有尽可能相同的坐标点。如果甲制度的生长和存在取决于A和B两项环境因素,该甲制度能否作为需研究的问题乙的参照系,则需要考察乙是否同样存在A和B两项环境因素。如果需要研究的问题乙存在A,不具有B,却另有C,则基于A和B两项环境因素而存在的制度甲难以作为参照系。当然,不具备的环境因素B,我们可以设法创造。但是,我们必须充分评估创造B的可能性、条件、成本以及可能引发的"次生灾害"。现在,我们的有些比较研究,常常只比较作为结果的制度本身,而不考虑该制度赖以生长和存在的环境因素,值得反思。

国际冲突法以尊重国家主权为前提,并且它所指向的各国涉外民事法律规范与国内各地方法制的存在环境大相径庭。涉外民事法律规范调整的是涉及外国当事人的民事法律关系,不同地方法制之间的冲突仅仅是主权国家内部法律规范间的冲突。欧盟模式具备前文所述的市场统一和体制改革需要。但是,欧盟有自己的组织机构,包括负责决策和立法的欧盟理事会,负责监督条约实施、立法动议和特定领域执法的欧盟委员,负责监督、参与立法和预算的欧盟议会,以及负责欧共体法解释和司法的欧洲法院等。[①] 这些组

---

① 参见王维达:《欧洲联盟法》,格致出版社、上海人民出版社2009年版,第49—65页;曾令良:《欧洲联盟法总论》,武汉大学出版社2007年版,第189、199、216、222页。

织机构根据欧盟条约而组建。我国的区域合作并不具有类似的区际国家机构。如果在合作各方之上再建立一套除已有的上级国家机构以外的区际立法机构、司法机构和决策机构的组织框架,则不可能基于合作各方的协议而只能根据宪法的规定来组建。这就涉及我国的宪法修改,即需要创造一项环境因素。我国《宪法》第30条规定:"中华人民共和国的行政区域划分如下:(一)全国分为省、自治区、直辖市;……"也就是说,在中央政府与省级政府间并没有长三角区域、珠三角区域或环渤海区域等行政区。如果设立大行政区,则中央政府只领导大行政区,还是既领导大行政区又领导省级政府?省级政府既受中央政府的领导又受大行政区政府的领导是否能实现欧盟方案统一政令和市场的初衷?但无论如何,这又涉及《宪法》第62条全国人大职权和第89条国务院职权条款的修改。并且,只设大行政区决策机构、法院而不设人大,显然不符合"一个完善政府的理想类型一定是代议制政府"①的基本原理。如果设立大行政区人大,则又需要宪法作出规定。此外,对我国的区域合作来说,欧盟方案的一系列立法也都属于创造环境因素。如此修宪、增设一级国家机构和立法的经济和社会成本必然是过于高昂的。因此,欧盟模式与我国的区域合作实在缺乏可比性。

相反,美国州际协定和示范法虽然是以联邦制为基础的,但联邦制国家中联邦与州的关系已逐渐接近单一制国家的中央与地方的关系,②是在联邦宪法下的区际法治协调机制,对我国的区域协同

---

① 〔英〕J.S.密尔:《代议制政府》,汪瑄译,商务印书馆1982年版,第55页。
② 参见〔日〕礒崎初仁、金井利之、伊藤正次:《日本地方自治》,张青松译,社会科学文献出版社2010年版,第9页;〔法〕让·里韦罗等:《法国行政法》,鲁仁译,商务印书馆2008年版,第48页。

立法具有一定的可借鉴性。在我国历史上,民国时期的1923年宪法第25、33条,1947年宪法第108—110条,都曾规定"地方联合立法"。[1]我国现行"地方组织法"也作出了地方协同立法的规定。

更重要的是法、日的组织体制与我国具有更多的可比性。第一,地方的权力来自中央。在单一制国家中,地方政权的法律地位都来自宪法和法律的规定,"地方无权改变自己的地位,其地位的改变取决于中央政权"。[2]地方必须服从中央的领导和监督,其自治权仅限于议事和行政而不包括司法。中央有权直接处理区际事务,允许地方自行协商处理只是补充性原则的具体运用。第二,具有统一的法治。在单一制国家中,地方政府间的相互合作是以国家统一的法治为基础的,大多数区际事务都是在国家统一法治的基础上得到处理的,区域法治协调只是国家统一法治的补充,是为了激发地方的主动性和积极性,尊重地方的具体情况。第三,地方自治有边界。法国的城镇、日本的地方公共团体虽然具有自治权,但有它的边界。如,日本地方公共团体的自治事务是法定国家事务以外的事务,国家事务则是由法律或基于法律的政令规定应当由国家承担的事务。[3]法国的地方自治限于市镇而不包括大区和省,自治事权由法律规定。法国、日本的地方自治体在自治范围内的合作,其实就是在地方事权范围内的合作,其行政资源则仍由中央掌控。[4]

---

[1] 参见北京大学法律系宪法教研室、资料室编:《宪法资料选编》(第二辑),北京大学出版社1982年版,第287、288页。
[2] 〔法〕让·里韦罗等:《法国行政法》,鲁仁译,商务印书馆2008年版,第48页。
[3] 参见《日本地方自治法》,肖军、王树良译,上海社会科学院出版社2022年版,第4页。
[4] 参见〔日〕礒崎初仁、金井利之、伊藤正次:《日本地方自治》,张青松译,社会科学文献出版社2010年版,第21页。

总之,从环境的相同性来说,我们研究区域合作法宜选择以法国、日本的地方合作法为主,美国州际法治协调为补充的参照系,而不宜选择环境因素截然不同的国际私法方案(粤港澳大湾区民商事法律冲突除外)以及需要支付更高昂成本的欧盟模式。

四、取决于理念的先进性

选择某种方法以获得法学研究可检验的科学性,"最终取决于,是否可以发现一个控制层次,这个层次为法学领域承担着观察的不证自明性的功能"。"对此,埃克·冯·萨维尼(Eike Von Savigny)在德国刑法学中作了肯定的回答。根据埃克·冯·萨维尼的观点,德国刑法学在科学理论上,应被理解成一个价值假设系统……这个价值判断在价值不证自明性基础上,可能被接受或被证伪。价值不证自明性,分享了观察不证自明性在科学理论上的一切重要特点,特别是,它像观察不证自明性一样,形成了通过非任意决定的论证之统一。"[1]

价值判断即理念。国际私法方案缺乏深化改革的理念。欧盟方案的倡导目的则在于建立一套权威管制机构和制定一系列新的法律来推行区域经济一体化。它所体现的理念是宪法犹如普通法可以被频繁修改,没有充分尊重宪法的权威地位和稳定性。尤其需要注意的是与此方案相呼应的新疆乌昌(乌鲁木齐市——昌吉自治州)经济一体化的实践,最终还是走向了行政区的合并。[2] 欧盟的

---

[1] 〔德〕阿图尔·考夫曼等主编:《当代法哲学和法律理论导论》,郑永流译,法律出版社2002年版,第451—452页。

[2] 参见秦旭东:《乌昌党委导演乌鲁木齐——昌吉一体化》,载《21世纪经济报道》2005年10月8日,第4版;《国务院关于同意新疆维吾尔自治区调整昌吉回族自治州与乌鲁木齐市行政区划的批复》,国函〔2007〕65号,2007年6月30日发布。

组织机构和立法系基于条约而组建和实施的,是主权国家协商民主的结果。[1]但我国学者所提议的欧盟方案,要求国家自上而下地按经济区域设置一级政权机构,通过该区际政权机构实施权威管制,所透露的却是权威主义。并且,这个权威不是宪法而是上级领导和组织机构。这样的上级领导机构为什么不可以是已有的上级机关或中央政府,而必须建立所呼吁的一级政权机构,则潜在地表达了中央政府或上级机关不能对辖区内的部分地区实施领导的态度。欧盟方案有关的一系列立法主张,则没有充分顾及现有的法律资源。

美国州际法治协调所坚持的理念,是以尊重宪法的最高权威,以联邦与州的分权和州与州的平等为基础的协商民主理念。州与州之间的协定既是法律又是合同,需要协商一致才能成立。各州之间的行政协议和共同行政行为需要各州协商一致。协商民主或民主协商意味着主体对他人的永久开放,以及平等对话。[2]在当代,协商民主或民主协商的优越性,应该是不证自明的。

作为地方合作法代表的法国,原来是一个中央集权的国家,地方政权并不是代表所在地利益的法律主体而只是国家在地方的代表,大大小小的行政区只是国家在各地设立的监管区。[3]在进入20世纪前后,法国进行了二十多年旨在实现国家治理现代化的改革,不断下放权力乃至实行地方分权,扩大了大区、省的权力,实现了市镇自治。在事权科层配置改革中贯彻了补充性原则,即把只有

---

[1] 参见曾令良:《欧洲联盟法总论》,武汉大学出版社2007年版,第7—24页。
[2] 参见〔德〕雅斯培:《关于我的哲学》,载〔美〕W. 考夫曼编著:《存在主义》,陈鼓应、孟祥森译,商务印书馆1987年版,第150页。
[3] 参见〔法〕让·里韦罗等:《法国行政法》,鲁仁译,商务印书馆2008年版,第48—49页。

下级不能胜任的事权配置给上级。[1] 同样，日本虽然早在近代就推行了地方自治，但却是一种"集权融合性自治"。地方政权除了是地方利益的法律主体外，仍具有国家代表的角色，仍承担着国家任务。基于地方政权的国家角色，中央政府仍可以任免地方官员，对地方政权实行事前审批和事后监督。"二战"后，日本对地方自治制度进行了改革，但仍保留着许多"集权融合性自治"的特色。[2] 在 2000 年的地方分权改革后，日本才确立了现代地方自治制度。在上述分权改革的基础上，法、日两国的地方以平等协商、互惠互利为核心的合作制度才得以建立起来。

毋庸讳言，我国也有过权力高度集中的时期，在组织结构上实行严格的科层制，在经济上实行无例外的计划体制。地方只是中央权力的延伸，只能通过层级制度实现异地交流，相互间不能自行沟通。地方相互间的支持和援助是按照国家的意志，实现国家目标任务，而不是平等自愿、互惠互利的地方合作。通过 1978 年以来扩大地方自主权的持续改革，我国在宪法上确立了发挥中央和地方两个积极性的原则，确立起了国家治理现代化和地方主体协商一致、合作共赢的理念。以此为基础，长三角、珠三角和环渤海等区域的地方政府间缔结了各种合作协议，东北三省政府间缔结了区域协作立法协议。这些协议的缔结都贯彻了协商一致、平等合作、诚实信用的原则。[3] 并且，在一些区域合作协议的缔结中，还有国务院主管部门的参与。在地方政府协商民主和积极性发挥的基础上，国务院又

---

[1] 参见李驰：《法国地方分权改革》，中国政法大学出版社 2016 年版，第 7 页。
[2] 参见〔日〕礒崎初仁、金井利之、伊藤正次：《日本地方自治》，张青松译，社会科学文献出版社 2010 年版，第 16、25 页。
[3] 参见叶必丰等：《行政协议——区域政府间合作机制研究》，法律出版社 2010 年版，第 97—99 页。

通过区域行政规划和区域行政指导，实现了对区域法治协调的领导。

宪法的权威和稳定是至关重要的，协商民主优于权威主义。因此，从尊重宪法权威、坚持改革开放和坚持协商民主理念出发，我们也应选择国内法方案作为区域合作法研究的参照系。

五、国内法方案的核心

美国州际协定的宪法依据，是《美国联邦宪法》第 1 条第 10 项的"未经国会批准，无论何州，……不得与他州或与外国缔结协定或盟约"。[①] 基于美国联邦的巩固和社会发展的需要，美国联邦法院作出了一系列解释，[②] 使该宪法条款发展成为州际合作条款，释放了新的功能。

我国当前区域合作中的法律冲突，基于国家统一的法治，通过法解释加以解决是可能的。凯尔森认为，地方性规范秩序间的差异性是客观存在的。这种差异性如系基于民族、宗教等原因而存在，则是分权的结果，应得到尊重。[③] 如系违法，则可由制定机关废除或通过司法审查解决。[④] 如不属于前两种情况而仍有冲突，且在单一制国家内，则属于高位阶法律规范调整的任务，即适用中央法律规范或制定新的中央法律规范；如这种冲突规范系行政机关创造的法律规范，则应服从法院所创造的法律规范。[⑤] 在凯尔森那里，

---

① 参见北京大学法律系宪法教研室、资料室编：《宪法资料选编》（第四辑），北京大学出版社 1982 年版，第 240 页。
② *Tobin v. United States*, 306 F.2d 270, 113 U.S. App. D.C. 110 (1962); *U.S. Steel Corp. v. Multistate Tax Comm'n*, 434 U.S. 452 (1978).
③ 参见〔奥〕凯尔森：《法与国家的一般理论》，沈宗灵译，中国大百科全书出版社 1996 年版，第 335—337 页。
④ 同上书，第 182 页。
⑤ 同上书，第 345—346 页。

法律的规范秩序总是尽可能用法解释加以解决的。只有无法通过解释完成的任务才能立法。这样，就不需要去改造宪法框架或由政权和宪法为主要内容所构成的基础规范。这在我国是可行的。《立法法》及有关法律解释[①]已经为冲突法律规范的适用提供了明确的规则，最高人民法院的典型案例和指导案例也为我们提供了法解释范例。

当然，在法解释得以充分展开，成文法资源得以穷尽挖掘的基础上，区域合作的制度需求仍得不到满足的，则应当立法。[②]法国为地方合作进行了详密的立法，并通过宪法性法律为地方合作排除了法律障碍。日本在其地方自治法中具体规定了地方合作，西班牙在其行政程序法中规定了地方合作。美国的很多州也制定了地方合作法，如《加利福尼亚州联合行使权力法》《犹他州地方合作法》《佛罗里达州地方合作法》《得克萨斯州地方间合作法》《弗吉尼亚州区域合作法》和《华盛顿州地方间合作法》等。我国《湖南省行政程序规定》第15条也开创性地规定了辖区内的区域合作，为全国各地的区域合作甚至中央立法提供了经验。2018年《宪法修正案》第32条确立了协调理念，包含了区域协调及其区域法治协调。[③]2021年的"地方组织法"规定了地方人大的协同立法和地方政府的区域合作机制。

---

① 最高人民法院《关于审理行政案件适用法律规范问题的座谈会纪要》，法［2004］96号，2004年5月18日发布；全国人大常委会法制工作委员会《如何处理地方性法规与上位法相抵触的问题》（2005年7月28日），载中国人大网。

② 参见叶必丰：《我国区域经济一体化背景下的行政协议》，《法学研究》2006年第2期，第67—69页。

③ 参见刘松山：《区域协同立法的宪法法律问题》，《中国法律评论》2019年第4期，第64页。

于是,"我们处于法学的双重任务中:一方面是解释,另一方面是构造和体系,它暴露了经验理论和实践目的的任务之间完全不可调和的纠缠混乱"。[1]要摆脱这一纠缠,我们既要充分考虑参照系功能与所需要实现的目标任务的一致性、参照系环境的相同性和所坚持理念的先进性,还需要明确法解释——立法——修宪的次序关系。我们首先应当去解释,只有当解释遭遇不可克服的困难时才能要求制度重构,而最后才是修宪,以尽可能最低廉的成本为区域合作提供法治资源。

本节结语

区域合作法研究的科学性取决于研究方法即参照系选择的科学性。我国已有研究的参照系主要有国际法方案和国内法方案。但是,我们对参照系的选择应当坚持最密切关系原则,大可不必舍近求远。从参照系功能与所需要实现的目标任务的一致性、参照系环境的相同性和所坚持理念的先进性来说,我们应当选择国内法方案,即以法国、日本和美国州以下等地方合作法为参照系。这一参照系以尊重现行宪法框架,通过法解释挖掘现有法律资源为核心,是我们研究区域合作法的首选方案。在法解释得以充分展开,成文法资源得以穷尽挖掘的基础上,区域合作的法治需求仍得不到满足的,我们就应当通过立法为区域合作提供法治资源。

---

[1] 〔德〕拉德布鲁赫:《法学导论》,米健译,中国大百科全书出版社1997年版,第173页。

第二章 区域合作法的体制基础

第一节 中央的区域治理[①]

本节导语

区域治理是国家治理体系的重要组成部分。区域协调发展是新时代治国方略的重要组成部分,是区域治理的中国方案。习近平总书记在党的二十大报告中总结10年来的伟大成就时指出,我们"制定一系列具有全局性意义的区域重大战略";在描绘未来前景时强调要进一步"促进区域协调发展"。区域协调的一项重要原则是中央统筹与地方负责相结合。那么,这一原则是怎么发展起来,基本内涵和任务是什么,以及有什么样的法律意义?国家的区域治理机制呈什么样的发展趋势?

一、区域治理原则的发展

(一)我国区域治理问题的提出

新中国成立后,首要的任务是如何维护国家的独立和统一,同

---

① 本节根据作者所撰写的《区域治理的"中央统筹与地方负责"原则》(首发于《行政法学研究》2023年第2期)和《长江经济带国民经济和社会发展规划协同的法律机制》(首发于《中国政法大学学报》2017年第4期)的有关内容改写而成。

时面临着如何建设社会主义、怎样治理国家的问题。在第一个五年计划实施三年半后的1956年，毛泽东主席作了《论十大关系》的重要讲话，专门阐述了作为其中的两大关系的央地关系和区际关系。[①]

毛泽东主席认为，处理中央与地方关系的前提是巩固中央的统一领导。中央强有力的统一领导，全国统一的计划和纪律是建设社会主义强国的需要。在这个前提下，不应把所有事权都集中在中央，而应给予地方必要的事权及自主性，以便地方独立自主、因地制宜地处理地方事务。只有这样，才能充分发挥中央和地方的两方面的积极性。毛泽东主席根据当时的实际状况对央地事权的分工提出了初步意见，认为工业应属于中央事务并由地方提供协助，农业和商业则主要是地方事务。

毛泽东主席认为，处理央地关系既需要工作原则又需要组织制度。在工作原则上，中央对地方实行统一领导并不意味着贸然下令指示，而应坚持与地方协商，在听取地方意见后再作决策和指示。他的这一意见至今仍在发挥着重要作用。国家发布的区域规划都是在集中地方意见的基础上得以编制并实施的。在组织制度上，毛泽东主席认为某些中央主管部门一竿子插到底的做法影响了地方自主权，必须通过制度予以纠正和规范，指出，对有些行政主管部门可以实行中央领导地方的制度，但对有些行政主管部门却应实行中央指导地方的制度。

毛泽东主席认为，中央与地方关系中地方自主性的存在，必将发展出地方与地方的关系即区际关系。地方各级都应当有相应的自主权，地方主体的上级不能把下级"框得太死"。除了地方的层

[①] 参见《毛泽东著作选读》（下册），人民出版社1986年版，第720—725页。

级关系,他认为地方间的关系还包括区际关系即省际关系和市际关系,认为省际、市际关系的性质应当是顾全大局、互助互让。为此,他立足当时的国际形势和国内状况,讨论了沿海和内地的工业布局,主张中央应进行平衡。他认为,平衡既要考虑到内地的战备优势又要考虑到沿海的工业基础和技术优势,实现相互促进而不是相互掣肘。他所说的平衡,是中央直接投资地方的平衡,并非地方的自主性平衡。对省际、市际之类的区际关系,毛泽东主席虽然只是附带性的分析,但却弥足珍贵,对后来的区域合作至关重要。

毛泽东主席的上述主张并不是他的个人观点,而是在调查研究基础上经中央政治局集体讨论而形成的中央政策。该政策明确了央地事权分工的必要性及充分发挥两个积极性的意义、原则和组织制度,论述了央地关系与区际关系的形成逻辑以及区域治理的重要性,强调了央地事权分工和区域治理中中央的统一领导,表现出了新中国成立初期的宪法意识。上述宪法意识虽然只是初步的,但重要的是提出了区域治理任务,并揭示了区域治理在国家治理体系和治理能力中的地位。

(二)我国区域治理原则的形成

《论十大关系》所确立的央地政策,经过20多年的实践,有经验也有教训。邓小平同志总结认为,教训是过去的央地分权都没有取得成功,权力仍然过分集中,"过分强调反对分散主义、闹独立性,很少强调必要的分权和自主权"。其中的原因不仅仅在于我们思想认识不足,而且还在于"法制很不完备,也很不受重视"。因此,我们既"要解决思想问题,也要解决制度问题",在宪法上规定"不允许权力过分集中的原则"。[①]

---

① 《邓小平文选(1975—1982年)》,人民出版社1983年版,第289、292、299页。

以邓小平理论为指导，1982年宪法第3条第1款规定将民主集中制作为国家机构的组织原则，第4款则以根本法的形式确立了央地事权分工原则："中央和地方的国家机构职权的划分，遵循在中央的统一领导下，充分发挥地方的主动性、积极性的原则。"根据这一原则，我国进行了一系列"摸着石头过河"式的扩大地方自主权的改革。改革获得了巨大成功，但也出现了地区间的行政壁垒或地方保护主义。为此，邓小平同志指出，国家的改革开放是为了实行国土空间的梯度式发展，鼓励部分地区先富裕起来，形成示范，带动和帮助其他地区的发展，走向共同富裕。[①] 为了加强中央的权威，规范地区协作，1986年制定的第七个五年计划指出，"制订协作计划，使地区协作同国家计划更好地衔接。地区协作实行中央和地方分级管理，以地方为主的原则"。根据这一区域治理原则，该计划还将全国规划为三级经济合作区，即以上海经济区为代表的全国一级经济协作区，以省会城市和一批口岸与交通要道城市为中心的二级经济协作区，及以省辖市为中心的三级经济协作区。

但在第七个五年计划收官之前，我国一直实行计划经济体制，地方自主权仍比较有限，地方的积极性并没有得到充分发挥。地区协作主要是社会主体间的区际经济往来，以及地方政府间的无偿援助。1991年编制的第八个五年计划将以往的地区协作发展成为区域合作，并提出了区域合作的互惠互利、风险共担、发挥优势原则。1993年，宪法修正案第7条确立了市场经济体制；2003年，中共中央决定进一步完善社会主义市场经济体制。

同时，除宪法明确规定央地事权分工原则外，以往的扩大地方

---

① 参见《邓小平文选（1975—1982年）》，人民出版社1983年版，第142页；《邓小平文选》（第三卷），人民出版社1993年版，第279—280页。

自主权改革往往是个别性的、就事论事式的措施和政策,甚至只是对个别地方的优待性政策和资金投入。1993年国家进行了具有重要宪法意义的分税制改革,增加了地方的财政收入和财政自主权,逐渐形成了地方的利益主体身份。2016年,国务院再次进行了具有宪法意义的划分央地财政事权及支付责任改革,实现了事权与财权的一致性。这两次改革是全国性、普遍性的制度建设,而不只适用于部分地区和部分领域。

在上述市场经济体制和央地事权分工改革的基础上,总结实行央地分级管理、以地方为主原则的经验,中共中央于2015年关于十三五规划的建议中提出了协调发展的新理念,要求实现区域协调发展。在2018年新发展理念入宪后,中共中央、国务院发布了《关于建立更加有效的区域协调发展新机制的意见》,确立了区域协调发展的五大原则,即坚持市场主导与政府引导相结合,坚持中央统筹与地方负责相结合,坚持区别对待与公平竞争相结合,坚持继承完善与改革创新相结合,以及坚持目标导向与问题导向相结合。这样,我国区域治理的原则得以正式确立,并形成了对接"一带一路"战略的西部大开发、东北振兴、京津冀协调、长三角一体化、大湾区建设、川渝城乡融合和中部城市群的区域治理格局。

二、中央统筹与地方负责

(一)中央统筹与地方负责的内涵

国家的行政区划治理侧重于对人的治理,主要在于实现公共秩序。区域治理则是以行政区治理为基础,按经济、文化或地理等联系的紧密度,在空间结构上的组织和调控,旨在实现经济发展上的目标或以经济发展目标为基础的特定治理任务。

在区域治理中,"中央统筹"和"区域协调"的提法都源于2003年《中共中央关于完善社会主义市场经济体制若干问题的决定》。早期的地方联动是在计划经济体制下开展的,具有非对等性和非经济性,是一方对另一方的援助。在确立央地分级管理、以地方为主的区域治理原则后不久,我国实行了市场经济体制,虽然地区协作依然存在,但主流却已经发展成为平等互利的经济合作,因而第八个五年计划开始命名为区域合作。2003年的决定中提出的区域协调,则既包括了地区协作又包括了区域合作,既需要地方的主动协调发展又需要中央对区域发展的统一协调即统筹。

对国家治理活动既可以按决策、执行和监督进行分类,也可以按领导和执行进行分类。前一分类侧重于国家治理活动的功能,不合适用于职责分工,因为每个主体往往既有决策又有执行和监督功能。领导与执行适用于治理主体的职责分工,也是我国组织法上所采用的分类,但难以充分体现执行者的主动性和积极性。统筹既体现了法律上的统一领导,又赋予了实施者较大的自主空间,在表现形式上更多的是具有较大弹性的规划和指导意见。

中央统筹原则与有些国家在地方分权中所实行的补充性原则具有相似性,但更加积极有为。补充性原则所强调的是上级只有在下级无力解决时才负责处理。它也表现为我国某些单行立法上的规定,即对区域治理事务既可以选择地方协商解决也可以选择中央政府解决,或者应先经地方政府协商,经协商未能达成协议的才由中央政府解决。[1]中央统筹原则意味着中央可以积极谋划区域发展

---

[1] 参见叶必丰:《区域合作的现有法律依据研究》,《现代法学》2016年第2期,第38页。

战略,在区域治理中可以进行积极调控,是宪法上民主集中制原则中"集中"这一层面的体现。

中央统筹并不是中央要直接处理具体的区域治理事务,而是要与地方负责相结合。地方负责中的"地方",既包括地方人大又包括地方政府。地方负责也就是有些单行法所规定的属地管理,是宪法和法律上所规定的地方行政机关在本行政区域内负责某项事务的具体落实。一方面,地方负责原则在区际关系上体现了地方主体对区域合作事务的地域管辖权及其范围。另一方面,地方负责原则在层级关系上体现了就近原则,即区域治理事权首先属于与公众联系最密切、最近的地方主体,在超越该地方主体能力时才属于上级主体。地方负责原则是宪法上民主集中制原则中"民主"这一层面的体现。

中央统筹与地方负责原则是区域治理原则的发展和创新。在以往,我国虽然有区域治理的实践,但缺乏区域治理的理念,治理主体仅仅是政府,因而治理原则仅仅有调整央地政府间关系的分级管理、以地方为主原则。按照这一原则,除由中央管理的区域治理事务外,其他都由地方管理。在市场经济体制基本完善和事权分工框架大体形成后,我国形成了真正的区域治理理念即区域协调。区域协调是我国五大发展理念的重要组成部分,是中国特色区域治理实践和成功经验的高度概括和理论提升。基于区域协调治理理念,就有了政府、企事业组织以及个人等多方主体的参与,形成政府与市场、个人与组织、政府机关相互间、市场主体相互间等多重关系。这样,区域治理的原则既包括处理政府与市场关系的原则又包括处理政府间关系的原则,既包括处理政府间层级关系的原则又包括调整政府间区际关系的原则。中央统筹与地方负责原则是区域治理原则的有机组成部分,是中央与地方关系上的一项指导原则。

(二)中央统筹与地方负责的任务

中央统筹与地方负责原则明确了中央和地方在区域协调中各自的基本任务。

中央统筹意味着中央负责区域治理事务的顶层设计。这包括确立区域协调的指导思想、总体目标和基本原则,规划重大区域协调发展战略,构筑区域协调发展体系,推动各国家级重大区域战略的融合发展以及国家级重大区域战略与"一带一路"战略的融合发展,促进发达地区与欠发达地区以及陆海协调发展,实施城乡一体化协调发展重大举措,明确区域协调发展重要任务。

中央统筹原则意味着中央对所有区域治理事务都具有统一领导权,要总揽大局,积极作为。如疏解北京非首都功能,建设雄安新区;将安徽加入到长三角区域一体化发展;调整珠三角合作区为大湾区建设,推动在区域协调发展的同时促进香港和澳门尽快融入国家发展和民族复兴的伟业。如果没有中央统筹,则北京在河北建设雄安新区是难以想象的,安徽进入长三角区域是难以达到入门标准的,广东省与香港、澳门特别行政区的合作也很难取得实质性进展。

中央统筹意味着中央负责区域治理事务的制度建设。在地区协作阶段,中央对地区平衡发展的布局并没有制度化的努力。[①] 在央地分级管理、以地方为主阶段,中央虽然在少量单行法中规定了针对特定事项的区域合作制度,但并未重视提供系统性的制度供给;对区域合作具有现实需求的地方主体,却基于立法权受限而无法创设区域治理制度。基于中央统筹原则,2022 年修正的"地方组

---

① 参见苏力:《当代中国的中央与地方分权——重读毛泽东〈论十大关系〉第五节》,《中国社会科学》2004 年第 2 期,第 47 页。

织法"创设了地方人大的区域协同立法制度,赋予了地方政府建立区域协同发展工作机制的职权,为区域合作提供了具有重要意义的一般性制度保障。相应的,《立法法》也通过修正而赋予了地方主体协同立法权。

中央统筹意味着中央对区域协调的保障。首先是政策支持,这不仅仅是指政策优惠,更重要的是中央各部门的政策协同。如为了疏解北京的非首都功能,在京的有关单位在搬迁到雄安后,职工子女还能否在京完成义务教育,能否在京参加高考等,都需要中央统筹各部门的政策协同。其次是资金支持,这包括中央财政经费的支持,合理的转移支付,以及对当事地方主体筹措资金的支持。

中央统筹意味着中央对区域合作事务的协调、指导和监督。对此,"地方组织法"第80条第2款明确规定:"上级人民政府应当对下级人民政府的区域合作工作进行指导、协调和监督。"在实践中,中央的指导、协调和监督有多种形式,其中之一就是中央有关部门直接参与区域合作的磋商,指导区域合作协议的缔结,对区域合作协议进行备案等。重要的是中央对区域合作争议进行协调,推动区域合作的顺利发展。

地方负责意味着地方按照中央的区域发展战略和相应制度,发挥主动性和积极性,实现区域协调发展目标,体现了区域协调事务配置的就近原则。地方负责不仅仅是地方按照中央的原则、制度和政策依样画葫芦,地方应当以区域协调发展的目标为导向,在中央所确定的区域协调框架范围内,创新区域合作的体制机制,探索区域治理的模式和方式,不断总结出可复制可推广的经验。事实上,区际协同立法、委托立法、共设机关、职员派遣、联席会议、合作协议、职务协助、管辖权委托或职权委托等,都是在区域合作实践中地方创新和探索的基础上发展起来的。

(三)中央统筹与地方负责的意义

党的二十大报告指出:"坚持依法治国首先要坚持依宪治国,坚持依法执政首先要坚持依宪执政。"区域协调是依宪治国和依宪执政的伟大实践,中央统筹与地方负责原则是宪法实施的重大成果。

1. 央地事权分工的成功实践。宪法第3条规定了央地事权分工原则,即事权的层级分工,目的在于加强地方的积极性和主动性。这种事权分工是以行政区划为单位的。但一方面地方事务往往具有外溢性,不可能完全局限于本行政区域,另一方面地方事权也可能导致行政壁垒,影响了市场的统一。基于地方积极性和主动性而形成的地方竞争,客观上拉大了地区发展的不平衡,还导致了产业布局的重构以及资源过度消耗的负担。这就需要地方之间的合作,更需要中央的统一领导。中央统筹与地方负责原则就是宪法上央地事权分工原则的具体实施,是宪法上民主集中制原则的成功实践。这也说明,我国宪法上的央地事权分工原则尽管没有相配套的立法或制度,但中央却在区域治理的实践中探索出了实施路径和有效方案。

我国的区域合作范围有一个逐步扩大的过程。从初期的技术和物资援助到平等互利的区域合作,从旨在破除行政壁垒的市场流通到政府间共建产业园区、飞地经济,从经济事务到环境生态和社会事务,都是区域合作范围不断拓宽的过程。如长三角区域有关省市人大常委会同步通过的《关于促进和保障长三角生态绿色一体化发展示范区建设若干问题的决定》和《推进长三角区域社会保障卡居民服务一卡通规定》,就在于推进生态环境和社会保障的跨行政区一体化发展。由此可见,中央统筹与地方负责所实践的宪法上央地事权分工已经远远超出了纯经济事务的范围,而发展到可持续发展、社会保障和精神文明建设等更广阔的领域。这就意味着中央统筹与地方负责原则对实施宪法上的央地事权分工原则具有了整体性和全局性意义。

2. 一国两制实施的创新发展。根据宪法第 31 条的规定,国家在香港和澳门设立了特别行政区,实行"一国两制"。国家为此制定了《香港特别行政区基本法》和《澳门特别行政区基本法》,分别规定了香港和澳门特别行政区的高度自治权。除了众所周知的历史原因外,从法律上说国家赋予特别行政区的高度自治权也是以宪法第 3 条第 4 款的央地事权分工原则为依据的。

国家赋予香港、澳门特别行政区高度自治权的本来目的,是为了促进其更加繁荣稳定。但一段时间以来,如何在香港特别行政区实施好"一国两制"的"一国"却成了问题,原因是个别人试图里应外合,兴风作浪。为此,中央通过法治手段实现了香港由乱而治,并以法治化、市场化思维谋划了大湾区战略,目的之一就在于"支持香港、澳门融入国家发展大局","让港澳同胞同祖国人民共担民族复兴的历史责任、共享祖国繁荣富强的伟大荣光",为实施好"一国两制"找到了成功的方案。

大湾区战略的一个原则是"维护中央的全面管治权和保障特别行政区的高度自治权有机结合"。这一原则的根本依据仍然是宪法第 3 条第 4 款的央地事权分工原则。央地事权分工原则不仅指导权限的划分而且指导权限的行使;宪法适用于我国的全部领域,包括特别行政区。[1] 当然,大湾区战略原则的形成,则是以中央统筹与

---

[1] 参见邹平学等:《香港基本法实践问题研究》,社会科学文献出版社 2014 年版,第 79 页。

地方负责相结合原则为直接母本,针对香港和澳门特别行政区的具体情况而进行的借鉴。这就意味着,中央统筹与地方负责相结合原则直接支持了大湾区战略原则的形成。

三、从组织法转向行为法

(一)以往的组织法治理

中央对区域问题的治理,传统上主要采用下列两种组织法机制:第一,把若干行政区加以撤销、合并,使几个行政区变为一个行政区,把若干不同地区行政机关的行政行为变为一个行政机关的行政行为。第二,在几个行政区之上成立一个领导机关,通过行政科层制实现行动的统一。[①] 新中国之初,就曾将全国分为东北、华北、西北、华东、中南和西南六大区,设立了区域治理的一般性政权机构。《大行政区人民政府委员会组织通则》(现已废止)第4条规定:"各大行政区人民政府委员会是各该区所辖省(市)高一级的地方政权机关,并为中央人民政府政务院领导地方政府工作的代表机关。"

之后的流域治理也是典型的区域治理。为了实现流域治理,我国以往设置了较多流域治理机构。交通部设置了长江航务管理局和珠江航务管理局。水利部设置了长江水利委员会、黄河水利委员会、淮河水利委员会、海河水利委员会、珠江水利委员会、松辽水利委员会、太湖流域管理局和小浪底水利枢纽管理中心。

[①] 参见〔日〕盐野宏:《行政组织法》,杨建顺译,北京大学出版社2008年版,第172页;〔德〕哈特穆特·毛雷尔:《行政法学总论》,高家伟译,法律出版社2000年版,第542—543页;〔法〕让·里韦罗、让·瓦利纳:《法国行政法》,鲁仁译,商务印书馆2008年版,第270—283页。

根据长江水利委员会的官网,该会设有内设机构16个(见表2-1),单列机构1个即长江流域水资源保护局(见表2-2),以及事业单位14个(见表2-3)。同时,长江水利委员会还有4家企业(公法人),即长江水利水电开发总公司、长江勘测规划设计研究院、汉江水利水电(集团)有限责任公司(丹江口水利枢纽管理局)和南水北调中线水源有限责任公司。根据公开资料显示,长江水利委员会有职工近三万人。

表2-1 长江水利委员会内设机构

序号	名称	级别	序号	名称	级别
1	办公室	副局	9	建设与管理局	副局
2	总工程师办公室	副局	10	河道采砂管理局	副局
3	规划计划局	副局	11	水土保持局(农村水利局)	副局
4	水资源局	副局	12	防汛抗旱办公室(三峡水库管理局)	副局
5	水政与安全监督局	副局	13	审计局	副局
6	财务局	副局	14	离退休职工管理局	副局
7	人事劳动局	副局	15	直属机关党委	处
8	国际合作与科技局	副局	16	长江工会	处

表2-2 长江流域水资源保护局内设机构

内设机构	派出机构	事业单位
办公室	长江流域水资源保护局上海局	长江水资源保护科学研究所
人事处(党群工作处)		
规划计划财务处		
保护协调处	长江流域水资源保护局丹江口局	长江水资源保护科学研究所
监督管理处		
科技信息处		

表2-3 长江水利委员会所属事业单位

序号	名称	级别	人员数
1	长江水利委员会水文局	正局	1303
2	长江水利委员会长江科学院	正局	900
3	水利部中国科学院水工程生态研究所	正局	150
4	长江水利委员会陆水试验枢纽管理局	正局	1300
5	水利部长江勘测技术研究所	副局	/
6	长江水利委员会长江工程建设局	副局	/
7	长江水利委员会综合管理中心	副局	/
8	长江水利委员会网络与信息中心(长江档案馆)	副局	(档案馆)54
9	长江水利委员会宣传出版中心	副局	/
10	长江水利委员会人才资源开发中心	副局	/
11	长江水利委员会机关服务中心(局)	副局	/
12	长江水利委员会长江医院(血吸虫病防治监测中心)	副局	450
13	长江水利委员会长江流域水土保持监测中心站	正处	90
14	长江水利委员会驻北京联络处	正处	/

注:表中的"/",系未能查到编制数。

根据长江航务管理机构官网,它共设有7个机构(见表2-4),19420人,其中干部10242人,专业技术人员5991人。

表2-4 长江航务机构

序号	名称	性质	级别	机构数	人员数
1	长江航务管理局	行政	正局	11个处(室)和党群工作机构	120
2	长江航运公安局	行政	副局	15个处室、16个分局、78个派出所、1个培训中心	/
3	长江海事局	行政	正局	13个处室、10个分支海事局、58个海事处、126个巡航救助执法大队、10个引航站、13个通信信息中心	7000

（续表）

序号	名称	性质	级别	机构数	人员数
4	长江三峡通航管理局	事业	正局	18个内设机构	908
5	长江航道局	事业	正局	7个处室、6个区域航道局,下辖80个航道管理处;4个航道工程局及4个支持保障单位	8000
6	长江航运总医院	事业	正处	14个科室	800
7	中国水运报刊社	事业	正处	/	/

注:表中的"/",系未能查到编制数。

在我国区域经济一体化战略提出以前,长江早就把沿江11省市的水利和交通在物理上"一体化"了。为了实现行政上或治理上的一体化,在当时行为法机制比较缺乏、治理权限集中于中央的时期,采用了组织法机制,即直接由中央政府统一管理。这就导致了长江水航机构几近林立,队伍有近五万人之庞大的现状。中央通过组织法机制的区域治理是直接的,几乎无需其他力量的参与,只需要地方和公众很少的配合;是事无巨细的,甚至更多是微观性治理;其成本也是巨大的,不仅占用了大量的编制,而且需要巨大的人力和财政支出(尤其在计划经济时期)。当然,当时区域治理的主要任务是强化中央的统一领导。

(二)现在转向行为法机制

现在,国家强调市场统一,倡导区域经济一体化,鼓励区域协同合作,协调东西部科学发展。以长江经济带战略为例,它不仅仅涉及水资源和内河交通线,而且还是立体交通走廊,是联结"一带一路"国家和地区的产业带,是区域协调发展和生态环境的示范带。

它的意义比水资源和航运水利重要无数倍。现在的一体化不仅仅是对水资源利用保护和长江航运的统一治理，而且是整个长江经济带产业、交通、生态、文化和社会事业等方面的协同治理。事情需要落实到人，职责需要落实到具体的组织，长江经济带的发展重任也需要由统一的负责任者。如果仍然采用以往的组织法机制，按所涉及的事务由国务院各主管部门分别设置流域管理机构，则将需要增加更多的组织机构、人力和财力。

马克思主义认为人民政府是廉价政府，[①]现代国家要求高效政府。我国自 21 世纪以来就对编制实行严格控制，[②]提出了国家治理体系和治理能力现代化。于是，区域治理机制开始从组织法向行为法转型，除了京津冀及周边地区大气污染防治、东北振兴、西部开发和大湾区建设等少量协调性机构外，一般都采用了区域指导和区域规划的行为法机制（详见表 2-5、表 2-6）。区域指导和区域规划具有宏观性和弹性，体现了中央统筹与地方负责相结合的原则，未增设组织机构却承担着组织法的功能，可以较好地实现区域治理的目标。

表 2-5　国务院的区域指导意见

序号	名称	文号	合作方
1	国务院关于进一步推进长江三角洲地区改革开放和经济社会发展的指导意见	国发〔2008〕30 号	沪、苏、浙

---

① 参见《马克思恩格斯选集》，第 3 卷，人民出版社 2012 年版，第 101 页。
② 参见中共中央办公厅、国务院办公厅发布了《关于严格控制机构编制的通知》，厅字〔2001〕40 号，2001 年 10 月 15 日发布；中共中央办公厅、国务院办公厅发布了《关于进一步加强和完善机构编制管理严格控制机构编制的通知》，厅字〔2007〕2 号，2007 年 3 月 15 日发布；中共中央办公厅、国务院办公厅发出《关于严格控制机构编制的通知》，厅字〔2011〕22 号，2011 年 12 月 30 日发布。

(续表)

序号	名称	文号	合作方
2	国务院办公厅转发环境保护部等部门关于推进大气污染联防联控工作改善区域空气质量指导意见的通知	国办发〔2010〕33号	有关地方
3	国务院关于支持河南省加快建设中原经济区的指导意见	国发〔2011〕32号	晋、陕、豫
4	国务院办公厅关于开展对口帮扶贵州工作的指导意见	国办发〔2013〕11号	辽、沪、苏、浙、鲁、粤、贵
5	国务院关于依托黄金水道推动长江经济带发展的指导意见	国发〔2014〕39号	沪、苏、浙、皖、赣、鄂、湘、渝、川、云、贵
6	国务院关于深化泛珠三角区域合作的指导意见	国发〔2016〕18号	闽、赣、湘、粤、桂、琼、川、贵、云

表2-6 党中央、国务院批复的区域规划

序号	名称	类型	批复文号	合作方
1	乌江干流沿岸地区国土规划	■	国函〔1990〕84号	贵、川
2	西北地区经济规划	●	国发〔1993〕19号	陕、甘、青、宁、新、藏
3	西南和华南部分省区区域规划纲要	●	国发〔1993〕56号	川、云、贵、桂、琼、粤
4	晋陕蒙接壤地区资源开发和环境保护综合规划	■	国办函〔1995〕45号	晋、陕、蒙省区
5	三峡库区及其上游水污染防治规划(2001—2010)	■	国函〔2001〕147号	鄂、渝、川、贵、云
6	丹江口库区及上游水污染防治和水土保持规划	■	国函〔2006〕10号	豫、鄂、陕
7	东北地区振兴规划	●	国函〔2007〕76号	辽、吉、黑、蒙

（续表）

序号	名称	类型	批复文号	合作方
8	全国对口支援三峡库区移民工作五年（2008—2012）规划纲要	□	国函〔2008〕21号	20省市
9	珠江三角洲地区改革发展规划纲要（2008—2020）	●	国函〔2008〕129号	广东9市
10	横琴总体发展规划	□	国函〔2009〕95号	粤、澳
11	皖江城市带承接产业转移示范区规划	●	国函〔2010〕5号	皖9市及六安2县
12	前海深港现代服务业合作区总体发展规划	□	国函〔2010〕86号	粤、港
13	成渝经济区区域规划	●	国函〔2011〕48号	渝、川
14	赣闽粤原中央苏区振兴发展规划	★	国函〔2014〕32号	赣、闽、粤
15	晋陕豫黄河金三角区域合作规划	●	国函〔2014〕40号	晋、陕、豫
16	洞庭湖生态经济区规划	■	国函〔2014〕46号	湘、鄂
17	珠江-西江经济带发展规划	●	国函〔2014〕87号	粤、桂
18	全国对口支援三峡库区合作规划（2014—2020）	□	国函〔2014〕96号	21省区市
19	左右江革命老区振兴规划（2015—2025）	★	国函〔2015〕21号	桂、贵、云
20	长江中游城市群发展规划	⬟	国函〔2015〕62号	赣、鄂、湘
21	大别山革命老区振兴发展规划	★	国函〔2015〕91号	皖、豫、鄂
22	哈长城市群发展规划	⬟	国函〔2016〕43号	吉、黑
23	成渝城市群发展规划	⬟	国函〔2016〕68号	渝、川

(续表)

序号	名称	类型	批复文号	合作方
24	长江三角洲城市群发展规划	⬟	国函〔2016〕87号	沪、苏、浙、皖
25	川陕革命老区振兴发展规划	★	国函〔2016〕120号	渝、川、陕
26	促进中部地区崛起"十三五"规划	●	国函〔2016〕204号	晋、皖、赣、豫、鄂、湘
27	中原城市群发展规划	⬟	国函〔2016〕210号	豫、冀、晋、皖、鲁
28	北部湾城市群发展规划	⬟	国函〔2017〕6号	粤、桂、琼
29	关中平原城市群发展规划	⬟	国函〔2018〕6号	陕、晋、甘
30	呼包鄂榆城市群发展规划	⬟	国函〔2018〕16号	蒙、陕
31	兰州-西宁城市群发展规划	⬟	国函〔2018〕38号	甘、青
32	淮河生态经济带发展规划	■	国函〔2018〕126号	苏、皖、鲁、豫、鄂
33	汉江生态经济带发展规划	■	国函〔2018〕127号	豫、鄂、陕
34	太行山旅游业发展规划（2020—2035）	★	国办函〔2020〕74号	京、冀、晋、豫
35	辽宁沿海经济带高质量发展规划	●	国函〔2021〕91号	辽宁6市
36	"十四五"特殊类型地区振兴发展规划	▢	国函〔2021〕98号	各省区市
37	江苏沿海地区发展规划（2021—2025）	●	国函〔2021〕128号	连、盐、通
38	长江经济带发展规划纲要	●	/	沪、苏、浙、皖、赣、鄂、湘、渝、川、云、贵
39	粤港澳大湾区发展规划纲要	▢	/	粤、港、澳

（续表）

序号	名称	类型	批复文号	合作方
40	长江三角洲区域一体化发展规划纲要	●	/	沪、苏、浙、皖
41	黄河流域生态保护和高质量发展规划纲要	■	/	青、川、甘、宁、蒙、晋、陕、豫、鲁

注：1. 表中规划的编制主体如下：序号1为贵、川省政府，2、3为原国家计委，4为晋陕蒙接壤地区资源开发和环境保护领导小组，5为环保总局，6为国家发改委、水利部、环保总局和南水北调办，7为国家发改委、振兴东北办，8、18为三峡办，其他均为国家发改委；序号38-41的批准主体是党中央，其他规划的批准主体均为国务院。

2. 符号■表示生态环境保护；✦表示老区苏区发展；⬠表示城市群建设；●表示经济发展；▫表示其他。

根据"国务院发展规划编制意见"的规定，我国的"发展规划"按对象和功能类别分为总体规划、专项规划和区域规划三类。总体规划是国民经济和社会发展的战略性、纲领性、综合性规划，是编制本级和下级专项规划、区域规划以及制订有关政策和年度计划的依据，其他规划要符合总体规划的要求。专项规划是以国民经济和社会发展特定领域为对象编制的规划，是总体规划在特定领域的细化，也是政府指导该领域发展以及审批、核准重大项目，安排政府投资和财政支出预算，制定特定领域相关政策的依据。区域规划是以跨行政区的特定区域国民经济和社会发展为对象编制的规划，是总体规划在特定区域的细化和落实，是各行政区内下一级总体规划、专项规划的编制依据，是对区域问题实施科层治理的重要法律机制。

当然，现在治理区域问题并不是完全摒弃组织法机制。少量设置的组织机构根据"中央统筹与地方负责相结合原则"向着两个方向在发展，中央政府的区域治理机构一般采用议事协调制或联席会议制，对区域合作实施宏观调控和监督；允许地方主体创设区际议事协调机构或区际共设机关。

本节结语

我国在新中国成立之初就意识到并提出了区域治理问题。在区域梯度发展的基础上,我国总结出了实行央地分级管理、以地方为主的区域治理原则。随着市场经济体制和央地事权分工的改革,区域治理的原则得以不断丰富,形成了中央统筹与地方负责相结合原则。它具有独特的内涵和任务,是央地事权分工的成功实践,指导了一国两制实施的创新发展,构成了区域合作法的体制性和原则性基础。

中央统筹与地方负责相结合原则是随着改革逐步发展起来的。在计划经济时期,中央对区域问题的治理主要采用组织法机制。改革开放后的20世纪90年代出现了区域规划,并在此后得到了快速发展,且又发展出了区域指导。这些具有组织法功能的宏观性行为法治理机制以及地方的区域合作实践,为央地分级管理、以地方为主原则的形成并发展成为中央统筹与地方负责相结合原则提供了经验基础。中央统筹与地方负责相结合原则的确立,则大大提升了区域规划这一行为法机制在国家治理体系和治理能力中的地位,丰富了区域规划的内容,完善了区域规划的编制。

第二节 地方政府的事权[①]

本节导语

我国的改革是从经济领域对地方政府的放权开始的,因而央地

---

① 本节原标题为《论地方事务》,首发于《行政法学研究》2018年第1期,此次出版时作了修改和补充。

关系从改革初期就受到了关注。央地关系的实质是事权的层级分工。早在20世纪80年代,就有研究者在关注财政体制改革时注意到了央地事权分工。[1]此后,许多学者和实务专家研究了一般意义上的央地事权分工,[2]并产生了多项重要成果,如董辅礽等的《集权与分权:中央与地方关系的构建》(经济科学出版社1996年版)、林尚立的《国内政府间关系》(浙江人民出版社1998年版)、杨宏山的《府际关系论》(中国社会科学出版社2005年版)和张志红的《当代中国政府纵向关系研究》(天津人民出版社2005年版)等。

从法学角度运用规范分析方法研究央地关系,则是从《立法法》规定"地方性事务"开始的。曾有研究称"地方立法的膨胀",[3]2015年地方立法的主体再次扩大。但实际上地方自主立法的范围仅限于"地方性事务"即地方事权。法律对"地方性事务"采取了概括性规定的方式,而法律解释却采取了严格解释的立场。[4]为此,阐明地方性事务(权)的范围、界限和保障,对地方主体自主立法权限范围和区域合作范围的确定,以及对国家治理体系和治理能力现代化,都具有重要的理论意义和实践意义。

---

[1] 参见岳福斌:《财税体制改革中的几个问题》,《中央财政金融学院学报》1989年第1期,第47页。

[2] 参见顾国新等:《关于正确划分中央与地方政府事权的几个问题》,《计划经济研究》1989年第6期,第47—51页;原国家体改委综合改革试点司:《划分中央与地方政府事权的构想》,《改革》1990年第5期,第132—138页;马大强:《对中央与地方事权分级行使的思考》,《江汉论坛》1990年第7期,第39—42页,等。

[3] 崔卓兰、孙波、骆孟炎:《地方立法膨胀趋向的实证分析》,《吉林大学社会科学学报》2005年第5期,第106页。

[4] 参见向立力:《地方立法发展的权限困境与出路试探》,《政治与法律》2015年第1期,第68、70—71页。

一、地方事权的范围

(一)地方事权的界定

《立法法》第82条第1款规定:"地方性法规可以就下列事项作出规定:……(二)属于地方性事务需要制定地方性法规的事项。"该规定中的"地方性事务"与地方事权一样,完全可以省略"性"而称其为地方事务。认识地方事务(权)需要把握以下两个方面:

1. 地方事务和地方事权是一个问题的两个方面。地方人大的管辖权主要受下列因素限制:地域、人、事务以及立法和行政的分工。地方事务是确定地方人大管辖权的任务标准,是中央与地方权力分工的标准,即地方人大的事务管辖权。所谓中央和地方的权力分工,就是对所管辖事务的分工。[①]事务侧重于事实层面的任务,事权侧重于法律层面的权力。"所谓'事权',实际是指特定层级政府承担公共事务的职能、责任和权力。"[②]"国务院央地事权划分意见"指出:"财政事权是一级政府应承担的运用财政资金提供基本公共服务的任务和职责。"就地方立法而言,地方事务更多表征了地方性法规的调整对象,地方事权则进一步表征了地方立法的自主性。除特别需要外,本书使用"地方事务"一词,并与"地方事权"同义。

2. 地方事务不是区分地方人大和地方政府管辖权的事务标准。地方事务是地方人大管辖的事务,应无异议。有疑问的是,地方事务是不是地方政府管辖的事务?《立法法》第93条第2款规定:"地方政府规章可以就下列事项作出规定:……(二)属于本行政

---

① 参见李驰:《法国地方分权改革》,中国政法大学出版社2016年版,第30—36页。
② 王浦劬:《中央与地方事权划分的国别经验及其启示》,《政治学研究》2016年第5期,第46页。

区域的具体行政管理事项。"该事项就是地方事务,为了既区别中央事务和地方事务,又区别地方人大的事务和地方政府的事务,因而该条文未使用地方事务的表述。如果使用地方事务,则难以在事务上区分地方人大和地方政府的立法权限。从中央和地方的权限分工来说,就不需要区分地方人大事务和地方政府事务。在法国,"'Collectivté'指一个集合体,强调其自主意识。'territoriale'指领土,也就是说这是一个占有部分领土的有自由意识的集合体"。"Collectivté territoriale"的中文有三种译法:"'地方政府''地方领土单位'和'地方行政区域'",但比较贴切的是"地方行政区域"。"地方行政区域"的"行政","是指一切公权力行为,而不单指行政行为"。[①] 也就是说,"Collectivté territoriale"即"地方行政区域"是相对于中央政权组织或国家政权组织而言的地方政权组织,而并不区分地方议会和地方政府。在我国,"国务院央地事权划分意见"中的地方事权,也并非专指地方人大或地方政府的事权,仅仅是区别于中央的事权。地方事务,从地方性法规角度说属于地方人大管辖,从行政管理角度说属于地方政府管辖。

(二)地方事权的列举设定

哪些事务应该属于地方事务?诚如有学者所说,"在实践中,很难界定何谓(地方)特有事务"。[②]

一种观点认为,对地方事务的具体范围没法作列举规定,而只能寻找一个确定地方性事务的标准。[③] 为此,他们对确定地方事务

---

① 李驰:《法国地方分权改革》,中国政法大学出版社2016年版,第9—10页。
② 〔法〕让·里韦罗等:《法国行政法》,鲁仁译,商务印书馆2008年版,第65页。
③ 参见陈国刚:《论设区的市地方立法权限——基于〈立法法〉的梳理与解读》,《学习与探索》2016年第7期,第85页。

的标准进行了探索。有的从法解释出发,认为"地方性事务是与全国性的事务相对应的,地方性事务是指具有地方特色的事务"。[1]有的从地方立法的实践出发,认为主要是根据不相抵触原则和法律保留原则来判断地方性事务。[2]在法国,"判断地方事务的主要标准为地方公共利益,凡涉及专属性的地方公共利益的事务,一般均可被认定为地方事务"。[3]这些判断标准从各自角度上说都是成立的,既可以帮助在立法个案中确定何者为地方事务,又可以指导将来立法时列举规定地方事务。但简单的判断标准毕竟难以操作,且很难控制判断偏差所导致的越权立法风险。

另一种努力,则是追求对地方事务范围的详细列举。概括起来主要有三种思路:第一,根据宪法和"地方组织法"对县级以上地方人民政府职权的规定,确定"地方性事务"的范围。[4]但是,"有关法律并不是针对每个地方行政区制定的,而是按照教育、社会救助等事权分别制定的"。[5]我国也是如此,"地方组织法"和各单行法对地方事务的规定,与中央事务严重同构,[6]并没有把地方事务专属化。第二,根据单行法对职权的配置确定地方事务,即单行法上规

---

[1] 张春生主编:《中华人民共和国立法法释义》,法律出版社2000年版,第195页。
[2] 参见涂艳成:《地方创制性立法之"地方性事务"研究》,上海交通大学2009年硕士学位论文,第39—40页。
[3] 李驰:《法国地方分权改革》,中国政法大学出版社2016年版,第7页。
[4] 参见遵义市人大常委会调研组:《地方立法权限范围与权力边界研究》,载贵州人大网;孙波:《我国中央与地方立法分权研究》,吉林大学2008年博士学位论文。
[5] 〔法〕让·里韦罗、让·瓦利纳:《法国行政法》,鲁仁译,商务印书馆2008年版,第119页。
[6] 参见任广浩:《国家权力纵向配置的法治化选择——以中央与地方政府间事权划分为视角的分析》,《河北法学》2009年第5期,第85—86页;封丽霞:《中央与地方立法事权划分的理念、标准与中国实践——兼析我国央地立法事权法治化的基本思路》,《政治与法律》2017年第6期,第28—29页。

定地方国家机关的事务都属于地方事务。①这就难以区分地方国家机关承担的国家事务和地方专属事务。第三,以地方立法的经验或需要为基础确定地方事务的范围,鼓励地方立法的探索。②这既有可能使地方立法成为失去缰绳的野马,又有可能使地方立法无所适从。

从比较法的角度看,详细列举地方事务即地方事权的代表之一是美国。美国早期的行政法学者古德诺考察后指出:"美国地方行政制度,有一最著名之特质焉,即以条令详定地方行政组织之一切事项、属于市团体之一切权力及其从事者之职务是也。"③列举地方事务的形式首先是自治宪章,其次是州议会的法令。法令之多,令人难以想象。"从1901年到1921年,纽约市宪章至少由州议会作了五百五十项修正,除正式的修正外,还通过了一千零二个关于纽约市的特别法令。这些法令之外,还得加上有关普选、教育、运输、文职人员和其他影响政府权力和任务的措施。"④我们由此可以大致观察对地方事务列举规定之繁细。

法国是详细列举规定地方事权的又一代表。"'职能总条款'赋予地方行政区域行使其能够有效行使的所有职能的权利。'职能总条款'有效地保障了地方行政区域的自主权力。"⑤根据1982年3月2日、1983年1月7日、1983年7月12日和2004年8月13日法律的规定,市的事权包括城市规划、土地管理、社会保障、教育(小

---

① 参见余凌云:《警察权的央地划分》,《清华法学》2019年第4期,第36页。
② 参见向立力:《地方立法发展的权限困境与出路试探》,《政治与法律》2015年第1期,第77—78页。
③ 〔美〕古德诺:《比较行政法》,白作霖译,王立民、王沛勘校,中国政法大学出版社2006年版,第136—137页。
④ 〔美〕查尔斯·A.比尔德:《美国政府与政治》(下册),朱曾汶译,商务印书馆1988年版,第832—833页。
⑤ 李驰:《法国地方分权改革》,中国政法大学出版社2016年版,第6页。

学教育和学前教育）、经济发展、领土整治、农业农村、大型公共设施、交通、人居条件、文化设施和基于地方分权的国际合作。[1]

（三）我国地方事权的范围

我国宪法和"地方组织法"规定了地方人大和政府的职权。根据规定，至少国防、外交和税制事务不属于地方事务。不过，宪法和组织法所作的规定都比较原则，不够明确。一方面，所规定的地方人大和地方政府的职权，到底全部都是地方专属事权，还是部分系在本行政区域内代表国家行使的中央事权，不得而知。另一方面，地方事务与中央事务存在严重同构，很难判别是地方专属事务还是中央和地方的共同事务。为此，宪法第89条规定：国务院有权"规定中央和省、自治区、直辖市的国家行政机关的职权的具体划分"。这一规定中的"具体划分"是以立法的形式还是以决定的形式尚无制度依据，但几乎可以确定的是其中的地方事权系行政权。基于地方事权与中央事权的相对性，以及地方人大和地方政府事权的一致性，在宪法和法律对地方事务没有作具体列举规定的情况下，就应当考察国务院对地方事权的规定来加以明确。

"国务院央地事权划分意见"设定了地方事权的范围："要逐步将社会治安、市政交通、农村公路、城乡社区事务等受益范围地域性强、信息较为复杂且主要与当地居民密切相关的基本公共服务确定为地方的财政事权。"它还规定，必须减少中央和地方共同事权范围，应建立中央和地方事权的动态调整机制。"国务院央地事权划分意见"只是对地方事权范围的总体性、纲领性文件。对地方事权范围的具体确定，除了"国务院央地事权划分意见"外，国务院还有

---

[1] 参见李驰：《法国地方分权改革》，中国政法大学出版社2016年版，第66—67页。

其他相关文件。如关于市政交通和城乡社区事务等地方事权的范围,还有《中共中央、国务院关于深入推进城市执法体制改革改进城市管理工作的指导意见》[①]和《中共中央、国务院关于进一步加强城市规划建设管理工作的若干意见》[②]等。它们都是确定相关地方事务的依据。

如果对地方事权还需要进一步具体化,则要考察有关的解释。例如,《国务院法制办公室对内蒙古自治区人民政府法制办公室转送的赤峰市人民政府〈关于审查张晓利申请行政复议一案应适用地方性法规,还是适用部门规章的请示〉的复函》[③]指出:"关于城市出租车的管理,国务院1998年机构改革时,已经将城市出租车管理职能下放给地方人民政府。据此,今后对此类问题,省级地方性法规或者政府规章有规定的,适用该地方性法规或者政府规章的规定。"本来,宪法和组织法有关地方事权的解释权并不在国务院。但根据宪法第89条,国务院有权对中央和地方职权作具体分工的规定,上述改革政策的解释具有合法性。依据这类解释,有助于确定具体地方事务。

但总体而言,我国当前对地方事务的法律解释采取了严格解释的立场,[④]亟须统一到"国务院央地事权划分意见"所确立的原则上来。该意见指出:"将直接面向基层、量大面广、与当地居民密切相关、由地方提供更方便有效的基本公共服务确定为地方的财政事权。"我们可以把这一原则称为"贴近基层原则"。"贴近基层原则"

---

① 中共中央、国务院2015年12月24日印发。
② 中共中央、国务院2016年2月6日印发。
③ 国法函〔2001〕223号,2001年9月4日发布。
④ 参见向立力:《地方立法发展的权限困境与出路试探》,《政治与法律》2015年第1期,第68、70—71页。

源自党中央的改革政策,[①]是宪法第3条第4款规定的中央与地方民主集中制原则的具体体现,与法国处理中央与地方事权分工的"地方事务原则"和"补充性原则"相似。它不仅是设定地方事权的立法原则,而且也是确定地方事权范围的法律解释原则,具有重要的意义。

当然,从中央与地方关系的法治化、地方立法和区域合作的可操作性的角度说,地方事权的详细情形应由法律作出统一的列举或概括规定。"国务院央地事权划分意见"已明确指出:"地方的财政事权由地方行使,中央对地方的财政事权履行提出规范性要求,并通过法律法规的形式予以明确。"在2019年至2020年间,应"基本完成主要领域改革,形成中央与地方财政事权和支出责任划分的清晰框架。及时总结改革成果,梳理需要上升为法律法规的内容,适时制(修)订相关法律、行政法规,研究起草政府间财政关系法,推动形成保障财政事权和支出责任划分科学合理的法律体系"。法律是仅列举规定中央事权或地方事权,还是同时列举中央事权和地方事权,已有相关文献进行了研究。[②]

二、地方事权的界限

(一)概括性抑或列举性

前文所讨论地方事务范围的列举规定,是相对于概括式规定而

[①] 参见《中共中央关于全面深化改革若干重大问题的决定》,2013年11月12日中国共产党第十八届中央委员会第三次全体会议通过。
[②] 参见任广浩:《国家权力纵向配置的法治化选择——以中央与地方政府间事权划分为视角的分析》,载《河北法学》2009年第5期,第88页;封丽霞:《中央与地方立法事权划分的理念、标准与中国实践——兼析我国央地立法事权法治化的基本思路》,《政治与法律》2017年第6期,第26—27页;王浦劬:《中央与地方事权划分的国别经验及其启示——基于六个国家经验的分析》,《政治学研究》2016年第5期,第57页。

言的。作为规定方式的列举性抑或概括性,仅具有技术意义。但是,在央地关系上,地方事务的概括性抑或列举性,具有特别意义。如果说地方事务是列举性的,则意味着在地方事务或中央事务中未列明的事务都属于中央事务。如果说地方事务是概括性的,则意味着在地方事务或中央事务中未列明的事务都属于地方事务。这是地方事务范围的界限所在。

美国实行联邦制,州是联邦的成员。在州与联邦的关系上,理论上多认为联邦的权力是由州让渡的,州未让渡的权力由州保留。联邦的权力是列举性的,而州的权力是概括性的。[①] 美国联邦宪法第10条修正案规定:"宪法既未授予合众国,也未禁止各州行使的各项权力,分别由各州或人民保留。"[②] 然而,我们要讨论的并不是联邦制国家中作为联邦成员的州权或州事务,而是地方事务。美国的地方并不是州而是市县。国内有研究文献,把美国等联邦制国家与联邦成员的分权作为讨论我国央地分权的参照系,[③] 并不具有最密切关系。

日本的地方自治事务也实行概括主义。《日本地方自治法》第2条第8款规定:"本法的'自治事务'是指地方公共团体处理事务中法定受委托事务以外者。""法定委托事务"是指依法由自治体处理的事务中,"国家本应该承担的、国家特别有必要保障其适当

---

① 参见〔美〕托马斯·弗莱纳-格斯特:《联邦制、地方分权与权利》,载〔美〕路易斯·亨金等:《宪政与权利》,郑戈等译,三联书店1996年版,第11页。

② 对此的考证研究,参见〔美〕查尔斯·A. 比尔德:《美国政府与政治》(上册),朱曾汶译,商务印书馆1988年版,第12—13页。

③ 参见王浦劬:《中央与地方事权划分的国别经验及其启示》,《政治学研究》2016年第5期,第50页;封丽霞:《中央与地方立法事权划分的理念、标准与中国实践——兼析我国央地立法事权法治化的基本思路》,《政治与法律》2017年第6期,第19—24页。

处理的"事务（第一号法定受托事务），或者"都道府县本应该承担的、都道府县特别有必要保障其适当处理的"事务（第二号法定受托事务）。[1]第一、二号法定受托事务都以列表的形式明定。该法极为重要的改革是，废除了以往的机关委任事务，中央或上级机关不能再对地方或下级公共团体指派任务，极大地发展了地方自治事权。[2]

美国的州对市县的事权则有详细的列举规定，但州与市县的事权争议仍不断发生，需要通过法院的裁决来确定权力的归属。[3]各州对争议的解决结果及其所形成的制度各不相同，有的采纳狄龙规则，有的不采纳狄龙规则；有的实行地方自治，有的不实行地方自治。狄龙规则的核心内容包括，市县政府仅具有州政府明确授予的权力，明示权力必定暗含或必定附带的权力，对市县政府申明的目标或意图是绝对必要的——不是便利，而是必不可少的权力。[4]根据狄龙规则，"地方政府除法律明文授予的权力以外，无其他权力"。[5]实行自治的市县则是独立法人，以"地方自治政府与州政府和联邦政府体系并存的一种政府形式而存在"。[6]市县自治的强弱程度不尽相同。在少数自治程度最强的市县具有对州的概括性权力，即除了州宪法、法律以及自治规则所列举规定禁止的权力以外，

---

[1] 《日本地方自治法》，肖军、王树良译，上海社会科学院出版社 2022 年版，第 5 页。
[2] 参见〔日〕礒崎初仁、金井利之、伊藤正次：《日本地方自治》，张青松译，社会科学文献出版社 2010 年版，第 30 页。
[3] 参见〔美〕查尔斯·A. 比尔德：《美国政府与政治》（下册），朱曾汶译，商务印书馆 1988 年版，第 837 页。
[4] 参见董礼洁：《美国城市的法律地位——狄龙规则的过去与现在》，《行政法学研究》2008 年第 1 期，第 135 页。
[5] 王名扬：《美国行政法》（上），中国法制出版社 1995 年版，第 267 页。
[6] 〔美〕文森特·奥斯特罗姆等：《美国地方政府》，井敏、陈幽泓译，北京大学出版社 2004 年版，第 14 页。

所有权力都属于市县。[①]

法国是单一制国家,在行政体制上分中央、大区、省和市四级。在法律上,大区和省并不是地方,而是国家(中央)设在某一区域的组织。法国的地方仅仅是指市镇。[②]法国的市镇具有自治权。它是一种列举性的权力,而不是与生俱来的、组织国家的权力。相反,法国本来是一个中央集权的国家,是经过地方分权改革,通过法律设定,才赋予市镇以自治地位。"地方分权就是建立在中央事务与地方事务存在差别的基础上,只有地方事务才属于地方分权的范畴。"[③]未列举的事务,当然视为没有划分给市镇的中央事务。

我国也是单一制国家,地方事权及其范围系由法律设定并可由国务院具体确定,属于列举性事权,未列明的事权原则上应视为中央事权或中央和地方的共同事权。同时,我国还拟建立相应的机制解决事权争议。"国务院央地事权划分意见"指出:"中央与地方财政事权划分争议由中央裁定,已明确属于省以下的财政事权划分争议由省级政府裁定。"

(二)终局性抑或非终局性

终局性指的是地方组织对既定地方事务的最终决策权。相应的,非终局性指的是地方组织对既定地方事务并无最终决策权,还需要报经上级、中央的审批、同意,或者需要与上级、中央分享。权力分享是一种制度设计,不能与干预混同。干预是以非法手段影响

[①] 参见王名扬:《美国行政法》(上),中国法制出版社1995年版,第269页;陈科霖:《狄龙规则与地方自治:美国的实践经验及对中国的借鉴启示》,《甘肃行政学院学报》2015年第2期,第9页。

[②] 参见〔法〕让·里韦罗、让·瓦利纳:《法国行政法》,鲁仁译,商务印书馆2008年版,第49、96、99、102、107页。

[③] 同上书,第49—50页。

对地方事务的决策,或者以合法的形式通过采取与地方事务有关联的决策,影响地方组织的决策。干预不是区分终局性和非终局性的标准。中央对地方的事后监督也不属于权力分享,不影响地方事务的终局性。终局性与否是地方事务在处理流程上的界限。

美国早期,市县常常受到州立法的干预。但美国地方行政的终局性或者独立性却源远流长。美国早期行政法学者古德诺指出:"美国地方行政制度之第二特质,在多数官吏而互相独立,且独立于州之中央行政部以外。……其所以独立者,以州之行政组织,采分权制度故也。从事于地方区域之官吏,虽多掌关于全州利害之事业,而皆由其地人民所选。既被选后,殆全不受中央行政部之监督而自由行其职务,几为全国之通则。其行政官府,有权向地方官吏指挥其施行职务之法、破弃修正其行为,或行用惩戒权者,殆不多见。"[1]实行自治的市县行政事务,其终局性更为明显。20世纪以来,随着市县职能的不断增多,"许多工作正在转交给州政府及联邦政府,或者与州政府及联邦政府合作进行"。[2]但这与行政事务的终局性无关。同样,地方立法由市县独立进行,无须州议会或州长的批准。

法国自实行地方分权改革以来,市镇实行议行合一和自治原则,自治事务也就具有了终局性。如幼儿园和小学属于市镇自治事务,完全由市镇自行决定,无须省、大区或中央的审批或参与。"显示地方分权特征的第二个因素是,获得中央转来权限的地方权力机

---

[1] 〔美〕古德诺:《比较行政法》,白作霖译,王立民、王沛勘校,中国政法大学出版社2006年版,第139页。

[2] 〔美〕查尔斯·A.比尔德:《美国政府与政治》(下册),朱曾汶译,商务印书馆1988年版,第866页。

关具有独立性。"市镇"治理机关由选举产生，而不再由中央政府任命之时，独立性就形成了。自从国家不再介入地方行政区治理机关的组建，这些机关就独立于国家了；国家也就没有对地方行政区应负的责任了，也无权再对地方下命令"。① 这被称为"自由行政原则"，即"赋予地方行政区在法律规定的范围内，根据其经济社会发展的具体情况全面充分地进行经济社会管理的权力"。② 法国地方事务的终局性，是以划分中央事务和地方事务的"整体职能原则"为前提的。③ 在市镇与国家共同事权领域，需要各方共同参与决定。"比如许多事关基础设施的决策最终需要国家有关部门的同意，或者需要国家的财政支持。"④

我国香港特别行政区和澳门特别行政区实行高度自治。香港特别行政区和澳门特别行政区不仅在行政和立法上而且在司法上，对自治事务都具有最终决定权。在民族自治地方，有的自治事务是非终局性的。如根据《民族区域自治法》第19条的规定，制定自治条例和单行条例需要报经上级人大常委会或全国人大常委会批准后才能生效；根据该法第20条的规定，变通或停止上级国家机关的决议、决定、命令和指示，也需要报经上级机关的批准。有的民族自治事务具有终局性。如根据该法第32条第1款规定："民族自治地方的财政是一级财政，是国家财政的组成部分。"第2款规定："民族自治地方的自治机关有管理地方财政的自治权。凡是依照国家财政

---

① 〔法〕让·里韦罗、让·瓦利纳：《法国行政法》，鲁仁译，商务印书馆2008年版，第50页。
② 李驰：《法国地方分权改革》，中国政法大学出版社2016年版，第7页。
③ 参见李驰：《法国地方分权改革》，中国政法大学出版社2016年版，第75页。
④ 〔荷〕勒内·J. G. H. 西尔登、弗里茨·斯特罗因克编：《欧美比较行政法》，伏创宇、刘国乾、李国兴译，中国人民大学出版社2013年版，第68页。

体制属于民族自治地方的财政收入,都应当由民族自治地方的自治机关自主地安排使用。"第5款规定:"民族自治地方的自治机关在执行财政预算过程中,自行安排使用收入的超收和支出的结余资金。"

我国在没有实行自治的地方或者民族自治地方的非自治类地方事务,目前几乎都是非终局性的。在行政领域,一项决定作出后往往还需要报上级审批或备案,①甚至从乡政府一直可以到国务院的主管部门。这也是我国行政审批过多在流程上的原因。在立法领域,中央似乎对是否是地方事务并不在意。地方事务是"不需要或在可预见的时期内不需要由全国制定法律、行政法规来作出统一规定"的事务。"例如,对本行政区域内某一风景名胜的保护,就属于地方性的事务,一般来说不需要国家作出规定。因此,这类事项显然不必要由国家统一立法。"②这似乎表达了地方事务的终局性观点。但实际上,"在立法法修改的过程中,对于如何进一步完善中央与地方的立法权限划分,明确地方立法的权限范围,曾研究过是否对中央和地方权限范围一一作出列举。经过深入研究,考虑到我国是单一制国家,地方的权力是中央赋予的,不存在只能由地方立法而中央不能立法的情况,同时,实际上也很难对中央和地方的立法权限都作出列举。因此,立法法在规定全国人大及其常委会的专属立法权的同时,对地方性法规的权限范围作出了原则规定"。③也就是说,地方事务系非终局性的,地方立法并无独立、自

---

① 参见叶必丰:《需补充行政行为:基于监督的制度分析》,《行政法学研究》2008年第3期,第100—101页;叶必丰:《需上级指示行政行为的责任——兼论需合作行政行为的责任》,《法商研究》2008年第5期,第29—30页。

② 张春生主编:《中华人民共和国立法法释义》,法律出版社2000年版,第195页。

③ 陈国刚:《论设区的市地方立法权限——基于〈立法法〉的梳理与解读》,《学习与探索》2016年第7期,第83页。

主空间。这是需要今后加以改革的领域。否则，每一事务的处理流程都有可能从最基层延长到最高层行政机关，从而地方没有任何自主权可言。

三、地方事权的保障

（一）中央进入地方事权范围

从对美国、法国和日本的考察以及我国的法律来看，地方事权并非固有权力，国家不保证不会将地方事权收归中央，也不保证将来不会把中央事权下放给地方。在我国，"国务院央地事权划分意见"关于建立中央和地方事权动态调整机制的计划，也表明了这一态度。中央和地方的分权及其调整，不仅是法律而且是政治，是"作出关乎国家前途的重大政治选择和基本决策"。"永远不要忘记，支配行政机关活动基础的那些重大决定，都是政治决策。"[1] 但是，在中央和地方事权确定的前提下，双方都应在各自的范围内行使权力。否则，分权就没有任何意义。

与地方权力进入中央事务范围相比，中央权力更容易进入地方事务范围。在美国，这种现象表现为州立法对市县事务的干预，且曾非常普遍和严重。"在十九世纪，全国所有的市几乎都受州的控制。州议会经常授予公用事业特许权，允许它们违背市民意愿在市里经营。州议会有时还无耻到这个地步，竟然把公用事业从市政府分出来，卖给私营公司。州议会还给政客们工作和利益，加重各市财政负担。""所谓'地方自治的固有权利'是不存在的。"[2] 州立法

---

[1] 〔法〕让·里韦罗、让·瓦利纳：《法国行政法》，鲁仁译，商务印书馆2008年版，第6页。

[2] 〔美〕查尔斯·A.比尔德：《美国政府与政治》（下册），朱曾汶译，商务印书馆1988年版，第833页。

机关之所以可以随意进入地方事务,在法理上是因为:"地方自治机构的设立及其权力和权利都全部来自于[州]立法机构。……州立法机构可以创建地方自治机构,也可以摧毁它们。……而对此,地方自治机构是无力阻止的。"[1] 当然,在不接受狄龙规则而实行地方自治的市县,则可以把自己的"最终命运从立法机关手里接过来,交给法院,法院必须以没完没了的裁决来确定市和立法机关各自的权力。市的处境好坏都取决于法院的见解、偏见和推理"。[2] 制度上说,司法是地方事权的保障。

日本"在全新的地方自治制度下,国家的干预需要遵循法定主义原则、一般法主义的原则、公正透明的原则这三项原则,并规则化"。[3] 如果地方自治体不服,可以向设在总务省的"国家地方纠纷处理委员会"申请,要求处理。

我国的地方事务由于长期以来不具有终局性,中央机关进入地方事权范围的现象也比较严重。2017年8月6日作者在北大法宝数据库以"民族区域自治"和"民族自治地方"为关键词,仅检索到29部法律、7件行政法规和35个部门规章为民族自治地方的制度安排留下了空间。其他诸多法律(二百二十余部)、行政法规和部门规章中,除了使用其他检索词有可能检索到的情况外,并没有为民族自治地方的制度安排留下空间。

---

[1] "City of Clinton v. Cedar Rapids and Missouri River Railroad Co., 1868",转引自〔美〕文森特·奥斯特罗姆等:《美国地方政府》,井敏、陈幽泓译,北京大学出版社2004年版,第31—32页。

[2] 〔美〕查尔斯·A.比尔德:《美国政府与政治》(下册),朱曾汶译,商务印书馆1988年版,第837页。

[3] 〔日〕礒崎初仁、金井利之、伊藤正次:《日本地方自治》,张青松译,社会科学文献出版社2010年版,第31页。

表 2-7 为民族自治地方留下制度空间的法律、法规和部门规章

位阶	数量	语言文字	优待鼓励	变通补充
法律	29	5	6	14
行政法规	7	4	4	0
部门规章	35	28	6	2

在所检索到的法律、行政法规和部门规章中,为民族自治地方留下制度空间的包括尊重语言文字、税收等优待鼓励和允许变通补充三个方面(具体如表 2-7 所示)。其中,允许民族自治地方变通补充,是一项非常重要的地方自主权。统计发现,所检索到的法律允许民族自治地方变通补充的占比接近一半,行政法规未允许民族自治地方变通补充,部门规章允许民族自治地方变通补充的占比只有 5.7%。

民族自治地方的自治权利系由《宪法》和《民族区域自治法》规定。然而,统计发现,即使在拥有最广泛地方自主权的民族自治地方,基于中央立法"一竿子插到底"的安排,并无太多自主空间,导致了多重负面效果。[1] 由此,我们可以认识到不具有自治权的地方,地方的自主空间更为有限。

"国务院央地事权划分意见"明确了改革的方向。它在划分中央和地方事权的基础上,要求中央的财政事权由中央承担支出责任,地方的财政事权由地方承担支出责任。"中央的财政事权如委托地方行使,要通过中央专项转移支付安排相应经费";"地方的财政事权如委托中央机构行使,地方政府应负担相应经费"。这表明,中央和地方的事权是两个独立、封闭的系统,中央不能随意进入地

---

[1] 参见陆平辉:《中央与民族自治地方关系:问题解构与协调对策》,《宁夏社会科学》2016 年第 6 期,第 70 页。

方事权范围,不能随意处理地方事务。

中央权力不进入地方事务,不会影响法治的统一。这是因为,我国具有有效的事后监督机制,包括两个方面:第一,全国人大常委会和国务院的事后监督。全国人大常委会根据《各级人民代表大会常务委员会监督法》对地方人大的监督,国务院根据"地方组织法"和《立法法》等法律、行政法规的规定对地方政府的监督,可以保障法制的统一。第二,司法监督。司法是中央事权。即使在实行地方自治的情况下,除了我国香港特别行政区和澳门特别行政区以外,也没有把司法作为地方事务。[①] 司法通过个案对地方行政机关公权力行为的监督,以及通过地方性法规的选择适用而对地方人大的间接监督,可以保障法治的统一。[②]

(二)中央机关是否构成越权

中央事权和地方事权、中央事务和地方事务的划分,是为了实现国家治理体系和治理能力的现代化,[③] 规范中央权力和地方权力的各自作用范围。地方权力擅自进入中央事权范围,无疑构成越权。但相反,中央权力进入地方事权范围,是否构成越权呢?

法国"宪法第 72 条第 2 款规定:'地方行政区域有义务对其层级能够最优实施的职能的全部进行决策'。"[④] 这一规定包含着两层意思:第一,原则上中央不得进入地方事权范围。第二,地方在无力处理其事务时,可以由上级机关或中央处理。这就是法国央地关系

[①] 参见〔法〕让·里韦罗、让·瓦利纳:《法国行政法》,鲁仁译,商务印书馆 2008 年版,第 48 页。

[②] 参见鲁潍(福建)盐业进出口有限公司苏州分公司诉江苏省苏州市盐务管理局盐业行政处罚案,最高人民法院指导案例 5 号(2012 年)。

[③] 参见"国务院央地事权划分意见"。

[④] 李驰:《法国地方分权改革》,中国政法大学出版社 2016 年版,第 7 页。

上的"补充性原则"。也就是说，如果不存在地方无力处理其事务的情形，则中央进入地方事权范围构成越权。

美国的地方事权比较复杂，有接受狄龙规则允许州中央进入地方事权范围的，也有实行自治阻止州中央进入地方事权范围的。有关是否越权，"最大的困难是不容易区分地方事务和州的事务，而且社会情况经常变迁，地方事务随时可以成为州的事务或共同事务。法院在解释地方事务时，往往采取严格解释，限制自治权力的范围"。[1]个别州还有特殊的地方事权保障机制。伊利诺伊州"1904年通过一个宪法修正案，规定立法机关可以改变芝加哥市的体制，但是所有这类特别立法在生效前，需经专门对该立法投票的芝加哥市合法选民的多数批准"。[2]根据这一修正案，对州议会的权力进入芝加哥地方事务，市民有权否决，并且实际行使了多次否决权。

我国全国人大根据《立法法》的规定可以就任何事项制定法律。根据宪法的规定，国务院有权对中央与地方的权限进行具体划分。目前，国务院对中央和地方事权的划分，并无宪法和法律规定的形式和程序。国务院既可以专门就中央和地方事务加以划分，也可以就社会关系的规制兼及央地分权——在实现规制目标的同时实现分权目的；既可以采用行政法规（行政立法），也可以采用决定或意见等形式划分央地事权。并且，国务院对地方各级各类行政机关的工作具有统一领导权。这样，全国人大和国务院即使进入地方事权范围，如《环境保护法》第 20 条第 1 款规定的"四统一制度"，设立京津冀大气管理局接管京津冀环保部门的相应职权，也可以看

---

[1] 王名扬：《美国行政法》（上），中国法制出版社 1995 年版，第 269 页。
[2] 〔美〕查尔斯·A. 比尔德：《美国政府与政治》（下册），朱曾汶译，商务印书馆 1988 年版，第 836 页。

作是收回或调整有关地方事权,因而很难区分是否构成越权。当然,基于《宪法》所确立的中央与地方关系的民主集中制原则,全国人大和国务院对地方事务,应坚持"贴近基层原则",本着谦让精神和对地方的尊重态度,充分发挥地方的积极性和创新力,支持地方先行探索和创新符合本地特点的制度。对地方具有普遍意义的成功经验,或者地方难以达到目标的,则可以由全国人大制定法律或由国务院制定行政法规。

但是,国务院主管部门无权划分或确定央地事权,除法律明文规定外对地方行政部门也不具有领导权而只有指导权,因而必须遵循中央与地方的事权范围,否则即构成超越职权。例如,城管执法的主要依据是《行政处罚法》和《行政强制法》等法律,城管局主管的事权在各城市并不完全相同,大多涉及城乡社区事务和市政交通,属于地方事权。除了住建部门主管的事务外,即使涉及其他事务也不属于住建部门主管。住建部制定《城市管理执法办法》实有侵犯地方事权之嫌。

最高人民法院表达了对越权部门规章的态度。"地方性法规与部门规章之间对同一事项的规定不一致的,人民法院一般可以按照下列情形适用:……(3)地方性法规根据法律或者行政法规的授权,根据本行政区域的实际情况作出的具体规定,应当优先适用;(4)地方性法规对属于地方性事务的事项作出的规定,应当优先适用;(5)尚未制定法律、行政法规的,地方性法规根据本行政区域的具体情况,对需要全国统一规定以外的事项作出的规定,应当优先适用;……"[1] 最高人民法院没有肯定上述情形中的部门规章构成越

---

① 最高人民法院《关于审理行政案件适用法律规范问题的座谈会纪要》,法〔2004〕第96号,2004年5月18日发布。

权，仅仅要求优先适用地方性法规，原因在于未获得法律规定的认定权。

法律把部门规章超越职权的认定和法律补救权赋予了国务院。根据《立法法》第107、108条的规定，部门规章超越权限的或者"被认为不适当，应当予以改变或者撤销的"，由国务院改变或者撤销。如果部门规章确系侵入地方事务，构成越权，则可按上述机制解决。当然，如果部门规章所规范的事务是否是地方事务不明确或存在争议的，根据"国务院央地事权划分意见"，由国务院裁定。基于地方与国务院主管部门的复杂利益关系，地方也许不会请求国务院裁定，但诉讼当事人基于切身利益的考虑，很可能请求国务院裁定部门规章是否构成越权规范地方事务。

上述裁定不属于《立法法》第95条第2项所规定的裁决。该项规定："地方性法规与部门规章之间对同一事项的规定不一致，不能确定如何适用时，由国务院提出意见，国务院认为应当适用地方性法规的，应当决定在该地方适用地方性法规的规定；认为应当适用部门规章的，应当提请全国人民代表大会常务委员会裁决。"该项所规定的裁决，系地方性法规和部门规章均为合法却存在不一致的情况下有关如何适用的裁决。基于法治统一的考虑，《立法法》第105条规定的国务院裁决、第108条规定的国务院改变或撤销，以及"国务院央地事权划分意见"所要求的国务院裁定，应该整合为一套制度。

当然，要确定国务院主管部门是否进入地方事权范围在目前还很困难。一方面，现在各单行法几乎都存在"部门立法"的情形，几乎都规定国务院主管部门"负责全国"的某某事务，在很多制度中都设定了对地方或下级主管部门的审批。另一方面，国务院主管部门也往往受国务院的指示对地方主管部门进行组织和指挥。如果对上述两个方面不进行改革,那么难以阻止它进入地方事权范围,也难以认定它是否存在越权。

本节结语

《立法法》所规定的地方事务,其实是一个具有普遍性意义的概念即地方事权。地方事务是地方事权的任务标准,既是地方人大的事权范围,又是地方政府的事权范围。在外国法上,对地方事权的设定有列举主义和概括主义两种。我国地方事权的范围可以根据宪法——法律——国务院的具体划分——"贴近基层原则"的解释加以确定,但这还难以区分地方的国家事务或专属事务。从中央与地方关系的法治化,地方立法和区域合作的可操作性的角度说,地方事权的详细情形应由法律按"贴近基层原则"作出统一的列举规定,并应当具有终局性或自主性。全国人大和国务院应本着谦抑精神,通过法律确立"贴近基层原则",支持地方对地方事务先行立法和探索。地方事权应得到保障,不受有关部门的任意干预。对任意干预地方事务的,构成越权行政,应按《立法法》的规定由国务院处理。对事权争议,则应由国务院另行裁定。

第三章 区域合作法的理论基础

第一节 区域治理的法治协调[①]

本节导语

区域经济一体化日益成为现实需求。一体化,意味着从无序到有序,或者打破原有的系统结构而形成新的系统结构。这就需要改变原来的序参数,建立新的序参数。[②] 现代社会的序参数主要是法治。那么,对于区域一体化或区域合作,我们应当或能够建立什么样的法治序参数,即需要一种什么样的法治平台?我们又能提供什么样的法治平台?为了回答这一问题,本节拟先建立讨论的前提,再观察已有的实践,检讨各种理论方案,最后提出建议和对策,以求教于理论界、求证于实务界。

本研究对法治协调的选择将通过逻辑论证展开讨论,而对区域法治协调实践的梳理将是描述性的,即描述区域合作法的实践轨

[①] 本节原标题为《长三角经济一体化背景下的法制协调》,首发于《上海交通大学学报(哲学社会科学版)》2004年第6期,此次出版时在原文的基础上进行了重写。

[②] "外部条件的改变将使系统的某种确定的状态变得不稳定,并且能够为一种新的,有时甚至完全不同的状态所代替。系统(如流体)的不同部分,将被迫进入新的状态。它们将受到序参数的支配。"(参见〔德〕哈尔曼·哈肯:《协同学》,凌复华译,上海世纪出版集团、上海译文出版社2001年版,第117页。)

迹和具体运行。"法律规范、行动本身或与其他因素的结合,都可能产生规则。"① 这些从行动中产生的规则"之所以被称为'法律',乃是因为某些人力主使这些规则与普遍的正当行为规则享有同样的尊严和尊重"。② 我国已成为全球最大的改革实验室。区域合作法治的创新实践是我国持续深化改革和创新实践的重要组成部分。这些创新经验及其普遍性意义,将构成世界法治文化的中国元素。一国人民、一个时代的创新能力大小,将构成该民族、该时代的特质。③ "一国人民做新事情和适应新情况的能力大小本身是这问题的重要因素。这种特质使不同的民族在不同的文明阶段彼此有很大的差别。"④ 这种对改革实践中创新经验的描述性研究,在一定意义上属于发生学的范畴。

本节主要以长三角区域的实践为研究对象。

一、区域法治协调的逻辑前提

要建立一种机制或者要进行机制创新,必须有一个逻辑前提。离开了这个前提,只会造成理论上的混乱,导致实践中的困难。那么,区域法治协调的逻辑基点是什么呢?

(一)区域经济和社会一体化

在长三角区域,一体化是长三角省市政府的基本共识,也得到了中央的支持,并在人才、社会保障、旅游、教育、信用和交通等很

---

① 〔德〕马克斯·韦伯:《论经济与社会中的法律》,张乃根译,中国大百科全书出版社1998年版,第31页。
② 〔英〕弗里德利希·冯·哈耶克:《法律、立法与自由》(第一卷),邓正来等译,中国大百科全书出版社2000年版,第210页。
③ 〔英〕J.S.密尔:《代议制政府》,汪瑄译,商务印书馆1982年版,第12页。
④ 同上。

多领域已取得了重大进展。2022年,长三角四省市人大还同步通过了《推进长三角区域社会保障卡居民服务一卡通规定》。现在,"融入长三角"已越来越成为长三角人的普遍认识。区域一体化或区域合作使合作区对外形成了一种同求的社会连带关系,即为了实现共同利益而结成的不可分割的团结协作关系;合作区内部则形成了一种分工的社会连带关系,[①]即为了实现互惠或双赢而结成的互相依赖的分工合作关系。

区域一体化是从区域经济一体化发展而来的。"区域经济的一体化,指称的是按照自然地域经济内在联系、商品流向、民族文化传统以及社会发展需要而形成区域经济的联合体。区域经济一体化同时也是建立在区域分工与协作基础上,通过生产要素的区域流动,推动区域经济整体协调发展的过程。"[②]实践把区域经济一体化推向了各个领域,包括基础设施一体化、市场一体化、交通一体化、信息一体化、制度一体化、文化一体化、环境生态一体化。其中,区域市场的一体化又包括金融、制造业、服务业、人力资源等产业布局与结构的一体化,经济运行和管理的一体化和法治保障一体化,等等。这充分表明,长三角地区内部的经济互动和合作与外部互动和合作相比更为紧密、更具有相互依赖性。

经过近20年的发展,2019年中共中央、国务院批准了《长江三角洲区域一体化发展规划纲要》,将长三角区域经济一体化发展成为长三角区域一体化。规划要求到2025年,长三角一体化发展取得实质性进展,城乡区域协调发展格局基本形成,科创产业融合发

---

① 参见〔法〕狄骥:《宪法论》,钱克新译,商务印书馆1962年版,第63页。
② 陈剩勇、马斌:《区域间政府合作:区域经济一体化的路径选择》,《政治学研究》2004年第1期,第25页。

展体系基本建立,基础设施互联互通基本实现,生态环境共保联治能力显著提升,公共服务便利共享水平明显提高,一体化体制机制更加有效。"到2035年,长三角一体化发展达到较高水平。现代化经济体系基本建成,城乡区域差距明显缩小,公共服务水平趋于均衡,基础设施互联互通全面实现,人民基本生活保障水平大体相当,一体化发展体制机制更加完善,整体达到全国领先水平,成为最具影响力和带动力的强劲活跃增长极。"显然,长三角区域一体化已不只是经济的一体化,不只是要打破市场壁垒、促进市场开放,而是要进一步谋求本区域经济和社会更为紧密的互动和合作,通过优化组合和配置实现经济和社会的共同发展。它不仅仅要避免互为"敌人",而且是要结成一个共同体而互为伙伴和成员。

(二)行政区划和利益主体不变

现在的长三角区域有一个发展过程。在初期,长三角区域是指长江三角洲地区的两省一市,即江苏省、浙江省和上海市,在某些合作上又仅限于以上海为龙头的无锡、宁波、舟山、苏州、扬州、杭州、绍兴、南京、南通、常州、湖州、嘉兴、镇江、泰州和台州等长三角16市。2019年的《长江三角洲区域一体化发展规划纲要》正式把长三角区域确定为江、浙、皖、沪四省市。

根据宪法和法律,每个省、市都是一个独立的行政区域,都有自己的管辖范围;每个省、市政府都是相应区域内的利益代表或主体。在法治前提下,行政区划和利益主体不受任意改变。并且,从发展趋势上看,行政区划和主体不是走向模糊,而是将进一步明晰。《长江三角洲区域一体化发展规划纲要》明确指出,长三角省市要"打破行政边界,不改变现行的行政隶属关系,实现共商共建共管共享共赢"。同时,行政区划的变革,也并不是地方政府所具有的职责范围,而是中央政府的权限范围。地方政府无论多积极,没有中央政府的决策,行政区划的改变都是不可能实现的。因此,以地方政府无权解决的问题为前提,以法律上不能任意改变的平台却假设为可改变为前提,来讨论区域一体化和法治协调中地方政府所应建立的协调机制,犹如无源之水,只能陷于空谈和清议。这是一个法学上的结论。同时,相关学科的研究也得出了同样的结论。"按照经济地理学和政区地理学的改革思路,即重新调整行政区划,从理论上似乎可行,从实践的角度却未免是脱离了当代中国政治与社会现实的纸上谈兵。众所周知,许多行政区划是历史形成的,具有相当的稳定性和刚性,不能也不应该随着经济活动的频繁变化而随意调整。同时,经济区以经济为主要标准甚至是唯一的尺度,而行政区则要考虑到综合性因素,而不能仅以经济为限。"[①]

当然,行政区划和利益主体也并非绝对不能改变。从以往的改革来看,我们已经把原来的地区体制改为市管县体制。但是,我们应当清楚地认识到,这是为了理顺或完善我们的基本政治制度。在此前,地区尽管有党委、行政公署、检察分院和中级法院,却没有本地区的人民代表大会。这是一个缺陷,市管县体制弥补了这一缺陷。同时,中央也曾经为解决地方建设的特殊问题而改变行政区划,如重庆市从四川省分离出来而成立直辖市。这是以重庆市在此前已经有多年的计划单列市为基础的,利益关系的调整相对较容易。在区域一体化进程中,不存在上述基本政治制度的完善问题,相反需要的却是对各方利益的充分尊重。"区域协调成功的关键是要有'区域平等'的理念,也就是说一个地方的发展要尊重其他地

[①] 陈剩勇、马斌:《区域间政府合作:区域经济一体化的路径选择》,《政治学研究》2004年第1期,第25页。

方发展的意愿和特点,更不能危害其发展。""事实上,美国大都市区协调管理的经验告诉我们,市县合并(行政区划调整)是相当困难的。"因此,"不合理的行政区划当然需要调整,但是行政区划调整绝不是万能的,行政区划贵在稳定"。[①] 退一步讲,调整行政区划并没有消灭行政区划,[②] 仍然存在如何一体化的问题。

(三)遵循中央和地方的事权分工

中央和地方的事权分工是政治学、法学、经济学和行政学的一个共同话题。这种分工的必要性是毋庸置疑的,所争议的焦点是中央权力的边界即中央和地方的事权分工。[③] 这一问题并不是本节的研究任务。我们在这里只是要指出,区域一体化和法治协调必须以中央和地方的事权分工为前提。区域一体化及其法治建设,有的属于中央的事权范围,有的属于地方的事权范围。属于中央事权范围的问题,如行政区划、重大基础设施建设(港口建设等)、财政体制、金融体制和考绩制度等,需要由中央对全国的情况进行分析后通盘规划,而不应纳入到地方政府的区域一体化和法治协调范围内来考虑。这些问题即使在同一行政区域内,基于并非地方政府的事权,也是无力解决的。我们在讨论区域一体化和法治协调的时候,应立足于地方的事权范围,并取得中央的支持。

总之,我们现在所面对的事实是,区域一体化或区域合作是互

[①] 刘兆德、陈素青、王慧:《长江三角洲地区经济社会一体化初步研究》,《中国软科学》2004年第5期,第128页。

[②] 全国唯一没有下辖行政区的县级市是浙江省龙港市。

[③] 参见薄贵利:《建立和完善中央与地方合理分权体制》,《国家行政学院学报》2002年第S1期,第101—102页;寇铁军:《关于中央与地方财政关系的定性分析》,《财经问题研究》1997年第11期,第32—33页;刘小兵:《中央与地方关系的法律思考》,《中国法学》1995年第2期,第31页;汪雷:《转型时期中央与地方关系建构的路径分析》,《中国行政管理》2003年第8期,第28页。

不隶属的多个行政区间的一体化。各行政区政府应当在自己的事权范围内来推进一体化和法治建设。这就构成了我们讨论区域法治协调机制的逻辑前提。

二、区域一体化需要法治协调

(一)统一法治对区域一体化的不足

"统一的法制是统一的市场体系得以形成和有效运作的根本保障。"[①] 区域合作或一体化也需要统一法治的保障。应该说,《反不正当竞争法》《环境保护法》《商标法》《专利法》《水法》等统一立法,以及统一的行政执法和司法体制,为区域一体化提供了基本的法治保障。但这又是远远不够的。第一,统一法治满足不了特定区域发展的需要。国家统一法治所提供的是全国统一的市场和社会秩序。它立足于全国,既要考虑东部地区率先实现现代化,又要考虑到西部开发和东北老工业基地的振兴;既要考虑城市功能的提升,又要考虑解决"三农"问题,等等。它不是为某个特定区域、针对特殊情况而设计的,难以做到因地制宜。区域一体化需要有更优越的小环境或法治平台。如长三角区域作为一个正在崛起的世界性城市群,经济和社会发展已经在一个比较高的起点上,要考虑如何通过法治建设来保证长三角区域进一步克服内耗、优化组合,实现共同发展和繁荣。更为优越的法治环境难以依靠国家统一的立法来提供,[②] 应当依法或依授权由地方立法和地方法治来营造和安排。第二,统一法治满足不了区域一体化的需要。国家为维护经济

[①] 张廉:《论法制统一的实现途径与措施》,《法律科学》1997年第1期,第24页。
[②] 参见李建勇:《长江三角洲区域经济发展的法律思考》,《政治与法律》2003年第5期,第2页。

和社会秩序所建立的法治,更多地表现为预防性质,即不得逾越某种边界,以及对违反者的惩戒。因此,这种法治的重点在于司法制度和行政处罚制度,具有事后追惩性。但是,区域一体化却要求建立一种积极促进经济社会互动、加强紧密合作的法治,一种具有实现发展、协调和安排功能的法治。例如,对长三角区域房地产市场价格的同步平抑和调控,对环境、人才和资源的共享等,国家统一的法律制度不足以提供支持,国家也没有专门为长三角区域提供此类法律制度,需要由相关地方国家机关来协同建设。

(二)区域一体化的必然选择

要实现区域一体化就必须有相应的法治保障,但行政区域和利益主体不能改变,国家统一的法治却满足不了区域一体化的需求。这样,法治建设的任务,也就只能由各行政区的国家机关来分别完成,各自去实现。根据宪法和法律的规定,省级及设区的市国家权力机关具有地方立法权,人民政府具有规章制定权。它们通过制定地方性法规或规章,可以弥补法律和行政法规的不足,因地制宜地健全和完善法治。然而,任何一个行政区的地方性法规和规章依法都只能在本行政区域内发生作用,各地方所进行的法治建设都有地域边界,而不能作用于其他行政区域,因而就不是统一的地方法治。另外,国家的法律和行政法规也要由各地的国家机关根据本地具体情况裁量实施。如果各行政区域内的国家机关也可以被作为一个经济学上的"理性人",那么尽管他们都认识到共同体的利益同一于各成员的共同利益,但由于该共同利益并不同一于各成员的自我利益,[1]对地方法治建设和统一法律在本地区的实施往往会采取以

---

[1] 参见〔英〕米尔恩:《人的权利与人的多样性——人权哲学》,夏勇等译,中国大百科全书出版社1995年版,第49页。

追求自身利益最大化为目的的机会主义行为。这种行为虽然符合法律却不符合区域一体化的要求,因而需要法治协调。

区域一体化对每个成员来说都有一种责任或约束。"共同体的每个成员所负有的一项义务就是使共同体的利益优先于他的自我利益,不论两者在什么时候发生冲突都一样。……这就是社会责任原则。作为共同体的成员,一个人对他的伙伴成员负有责任,他不仅要使共同体的利益优先于他个人的自我利益,而且要竭尽所能做一切有助于增进共同利益的事。……社会责任并不要求人们放弃对个人自我利益的追求。但他们必须用与共同体利益相一致的方式去追求。"[①] 这在近代被认为有损个性自由和人格自尊,[②] 即使在现代毕竟也意味着容忍和妥协。事实上也确实如此。如同经济"全球化进程在很多方面都制约了国家权力"一样,[③] 区域一体化也构成了对行政独立性的一定限制。在成员之间而非上下级之间的容忍和限制必须基于自愿而不能出于强制,如何妥协和限制也必须有一种制度安排,也需要法治协调。

合作"不仅意味着不得互相损害,而且意味着互相提供帮助和支持"。[④] 经济的全球化,就要求"一国将不能继续排他地制定和颁布政策,而必须日益广泛地与他国和私人组织合作、协商和相互配

---

① 〔英〕米尔恩:《人的权利与人的多样性——人权哲学》,夏勇等译,中国大百科全书出版社1995年版,第52页。

② 参见〔英〕威廉·葛德文:《政治正义论》(第二、三卷),何慕李译,关在汉校,商务印书馆1982年版,第644页。

③ ALFRED C. AMAN, JR., Globalization, Democracy and the Need for a New Administrative Law, *Indiana Journal of Global Legal Studies*, Vol. 10, pp. 1687-1714 (2003).

④ 〔英〕米尔恩:《人的权利与人的多样性——人权哲学》,夏勇等译,中国大百科全书出版社1995年版,第45页。

合,以实现其目标"。[1] 同样,区域一体化也需要一种具有积极促进性、事先安排性的法治。这一法治建设的重任,将更多地落在权力具有主动性的行政机关的肩上。然而,随意性是行政的天性,[2] "政绩合法性"导致地方官员的区域性和短期行为。[3] 这就更需要通过协调来约束地方政府规章的制定和行政执法(法的实施)活动。

总之,为了适应区域一体化的需要,地方法治建设和法律实施活动只能靠协调,也必须予以协调。

三、区域法治协调的早期探索

(一)法治协调的早期实践

一般说来,法治协调在任何情况下都是存在和必要的。这是因为,不同的主体基于其自身的地位、观念和利益等,对一部统一的法律会有不同的理解,或作出不同的选择。对中央的立法,某个地方政府也会有不同的认识和做法。只有加强法律实施行为的协调,才能实现统一立法的目的,才能保证法治的统一。为此,国家早就建立了以领导监督权为基础的科层制法治协调机制,包括行政机制、法律解释机制和司法机制,以及由《立法法》所确立的法律、法规和规章审查机制。如《国务院关于进一步推动横向经济联合若干问题的规定》(1986年,已失效)第30条规定,行政领域的横向联合

---

[1] ALFRED C. AMAN, JR., Globalization, Democracy and the Need for a New Administrative Law, *Indiana Journal of Global Legal Studies*, Vol.10, pp. 1687-1714 (2003).

[2] 参见〔日〕藤田宙靖:《行政与法》,李贵连等译,《中外法学》1996年第3期,第73页。

[3] 参见陈剩勇、马斌:《区域间政府合作:区域经济一体化的路径选择》,《政治学研究》2004年第1期,第26页。

纠纷，"由所在地的主管部门协调解决；协调不了的，在省范围内的由省有关部门协调解决，跨省、跨部门的由国务院有关部门协调解决。"《环境保护法》第20条第2款规定："前款规定以外的跨行政区域的环境污染和生态破坏的防治，由上级人民政府协调解决。"

但对区域一体化来说要强调的是伙伴型法治协调机制。在早期的实践中探索出了两种伙伴型法治协调机制，即区域磋商沟通制度和区域行政协议机制。

1. 区域磋商沟通机制。区域磋商机制是指区域内各成员行政首长之间直接进行磋商和对话从而达成共识的法治协调机制。2001年5月，长三角区域最高级别的磋商机制在杭州得到启动，会议专门探讨了在产业转移、结构调整和区域性基础设施建设等方面的合作；2002年4月，第二次磋商会议在江苏扬州召开，江浙沪三省市行政首长之间的磋商机制基本形成。区域沟通机制，是指区域内各地国家机关之间互通信息，各成员方基于区域一体化的共同目的，自觉、积极地实现联动或采取一致措施的法律协调机制。这一机制的典型实例，是长三角对房地产价格的平抑。上海自申办世博会成功以后，房地产价格一路飙升。为此，上海拟修改《上海市房地产登记条例》以遏制短期投机炒房行为，平抑房价。长三角"三小时城市圈"的规划及其实施，使得上海房地产价格必然影响到长三角其他城市。基于上海的做法及所通报的信息，南京、杭州、苏州和宁波等市也相继采取一致措施，对房地产市场起到了有效调控作用。这种协调机制的有效性，完全有赖于成员方对共同体的责任感和自觉性。

2. 区域行政协议机制。行政协议是政府机关之间缔结的协议。研究发现，它起源于行政区域边界纠纷的处理，先由1981年的国务院《行政区域边界争议处理办法》创设；1989年，国务院经修改后制定的《行政区域边界争议处理条例》得以继续规定。20世纪90年代,行政协议这一机制被广泛运用于中央与地方共建高等院校。21世纪初,尽管缺乏法律的规定,区域合作起步较早的长三角区域苏浙沪两省一市政府,却把行政协议创造性地运用于区域合作的推进,在长三角区域合作和法治协调中具有重要地位。

区域行政协议的缔约主体是行政机关,是一种对等性行政契约;缔结形式是行政首长联席会议。区域行政协议的具体形式有"宣言"、意见(向)书或"协议",如《长江三角洲旅游城市合作宣言》[①]《关于以筹办"世博会"为契机,加快长江三角洲城市联动发展的意见》[②]《关于开展人事争议仲裁业务协助和工作交流的协议》《关于三地引进国外智力资源共享的协议》等。早期的区域行政协议在内容上充分体现了求同存异和互信互让,载明近期能够实现的一体化事项,所达成的共识,往往是一种努力的方向和所需要采取的措施。

经过长三角区域的实践和探索,以尊重各方意愿为前提而达成共识的区域行政协议机制,在性质和内容上已由处理纠纷转向合作、发展,并为其他区域所效仿。[③]到2011年,这类区域行政协议在长三角区域已经有21个,在泛珠三角区域有79个,在环渤海区域有8个,在其他区域有16个。[④]区域行政协议作为地方政府机关

---

① 参见董碧水:《长三角一体化旅游业率先破题 16城市共建中国首个无障碍旅游区》,《中国青年报》2003年7月7日,第7版。
② 参见顾巍钟等:《联合签署加快长江三角洲城市联动发展意见书 16位市长聚会南京共同谋划长三角城市发展》,载人民网。
③ 参见田勇:《"廊坊共识"揭开燕赵整合序幕——访河北省省长季允石》,《中国改革》2004年第7期,第18—19页;段功伟等:《代表建议:建立珠三角市长联席会议制度》,载南方网。
④ 参见叶必丰、何渊主编:《区域合作协议汇编》,法律出版社2011年版,"目录"。

推动区域合作的法治安排和法治协调,日益成为区域合作进程中运用最为广泛的一种治理机制。但在我国,这种机制本身还没有法律化,因而在实践中也会存在这样那样的问题,如责任条款缺失和效力不明确等,因而其作用的进一步发挥也就受到了限制。①

(二)法治协调的早期争论

由于现有法治协调机制对实现区域一体化所具有的局限性,同时学者对推进区域一体化有着很高的期待和参与积极性,也许还有学者对区域一体化所抱有的过于高涨的热情,理论界不满足于已有的法治协调机制,纷纷提出了自己的理论方案。应该指出的是,早期法学界专门对法治协调机制的讨论极少,几乎没有提出过一个完整的方案。相反,经济学界、管理学界在积极探索经济一体化的实现机制时,一些主张政府主导型的学者却无意中提出了法治协调机制的方案。基于主张者专业的局限性,从法学的角度来看,我们有必要进行一番梳理和概括。通过梳理和概括可以发现,各种各样的方案无非就是两类,即科层制和合作制。

1. 科层制法治协调。基于国家已有的科层制法治协调认识,有的主张建立对各行政区利益主体的行为都具有法律拘束力的区域性科层制法治协调机制。这一方案又有两种主张:第一,以经济区来统一现行行政区划,并以此为基础建立统一的行政和司法机构,对区域内各行政区的经济和社会发展进行有法律约束力的规划和规制。针对长三角区域,也有的从扩大上海的发展空间出发,主张

---

① 参见王健刚:《打造长三角联动发展一体化战略群》,见"长三角(太湖)发展论坛"组委会编:《长三角(太湖)发展论坛首届年会论文汇编》,中国经济出版社2004年版,第242—249页;丁汀:《长三角经济一体化3种方案》,《财经时报》2003年3月22日,第2版。

把江苏省和浙江省的部分城市划归上海市。[①]第二,在现行行政区划不变的前提下建立区际管理机构。有的主张建立"长江三角洲经济管理局"等,以实现对区域经济和社会发展的具有法律拘束力的规划和规制。[②]对该机构的性质,有的认为应该是国务院主管全国各区域协调的一个部门,有的则认为应该是为长三角特设的一个机构。多数认为,该管理机构应享有决策和规划权。但有的则进一步认为,该管理机构应享有立法权、行政权和司法权,并下设有关专业或综合职能管理机构,如区域规划与产业协调委员会、重大基础设施开发管理委员会、上海国际航运中心管理委员会、太湖流域环境保护与治理委员会等。[③]有的还认为,应在长三角区域设立跨行政区法院,"以直接受理和审判区际法院管辖的跨区争议案件"。[④]第二种方案实际上也是一种以统一行政区划为前提的,只不过是一种变相的统一,即在原省、市行政区划的基础之上增加一级而已。上述科层制法治协调方案,其实是以欧盟的经验、美国和加拿大区域管理机构的经验为参照的。

2. 合作制法治协调。这是指在充分尊重区域内各成员方意愿和平等对待各方利益的基础上,对区域内法治建设予以协调一致的方案,即伙伴型法治协调。刘兆德等学者明确指出:"采取比较柔性

[①] 参见丁汀:《长三角经济一体化3种方案》,《财经时报》2003年3月22日,第2版。

[②] 参见王健刚:《打造长三角联动发展一体化战略群》,见"长三角(太湖)发展论坛"组委会编:《长三角(太湖)发展论坛首届年会论文汇编》,中国经济出版社2004年版,第242—249页;王洪庆、朱荣林:《长三角经济一体化的实现途径新探》,《经济纵横》2004年第7期,第18—19页。

[③] 参见陈剩勇、马斌:《区域政府合作:区域经济一体化的路径选择》,《政治学研究》2004年第1期,第31—32页。

[④] 李建勇:《长江三角洲区域经济发展的法律思考》,《政治与法律》2003年第5期,第2页。

的'协商'协调机制,通过'自主参与、集体协商、懂得妥协、共同承诺'的方式,对长江三角洲地区的发展进行'软约束',这应该是市场经济条件下解决区域协调、区域一体化发展的主要途径。其初级形式可以采取就某一问题进行专题性的协调,将区域协调职能赋予相应的部门,由该部门牵头,会同下一层级政府的对应部门共同履行协调职能。在各方分歧较大、协商失效时,上一级政府拥有裁决权。综合性的区域协调职能可以放在综合管理部门,专业性的区域协调职能则纳入专业管理部门,专业协调服从于综合协调。"[1]不少学者、官员都认为,经济的一体化不应该由政府来协调,政府的职责是协调法治事务,创造一个良好的法治环境,政府所设立的协调机构只能就法治问题向政府提供建议。[2]

3. 作者的态度。作者认为,科层制法治协调所要达到的目标是法治的统一,即一个法治体系。它往往是一种纠纷或冲突解决机制,具有事后性。国家层面的科层制法治协调对区域一体化是非常重要的,只不过不够充分,对区域一体化来说还需要更具区域特点,且有助于避免冲突发生的伙伴型法治协调机制。

但是,除了已有的科层制法治协调制度以外,按照区域再建一个科层制法治协调机制,则是一种以行政的统一来实现经济社会一体化的思路。对此,有的学者曾一针见血地指出,对多个行政区域间的经济一体化,"人们总是习惯于计划经济体制下的传统思路,改变行政区划,这是一种比较刚性的'行政性'协调机制,似乎只有

---

[1] 刘兆德、王素青、王慧:《长江三角洲地区经济社会一体化初步研究》,《中国软科学》2004年第5期,第129页。
[2] 参见左学金等:《长三角,需要怎样的协调》,《人民日报》2003年6月25日,第8版。

在行政上一体化才能经济上一体化,不同的行政单元就谈不到一起"。① 这种观念在我国确实根深蒂固,即使持反对或批评意见的学者最终仍不知不觉地陷入自己所批评、反对的观念泥塘中去。例如,有学者是反对改变现行行政区划的,但所提的协调机制却是科层制法治协调方案,仍然是一种变相的行政区划统一论。

其实,区域一体化不仅有欧盟模式还有东盟模式。经济全球化也不可能要把联合国建成超国家的全球性国家。联合国仍然只能是全球经济合作的一个框架。同时,一国内部的区域一体化也不同于国家间的区域经济一体化,不具有可比性。它受制于中央政府,受国家统一法治的约束。反过来说,区域一体化如果以改变行政区划为前提,建立起统一的国家管理机构,那么所要进行的法治协调完全可以由已有的科层制法治协调承担,而不需要新的机制或机制创新。

并且,按照区域建立科层制法治协调的方案都存在民意机构即人民代表大会的缺失问题。如果要弥补这一缺失,建立起民意机构,就与我国的宪法、组织法和选举法相抵触。无论是否设立民意机构,我们的宪法、组织法以及其他相关法律,乃至整个国家组织体制,都需要作重大调整和改革,成本和代价将是非常巨大的。至于产业雷同和重复建设等问题,有的不属于政府权力解决的范围,有的不属于地方决策而属于中央决策的事权范围,而即使在同一行政区域内上述现象也是难以完全避免的。②

---

① 刘兆德、王素青、王慧:《长江三角洲地区经济社会一体化初步研究》,《中国软科学》2004 年第 5 期,第 128 页。

② "如苏南地区(南京、无锡、镇江、常州、苏州)、苏中地区(扬州、泰州、南通)、浙北地区(杭州、嘉兴、湖州)、浙东地区(绍兴、宁波、舟山)内部各城市产业结构的相似系数都在 0.95 以上,无锡和镇江的相似系数竟达到 0.998"(参见王洪庆、朱荣林:《长三角经济一体化的实现途径新探》,《经济纵横》2004 年第 7 期,第 19 页)。

因此,按照区域新建科层制法治协调机制的方案并不可取,我们只能选择伙伴型、合作制法治协调方案。针对长三角区域,"我们更需要的可能不是建立一个跨省协调机构,而是需要通过两省一市政府之间经常性的协商"。①

四、区域法治协调的创新发展

(一)组织法机制的发展

如前所述,理论界和实务界曾呼吁成立可以统一管辖所属各行政区的经济区立法、决策、执法和司法机构,但限于我国的宪制,现实中几乎没有可能性。全国人大常委会法工委对不按行政区划设立国家机关的做法,也明确持否定态度。②

在新疆乌昌经济一体化中,就遇到了上述宪法障碍。《民族区域自治法》第14条第2款规定:"民族自治地方一经建立,未经法定程序,不得撤销或者合并;民族自治地方的区域界线一经确定,未经法定程序,不得变动;确实需要撤销、合并或者变动的,由上级国家机关的有关部门和民族自治地方的自治机关充分协商拟定,按照法定程序报请批准。"两地的合并涉及民族稳定和团结,且不说合并的法律可能性,单就烦琐的程序而言也是两地政府难以接受的。根据"地方组织法"第85条第1款的规定,新疆维吾尔自治区政府可以在乌鲁木齐市和昌吉回族自治州政府之上建立一个领导两地政府的派出机关。但是,该派出机关按惯例可能获批的行政级别是地(厅)级,很难实现对本就属于地(厅)级的两地政府的领导。根据

---

① 左学金等:《长三角,需要怎样的协调》,《人民日报》2003年6月25日,第8版。
② 参见全国人大常务会法工委:《关于在县级管理区设立的基层人民法院的法官如何任免问题》(2004年8月25日),载中国人大网。

《宪法》第30条第1款的规定,在新疆维吾尔自治区之下,在乌、昌两地之上无法增设一级行政区划及政权机关。于是,2004年12月,新疆维吾尔自治区党委作出重大决策,在不涉及乌鲁木齐市和昌吉回族自治州行政区划调整的前提下,成立中共乌鲁木齐市昌吉州党委,推进乌昌地区经济一体化,实现财政、规划和市场的统一。[1]但最后,昌吉的部分地方还是并入了乌鲁木齐市。

然而,在早期区域合作磋商沟通机制的基础上,区域性组织逐渐得到了发展,并成为伙伴型法治协调机制。它包括区域合作领导机构和区域合作管理机构两类。区域合作领导机构包括已具有较稳定合作关系的、以地方政府作为成员单位的合作理事会,以及根据区域行政协议而成立的缔约方首长联席会。从《长江三角洲城市经济协调会章程》《泛珠三角区域合作框架协议》《环渤海地区经济联合市长(专员、盟长)联席会协议书》等有关文件来看,合作理事会和首长联席会是以合议制而非首长负责制开展活动的,是推进区域合作的组织、沟通、协商和决策平台。我们现在所能观察到的实例,长三角区域合作首长联席会、长三角示范区理事会、粤港合作联席会议、粤澳合作联席会议和横琴粤澳深度合作区管理委员会等。有的区域合作领导机构下设办事机构,负责战略决策研究谋划,制订年度工作计划并推进落实、统筹协调和督促检查等,如长三角城市经济协调会办公室和长三角区域合作办公室等。[2]区域合作管理机构,系旨在统一管理、推进区域合作事宜的执行性组织。它

---

[1] 参见秦旭东:《乌昌党委导演乌鲁木齐——昌吉一体化》,《21世纪经济报道》2005年10月8日,第4版。

[2] 参见陈鸣波(上海市人民政府副秘书长):《关于长三角一体化发展体制机制建设情况的报告》,《上海市人民代表大会常务委员会公报》2019年第7号。

在性质上包括地方政府的区际共设机关和法定机构两类。对此,本书将作专门讨论。

另外,伙伴型组织法机制的发展还包括行政机关职权法定原则的创新实践,发展出了职权委托制度。本书也将专门就此进行讨论。

(二)行为法机制的发展

1. 科层制规划和指导。早在2004年,交通部就牵头制定了《长江三角洲地区现代化公路水路交通规划纲要》。[①] 该纲要打破了区域、体制、行业界限,进行跨省市的资源整合,强调与周边地区的衔接,公路水路协调,同时综合考虑航空、铁路网络体系,注重提升服务水平和现代化管理。这是中央政府机关运用规划对地方进行法治协调的开始。不久,国务院也创新了区域合作的领导方式,采用了不同于组织机构的行为法方式即区域行政规划和区域行政指导的领导方式(参见第二章第一节),并为地方政府机关所效仿。[②] 此类指导意见即区域行政指导,遂成为上级政府机关领导区域合作的法律机制。区域行政规划和区域行政指导虽然属于科层制法治协调机制,但它们的创新意义在于坚持公权力调控与市场作用的结合,以及用行为机制发挥组织结构的领导功能。

2. 区域协同立法。区域一体化是旨在统一市场、优化产业结构的改革,是为了破除由地方立法、地方"红头文件"而形成的行政壁垒以及计划经济时期中央立法遗留的权力经济痕迹,对重要的合作事项应通过地方性法规和规章来加以保障。为此,笔者曾主张借鉴美国州际法治协调中的州际示范法经验,对地方性法规和规章进行

---

① 交规划发〔2005〕91号,2005年3月4日发布。
② 如安徽省保监局、安徽省政府金融办:《保险业支持皖江城市带承接产业转移示范区建设的指导意见》,皖保监发〔2010〕21号,2011年4月20日发布。

清理并协同立法。[1]后来王春业教授也专门研究了这一主题,于2014年在中国经济出版社出版了《区域合作背景下地方联合立法研究》。

区域协同立法这一伙伴型法治协调机制,在东北辽吉黑三省的区域合作中首先获得了突破性进展。2006年,辽吉黑三省签署《东北三省政府立法协作框架协议》,"确定了东三省立法协作将采取的三种方式:对于政府关注、群众关心的难点、热点、重点立法项目,三省将成立联合工作组;对于共性的立法项目,由一省牵头组织起草,其他两省予以配合;对于各省有共识的其他项目,由各省独立立法,而结果三省共享——这被分别概括为紧密型、半紧密型和分散型的协作"。[2]

区域协同立法现已在全国各合作区得以成功实践,形成了三种模式。第一,协调互补的协同模式,指经过区域成员方立法机关互相协商,对相关条款形成示范性文本,再由区域成员方立法机关在求同存异基础上做一些个性化的表达。如长三角区域2014年《大气污染防治条例》的总体章节和条数基本相同,但在具体要求和相关表述上各省市的文本有一些差异。第二,"三同模式",即地方性法规的文本相同、审议时间相同、宣传推进工作相同的协同立法。它以2020年的《关于促进和保障长三角生态绿色一体化发展示范区建设若干问题的决定》为代表。第三,专门章节的常态模式,指区域内成员方在实现法规文本相同有难度的情况下,设立区域合作专章的模式。长三角区域以2020年《铁路安全管理条例》为代表

---

① 参见叶必丰:《长三角经济一体化背景下的法制协调》,《上海交通大学学报(哲学社会科学版)》2004年第6期,第9—12页。

② 常旭:《东北三省政府立法协作框架协议正式签署》,《城市晚报》2006年7月18日,第1版。

的10部地方性法规都采用了这一模式。①另外,长三角区域各省市的地方性法规和地方政府规章中,还设有很多区域合作条款。

在上述创新实践的基础上,2022年的"地方组织法"第10、49条明文规定了地方人大的协同立法,第80条明文规定了县级以上地方政府可以共同建立跨行政区划的区域协同发展工作机制。区域协同立法的意义在于,它既摆脱了设立区域合作领导机构的法律障碍和哈耶克所担心的"随心所欲"的行政,又弥补了区域行政协议缺乏刚性约束的不足,可以为区域合作营造伙伴型法治环境。

本节结语

区域一体化或区域合作需要法治的保障。我们必须以区域一体化或区域合作,行政区划和利益主体不变,以及中央和地方的职责分工为前提,在国家统一法治的基础上谋求多元法治的协调。并且,还应通过对实践创新经验的不断总结和合法性解释,上升为理论,建立起制度。当前,我国的区域法治协调按是否存在科层关系,有科层制法治协调和伙伴型法治协调;按法的类型,有组织法机制和行为法机制。其中,组织法机制包括中央政府或上级政府设立的领导小组科层制法治协调机制,以及区域合作领导组织、地方政府的区际共设机关、法定机构和职权委托机制等伙伴型法治协调机制。行为法机制有中央政府或上级政府的区域规划和区域指导等科层制法治协调机制,以及区域协同立法和区域合作协议等伙伴型法治协调机制。

要发挥伙伴型法治协调机制的作用,应坚持平等、自愿、协商和

---

① 参见佚名:《长三角协同立法已形成三种模式,2023年度立法项目正在谋划》,百度百家号。

合作共赢的基本原则,[1]要加强和重视咨询评估工作。基于协调一致的目的,缔结行政契约,制定地方性法规和规章,以及采取重大行政措施,都需要有一个全面、综合考虑合作各方利益和需要的方案。民间提出的一体化建议,也不必直接摆到有关政府部门的案头,可以先由某个组织整理、加工、审查、平衡或具体化。现在,在长三角区域设立的长三角区域合作办公室承担了决策研究论证的任务。除了事前的咨询论证,事后的评估也很重要。区域行政协议的应然法律效力要转化为法律实效,法律规范和区域规划的协同实施,不仅取决于法律制度的构建,而且取决于公众的态度和社会的力量。"国家发改委区域合作指导意见"指出:"支持有条件的地区在区域合作监督约束、绩效评估和考核体系建设方面开展研究探索。"广东省积极开展了珠三角区域的一体化评估工作。[2]但总体而言,区域合作的民间评估还需要进一步强化。

第二节 区域合作法的基本关系[3]

本节导语

从长三角、珠三角到环渤海,再到中西部地区的新疆乌昌(乌鲁木齐市——昌吉回族自治州)、东北辽吉黑三省、长(沙)株(洲)(湘)潭、武汉城市圈、成(都)渝(重庆)、安徽皖江城市带和河南

---

[1] 参见叶必丰等:《行政协议——区域政府间合作机制研究》,法律出版社2010年版,第105—130页。

[2] 参见广东省人民政府:《推进珠江三角洲区域一体化工作评价指标及评价办法》(试行),粤府函〔2011〕58号,2011年2月28日发布。

[3] 本节原标题为《区域经济一体化的法律治理》,首发于《中国社会科学》2012年第8期,此次出版时进行了删减和改写。

中原经济区，区域合作实践开展得如火如荼。区域合作的目标是为了实现区域内不同行政区经济和社会的科学、协调发展，克服产业同构和恶性竞争而谋求产业布局的优化和升级，打破行政壁垒而谋求市场的自由、统一和资源整合，实现环境生态的协同保护和公共服务共享。但值得注意的是，我国的区域合作并不是市场的自发秩序，而是国家通过公权力强力推进的，包括区域规划、区域指导、区域协同立法和区域行政协议等。这就一方面体现为国家与社会的关系，即公权力对市场的调控，另一方面又表现为多种公权力相互间的关系，即国家的内部组织结构。公法学必须关注这种调控的合法（宪）性，必须解释实施这种调控所发生的组织结构上的变化，为区域合作的法律治理提供学理支持，在解决现实问题的过程中获得自身的发展。并且，在我国体制改革、经济发展和社会转型时期，这一问题具有典型性和普遍性。

笔者曾呼吁制定行政协议法，并提出了有关构想。[①]2008年制定的《湖南省行政程序规定》第15条终于得以规定。[②]应当肯定，立法是必要的。但同时，即使制定了全国性的行政协议法，也还存在其他治理机制的法律依据问题；即使制定了行政程序法，对已有的治理机制都作出了规定，也会随着实践的发展而出现滞后问题。这就应验了利益法学创始人赫克的命题：立法者"不可能注意到生

[①] 参见叶必丰：《我国区域经济一体化背景下的行政协议》，《法学研究》2006年第2期，第57—69页。

[②] 该条共分三款，内容如下："各级人民政府之间为促进经济社会发展，有效实施行政管理，可以按照合法、平等、互利的原则开展跨行政区域的合作。""区域合作可以采取签订合作协议、建立行政首长联席会议制度、成立专项工作小组、推进区域经济一体化等方式进行。""上级人民政府应当加强对下级人民政府之间区域合作的组织、指导、协调和监督。"2018年修订时合并为一款。

活的方方面面，并彻底地、无遗漏地予以调整，以使逻辑小前提可以在每一个案件中划出适当的界限"。①

事实上，如上节所述，我国区域一体化经过多年的实践和探索，先后形成了区域行政协议、区域合作组织、区域协同立法、区域行政规划和区域行政指导等多种法治机制。但它们都属于"先行先试"，缺乏直接的宪法和法律依据。对此，我们有必要去支持具有正当价值和谋求人民福祉的改革，解释已有区域合作法治实践的合宪（法）性。赫克批评成文法的目的并非否定成文法，而在于呼吁加强法律解释。作为美国州际合作法律机制的州际协定，就是美国联邦法院通过对《美国联邦宪法》第1条第10款第1项的解释而释放出的功能。

我们之所以选择解释性研究而不是构建性研究，是因为通过解释来挖掘宪法和法律文本的制度资源，能够以更低廉的成本来解决我们所面临的挑战。反过来，这种解释又有助于使宪法和法律从纸上建筑走向现实状态，从而促进法治的进步。解释性研究还有助于促进宪法解释学及法解释学在我国的发展。我国法律体系的基本形成为我们的解释性研究提供了可能，区域合作法治实践为我们的解释性研究提供了典型案例。这样的解释性研究，当然是以现行宪法不变为前提的，并且是以现行宪法作为一切推导的最后基础的，这正像凯尔森以政权和宪法不变作为基础规范推导法律秩序一样。

一、区域合作中的政府与社会关系

"在'概念上'，'国家'也不是经济活动所必不可少的。但是，

---

① 转引自张文显：《二十世纪西方法哲学思潮研究》，法律出版社1996年版，第130页。

没有'国家的'法律秩序、经济制度,尤其是现代经济制度是不可能存在的。"[1] 国家公权力对区域经济一体化的推进,是对市场的调控。政府调控具有政治伦理的有效支撑。"只要政府的活动属于能与运行中的市场相容的活动,那么,市场还可以容许政府进行更多得多的活动。"[2] 从这一意义上说,旨在推进经济社会一体化的法律治理具有正当性。当然,对这种调控在实定法上的合法性,则既要考察它的决策依据,又要考察它的决策内容,还要考察它的决策过程。

(一)政府与市场

区域行政协议、区域协同立法、区域行政规划和区域行政指导的最大特点之一是,内容上主要涉及产业布局,少量涉及环境保护、资源分配和基础设施建设。[3] 在国务院批复《皖江城市带承接产业转移示范区规划》(国函〔2010〕5号)后,国务院主管部门就纷纷出台了支持措施,[4] 安徽省发改委制定了《皖江城市带承接产业转移示范区产业发展指导目录》,[5] 安徽省各级政府及主管部门也纷纷制

---

[1] 〔德〕马克斯·韦伯:《论经济与社会中的法律》,张乃根译,中国大百科全书出版社1998年版,第35页。

[2] 〔英〕弗里德里希·奥古斯特·哈耶克:《自由宪章》,杨玉生等译,中国社会科学出版社1999年版,第352页。

[3] 参见叶必丰等:《行政协议:区域政府间的合作机制研究》,法律出版社2010年版,第48—62页;李煜兴:《区域行政规划研究》,法律出版社2009年版,第89—93页。

[4] 参见国家工商行政管理总局《关于支持皖江城市带承接产业转移示范区建设的意见》,工商办字〔2010〕119号,2010年6月22日发布;国务院法制办公室《关于支持安徽省人民政府推进皖江城市带承接产业转移示范区法治政府建设的意见》,国法〔2010〕32号,2010年7月2日发布;《人力资源和社会保障部、安徽省人民政府共同推进皖江城市带承接产业转移示范区人力资源和社会保障事业发展与改革备忘录》,2010年5月6日发布。

[5] 参见《国家发展改革委办公厅关于皖江城市带承接产业转移示范区产业发展指导目录的复函》,发改办产业〔2010〕1915号,2010年8月10日。

定了相应配套措施,以规制产业的准入和发展。① 这种对市场的调控,在实定法上是否具有合法的依据?

"现代政府是以行使合法管辖权来执行其功能。所谓合法,意味着政府是根据宪法授权来行使权威的。"② 国家采用区域行政规划、区域行政协议、区域协同立法和区域行政指导方式来调控市场经济的合法性,必须从宪法规定来解释。《宪法》第15条分3款规定:"国家实行社会主义市场经济。""国家加强经济立法,完善宏观调控。""国家依法禁止任何组织或者个人扰乱社会经济秩序。"市民社会具有多元性,市场经济具有自发性,都缺乏共同的目标,因而需要法治加以规范。法治作为抽象的规则,不能改变竞争的结果,但可以促进平等竞争的机会,从而改善市场的有序性。③ 对市场绝不可以用具体的命令来调控。一项正当行为规则的作用,乃在于对众多个人所具有的不尽相同的目的进行协调,而一项命令的作用则在于实现特定的结果的微观监管和微观管理。④ 与一项正当行为规则不同,一项命令不仅会限制个人的选择范围(或者说不仅会要求

---

① 参见安徽省科技厅、安徽省发改委、安徽省经信委、安徽省财政厅、安徽省国资委《关于推进皖江城市带承接产业转移示范区自主创新的若干政策措施》,科策〔2010〕97号,2010年7月5日发布;安徽省人力资源和社会保障厅《关于加快推进皖江城市带承接产业转移示范区建设的若干政策意见的实施细则》,皖人社发〔2010〕42号,2010年6月10日发布;安徽省国家税务局《促进皖江城市带承接产业转移示范区发展若干税收优惠规定》,皖国税发〔2010〕84号,2010年4月21日发布。

② 〔德〕马克斯·韦伯:《论经济与社会中的法律》,张乃根译,中国大百科全书出版社1998年版,第42页。

③ 参见〔英〕弗里德利希·冯·哈耶克:《法律、立法与自由》(第二、三卷),邓正来等译,中国大百科全书出版社2000年版,第192、215—218页。

④ 市场经济体制成为全球化的选择以来,各国政府对市场的作用无非是三个方面:宏观调控、微观监管和微观管理(参见吴强:《政府行为与区域经济协调发展》,经济科学出版社2006年版,第25—26页)。

他们去实现刻意创生的预期),而且还会要求他们按照一种并没有要求其他人的特定方式行事。这种具体命令的调控构成干预。"干预是政府行使强制权力,而不是例行地执行一般性的法律,而且旨在达到某种具体的目的。"[①] "具体命令对耦合秩序的'干预'造成了失序而且绝对不可能是正义的。"[②]

经过长期的努力,我国已经先后制定了《反不正当竞争法》《反垄断法》《消费者权益保护法》等一系列经济领域的法律、法规,经济法已成为社会主义法律体系的一个部门,为市场经济提供了基本的法律规则。在此基础上,针对不同区域的特点,通过区域行政规划、区域行政协议、区域协同立法和区域行政指导,消除区域内的行政壁垒,实现区域内的市场统一,促进区域内产业结构的优化,属于增进平等竞争机会的规则构建和方向性的引导,为市场发挥作用留下了足够的空间。即使是依据区域行政规划而出台的产业指导目录和各项支持措施,也并非针对特定企业。区域行政指导、区域行政规划、区域协同立法和区域行政协议以及有关支持措施作为一种新构建的规则或方向性引导,既是一种宏观调控又是对经济秩序的维护。它们是除了经济立法外的宏观调控方式,是宏观调控方式的创新和完善。作为对经济秩序的维护,它们破除了流通梗阻,消除了市场壁垒,改革了不平等竞争规则,禁止了基于行政区的行政干预。因此,就行为方式上看,区域行政规划、区域行政协议、区域协同立法和区域行政指导等行政措施,是符合《宪

---

① 〔英〕弗里德里希·奥古斯特·哈耶克:《自由宪章》,杨玉生等译,中国社会科学出版社1999年版,第350页。

② 〔英〕弗里德利希·冯·哈耶克:《法律、立法与自由》(第二、三卷),邓正来等译,中国大百科全书出版社2000年版,第218—219页。

法》第 15 条规定的。

(二)决策与参与

"执行权的组织必须担保执行的合法性……一个民主组织未必能最好地担保执行的合法性或忠诚性。""而当立法是民主的话,担保执行合法性的最好的方法也是民主的。"① 保证公共决策合法性的民主方法之一,在过程上就是公众参与。② 在我国,"坚持国家一切权力属于人民,从各个层次、各个领域扩大公民有序政治参与,最广泛地动员和组织人民依法管理国家事务和社会事务、管理经济和文化事业",③ 已经成为深化政治体制改革的基本内容和全面实现小康社会建设目标的新要求,也是实现区域平等的重要途径。

当然,公众参与的前提是公共决策涉及公众的权利义务。我们观察到,政府机关依据区域行政指导、区域行政规划、区域行政协议和区域协同立法,开展行政立法,制定行政规范性文件,并实施了各种具体行政行为,从而设定了公民、法人或其他组织的权利义务。区域协同立法对私权的直接设定自不必细述,区域行政协议对私权的直接设定也已有类型化概括,④ 区域行政指导和区域行政规划也不例外。这类权利义务的直接设定,尽管不是很普遍,尽管有的并

---

① 〔奥〕凯尔森:《法与国家的一般理论》,沈宗灵译,中国大百科全书出版社 1996 年版,第 331 页。

② 参见〔德〕马克斯·韦伯:《论经济与社会中的法律》,张乃根译,中国大百科全书出版社 1998 年版,第 331 页。

③ 胡锦涛:《高举中国特色社会主义伟大旗帜 为夺取全面建设小康社会新胜利而奋斗——在中国共产党第十七次全国代表大会上的报告》,载光明网。

④ 参见叶必丰等:《行政协议——区域政府间合作机制研究》,法律出版社 2010 年版,第 195—196 页。

不完全符合德国法学说上的权利要件,[1]但这正是区域行政指导、区域行政规划和区域行政协议的特点。因此,公众具备参与区域合作治理的前提条件。

我们观察到,在皖江城市带区域行政规划的制定中,在为实施区域行政规划的各种方案或指导意见的制定中,以及基于区域行政规划所签订的省、部合作协议的落实措施的制定中,都已经开展了网上征求意见、各种座谈会等形式的良好实践。[2]这一领域的公众参与实践,至少为我们提供了以下三个方面的新思考:第一,参与事项。从形式上看,有关区域行政规划、区域行政指导以及有关实施方案或措施都有公众参与,有关区域行政协议和管理机构的设置并没有公众参与。皖江城市带并没有区域协同立法的实践。从已有实践的东北三省来看,区域协同立法并不影响法定的公众参与。[3]从内容上看,公众参与主要涉及公众权利义务的事项。第二,参与范围。从皖江城市带规划的制定来看,在多个阶段广泛开展了征求意见,并且征求了安徽省外的意见。[4]区域行政规划、区域行政指导

---

[1] 德国学者汉斯·J.沃尔夫等认为,具备下列要件时构成公民行政法上的权利:第一,依据实质法律而不仅仅是政策声明或者行政性法规命令;第二,根据特定要件事实;第三,可以确定特定的义务人和权利人;第四,法律后果不是附带或者偶然对公民有利,而是直接完全有利(参见〔德〕汉斯·J.沃尔夫、奥托·巴霍夫、罗尔夫·施托贝尔:《行政法》(第一卷),高家伟译,商务印书馆2002年版,第508页)。

[2] 参见安徽省推进皖江城市带承接产业转移示范区建设领导小组办公室:《关于征求〈皖江城市带承接产业转移示范区开发园区总体发展规划(征求意见稿)〉意见的函》,皖江办〔2010〕35号;安徽省住房和城乡建设厅:《宣城市规划局组织召开〈皖江城市带承接产业转移示范区城镇体系规划(2010—2015)(征求意见稿)〉方案座谈会》,载中安在线;《安徽保监局就〈关于保险业支持皖江城市带承接产业转移示范区建设的指导意见〉征求部分保险公司建议》,载新浪网2010年3月17日。

[3] 参见黑龙江省人民政府法制办公室:《关于〈关于建立东北三省行政执法违法案件查处协作机制的通知(征求意见稿)〉公开征求意见的通知》,载黑龙江政府网。

[4] 参见《皖江城市带承接产业转移示范区》,载百度百科。

和区域协同立法涉及区域内公众的权利义务,自然应给予区域内公众参与的机会。同时,它们又涉及区域平等,因而也应给予区域外公众参与的机会。《安徽省优化皖江城市带承接产业转移示范区法制环境若干规定(草案)》的征求意见,是在网上公开进行的,没有限制参与人的范围,提供了区域外公众参与的机会,[1]有助于区域平等的实现,这是值得肯定的。《国务院关于进一步推进长江三角洲地区改革开放和经济社会发展的指导意见》(国发〔2008〕30号),尽管是针对长三角区域的区域行政指导,但发文的指向却是"各省、自治区、直辖市人民政府,国务院各部委、各直属机构"。对这类指向发文主体所辖全部区域的区域行政规划和区域行政指导,更应在全部区域内给予公众参与机会,而不能只给予区域行政规划和区域行政指导适用区域的公众参与机会。第三,参与意见的平衡。区域行政规划和区域行政指导中的公众参与意见平衡,在内容上将主要涉及区域平等。在区域协同立法中,作决策的政府机关是不同行政区域的多个政府机关。可以预料到的是,同样的政府决策在一个行政区域内被公众支持,在另一行政区域却可能被公众反对。此时,参与意见并非由一个政府机关平衡,而是由两个或多个地方的不同政府机关予以平衡。这就需要由各有关政府机关进行磋商和协调。如果区域行政协议也给予公众参与机会,那么也会出现这一现象。

公众参与既包括决策作出前的公众参与,也包括决策实施中的公众参与。在区域合作的法律治理中,决策实施的公众参与尤其重要,如果说决策作出前的公众参与是关于实现对行政权行使和区域平等权的监督机制,那么作出后的公众参与则是推动区域行政规

---

[1] 参见安徽省人民政府法制办公室:《关于征求〈安徽省优化皖江城市带承接产业转移示范区法制环境若干规定(草案)〉意见的公告》,载地方立法网。

划、区域行政指导和区域行政协议实施的动力机制。"有些人,避免危及既得利益的愿望比改进已有的并取得新的利益的愿望更为强烈。"① 区域行政规划和区域行政指导即使是由上级政府机关制定的,即使基于行政体制上的领导与被领导关系而对下级政府机关具有拘束力,也往往存在被怠于履行的现象。不要说内容比较宏观和表述比较原则的规划和指导,即使是具体明确的法律规范也存在被怠于实施的现象。区域行政协议的效力更是充满争议,有的甚至在条款中明确约定不具有任何法律效力。② 在区域利益竞争激烈的情况下,区域行政规划、区域行政指导和区域行政协议实施的领导、考核和奖惩等行政内部机制常常失灵,因而只能借助于行政系统以外的力量即公众参与,允许公民请求政府机关履行规划、指导或协议中的职责。甚至当公民的请求被拒绝时,允许公民依法申请复议或提起诉讼,从而推动政府机关对区域行政规划、区域行政指导和区域行政协议的协同实施。这一意义上的公众参与,将构成区域行政规划、区域行政指导和区域行政协议实施的更为有效的动力机制。

二、区域合作中的国家机关间关系

区域合作法还涉及国家内部组织体制,包括上下级政府、政府与人大之间的关系。这些关系在凯尔森的理论中,也是一种法律秩序,即经组织法规范调整而形成的秩序。

(一)上级政府与下级政府

《宪法》第89条规定了国务院对各职能部门以及地方各级人民

---

① 〔英〕J.S.密尔:《代议制政府》,汪瑄译,商务印书馆1982年版,第24页。
② 参见叶必丰等:《行政协议——区域政府间合作机制研究》,法律出版社2010年版,第184—186页。

政府的领导,"地方组织法"第73条规定了地方各级人民政府对所属工作部门和下级人民政府的领导。但是,行政学或领导学所关注的是领导者的领导体制、职责、能力和方法,[1]宪法学所关注的是地方自主权或上下级的权限分工,行政法学则对此并未作出解释。国务院对地方政府、上级政府机关对下级政府机关的什么事项,在多大范围内,以及以什么方式来实现领导等一系列问题都尚未明确。这是一个法解释学问题。法解释的实现,则需要借助类似于区域合作实践这样的案例。

长期观察发现,在区域合作实践中最早出现的是区域行政协议。初期的区域行政协议多系地方政府自主签订。但后来,有了上级政府机关或中央政府的参与,包括作为缔约的一方主体、接受备案[2]以及指导式参与[3]。然后,出现了上级政府或中央政府的区域行政规划和区域行政指导。这似乎蕴含着领导的某种规律。在纯粹法理论看来,这是法律实效不断增强的结果。国家本身只是一种法律现象和法律秩序,国家的"政治权力就是被承认为法律的强制性秩序的实效"。[4]从没有实施领导到实施领导,再到领导的强化,是法律的应然效力变为现实的过程,是国家作为法人去不断服从法律要求的结果。[5]在纯粹法理论中,政府机关缺乏应有的主动性和判

---

[1] 参见夏禹龙等:《领导科学基础》,广西人民出版社1983年版,第6—14页;黄达强、刘怡昌主编:《行政学》,中国人民大学出版社1988年版,第125—130页。

[2] 参见何渊:《区域性行政协议研究》,法律出版社2009年版,第15—21页。

[3] 参见贾辉:《人才开发首跨区域合作 东三省长三角协议开发人才》,《黑龙江日报》2005年3月21日,第2版。

[4] 〔奥〕凯尔森:《法与国家的一般理论》,沈宗灵译,中国大百科全书出版社1996年版,第214页。

[5] 参见〔奥〕凯尔森:《法与国家的一般理论》,沈宗灵译,中国大百科全书出版社1996年版,第37—39页。

断力。从政府机关的主动性和判断力角度说,区域合作的领导实践,体现了先鼓励创新和探索,然后实施领导,并不断加强领导力度的过程,符合《宪法》第3条规定的民主集中制原则。

我们通过长期的观察发现,区际行政事务不一定都需要共同上级政府的领导。根据宪法第89条第15项的规定,国务院对县级以上行政区划的设置和变更具有领导权。国务院据此制定了《关于行政区划管理的规定》和《行政区域边界争议处理条例》。同样,宪法规定了国务院对全国各项行政工作的领导权。但是,单纯的区际因素,即使涉及不同的省、自治区、直辖市,也不足以构成国务院领导的理由。《上海市静安区与马鞍山市人事人才工作合作协议》,是两个县级行政区之间的合作,尽管涉及安徽省和上海市,但国务院并没有进行备案或审批等形式的领导。同时,单纯的行政区域级别也不足以成为国务院予以领导的理由。《东北三省政府立法协作框架协议》尽管是省级区域合作,在缔结中却并未见国务院或其主管部门参与。相反,一个省级行政区内的珠三角、武汉城市圈、长株潭城市群的区域合作、河南中原经济区和江苏沿海地区,却成了国务院实施领导的例子。[①] 其中,珠三角和长株潭区域获国务院批准的主要原因在于其区域合作已经具有较高的成熟度,不亚于长三角区域;而武汉城市圈主要在于它在我国中部地区的重要地位和对周边地区的辐射作用,河南中原区主要系全国粮食生产和现代农业基

---

① 参见《国务院关于珠江三角洲地区改革发展规划纲要(2008—2020年)的批复》,国函〔2008〕129号,2008年12月31日发布;何欣荣:《武汉城市圈和长株潭城市群获批改革试验区》,《第一财经日报》2007年12月10日,第3版;《国务院关于支持河南加快建设中原经济区的指导意见》,国发〔2011〕32号,2011年9月28日发布;《国务院常务会议讨论通过江苏沿海地区发展规划等》,载中央人民政府网,2009年6月10日。

地,江苏沿海地区系为了加强与中亚、欧洲和东北亚国家的交流与合作。从上述情况来看,国务院对区域合作的领导,除了省际因素和区域合作是否将"影响到中央政府的控制力"[1]外,还取决于区域合作的成熟度及内容的重要性。内容上的重要性,包括产业布局和升级对其他区域乃至全国的长远意义,以及是否涉及邻国贸易等涉外因素。

我们通过长期的观察还发现,早期的区域经济一体化领导,多表现为组织机构上的探索,如江阴经济开发区靖江园区、乌昌经济一体化中上级组织通过设置专门的机构实施领导等。[2] 这已是一种习以为常的领导方式。但是,国务院除了对区域行政协议的参与和备案外,近年来又创新了领导方式,采用了区域行政规划和区域行政指导的方式。这些新的领导方式不同于国务院对行政区域设置或变更中的立法和审批领导方式,比立法更原则,比审批更宏观。区域行政规划和区域行政指导只要不涉及公众的权利义务,对公众就不具有拘束力。但对下级政府机关,无论是区域行政规划还是区域行政指导,都具有拘束力。"行政机关就要受上级机关的命令的拘束。"[3] 观察发现,国务院《关于进一步推进长江三角洲地区改革开放和经济社会发展的指导意见》——国务院《皖江城市带承接产业转移示范区开发园区总体发展规划》——安徽省委、省政府《关

---

[1] 叶必丰:《我国区域经济一体化背景下的行政协议》,《法学研究》2006年第2期,第64页。

[2] 参见李煜兴:《江阴经济开发区靖江园区管理体制调研报告》;徐键:《"乌昌经济一体化"调研报告》;叶必丰等:《行政协议——区域政府间合作机制研究》,法律出版社2010年版,第271—273、301页。

[3] 〔奥〕凯尔森:《法与国家的一般理论》,沈宗灵译,中国大百科全书出版社1996年版,第305页。

于皖江城市带承接产业转移示范区规划的实施方案》、相关地方立法和国务院各部委的支持措施——安徽省政府各主管部门的支持措施——示范区各城市政府的实施办法和保障措施，得以层层贯彻落实。它们既约束下级政府机关行使公权力的行为，又约束下级政府机关适用法律、法规和规章的裁量，实现了用行为机制替代组织结构的功能。

在主张设立经济区领导机构者看来，领导行为的适用范围应当与领导辖区相一致，似乎中央政府要么只能针对全国区域实施调控，要么什么都不做。其实，中央政府只针对部分行政区域实施立法等领导形式早已存在。[1] 国务院的区域行政指导和区域行政规划直接回应了呼吁，实施了对经济、文化相通的，由若干省级甚至省级以下行政区构成的经济区域的领导。对辖区内部分区域实施领导的主体是政府机关而不是代议机关。[2] 政府机关可以对其辖区内部分区域实施领导的理论依据，则是分权原则和民主原则。[3]

类似国务院对区域经济一体化的领导方式，从理论上讲也可以运用于地方政府层面上级对下级的领导。但遗憾的是，地方政府很少运用这样的领导手段，而习惯于行政区域的合并或调整。当合并或调整有法律困难时，则选择了设置机构的一体化方式。法解释学需要以"现象"的存在为前提。基于地方政府并没有为我们提供典型的解释对象，本节也只能先予略过。

---

[1] 参见《开发建设晋陕蒙接壤地区水土保持规定》，1988年9月1日国务院批准，2011年1月8日修订；叶必丰：《行政法与行政诉讼法》，武汉大学出版社2008年版，第54页。

[2] 参见〔奥〕凯尔森：《法与国家的一般理论》，沈宗灵译，中国大百科全书出版社1996年版，第339页。

[3] 同上书，第338、340页。

(二)政府与人大

代议制机关"应该控制政府的一切行动"。[①]"现代代议制度是出于政府治理的需要而不是出于立法的需要而形成的。""虽然我们称这些机构为'立法机构',但是它们的绝大部分工作却不是制定和批准一般行为规则,而是指导政府在解决特定问题时采取何种行政措施。"并且"值得我们注意的是,恰恰是政府治理而不是立法工作渐渐变成了代议机构的首要任务"。[②]民意机构必须关注政府治理,政府机关必须主动适应这种宪法安排。我国"地方组织法"明确了人大对区域法律治理的主导作用,规定了区域协同立法,赋予县级以上地方政府的则是建立区域协同发展工作机制。

县级以上地方政府关于区域协同发展工作机制的建设,也应依法向本级人大报告。"地方组织法"第11条规定,县级以上的地方各级人民代表大会的职权之一是听取和审查本级人民政府的工作报告。2006年7月,东北辽吉黑三省曾签署《东北三省政府立法协作框架协议》。但经查阅2006年、2007年吉林省、辽宁省的政府工作报告,并未发现有这一内容的专门说明或原则性表述。2010年是《皖江城市带承接产业转移示范区开发园区总体发展规划》《长江三角洲地区区域规划》《国务院关于中西部地区承接产业转移的指导意见》的制定年,也是苏浙沪皖政府《关于共同推进皖江城市带承接产业转移示范区建设合作框架协议》的缔结年。经查阅发现,国务院在2010年、2011年的政府工作报告中,对拟制定或已制定的区域行政规划和区域行政指导都有专门说明。上海市、安徽省在

[①] 〔英〕J.S.密尔:《代议制政府》,汪瑄译,商务印书馆1982年版,第70页。
[②] 〔英〕弗里德利希·冯·哈耶克:《法律、立法与自由》(第二、三卷),邓正来等译,中国大百科全书出版社2000年版,第302、303页。

2010年、2011年的政府工作报告中,也有专门说明。

根据"地方组织法"第11条、第50条的规定,县级以上的地方各级人民代表大会及其常务委员会的职权包括"讨论、决定本行政区域内的政治、经济、教育、科学、文化、卫生、环境和资源保护、民政、民族等工作的重大事项"。区域行政协议和区域管理机构是否属于向本级人大常务委员会报告的重大事项?如果是的话,会有什么问题?在密尔看来,这"就有必要考虑哪种工作是一个人数众多的团体能够适当完成的"。① 在美国,州际协定的缔结和修改适用立法程序,要由州议会通过,但结果是周期长,缺乏灵活性,也导致了合作的不确定性。为此,美国兴起了州际行政协议。州际行政协议不适用立法程序,不需要州议会的通过。② 根据密尔的原则和美国的经验,我们也有必要区分不同的区域行政协议而建立不同的制度。对一般的区域行政协议不必作为重大事项报请本级人大及其常务委员会决定,但下列区域行政协议应作为重大事项报请本级人大及其常务委员会决定:第一,基础性、制度性和综合性的区域行政协议,这是为其他合作奠定制度和机制基础的区域行政协议,如《长江三角洲城市经济协调会章程》和《泛珠三角区域合作框架协议》等。第二,持续性的重要专项区域行政协议,如《泛珠三角区域合作行政首长联席会议制度》《泛珠三角区域科技创新合作框架协议》《泛珠三角区域合作发展规划纲要》《泛珠三角区域综合交通运输体系合作专项规划纲要》等。

应当向人大及其常务委员会报告而未报告,应当由人大及其常

---

① 〔英〕J.S.密尔:《代议制政府》,汪瑄译,商务印书馆1982年版,第70页。
② Ann O'M. Bowman, Horizontal Federalism: Exploring Interstate Interactions, *Journal of Public Administration Research and Theory*, Vol.14: 4, pp. 535-546 (2004).

务委员会决定而未提交人大及其常务委员会决定,即使有公众参与这一民主机制作补充,也仍缺乏充分的民意基础。其中的原因,客观上是因为区域政府间的合作经验有待进一步总结,主观上则是人大尤其是政府机关还缺乏依法治国应有的主动性。这就有必要给予人大道义和舆论上的支持。"除非负责制约行政的各政府机关得到这个国家的有效的舆论和感情的支持,行政总是有办法把它们撇在一边,或者迫使它们屈服,并且有把握可以获得对它的这种行为的支持。"① 当然,我国除了政府和人大外,还有党委。区域合作的行政决策在作出前,往往要经党委的同意或通过。党委应充分支持人大对区域经济一体化的决定权。

三、区域合作中的行政区之间关系

(一)区域平等

1. 区域平等的历史发展。近代启蒙思想家提出了人生而平等的思想。② 这一思想得到了近代宪法的确认。《美国独立宣言》声称:"我们认为这些真理是不言而喻的:人人生而平等,他们都从他们的'造物主'那边被赋予了某些不可转让的权利,其中包括生命权、自由权和追求幸福的权利。"这种权利并非宪法或政府赐予的礼物,而是先于宪法和政府而存在的人所固有的权利。宪法和政府必须尊重和保护这种先在的权利。③

人生而平等的观念,又衍生出民族或种族平等、国家不分大小、强弱一律平等,以及区域平等。启蒙时代的另一位杰出思想家孟德

---

① 〔英〕J.S. 密尔:《代议制政府》,汪瑄译,商务印书馆1982年版,第57页。
② 参见〔法〕卢梭:《社会契约论》,何兆武译,商务印书馆1980年版,第8页。
③ 参见〔美〕路易斯·亨金等:《宪政与权利》,郑戈等译,三联书店1996年版,"导论",第3、4页。

斯鸠认为,"一个共和国,如果小的话,则亡于外力;如果大的话,则亡于内部的邪恶"。[1]一个联邦共和国,是由若干个小国联合组成的相对较大的国家。要建立一个联邦共和国并免于内乱而亡,就有赖于区域平等来保障。"要联合的国家大小相同,强弱相等,那是不容易的。吕西亚共和国是二十三个城市联合而成的;大城市在公共议会中有三票;中等城市两票;小城市一票。荷兰共和国是大小七省所组成的,每省一票。"[2]尽管早在古罗马就出现了地域歧视,即拒绝给予遥远行省的居民与罗马公民相同的权利,[3]但区域平等的观念却源于孟德斯鸠。

美国的制宪者以上述思想论证了州权平等。在他们看来,美国的各州在独立并加入联邦之前是宗主国的殖民地或附庸国,但其相互间地位却是平等的。美国联邦的成立也应当以各州在联邦中具有平等地位为前提。否则,各州也就不愿意加入,联邦也难以成立,宪法就难以通过。"建筑在更屈从于大州意志的原则基础上的政权,不大可能为小州所接受。"[4]基于历史逻辑,各州的平等权是先于宪法和联邦而存在的一项权利。州的权力并非源于宪法和联邦,相反,联邦的权力却源于各州通过宪法所进行的授予。未授予联邦的权力,仍属于各州。[5]

---

[1] 〔法〕孟德斯鸠:《论法的精神》(上册),张雁深译,商务印书馆1982年版,第130页。

[2] 同上书,第132页。

[3] 参见〔美〕E.博登海默:《法理学——法哲学及其方法》,邓正来、姬敬武译,华夏出版社1987年版,第286页。

[4] 〔美〕汉密尔顿等:《联邦党人文集》,程逢如等译,商务印书馆1980年版,第314页。

[5] 参见〔瑞士〕托马斯·弗莱纳-格斯特:《联邦制、地方分权与权利》;〔美〕路易斯·亨金、阿尔伯特·J.罗森塔尔编:《宪政与权利》,郑戈等译,三联书店1996年版,第11页。

州权平等体现为一州不得动用武力对付他州,强州不得凌弱,不得强占他州港口。无论强弱,各州都不得通过制定通商条例来设置贸易壁垒。[①] 同时,州权平等也表现为州与联邦的关系。联邦未经州的让与或经州议会同意,不得占用该州的土地资源并行使联邦专有立法权(《美国联邦宪法》第3条第8款第17项),否则就是增加该州的负担,从而导致各州不平等。联邦不得分解一州,不得在该州管辖范围内组建或建立新州;未经有关州议会的同意,联邦不得将两个或两个以上的州合并或将几个州的一部分合并组成新州;同样,未经联邦国会的同意,两个或两个以上的州不得擅自合并成一个新州,或几个州不得将各自的一部分合并组成新州(《美国联邦宪法》第4条第3款第1项)。各州更不得通过结盟而威胁到联邦或其他各州(第1条第9项最后一段)。总之,对美国"宪法条文不得作有损于合众国或任何一州的任何权利的解释"(《美国联邦宪法》第4条第3款第2项)。

当然,各州加入联邦后,已不再是主权国家。各州平等也并非是国家间的平等,而是一种区域平等。汉密尔顿等人正是以此来论证美国宪法的。[②] "如果在由一个完整的民族组成的国家中,各个地区应在政权中保持按比例的代表权;如果在独立的主权国家之间为了某一单一目的而组成的联盟之中,各方在共同的委员会中都应有平等的代表权,而不管各国的大小;如果以上都是正确的,则在具有民族的和联盟的双重性质的复合型共和国之中,政权应该建筑在按比例的和平等的代表权这两个原则参半的基础上。"[③] 据此,《美国联

[①] 参见〔美〕汉密尔顿等:《联邦党人文集》,程逢如等译,商务印书馆1980年版,第29页以下。

[②] 同上书,第41—44页。

[③] 〔美〕汉密尔顿等:《联邦党人文集》,程逢如等译,商务印书馆1980年版,第314页。

邦宪法》第1条第2款第3项规定众议员应按各州的人口比例进行分配，第3款规定合众国参议院由每州选出的两名参议员组成，每名参议员有一票表决权。

2. 我国的区域平等。我国《宪法》第3条、第4条确认公民在法律面前人人平等，维护和保障民族平等。《民族区域自治法》进一步规定了民族平等，即各民族包括民族自治地方的少数民族一律平等。该法规定了民族自治地方的自治权，甚至在第68条规定"上级国家机关非经民族自治地方自治机关同意，不得改变民族自治地方所属企业的隶属关系"。

从宪法、"地方组织法"以及《选举法》的规定上来看，省和直辖市的国家权力机关、行政机关和司法机关的地位，以及全国人大代表的比例，也都是平等的。单行法所规定的对区际纠纷的处理也体现了平等协商、互让互谅的区域平等的精神。其中，人大代表比例的平等，就基于或来源于人的平等。与宪法和法律规定相呼应的是，在现实生活中反对地域歧视、要求地域平等的观念也正在兴起。例如，任诚宇、李东照诉深圳市公安局龙岗区分局地域歧视案就是一个典型的例子，[1] 而此前发生的姜妍、栾倩、张天珠三名女生状告教育部侵犯平等受教育权[2]以及"高考移民"事件，[3] 都反映了要求区域平等的呼声。[4] 更为重要的是，这些案件或事件都将地域平等建

---

[1] 参见李钧德：《全国首例地域歧视案结案——深圳警方向河南人道歉》，《浙江日报》2006年2月10日，第8版。

[2] 参见赖颢宁等：《教育部原副部长：高校分配名额应照顾西部地区》，《新京报》2005年3月13日，第3版。

[3] 参见佚名：《海南限制高考移民"一刀切"引发争议》，《中国质量万里行》2003年第6期，第35页。

[4] 参见李克杰：《高考移民与公民受教育权平等》，《湖北招生考试》2004年第20期，第41页。

立在宪法所确立的人的平等之上,反映了地域平等与人的平等之间的紧密关系。当然,我国宪法和法律并不反对行政区域的细分、合并或部分调整,也不限制中央政府对省或直辖市土地资源的直接使用。

如果抛开个案不论,就一般意义上的区域合作而言,其内容上的合法性则需要讨论是否坚持了区域平等。这里的平等包括两类,"第一类是平等对待的权利,这是某些机会或资源或义务的平等分配权利。第二类权利是作为一个平等的个人而受到平等对待的权利,这一权利就是与其他人受到同样的尊重和关心的权利"。[1]

一个区域行政规划或区域行政指导,随之而来的往往是巨额资源的配置和持续的政策倾斜。这就涉及规划区或指导区内不同行政区的利益,涉及规划或指导区域与区域外行政区的利益。随之在法律上提出的问题是,它们是否应受《宪法》第33条关于"中华人民共和国公民在法律面前一律平等"原则的约束?这类区域行政规划和区域行政指导,用哈耶克的话说属于"政策性措施"。[2] 除了不应具有排他性外,政策性措施的"关键要点乃在于,绝不可能存在像法律面前人人平等那样的'措施面前人人平等'"。[3] 也就是说,

---

[1] 〔美〕罗纳德·德沃金:《认真对待权利》,信春鹰等译,中国大百科全书出版社1998年版,第290页。

[2] "所谓行政措施,我们通常所指的是那种为可以辨别的群体提供某些服务而支配或运用特定资源的措施。在这个意义上讲,建立学校或卫生服务系统,为特定的行业或职业提供财政资助或其他援助,或者对诸如政府经由垄断货币发行而拥有的那些手段的运用,都是政策性措施"(参见〔英〕弗里德利希·冯·哈耶克:《法律、立法与自由》(第一卷),邓正来等译,中国大百科全书出版社2000年版,第219页)。简单地说,哈耶克的政策性措施,是指临时而非持久的,是针对特定对象而非普遍对象的支持性或资助性计划。

[3] 〔英〕弗里德利希·冯·哈耶克:《法律、立法与自由》(第一卷),邓正来等译,中国大百科全书出版社2000年版,第218页。

对措施中所指出的哪些产业予以扶持或优先发展,对哪些产业予以淘汰,不适用平等原则。但是,我们所面对的不是措施,而是措施所依据的宪法和法律,即措施的实施是否会损害宪法和法律面前人人平等原则。区域利益或行政区利益最终将体现为公民个人权利,区域利益或行政区利益的不均也将导致公民个人权利的不平等。平等权是公民的基本人权。"人权是普遍的,它们属于任何社会中的每一个人。人权不分地域……"[1] 根据法理,我国宪法所规定的公民平等权不仅应当适用于国家直接对公民个人的行为,而且也应适用于国家对某一区域内公民所实施的行为。事实上,基于地域歧视而实施的行为已经引发了诉讼。因此,我们有必要确立和坚持区域平等原则,以此约束中央对地方、上级对下级的区域行政规划和区域行政指导,保障区域行政规划和区域行政指导的合宪性。

平等权是否约束区际行政机关相互间的行为?区域行政协议和区域协同立法不仅影响到缔约方或协作方国家机关的权利义务,而且还影响到辖区内公民的权利义务,甚至影响到缔约方或协作方以外区域公民的权利义务。其中,区域行政协议涉及产业分工、资源整合和环境保护,直接关系公民的投资、贸易和服务环境;区域协同立法则直接关系公民的权利义务。即使在市场特别发达、公私法不分的美国,州际协定和行政协议也并非纯粹的合同,而被看作是兼具合同和第三方效果的法律文件。[2] 区际政府之间的合作,不仅不能损害合作一方政府机关的权益,更不能损害合作方政府机关辖区内公民的权益以及合作双方辖区外公民的权益。为此,很多区域

---

[1] 〔美〕L.亨金:《权利的时代》,信春鹰等译,知识出版社1997年版,第3页。
[2] 参见何渊:《美国的区域法制协调——从州际协定到行政协议的制度变迁》,《环球法律评论》2009年第6期,第91—92页。

行政协议已明文规定了平等原则。[①]《湖南省行政程序规定》第15条也首次以立法的形式规定了区域合作的平等原则。因此,平等权也约束区级政府相互间的行为。当然,这里的平等并不是指合作主体的行政级别相同,相反是指无论合作各方的级别如何都应得到平等对待。它们受平等对待,是因为它们是辖区内公民的代表,源于公民在宪法上的平等权。也正因如此,我们才把区际关系放在政府与社会的维度,而没有放在公权关系维度加以讨论。

(二)分工合作

从已有的实践观察,区域合作机制既包括合作组织又包括合作行为。合作组织有取得合作身份的合作组织,以及供磋商、沟通或议决的合作组织。合作行为包括区域行政协议和共同行政行为等。其中,区域行政协议最为普遍,即使是已有区域行政规划和区域行政指导,基于不同行政区政府机关都有裁量实施权,也往往需要缔结共同的裁量基准协议。共同行政行为,是两个以上的政府机关联合决定和发布的,涉及公众权利义务的行为。在区域合作实践中,共同行政行为主要表现为协议,即不同行政区政府机关在缔结协议中涉及了公众的权利义务,因而构成了共同行政行为。

区域行政协议作为对市场的一种公权力行为,属于一种宏观调控。但它又毕竟是政府机关协同行使公权力的行为,是一个关于政府机关相互关系的组织法问题。我国组织法只规定了上下级政府机关间的领导关系,而没有规定不相隶属机关之间的关系。在单行法中,对不相隶属的机关之间的关系也仅限于事前征求意见和事后

[①] 参见叶必丰等:《行政协议——区域政府间合作机制研究》,法律出版社2010年版,第97页。

的备案,[1]以及职务协助和委托。因此,区域行政协议的法律依据,最终需要在宪法上获得支持。《宪法》第3条第1款规定:"中华人民共和国的国家机构实行民主集中制的原则。"第4款规定:"中央和地方的国家机构职权的划分,遵循在中央的统一领导下,充分发挥地方的主动性、积极性的原则。"这一规定体现了我国组织机构上的分权原则和民主原则。基于此,《宪法》第107条对县级以上地方各级人民政府管理经济事务的职权,又确立了按照行政区域进行分工的原则。也就是说,各地方政府机关具有管理本辖区内经济事务的自主权,不受其他区域的干涉。但是,有分权就有合作。并且,"今后法学思想的道路的某些部分已经是清楚了。它似乎是一条通向合作理想而不是通向相互竞争的自我主张理想的道路"。[2]相对于恶性竞争、设置地方保护和强行占领来说,这种合作也是一种民主即协商性民主。区域行政协议正是地方政府机关处理相互间职权关系的一种协商民主,符合宪法的规定。

合作机制要求区际政府机关尊重彼此的利益,约束自己的行为。"倘使每个团体以一种社会的目的为基础,那么用来达到这个目的的规则,对于团体成员必定有同样的拘束力。"[3]这在阿奎那看来,属于主权者的自我约束,[4]但在凯尔森和克拉勃看来属于权力对

---

[1] 参见叶必丰:《需补充行政行为:基于监督的制度分析》,《行政法学研究》2008年第3期,第101—103页;叶必丰:《需上级指示行政行为的责任——兼论需合作行政行为的责任》,《法商研究》2008年第5期,第32—34页。

[2] 〔美〕罗·庞德:《通过法律的社会控制·法律的任务》,沈宗灵等译,商务印书馆1984年版,第67页。

[3] 〔荷〕克拉勃:《近代国家观念》,王检译,商务印书馆1957年版,第44页。

[4] 参见〔意〕阿奎那:《阿奎那政治著作选》,载法学教材编辑部:《西方法律思想史资料选编》,北京大学出版社1983年版,第109—110页。

法律的服从,[①]而在马克斯·韦伯看来属于权力受权利的限制。[②]笔者认为,区际政府机关主动建立合作机制并受其约束,既是主动服从《宪法》第15条有关市场经济的规定,也是受市场经济主体权利的限制。市场经济需要统一的大市场,而不是一种行政区经济。区际政府机关都处于狄骥所描述的社会连带关系中,而法律只不过是这种社会连带关系的确认。[③]于是,服从宪法与受市场主体权利的限制,也就没有什么区别了。

目前,合作机制的成效还没有得到充分发挥,各地竞相建设港口就表明区际产业的恶性竞争并没有因区域合作而减缓。[④]这除了需要行政内部约束机制和外部的公众参与机制加以推动外,还有必要强调合作各方必须坚持诚实信用原则。我们不否认,区域一体化是合作各方的共同利益,"然而,单就共同利益而言,它只是合作的一个不稳固的基础。除非所有的人都值得信任,否则就存在这其中一人为获得更多而'欺骗'他人的危险"。"绝对命令是不以主体的决定为条件的命令。诚实就是这样一个绝对命令,人们不管利益和爱好如何,都必须诚实……这里的道德命令以我的承诺为条件……我能放弃我的意图,我却不能取消我的承诺。"[⑤]当然,"承诺的有效

[①] 参见〔荷〕克拉勃:《近代国家观念》,王检译,商务印书馆1957年版,第23—27、36—39、89—92页;〔奥〕凯尔森:《法与国家的一般理论》,沈宗灵译,中国大百科全书出版社1996年版,第221—223页。

[②] 参见〔德〕马克斯·韦伯:《论经济与社会中的法律》,张乃根译,中国大百科全书出版社1998年版,第49页。

[③] 参见莱翁·狄骥:《宪法论》,钱克新译,商务印书馆1962年版,第63—64、126、381页。

[④] 参见佚名:《中国港口竞争激烈》,《水路运输文摘》2005年第6期,第13页;晓庆:《长三角港口竞争逐渐升级》,《市场周刊》2006年第4期,第8页。

[⑤] 〔英〕A.J.M.米尔恩:《人的权利与人的多样性——人权哲学》,夏勇等译,中国大百科全书出版社1995年版,第39、45—46页。

性都是以环境为基础的"。① 如果客观环境发生了变化,合作协议的履行也就应当有所调整。

本节结语

在国家与社会维度上,区域法律治理是一个行为法问题,是国家对市场经济的调控。这种调控的合宪性依据是宪法第15条规定的宏观调控,内容的合法性在于遵循区域平等原则,程序的合法性在于公众参与。在国家组织系统内部,区域法律治理是一个组织法问题,因而讨论了中央对地方、上级政府对下级政府的领导,政府与人大的关系。各行政区间的关系即区际关系是一种平等合作关系。其中,平等原则既约束上级国家机关又约束区际国家机关的行为,分工合作则主要是区际国家机关的义务。

对上述法律问题的研究,作者认为在以下两个方面作出了努力:第一,有益于行政法理论的发展。对区域平等权、公众参与的动力机制、组织法上领导理论的研究,是基于我国法治实践的观察所作的解释和推导。尽管上述理论探索是初步的,但这种努力对行政法学研究将是有益的,拓展了研究领域,开辟了新的研究命题。第二,有益于行政法治实践的深化。对区域法律治理的合法性,从行为法和组织法两个方面进行了论证。这些治理机制尽管在某些问题上需要进一步完善,但总体上是在宪法和法律规定的框架下进行的。同时,在行政内部机制失灵时辅之以公众参与这样的外部机制以推动制度运行,不仅仅在区域经济一体化中,而且在其他行政实践中,也是有支撑意义的。

在上述研究中,作者坚持了解释的立场。这一研究立场,在我

---

① 〔英〕边沁:《政府片论》,沈叔平等译,商务印书馆1996年版,第157页。

国的体制改革和社会转型中尤其重要。即使在一个成熟稳定的社会状态中,也会有成文法的滞后和漏洞,也需要解释。在改革和转型中,创新举措层出不穷。我们的改革和发展有一个机遇期,不能等到法治完备了以后再进行。只要这类改革举措具有正当性并符合宪法,我们的研究就不能一味地要求每一改革举措都必须有明确的法律依据,而应该去解释和论证,从而在实践和发展中完善法治。基于这一立场,本节针对区域法律治理,解释了《宪法》第3、15、30、33、89条等。本节的解释也许还是初步的,但是期望这种法解释努力对相关问题的解决和研究有所助益。

第四章 区域合作的立法和创新

第一节 区域合作的立法状况[①]

本节导语

"人类社会,特别是人类的经济,迫切渴望新的生活形式有新的法律形式。"[②] 基于长三角一体化的需要,曾有学者呼吁制定长三角区域专门法。基于京津冀一体化的启动,又有学者呼吁京津冀一体化专门立法。[③] 其实,早在1991年的《国民经济和社会发展十年规划和第八个五年计划纲要》中就提出:要"制定有利于促进地区协作和联合的规定与办法"。在2009年的十一届全国人大二次会议上,有代表提出了关于区域经济合作立法的议案。全国人大财经委进行了审议,在议案审议结果报告指出:"国家发改委正组织起草促

[①] 本节原标题为《区域合作的现有法律依据研究》,首发于《现代法学》2016年第2期,此次出版时进行了改写。

[②] 〔奥〕欧根·埃利希:《法社会学原理》,舒国滢译,中国大百科全书出版社2009年版,第472页。

[③] 参见刘武俊:《运用法治思维推进京津冀一体化》,《证券时报》2014年4月4日;刘杨:《京津冀治理一体化需有区域性法规》,《中国环境报》2014年6月20日;李瑞英:《著名法学家刘隆亨呼吁:京津冀协同发展要法治先行》,载光明网;蔡岩红:《京津冀协同发展应法治先行》,载中国新闻网。

进区域协调发展条例,……规范区域经济合作活动",无须再予立法。但该条例的起草工作,至今仍未取得实质性进展。推进立法的一项重要工作,就是以法的整理、法的汇编和立法信息反馈为主要内容的立法准备。立法准备是否充分、科学,直接关系到立法能否成功、所立之法是否行之有效。[1]"萨维尼把'记述全部的既有法'称作是一部法典的全部唯一使命。"[2]制定区域合作法同样必须充分了解和掌握现有的法律资源状况。同时,区域合作的实践正如火如荼地开展,并未因区域合作专门立法的缺乏而受到影响。但有的学者认为区域合作实践缺乏法律依据的支撑。[3]现在的区域合作实践果真没有法律依据吗,都违法了吗? 区域合作具有哪些法律资源,立法状况如何? 为此,本节着力于统计和分析现有区域合作的立法状况,为后续立法尤其是统一立法和学术研究提供基础性资源,同时回应对区域合作实践的合法性质疑。

一、区域合作法的检索和整理

(一)检索过程

为了较全面地梳理我国区域合作的立法状况,作者通过北大法宝V5进行检索。检索方法如下:选择"法律法规"——"全文",输入检索词,选择"精确"——"同篇"——"中央法规司法解释"——"检索"。基于后续统计量过大的考虑,本检索选择了"中央法规司法解释",排除了"地方法规规章"。检索情况如表4-1所示。其

---

[1] 参见周旺生:《立法论》,北京大学出版社1994年版,第136—137页。

[2] 〔奥〕欧根·埃利希:《法社会学原理》,舒国滢译,中国大百科全书出版社2009年版,第491页。

[3] 参见《蓟门决策:京津冀一体化,中国城镇化新战略? 》,载新浪网。

中，检索词是作者在对区域合作法律问题作前期研究的基础上，认为最有可能反映区域合作内容的关键词，即"合作""联动""协作"和"协商"。除表格外，本节在下文将用引号表示检索词。

表4-1　检索到的区域合作法律文件统计表

检索时间	检索词	法律（部）	行政法规（件）	部门规章（件）
2014年9月2日	合作	316	1664	22250
2014年9月3日	联动	16	249	3412
2014年9月3日	协作	58	971	8134
2014年9月6日	协商	287	887	8671

数据库对检索到的目标条目进行了自动排序，每条显示以下要素：序号、文件名称、是否现行有效、发布和实施时间、检索目标命中次数以及命中一次或第一次的段落。为了保证后续统计的可回溯性和可检验性，每次检索时都复制、固定所有检索结果条目，并标注检索时间和检索词，形成了以下工作文档：涉及"合作"的"法律"条目、涉及"合作"的"行政法规"条目，涉及"联动"的"法律"条目、涉及"联动"的"行政法规"条目，涉及"协作"的"法律"条目、涉及"协作"的"行政法规"条目，以及涉及"协商"的"法律"条目、涉及"协商"的"行政法规"条目。基于规章条目数量过大，未予复制，当然也就放弃了后续的统计工作。四次检索获得677部"法律"和3771件"行政法规"，共4448件法律文件。除宪法外，法律是我国高位阶的法源，行政法规次之，是制度的主要创设和供给来源。地方性法规和规章属于低位阶的法源，主要是执行性或实施性规则。[①] 因此，上述4448部/件"法律"和"行政法规"，基本上可

---

① 参见叶必丰、徐键、虞青松：《行政裁决：地方政府的制度推力》，《上海交通大学学报》（哲学社会科学版）2012年第2期，第7页。

以反映我国区域合作的法律资源状况。

(二)整理过程

1.识别和认定。基于检索结果已经显示"命中"1次的检索目标内容,足以作出属于何种合作的识别和判断,为减轻负担,未展开全文阅读。对显示"命中"2次以上的,基于第二次以后的目标都被隐藏,都予以展开全文。为减轻阅读和识别负担,使用查找功能进行全文查找检索"命中"目标,然后阅读目标段落,加以识别。

检索到的"法律",包括全国人大及其常委会的法律、决议、决定以及专门委员会的报告;"行政法规"包括行政法规和国务院的其他规范性文件。基于研究需求,统计时对法律与全国人大的其他法律文件进行了区分,对行政法规与国务院的其他规范性文件进行了区分。对法律的识别相对容易,对行政法规的识别存在一定困难。原因在于《立法法》和《行政法规制定程序条例》颁布之前,行政法规是根据1988年《国务院办公厅关于改进行政法规发布工作的通知》[1]制定的。那时的行政法规既可以由国务院总理签署命令发布,又可以由国务院部门主要首长签署命令发布。在1988年该通知发布前,行政法规连前述的发布形式标志也不完善。对1988年前的"行政法规",原则上按数据库所标注的"【效力级别】国务院规范性文件"或"【效力级别】行政法规"加以识别和认定,并适当兼顾法的规范性特征。如果标注为"行政法规",但只是一段一段的文字不具备法规的完整要素的,则统计中未认定为行政法规。如果标注为"国务院规范性文件",但条、款、项和假定、处分、制裁结构完整的,则认定为行政法规。另外,国务院规范性文件不在本研究的范

---

[1] 国办发〔1988〕25号,1988年5月31日发布。

围内。上述法律文件的有效性，按数据库标注认定。

2.归类和登记。阅读发现，涉及"合作""联动""协作""协商"的情形各异。比如，企业间的合作、组织内部的团结合作、民族合作、军民合作、全国人大专门委员会和全国人大常委会工作机构与国务院主管部门的合作、全国人大内部组织和人大代表的合作、行政机关与司法机关的合作、社会与政府的合作、央地合作、行政部门之间的合作、国际合作和区域合作等。还有个别条目并非检索目标，而只是文字的组合与检索词一致。例如，"结合作为"的组合有"合作"两字，"中国人民政治协商会议"中的"协商"等。出于研究需要，统计没有局限于区域合作或非区域合作的文件，而按迪尔凯姆关于实证研究的分类原则[1]进行同类合并，设为国际港澳台合作、民间合作、政治合作、部门合作、央地合作和区域合作共六类。其中，政治合作包括民族合作、军民合作、全国人大专门委员会和全国人大常委会与国务院主管部门的合作、全国人大内部组织和人大代表的合作、行政机关与司法机关的合作和社会与政府的合作类型。

对"命中"检索目标2次以上的同一件法律文件，2次以上的目标系同一合作类型的，统计为一项；分属于不同类型的合作，在有关类型项下分别统计。有的同一法律或行政法规被检索到多项数据，是因为该法律或行政法规经修改而重复出现，或是因为纯粹的技术因素而重复出现。本统计将这些多次出现的法律或行政法规都统计为一项，但通过序号标注以作区分。多件法律文件存在重复，且同一法律文件"命中"两次以上、分属不同类型的，计入各自类型的重复项下。

---

[1] 参见〔法〕E.迪尔凯姆：《社会学方法的准则》，狄玉明译，商务印书馆1999年版，第93—98页。

基于前述识别、认定、归类结果,按四项检索词分别制作工作表格。然后,将检索条目的序号登记到表格中,形成下列8份工作表:"涉及'合作'的'法律'""涉及'协作'的'法律'""涉及'联动'的'法律'""涉及'协商'的'法律'",如表4-2所示;"涉及'合作'的行政法规""涉及'协作'的行政法规""涉及'联动'的行政法规""涉及'协商'的行政法规",如表4-3所示。

表4-2 "法律"登记表(样式)

类型	宪法、法律			文件		
	序号	同一	重复	序号	同一	重复
国际港澳台						
民间						
政治						
央地						
部门						
区域						
非						

表4-3 行政法规登记表(样式)

类型	序号	同一	重复
部门			
区域			
民间			
国际港澳台			
政治			
上下级			
非			

3.摘录和整理。经整理,未发现区域"联动"的法律、行政法规。对已经统计出的区域合作法律、行政法规进行摘录,按名称、制

定时间、条目序号、条款序号、内容和有效性,分别整理、制作6份工作表:"区域'合作'的法律规定"6部(含重复为11部)、"区域'合作'的行政法规规定"4件、"区域'协作'的法律规定"3部(含重复为5部)、"区域'协作'的行政法规规定"5件(含重复为6件)、"区域'协商'的法律规定"10部(含重复为25部)和"区域'协商'的行政法规规定"25件(含重复为31件),如表4-4所示。为了表明沿革,对被修改(重复项)法律、行政法规也一并计入。对每部/件法律、行政法规在北大法宝法律数据库上进行补充检索,检查是否有未被检索到的被修正法律、行政法规文本。如有未被检索到的法律、行政法规文本,即使并无检索目标,也予以计入,在"序号"项下用"/"标注。

表4-4 基于检索词的法律/行政法规表(样式)

名称	时间	序号	条序	内 容	有效

同时,对已经整理出的有关区域合作的全国人大法律文件进行摘录,按名称、发布时间、条目序号、主要内容和有效性进行整理,制作"区域'合作'的法律文件"20个(含重复为21个)、"区域'协作'的法律文件"10个(含重复为11个)和"区域'联动'的法律文件"1个,共3份工作表,样式如表5所示。统计中未发现区域"协商"的法律文件。

表4-5 基于检索词的法律文件工作表(样式)

名称	时间	序号	主要内容	有效

(三)补充检索和整理

2023年1月31日,作者按前述方法对2014年检索日后的法律和行政法规,在北大法宝数据库进行了补充检索和整理,补充了新增区域合作法以及原检索到区域合作法的变迁情况。并且,基于"协调"被确立为治国新理念和入宪,新增检索词"协调""协同",对法律和行政法规进行了全面检索和整理。检索发现,"协调""协同"往往与"联动""协商""协作"并用;同时,"协调"往往与"领导""组织"并用,成为科层制法治协调的法律机制,而主要并非合作制法治协调的法律机制。由于2014年以来的法律文件几乎都有区域合作的内容,不再检索和整理。

二、区域合作法的统计结果

(一)区域合作法的统计结果

将检索到的区域"合作""协作""协商""联动""协调""协同"法律,按现行有效的法律名称、制定时间、条序、表述(检索词)、制定和修改的沿革史以及区域合作条款的类型加以整合,发现有关区域合作的法律计32部、52个条款,如表4-6所示。

表4-6 区域合作的法律

序号	法律名称	时间	条序	表述	沿革	模式
1	地方组织法	2022	10/3	协调	1979、1982、1986、1995、2004、2015,×	授权
			49/3	协调		授权
			80	合作		授权
2	《黄河保护法》	2022	4/2	协调	/	授权
			6/3	协作	/	授权
			10	联动	/	授权
			102/3	协商	/	授权

（续表）

序号	法律名称	时间	条序	表述	沿革	模式
3	《国家安全法》	2022	49	联动	1993、2009，×	授权
4	《反电信诈骗法》	2022	7	联动	/	授权
5	《科学技术进步法》	2021	6/2	合作	1993，×；2007,6/2	授权
5	《科学技术进步法》	2021	76	合作	1993、2007，×	授权
6	《海南自由贸易港法》	2021	33/2	联动	/	授权
7	《行政处罚法》	2021	25/2	协商	1995、2009、2017，×	授权
8	《湿地保护法》	2021	36	协商	/	授权
9	《乡村振兴促进法》	2021	28/1	合作	/	授权
10	《草原法》	2021	37	协商	1985,5；2002、2013,37	选择
11	《种子法》	2021	20	协作	2000、2004、2013，×；	授权
11	《种子法》	2021	68	协调	2015,20；2000、2004、2013,57；2015,69	授权
12	《固体废物污染环境防治法》	2020	8/2	协商	1995、2004、2013、2015、2016，×	授权
12	《固体废物污染环境防治法》	2020	76/3	合作	1995、2004、2013、2015、2016，×	授权
13	《长江保护法》	2020	5/1	协调	/	授权
13	《长江保护法》	2020	6	协作	/	授权
13	《长江保护法》	2020	13	协调	/	授权
13	《长江保护法》	2020	76/4	协商	/	授权
14	《森林法》	2019	7	协商	1979、1984、1998、2009，×	授权

（续表）

序号	法律名称	时间	条序	表述	沿革	模式
15	《循环经济促进法》	2018	29/1	合作	2008,29/1	授权
16	《电力法》	2018	38	协商	1995、2009、2015,38	程序
			39	协商	1995、2009、2015,39	程序
17	《环境保护法》	2014	20/2	协商	1989,15	选择
			31/2	协商	×	授权
18	《旅游法》	2018	23	合作	2013、2016,23	授权
			17/2	协商	2013、2016,17/2	选择
19	《海洋环境保护法》	2017	8/2	合作	1982,×；1999、2013,7/2；2016,8/2	授权
			9/1	协商	1982,×；1999、2013,8/1;2016,9/1	选择
20	内地与香港"一地两检"合作的决定	2017	全文	合作	/	授权
21	《水污染防治法》	2017	31	协商	1984,×；1996,26；2008,28	选择
			63/2	协商	1984、1996,×；2008,56/2	程序
			63/3	协商	1984、1996,×；2008,56/3	程序
22	《公路法》	2017	64/1	协商	1997、1999、2004、2016,64/1	程序
23	《水法》	2016	56	协商	1988,35；2002、2009,56；	程序
24	《就业促进法》	2015	21/1	协作	2007,21/1	授权
25	《渔业法》	2013	7/3	协商	1986、2000、2004,7/3	选择
			22/1	协商	1986,×；2000、2004,22/1	授权

(续表)

序号	法律名称	时间	条序	表述	沿革	模式
26	《农业法》	2012	32/2	合作	1993，×；2002，32/2	授权
27	《水土保持法》	2010	46	协商	1991,31	程序
28	《科学技术进步法》	2007	6/2	合作	1993，×	授权
29	《突发事件应对法》	2007	37/2	合作	×	授权
30	《民族区域自治法》	2001	65/2	合作	1984，×	授权
			42/1	协作	1984,42/1、64	授权
			64	协作	1984,64	授权
31	《矿产资源法》	1996	49	协商	1986,47	程序
32	《国务院关于老干部离职休养的暂行规定》	1980	3/2	协商	×	授权

注：1. 为了表格的简洁，法律的时间和沿革仅标明年而未标注月、日，"条序"列"/"前的数字为条序、后的数字为款序，"×"指没有相应内容，"表述"系检索词。

2."内地与香港'一地两检'合作的决定"全称为《关于批准〈内地与香港特别行政区关于在广深港高铁西九龙站设立口岸实施"一地两检"的合作安排〉的决定》。

(二) 区域合作行政法规的统计结果

将检索到的区域"合作""协作""协商""联动""协调""协同"行政法规，排除已失效的行政法规后，按现行有效的行政法规名称、制定时间、条序、表述(检索词)、制定和修改的沿革史以及区域合作条款的类型加以整合，发现有关区域合作的行政法规计32件、39个条款，如表4-7所示。

表 4-7 区域合作的行政法规

序号	行政法规名称	时间	条序	表述	沿革	模式
1	《海关行政处罚实施条例》	2022	3/3	协商	2004,3/3	程序
2	《道路运输条例》	2022	10/3	协商	2004、2012、2016、2019,10/3	程序
3	《地下水管理条例》	2021	18	协商	/	程序
4	《人工影响天气管理条例》	2020	14	协商	2002,14	程序
5	《渔业法实施细则》	2020	3/3	协商	1987,3/3	选择
			4	协商	1987,4	授权
			10/2	协商	1987,10/2	授权
6	《优化营商环境条例》	2019	57/1	联动	/	授权
7	《不动产登记暂行条例》	2019	7/2	协商	2014,7/2	程序
8	《易制毒化学品管理条例》	2018	37	合作	2005、2014、2016,37	授权
9	《重大动物疫情应急条例》	2017	38	合作	2005,38	授权
10	《环境保护税法实施条例》	2017	18	协商	/	程序
11	《大中型水利水电工程建设征地补偿和移民安置条例》	2017	46	合作	1991，×；2006、2013,46	授权
12	《自然保护区条例》	2017	12/3	协商	1994、2011,12/3	程序
13	《南水北调工程供用水管理条例》	2014	15	协商	/	授权
14	《高等教育自学考试暂行条例》	2014	12	协作	1988,12	授权
15	《太湖流域管理条例》	2011	49	协商	/	选择
16	《防汛条例》	2011	3	协作	1991、2005,3	授权

第四章　区域合作的立法和创新　133

（续表）

序号	行政法规名称	时间	条序	表述	沿革	模式
17	《长江三峡工程建设移民条例》	2011	52	合作	1993，×；2001,52	授权
18	《公路安全保护条例》	2011	36	协调	/	程序
19	《开发建设晋陕蒙接壤地区水土保持规定》	2011	13	协调	1988,13	授权
20	《行政复议法实施条例》	2007	30	协商	/	程序
21	《黄河水量调度条例》	2006	20	协商	/	程序
22	《行政区域界线管理条例》	2002	6/3	协商	/	授权
23	《水污染防治法实施细则》	2000	12/1	协商	1989,4	程序
			12/22	协商	1989，×	程序
24	《地图编制出版管理条例》	1995	7	协商	/	选择
25	《矿产资源法实施细则》	1994	23	协商	/	程序
			36	协商	/	程序
26	《城市民族工作条例》	1993	15	协作	/	授权
27	《集会游行示威法实施条例》	1992	11/2	协商	/	授权
28	《防治陆源污染物污染损害海洋环境管理条例》	1990	21	协商	/	授权
29	《行政区域边界争议处理条例》	1989	3/1	协商	×	程序
			11/1	协商	1981,6	程序
			12/1	协商	1981,5	程序
			13	协商	×	程序
30	《国务院关于开展全民义务植树运动的实施办法》	1982	13/2	合作	/	授权

（续表）

序号	行政法规名称	时间	条序	表述	沿革	模式
31	《财政部关于税收管理体制的规定》	1977	5	协商	/	授权
32	《中国人民解放军退出现役干部转业地方工作暂行办法》	1965	8/2	协商	/	授权

注：同表4-6注1。

（三）区域合作法律文件的统计结果

将检索到的区域"合作""协作""联动""协商"的法律文件，按其名称、发布时间和表述词（检索词）整合，发现截至2014年9月6日有关区域合作的法律文件计24个，如表4-8所示。

表4-8 全国人大关于区域合作的法律文件

序号	法律文件名称	时间	表述
1	2013年发展计划执行情况与2014年发展计划的决议	2014	合作、联动
2	2012年发展计划执行情况与2013年发展计划的决议	2013	合作
3	2011年发展计划执行情况与2012年发展计划的决议	2012	合作
4	2010年发展计划执行情况与2011年发展计划的决议	2011	合作
5	国民经济和社会发展第十二个五年规划纲要	2011	协作
6	环资委关于议案审议结果的报告	2010	合作
7	2009年发展计划执行情况与2010年发展计划的决议	2010	合作、协作
8	财经委关于议案审议结果的报告	2009	合作
9	2008年发展计划执行情况与2009年发展计划的决议	2009	合作
10	秘书处关于议案处理意见的报告	2009	合作

（续表）

序号	法律文件名称	时间	表述
11	2007年发展计划执行情况与2008年发展计划的决议	2008	合作
12	国民经济和社会发展第十一个五年规划纲要	2006	合作、协作
13	关于《政府工作报告》的决议	2004	合作
14	关于《政府工作报告》的决议	2003	合作、协作
15	关于《政府工作报告》的决议	2002	合作
16	第十个五年计划纲要及关于纲要报告的决议	2001	合作
17	国民经济和社会发展第十个五年计划纲要	2001	合作
18	检查农业法实施情况的报告的决议	1997	协作
19	国民经济和社会发展"九五"计划和2010年远景目标纲要	1996	合作
20	1990年国家预算执行情况和1991年国家预算的决议	1991	合作、协作
21	国民经济和社会发展十年规划和第八个五年计划纲要	1991	合作、协作
22	第七个五年计划和第七个五年计划报告的决议	1986	合作、协作
23	关于《当前的经济形势和今后经济建设的方针》报告的决议	1981	协作
24	1960年国民经济计划、1959年国家决算和1960年国家预算的决议	1960	协作

注：1. 为了表格的简洁，简化了法律文件名称，时间仅标明年而未标注月、日；
2. 表述词系检索词。

三、区域合作的立法进程

从统计来看，我国有关区域合作的立法最早可以追溯到1965年，但属个别现象。有关区域合作的立法，从1980年开始逐步增多。十一届三中全会确立了社会主义现代化建设的工作重点后，实行了改革开放。为解决当初商品短缺，急需"上海、天津等老工业基地，……努力同其他城市和地区协作，从经营管理经验和技术方面,把其他城市和地区的消费品生产带动起来"。[①]1984年,党的十二届三中全会提出了社会主义商品经济的概念。1986年,《关于第七个五年计划的报告》设专章阐述了区域合作,提出了"地区协作实行中央和地方分级管理,以地方为主的原则"。此后,有关区域合作的立法有了持续发展。邓小平南方谈话中提出了社会主义市场经济的概念后,区域合作逐渐发展成为区域经济一体化即市场的统一。在协调理念入宪后,区域合作立法有了充分的发展。统计表明,绝大多数有关区域合作的立法都集中在自然资源和环境生态保护领域,即经济发展的基础要素领域。"我们可以说,制定法在经济上或者政治上动荡的时期,常常既是结果,也是原因,可能被看作是社会进步的最重要的杠杆。"[②] 图4-1表明,行政法规比法律更迅速地适应了政治和经济的发展需求。

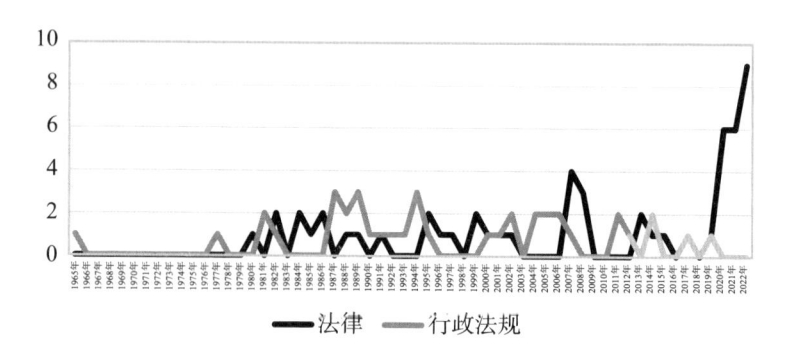

图 4-1　区域合作的立法

注:一件法律或行政法规经多次修改的,计首次设定区域合作条款;同一次修改时新增的,无论新增多少条款,均计为1。

---

① 赵紫阳:《当前的经济形势和今后经济建设的方针》,1981年12月13日全国人大通过。
② 〔奥〕欧根·埃利希:《法社会学原理》,舒国滢译,中国大百科全书出版社2009年版,第199页。

当前,有关区域合作的立法已经发展到了哪个阶段呢?

从分散立法和统一立法来说,我国的行政处罚、行政许可和行政强制都经历了从分散规定到统一立法的过程。[①] 有关区域合作的立法似乎也在沿着这一进路发展。在前期分散立法的基础上,如引言所述,早在1991年就计划"制定有利于促进地区协作和联合的规定与办法"。2009年,莫小莎等31名代表就提出了《关于制定区域合作经济促进法的议案》(第341号)。[②] 不久,国家发展改革委启动了组织起草促进区域协调发展条例,[③] 目前仍未完成起草工作。当然,对区域合作在行政程序法中作专章规定,也是可以的。[④] 但因《行政程序法》的立法工作一直处于规划阶段,对于是否应该将区域合作放在该法中并且如何安排结构、规定哪些内容,一直未能进行充分讨论。就目前实际而言,我国有关区域合作的立法处于组织法上概括性规定和行为法中分散规定的阶段。也就是说,组织法上已经有概括性、授权性的统一规定,但行为法上仍只是就具体事项的规定,对区域合作的法律机制、合作协议的必要条款和效力等普遍性问题尚未作出统一规定,因此只是为区域合作提供了基本的职权依据和有限的行为依据。

其次,从地方立法和中央立法的角度来说,我国有的立法经历了先地方立法后中央立法的历程,如政府信息公开立法。当前的行

[①] 参见叶必丰:《从行政许可法与单行法的关系看法制建设的路径选择》,《法制日报》2004年9月28日,第8版。

[②] 《十一届全国人大二次会议秘书处关于第十一届全国人民代表大会第二次会议代表提出议案处理意见的报告》,2009年3月12日全国人大第二次会议主席团通过。

[③] 参见全国人大财经委《关于第十一届全国人民代表大会第二次会议主席团交付审议的代表提出的议案审议结果的报告》,2009年10月31日全国人大常委会通过。

[④] 参见叶必丰:《我国区域经济一体化背景下的行政协议》,《法学研究》2006年第2期,第69页。

政程序立法，地方已纷纷展开，似乎也得走先地方后中央的立法模式。"数千年的经验向我们表明，一个在局部上……的图景只能满足简约的地方性需求；只有当法律发展在大的领域上从某个唯一的中心点出发展开时，才会发生大规模的行动。"[①] 但区域合作系区际事务，已超出了某一地方的管辖范围。《宪法》第 89 条第 4 项规定，国务院"统一领导全国地方各级国家行政机关的工作，规定中央和省、自治区、直辖市的国家行政机关的职权的具体划分"。国务院应当承担起为区域合作供给规则的职责。从有关区域合作的立法时间来看，中央立法早于地方立法。就区域合作较早以地方政府规章形式作出规定的是 2008 年的《湖南省行政程序规定》。该地方程序规章规定了辖区内区域合作的原则、方式（行政协议）和上级机关的指导、监督。这要比中央有关区域合作的立法晚很多年。从区域合作的普遍性、共同性规则来看，则中央落后于地方。地方政府规章中的区域合作条款，统一适用于各行政领域的区域合作。在中央立法层面，有关区域合作行为仍只是分散立法，2022 年才有组织法上的统一规定。但无论是"先地方后中央"还是"先中央后地方"，都践行了《宪法》第 3 条的规定："中华人民共和国的国家机构实行民主集中制的原则。……中央和地方的国家机构职权的划分，遵循在中央的统一领导下，充分发挥地方的主动性、积极性的原则。"

再次，从政府和人大的角度讲，我国有先行政立法后人大立法的进路，如从《行政复议条例》到《行政复议法》，从《国家公务员暂行条例》到《公务员法》等。全国人大代表对区域合作所提的立法议案，是要求制定有关区域合作的法律。全国人大把议案交付国务

[①] 〔奥〕欧根·埃利希：《法社会学原理》，舒国滢译，中国大百科全书出版社 2009 年版，第 198 页。

院办理,国务院则将其交由国家发展改革委起草区域合作的行政法规。由此表明,区域合作的专门立法,也将是先行政立法,在积累经验后再作全国人大立法的思路。图4-1也显示,有关区域合作的全国人大立法和国务院行政立法在时间上具有错位发展的特点,国务院的行政立法往往早于全国人大的立法。并且,在全国人大充分发挥区域合作的制度供给作用时,国务院的行政立法数量相应回落。

总之,我国有关区域合作的立法目前总体上处于区域合作的实践已取得丰富的经验,专门的统一立法正在探索,组织法上的概括性规定授权地方积极开展区域合作,单行法律、行政法规的分散规定不断丰富和积累的阶段。有关区域合作的立法进路贯彻了邓小平的立法思想,即"现在立法的工作量很大,人力很不够,因此法律条文开始可以粗一点,逐步完善。有的法规地方可以先试搞,然后经过总结提高,制定全国通行的法律。修改补充法律,成熟一条就修改补充一条,不要等待'成套设备'"。[①]

四、区域合作的法律条款

统计表明,32件法律中有18件,52个条款中有23个条款使用"协商"来表达区域合作,分别占56%和44%。在32件行政法规中有22件,在39个条款中有28个条款使用"协商"来表达区域合作,分别占69%和72%。"协商"与"合作""协作"比,更能体现区域合作的平等自愿特征。在区域合作条款中,除了《行政复议法实施条例》《海关行政处罚实施条例》和《集会游行示威法实施条例》外,都明确了合作的区域性质。

---

① 《邓小平文选》第二卷,人民出版社1983年版,第137页。

研读区域合作条款发现有三种类型或模式。第一类区域合作条款规定,区际事务既可以由地方政府协商解决,也可以由中央或上级政府决定或协调。如《环境保护法》第20条第2款规定:"前款规定以外的跨行政区域的环境污染和生态破坏的防治,由上级人民政府协调解决,或者由有关地方人民政府协商解决。"我们把这类区域合作条款称为"选择性模式"。第二类区域合作条款规定,区际事务应先经地方政府协商,经协商未能达成协议的才由中央或上级政府解决。如《水污染防治法》(2008)第56条第3款规定:"跨省、自治区、直辖市的饮用水水源保护区,由有关省、自治区、直辖市人民政府商有关流域管理机构划定;协商不成的,由国务院环境保护主管部门会同同级水行政、国土资源、卫生、建设等部门提出划定方案,征求国务院有关部门的意见后,报国务院批准。"我们把这类区域合作条款称为"程序性模式"。第三类区域合作条款规定,授权或鼓励地方政府自主开展区域合作。如《渔业法》第22条第1款中规定:"……国家确定的重要江河、湖泊的捕捞限额总量由有关省、自治区、直辖市人民政府确定或者协商确定,逐级分解下达。……"我们可以把这类区域合作条款称为"授权性模式"。在法律、行政法规的91个条款中,选择性模式(9个)、程序性模式(26个)和授权性模式(56个)的比例分别约为9%、29%和62%。

基于选择性模式,地方政府具有主动地位,可以选择协商、合作机制并达成协议,就无须中央或上级政府再予处理。基于程序性模式,地方政府同样具有主动地位,经协商解决的,程序结束,无须由上级或中央政府处理;无法达成协议的才需要由中央或上级政府处理。授权性模式则是对地方政府的一种概括性授权,地方政府的主动性更大。授权型模式高达62%,主要是在协调理念2017年入宪后全国人大立法所作的贡献。其实，无论是哪一种模式的区域合作条款都扩大了地方政府的自主权，充分体现了"中央统筹与地方负责相结合"原则。当然，上级或中央政府基于层级领导权，可以对地方的协商合作实施监督，如参与协商，要求报送备案或审批等。

从我国行为法中的区域合作条款来看，所蕴含的地方自主权仅限于地方政府的行政自主权，而不包括地方立法和司法的自主权。我国区域合作的地方政府自主权，是否可以惠及地方人大及其常委会的地方立法自主权呢？现《立法法》再次扩大了地方性法规的制定主体，直至设区的市人大及其常委会。但地方人大及其常委会依据宪法和《立法法》获得的地方立法权空间受到严重限制，导致所制定的地方性法规对上位法内容作重复性规定较多。[①] 例如，《广东省实施土地管理法办法》(1999)第32条第4项规定的征地补偿裁决就与当时有效的《土地管理法实施条例》(1998)第25条第3款规定的征地补偿裁决重复。这种情况在地方立法中非常普遍。现《立法法》第82条第4款明确规定："制定地方性法规，对上位法已经明确规定的内容，一般不作重复性规定。"地方立法不作重复性规定，就需要地方立法自主权。从区域合作条款来看，区域合作事宜属于地方事务；对区域合作的规定都很简单和原则，需要根据本地方实际情况加以细化。这就为地方人大及其常委会对地方政府的区域合作事宜进行地方立法提供了空间和可能。同时，《宪法》第99条第1款、第104条的规定，地方各级人大应当在本行政区域内，保证有关区域合作法律、行政法规的遵守和执行，监督本级政府的区域合作事宜；"地方组织法"规定了地方人大的协同立法，为区域合作

[①] 参见叶必丰：《规则抄袭或细化的法解释学分析——部门规则规定应急征用补偿研讨》，《法学研究》2011年第6期，第94—95页。

地方立法提供了依据。实际上,有关地方立法已经作出了区域合作的规定。《上海市大气污染防治条例》不仅在第6条规定了辖区内不同地方政府机关之间治理大气污染的协商合作,而且设专章共9条规定了长三角区域治理大气污染的协商合作。当前,有关区域合作的地方性法规,还落后于地方政府规章,相信在有了"地方组织法"的规定后将得以加强,以促进和规范区域合作的发展。

五、区域合作的法律文件

如上文所描述的,全国人大及其常务委员会通过或批准的有关区域合作的法律文件很多,且集中于国家"发展规划"(计划),占全部区域合作法律文件的62.5%。这类法律文件最早可以追溯到1961年。改革开放以来的区域合作法律文件则可以追溯到1981年,此后呈加速度发展态势(如图4-2所示)。它们关于区域合作的表述,与法律、行政法规的规定明显不同,除了一个使用过"联动"外,

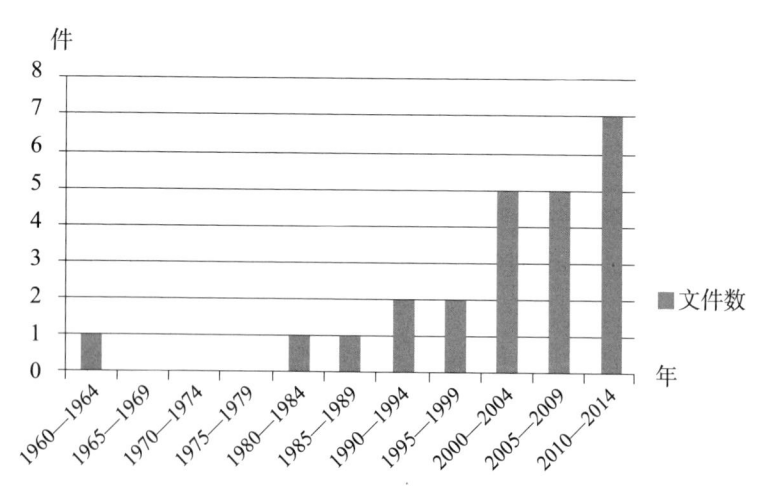

图4-2 区域合作法律文件的时间分布

都使用"合作"或"协作",没有使用"协商"。在内容上,它们对区域合作的阐述更为充分和全面,涉及区域合作的基本原则、制度设计、推进任务和发展要求。前述《关于第七个五年计划的报告》甚至设有专章阐述区域合作。

这些法律文件的批准主体尽管与区域合作法律的制定主体相同,但是不是法呢?在我国经济法学界,就有学者提出"发展规划"(计划)是宏观调控法。[1]但它们显然不具有法的规范性特征。在哈特看来,什么是法或不是法,最重要的标准是是否获得法院的承认。他说:一些规范"之所以具有法的资格(可能是不确定的),不是依靠立法权的'默许地'行使,而是依靠一个承认规则的认可"。"承认规则是很少明确地作为一个规则制定出来的。""承认规则不是被陈述的,但其存在是通过法院或其他官员、私人顾问确认特殊规则的方式显示出来的。""毫无疑问,承认规则实际存在于法官、官员和其他人的实践中。"[2]从我国司法实践来看,法院的承认主要表现为裁判依据部分的引用。除非明确表态这是法或不是法,否则,法院在事实认定或裁判理由部分的引用,不能视为哈特所说的承认。2014年9月10日,作者在北大法宝司法案例库输入"国民经济和社会发展计划",选择"全文"——"精确"——"案例与裁判文书",获得96件;输入"国民经济和社会发展规划",按同样方法检索,获得164件。其中,90%以上为征收补偿案例。在裁判文书中,国民经济和社会发展计划(规划)被作为证据用于认定征收是否符合公共利益,而并未作为裁判依据引用。由此看来,国民经

---

[1] 参见漆多俊:《市场、调节机制与法律的同步演变——世纪之交的回顾与展望》,见漆多俊主编:《经济法论丛》第1卷,中国方正出版社1999年版,第11页。

[2] 〔英〕哈特:《法律的概念》,张文显等译,中国大百科全书出版社1996年版,第102、110页。

济和社会发展计划(规划)的法律性质并未获得法院的承认。

当然,表4-8所列法律文件的法律效力是不容置疑的,都是全国人大依法作出或批准的。《宪法》第62条规定:"全国人民代表大会行使下列职权:……(九)审查和批准国民经济和社会发展计划和计划执行情况的报告;(十)审查和批准国家的预算和预算执行情况的报告;……"第92条规定:"国务院对全国人民代表大会负责并报告工作;在全国人民代表大会闭会期间,对全国人民代表大会常务委员会负责并报告工作。"并且,宪法和法律还明确规定了国家"发展规划"(计划)对国务院的拘束力。《宪法》第67条规定:"全国人民代表大会常务委员会行使下列职权:……(五)在全国人民代表大会闭会期间,审查和批准国民经济和社会发展计划、国家预算在执行过程中所必须作的部分调整方案;……"《全国人民代表大会议事规则》第36条规定:"国民经济和社会发展计划、国家预算经全国人民代表大会批准后,在执行过程中必须作部分调整的,国务院应当将调整方案提请全国人民代表大会常务委员会审查和批准。"《各级人民代表大会常务委员会监督法》还专门规定了对"发展规划"(计划)执行情况的监督。国家"发展规划"(计划)本身,也明确了其法律效力。如《国民经济和社会发展第十一个五年规划纲要》就指出:"本规划确定的约束性指标,具有法律效力,要纳入各地区、各部门经济社会发展综合评价和绩效考核。约束性指标要分解落实到有关部门,其中耕地保有量、单位国内生产总值能源消耗降低、主要污染物排放总量减少等指标要分解落实到各省、自治区、直辖市。"《国民经济和社会发展第十二个五年规划纲要》也规定:"本规划经过全国人民代表大会审议批准,具有法律效力。"

区域规划属于专项规划,其法制化已获得重视。在"七五"

"八五"和"九五"国家"发展规划"（计划）推动区域合作的基础上，《国民经济和社会发展第十个五年计划纲要》指出，国务院将"组织实施城镇化、科技和教育、人口就业和社会保障、生态环境、水利、能源、交通、西部开发、信息化、加入世界贸易组织等重点专项规划"。《国民经济和社会发展第十一个五年规划纲要》指出："改革规划管理体制，健全科学化、民主化的编制程序，形成以国民经济和社会发展规划为统领，各类规划定位清晰、功能互补、统一衔接的规划体系。……强化区域规划工作，编制部分主体功能区的区域规划。改革完善地方规划，深化市县规划体制改革。"《国民经济和社会发展第十二个五年规划纲要》则强调了规划的法制建设，包括规划的拘束力、规划的体系化和科学化、规划制定的民主化，明确了国民经济和社会发展总体规划的统领地位，以及主体功能区规划的基础作用和区域规划等专项规划的支撑作用。

有法可依的"法"不限于《立法法》上的法，还应包括具有法律效力的决议和决定。一个生效判决，甚至一个民事合同或行政行为，都可以成为个案中的当事人作为或不作为的法律依据。既然国家"发展规划"（计划）具有法律效力，区域规划属于它的专项规划，那么当前已经编制和发布的各区域规划也属于有法可依。

本节结语

截至 2023 年 1 月 31 日，通过检索、整理和统计发现，我国已经积累了较多区域合作的法律资源，基本上满足了区域合作实践的需要，具体表现为：32 部法律的 52 个区域合作条款，32 件行政法规的 39 个区域合作条款，以及 24 个有关区域合作的法律文件。

我国有关区域合作的立法最早可以追溯到 1965 年，从 1980 年开始探索,随着市场经济的发展和改革开放而获得发展。国务院有关区域合作的行政立法更灵敏地反映了经济发展,中央有关区域合作立法早于地方立法。当前,"地方组织法"对区域合作已经有统一、概括性授权规定,单行行为法的分散规定也不断得到丰富和积累。

法律和行政法规中的区域合作条款有三种模式,即选择性模式、程序性模式和授权性模式。其中,授权型模式高达62%,主要是在协调理念2017年入宪后全国人大立法所作的贡献。无论是哪一种模式的区域合作条款,都是对地方政府自主权的扩大,并惠及地方人大的立法权。

以国家"发展规划"(计划)为主的全国人大有关区域合作的法律文件并不是法,但却具有法律效力。有法可依的"法"不限于《立法法》上的法,还应包括具有法律效力的决议和决定。当前已经编制和发布的各区域规划都属于有法可依。

当然,有关区域合作的立法还有待进一步推进,应加快区域合作统一立法的进程,规定区域合作的法律机制和区域行政协议的共同规则,完善区域合作的地方立法。

第二节　地方人大的共同立法[①]

本节导语

区域合作或区域一体化在我国的发展,要求区域法治的统一或协同,需要法律制度的创新和新的法律资源。为此,"法学为了一个

[①] 本节原标题为《论地方人大的共同立法》,首发于《政治与法律》2021年第3期,此次出版时做了修改。

全新的时代履行着任何时代的法学的永久使命:使法律服务于生活的需要",[1]积极展开了研究。有的研究努力寻求中央开展区域合作立法,有的研究则积极推动地方协同立法、地方联合立法。地方协同立法说,大多主张在现行立法体制不变的前提下,合作方加强立法信息交流和沟通,制定共同或相同的立法规划、起草示范性法规草案或者在地方性法规中设立解决冲突的条款,减少合作方地方性法规间的冲突,进而推动经济、社会的共同发展。[2]区域联合立法说中的大部分主张与区域协同立法说无异,但也有更为激进的主张,认为应通过中央立法创设区域性立法主体(区域地方立法委员会、区域行政立法委员会),统一负责该区域的联合立法工作。[3]这些研究对深化区域合作法治的认识具有积极意义。

但地方的协同立法还不足以适应现实需求,还应当有更高级的形态即地方共同立法。中共中央、国务院批准的"长三角一体化规划"明确要求长三角三省一市"建立地方立法和执法工作协同常态化机制,推动重点区域、重点领域跨区域立法研究,共同制定行为准则,为长三角一体化发展提供法规支撑和保障","联合发布统一的区域环境治理政策法规及标准规范"。根据该规划纲要制定、经国务院批复的"长三角示范区方案"要求:"在跨省级

---

[1] 〔奥〕欧根·埃利希:《法社会学原理》,舒国滢译,中国大百科全书出版社2009年版,第472页。
[2] 参见焦洪昌、席志文:《京津冀人大协同立法的路径》,《法学》2016年第3期,第40页;王玉明:《城市群环境治理中的区域协同立法》,《政法学刊》2019年第2期,第38页。
[3] 参见王春业:《区域合作背景下地方联合立法研究》,中国经济出版社2014年版,第157页;肖辉:《关于京津冀协同发展联合立法的构想》,《河北学刊》2015年第6期,第40页;崔栾楠、王辉:《论京津冀协同立法的实现路径》,《辽宁大学学报(哲学社会科学版)》2018年第4期,第91—93页。

行政区、没有行政隶属关系、涉及多个平行行政主体的框架下,探索一体化推进的共同行为准则,形成制度新供给。"上述要求包括"平等协商＋共同制定＋联合发布＋地方性法规＋常态化机制",构成了地方共同立法的核心内容。地方共同立法的需求不限于长三角区域,而具有普遍性。那么,地方共同立法应具备什么条件,按什么程序,以及应当包括哪些基本内容等重要问题,有必要进行深入探讨。

一、地方共同立法的要件

我国《立法法》已就一般情况下的地方立法作出了规定,能基本满足地方建设的法制需求。地方共同立法是一种特殊的地方立法,应当按照法治的要求设定条件。

(一)以地方事务为对象

地方共同立法必须在地方立法权限内进行。根据《立法法》第82条的规定,符合法律规定的地方人大有权就地方事务制定地方性法规。对地方事务本来应该有法律上的明确界限,遗憾的是目前只有宪法和法律上的一些碎片化规定。[1] 不过,我国《民族区域自治法》较系统地规定了民族自治地方的地方事务及其界限。如财政和税收立法是中央专属权力,地方不得立法。[2] 但是,民族自治地方的

---

[1] 参见叶必丰:《论地方事务》,《行政法学研究》2018年第1期,第17—18页;余凌云:《地方立法能力的适度释放——兼论"行政三法"的相关修改》,《清华法学》2019年第2期,第150—151页。

[2] 《国务院关于清理规范税收等优惠政策的通知》(国发〔2014〕62号,2014年11月27日发布)指出:"坚持税收法定原则,除依照专门税收法律法规和《中华人民共和国民族区域自治法》规定的税政管理权限外,各地区一律不得自行制定税收优惠政策";"通过专项清理,违反国家法律法规的优惠政策一律停止执行,并发布文件予以废止"。

自治机关可以根据《民族区域自治法》第33条对中央的财政立法进行补充立法,根据该法第34条在国家法律规定的基础上再进行减税、免税。我国《香港特别行政区基本法》《澳门特别行政区基本法》全面明确规定了两个特别行政区的地方事务;"国务院央地事权划分意见"及国务院有关改革文件对地方事务作了原则性确定。根据宪法、法律的规定和国务院的决定,至少可以明确和判断"核心区"的地方事务。地方事务和中央事务并非泾渭分明。这不仅因为中央和地方存在共同事务,还因为地方事务溢出本行政区后的事务属性可能发生变化。也就是说,地方事务跨行政区后,到底由中央管辖还是由地方管辖就成为一个问题。

从法律和行政法规中有关区域合作的规定来看,区际事务可由地方管辖也可由中央管辖的占9%,先由地方管辖再由中央管辖的占29%,鼓励、授权地方管辖的占62%。(参见本章第一节)这三项合计100%,表明地方对区际事务有全面的初次管辖权。例如,我国《环境保护法》第20条第2款要求地方政府协商防治区际环境污染和生态破坏;《水法》第56条要求地方政府协商处理区际水事纠纷;《旅游法》第17条第2款要求对跨行政区域且适宜进行整体利用的旅游资源,相关地方政府协商编制统一的旅游发展规划,该法第23条要求地方政府采取措施推动区域旅游合作,鼓励地方政府开发区际旅游线路和产品,该法第89条第1款要求地方政府建立旅游违法行为查处信息的共享机制。从宏观上观察,1986年4月12日全国人大批准的第七个五年计划就强调区际事务的区域合作,并提出了"中央和地方分级管理,以地方为主的原则"。自进入21世纪以来,国家更加重视和强调区域合作,将前述原则发展为"中央统筹,地方负责"的原则,国务院及主管部门根据这一原则和区域合作条款对区域合作作了具体部署和指导。[1] 对长三角区际事务,"长三角一体化规划"则明确支持和要求长三角三省一市进行共同管辖。

(二)其他途径难以解决

有的区际事务既可以协同立法又可以共同立法。比如,长江支流沅江的最大支流酉水河,流经相毗邻的湖北省恩施土家族苗族自治州和湖南省湘西土家族苗族自治州。这两个自治州起初共同起草了统一的《酉水河保护条例》草案文本,后该草案文本被修改为分别适用于两个行政区域的草案文本,并分别按程序通过、公布,[2] 属于协同立法。不过,当中央明确要求地方共同立法时,如"长三角一体化规划"明文要求"沪苏浙共同制定实施示范区饮用水水源保护法规,加强对淀山湖、太浦河等区域的保护",就不能选择协同立法了。在该规划中,这类共同立法的任务很多,包括生态治理、营商环境和公共服务等各个方面。

有的区际事务具有不可分割性,则必须进行共同立法。如"长三角示范区方案"批准在苏州市吴江区、浙江省嘉善县和上海市青浦区范围内建设长三角一体化示范区。为实施这一方案、推进一体化建设,江浙沪两省一市有必要共同制定示范区管理条例。如果该两省一市分别制定各自的管理条例,那么示范区管理机构在示范区内对同一事务,只能根据吴江区、嘉善县和青浦区的行政区划归属分别适用江浙沪各自人大制定的管理条例。尽管两省一市的管理条例内容上可以完全相同,但仍然难以实现统一治理、制度创新的目标,而且还将带来法律适用上新的困难。同时,分别制定也就意

---

[1] 参见《国家发展改革委关于进一步加强区域合作工作的指导意见》,发改地区〔2015〕3107号,2015年12月28日发布。

[2] 参见戴小明、冉艳辉:《区域立法合作的有益探索与思考——基于〈酉水河保护条例〉的实证研究》,《中共中央党校学报》2017年第2期,第84页。

味着可以各自单方面修改，从而造成一体化的不确定性。

中央对有的区际事务缺乏立法权。根据我国《香港特别行政区基本法》和《澳门特别行政区基本法》的规定，目前只有列入这两部法律附件三的法律才适用于香港特别行政区和澳门特别行政区，其他事务均由其自行立法。这就意味着，在粤港澳大湾区建设中，中央无法提供统一的立法，只能由粤港澳协同立法或共同立法。

对必须进行共同立法的区际事务，上海已经有过探索和实践。2015年修订的《上海港口条例》和2022年制定的《中国（上海）自由贸易试验区临港新片区条例》的适用范围就包括位于浙江省的小洋山港区。这两项地方性法规系由一方单独制定，其前提则是2006年上海市政府发布的《洋山保税港区管理办法》。该地方政府规章属于委托立法，即上海市和浙江省经协商达成了委托协议，经国务院批准，由上海市政府一方制定。它对统一管理洋山保税港区，推进洋山港区的全面、快速发展，起到了非常大的作用。然而，委托立法缺乏其他合作方的参与，不能充分体现共同建设的要求，所制定的地方性法规或地方政府规章在其他合作方辖区内实施仍会发生困难。

综上所述，在诸如长三角一体化和大湾区建设中，中央立法和单一行政区地方立法有困难的情况下，就应该由合作方地方人大共同立法。

（三）宪法和法律上未禁止

外交事务和政治事务，地方不能进行共同立法。外交事务比较容易划定，但应注意并非所有涉外事务都属于外交事务。"长三角一体化规划"明确要求长三角三省一市"共同推进境外安全保障体系建设，增强风险防范能力"。政治事务则比较模糊。在美国，政治事务的判断标准是通过联邦最高法院的一系列判例逐渐得以形成的,即州际协定只有在力图增加成员州的"政治影响力"且影响到"联邦权威的充分与自由运用"时,才构成"政治性"。据此,非政治性事务的州际协定未被联邦宪法禁止,无须联邦国会同意;政治性事务的州际协定须经国会的同意。[①]美国的经验可供我们借鉴,涉及政治性的,即使系地方事务也不能进行地方共同立法。

我国事权与立法权的配置并未完全对应,即使专属地方事务也不能完全排除中央立法。"国务院央地事权划分意见"指出:"地方的财政事权由地方行使,中央对地方的财政事权履行提出规范性要求,并通过法律法规的形式予以明确。"因此,对央地共同事务、地方事务,如果已经有法律和行政法规规定,则根据与上位法不抵触原则,地方不能进行创制性共同立法,而只能根据与上位法不重复原则制定实施性的地方性法规。

我国有的法律还明确排除了地方立法的事项。如我国《行政处罚法》第12条有关吊销营业执照的行政处罚,我国《行政许可法》第15条第2款有关公民、法人或者其他组织的资格、资质的行政许可以及企业或者其他组织的设立登记及其前置性行政许可,我国《行政强制法》第10条第3款中有关除查封场所、设施或者财物以及扣押财物以外的行政强制措施,都禁止地方性法规创设。在法律明确排除了地方立法的情况下,自然不存在地方共同立法的空间。

除上述三种情形外的地方事务,从充分发挥地方积极性和主动性角度来说,地方就有可能共同立法。

(四)法律上的允许

地方人大在立法上涉及多重法律关系,包括与中央、有关地方

[①] 参见〔美〕约瑟夫·F.齐默尔曼:《州际合作——协定与行政协议》,王诚译,法律出版社2013年版,第10—11页。

人大、政府以及公众的关系。在央地关系上基于地方权力的传来性，在与公众关系上基于职权法定原则，地方共同立法除了宪法和法律未禁止以外，还需要有法律上的允许。

我国《宪法》序言中的"科学发展观"和"贯彻新发展理念"以及有关条文可释放出的目标规范，都体现了区域协调和区域合作的精神。[①]《宪法》第3条所规定的民主集中制原则，发展成为区域合作的"中央统筹，地方负责"原则。"地方组织法"第10、49条规定，省、自治区、直辖市及设区的市、自治州人大及其常务委员会"根据区域协调发展的需要，可以开展协同立法"。该条款是在"总结地方实践经验和做法"基础上所作的规定。[②]从实践观察，该法制定前并没有地方共同立法的成功实例，因而该协同立法条款也难以从立法原意上解释出共同立法。因此，从个别地方的现实需求而言，只能依赖于全国人大常委会的授权。根据我国《立法法》第3条的规定，我国的立法应当贯彻党的领导，适应区域一体化的发展需要。全国人大常委会需要积极落实中共中央的有关决定，以授权决定等形式，明确授权共同立法。从区域合作的普遍性需求而言，全国人大常委会应修改《立法法》，对共同发布地方性法规作出明确规定。

从扩大解释的立场来说，"地方组织法"的协同立法条款可以释放出共同立法的功能，协同立法应当包括共同立法。尤其是"地方组织法"第80条第1款规定："县级以上的地方各级人民政府根据国家区域发展战略，结合地方实际需要，可以共同建立跨行政区划

---

① 参见刘松山：《区域协同立法的宪法法律问题》，《中国法律评论》2019年第4期，第64页；于文豪：《区域协同治理的宪法路径》，《法商研究》2022年第2期，第51页。

② 参见王晨：《关于〈中华人民共和国地方各级人民代表大会和地方各级人民政府组织法（修正草案）〉的说明》，第十三届全国人大第五次会议，2022年3月5日。

的区域协同发展工作机制,加强区域合作。"该条已经明确规定了共同而不仅是协同的意思,区域协同发展工作机制当然包括制定地方政府规章。因此,省、自治区、直辖市及设区的市、自治州政府共同制定地方政府规章,不再需要另外取得授权。本节暂且不论地方政府间的共同立法。

二、地方共同立法的程序

(一)平等合作和协商一致

地方共同立法不是上下级地方人大间的参与式立法,而是不同行政区平行立法主体间共同制定地方性法规的活动。因此,地方共同立法的首要问题是平衡区际利益关系。"法条是对既成事实的组构而不是创造。"[1] 这就要坚持"平等合作,协商一致"的原则。[2] 以下主要从程序角度讨论协商一致即利益平衡机制。

我国《立法法》、"地方组织法"以及有关地方性法规并未规定立法过程中的协商机制。它只是一种事实行为和事实程序,既可以由人大常委会的工作机构组织,也可以由具有法规案提议权的政府机关组织。从我国的实际情况看,涉及行政区重大利益的(如浙江省和安徽省关于新安江水质保护费达到每年一亿元人民币),[3] 宜由政府组织协商;主要涉及法律问题的,可由人大常委会的工作机构组织。即使由人大常委会的工作机构组织协商,也可以邀请政府机

---

[1] 〔奥〕欧根·埃利希:《法社会学原理》,舒国滢译,中国大百科全书出版社2009年版,第251页。
[2] 有关平等合作原则,参见叶必丰:《区域经济一体化的法律治理》,《中国社会科学》2012年第8期,第116—120页。
[3] 参见王中亮等:《新安江水质变好浙江给安徽1亿 变差安徽给浙江1亿》,载浙江新闻网,2012年2月10日。

关代表参与。

地方共同立法如有需要,也可以邀请上级机关代表参与协商。没有直接利害关系的上级机关代表参与协商,既有利于合作各方利益的平衡,又可以发挥指导和监督作用。从我国地方合作协议的缔结过程观察,往往都有上级机关的参与。如《长三角城市合作(镇江)协议》缔结过程中就有国家发展改革委的参与,[1]《深化粤港澳合作推进大湾区建设框架协议》的缔结方之一即为国家发展改革委。[2] 这些经验值得地方共同立法参考和借鉴。

合作方之间的利益平衡是所有区域合作项目普遍需要面对的难题。从美国州际协定缔结中的磋商和谈判,[3] 以及我国地方立法的协商实践来看,[4] 通过协商要达成共识的难度往往直接取决于合作方的数量。合作方越多,达成协商一致的可能性就越小,实现利益平衡的难度就越大。合作方越少,达成协商一致的可能性就越大,达成共识就越容易。基于此,珠三角区域合作与"泛珠三角9+2合作"相比,以及长三角两省一市的三镇示范区合作与长三角三省一市合作相比,就更容易达成共识。与此同时,法律制度是否相同,也是达成共识难易的重要因素。大湾区合作涉及两种制度三种法律,与同在一种法律制度下的长三角区域合作相比,达成共识就更为困难。

---

[1] 参见朱广宝等:《长三角22城市签署〈长三角城市合作(镇江)协议〉》,载凤凰网。

[2] 参见张旭东等:《湾区潮涌千帆竞——写在〈深化粤港澳合作 推进大湾区建设框架协议〉签署4周年前夕》,载中央人民政府网。

[3] 〔美〕约瑟夫·F.齐默尔曼:《州际合作——协定与行政协议》,王诚译,法律出版社2013年版,第48页。

[4] 参见戴小明、冉艳辉:《区域立法合作的有益探索与思考——基于〈酉水河保护条例〉的实证研究》,《中共中央党校学报》2017年第2期,第82—91页。

通过协商达成一致的,应通过书面形式记载,并在条件成熟时拟定地方性法规的建议稿。协商工作组可以自己草拟建议稿,也可以委托第三方草拟,与一般立法的草拟程序相同。

(二)分别审议和通过

经合作方协商一致而形成的立法建议稿,应转化为地方性法规案,并提交审议和通过。对审议和通过机构,有研究主张应当创新,通过修改"地方组织法"设立专门的联合立法机构,明确其联合立法职权,或通过全国人大及其常委会明示性授权取得联合立法权。[①]能够为该观点找到的外国法经验是法国的市镇合作。如包括里昂和周边市镇在内的里昂大区,设有联合组织,被法律赋予省级管辖权,可以统一制定在合作区范围内有效的地方性法规。[②]然而,在我国要采纳这一建议,不仅需要修改"地方组织法"而且还需要修改宪法。与此同时,人大作为民意机构,也不宜像政府那样采取联席会议制。立足于现行立法框架,作者主张由各合作方人大分别审议和通过,即将建议稿由各合作方法定主体转化为法规案,按各合作方法定程序提交审议、通过。当然,在审议中可以按照会议列席制度邀请合作方派员列席。

从理论上说,协商代表曾经争论过的很多重要问题,在草案的分别审议中可能会再次遇到。然而,这种情况在前述《酉水河保护条例》的双方审议中并未出现,对地方共同立法有着启示意义。派出协商代表的机构应与协商代表密切沟通,并组织相关会议与有关专门委员会、工作机构、人大代表交流,实现信息对称,明确区域利

[①] 参见肖辉:《关于京津冀协同发展联合立法的构想》,《河北学刊》2015年第6期,第169页。

[②] 参见《法国地方政权总法典选译》,李贝、韩小鹰译,上海社会科学院出版社2022年版,第63页。

益平衡的可能性,达成最大共识,以便顺利通过。与此同时,对审议中容易引发争议的内容,不宜列入草案或者可以从草案中删去,交由实施机关去协商处理。否则,两个地方的共同立法只要一方未获通过就意味着失败。并且,在多个地方参与的共同立法中,如果一方或多方以某个特定合作方的通过为本方通过或生效的条件,则共同立法往往会因此而延迟或失败。

(三)共同发布文本

"长三角一体化规划"要求"联合发布统一的区域环境治理政策法规及标准规范"。在此明确指出了"联合发布"而非分别发布,"法规"即地方性法规,"统一"文本而非多个文本,并且应该是一种地方立法的"常态化机制"即制度化运行,而不是一时一事的权宜之计。如前所述,这在现行"地方组织法"和《立法法》上并无明文具体规定,需要取得授权。

从理论上说,共同行为必然是两个以上主体的行为。一般而言,私主体的共同行为,强调两个以上主体的主观共同性,即私法上的同一目的和刑法上的共同故意。公权力主体的共同行为,目前法律上有共同行政行为。共同行政行为的构成要件学说,除复数主体外,有的强调"共同名义",有的强调"同一事件",[1]即都强调外化了的共同载体而非内在意思。观察司法实践,基于可识别性,法院更愿意接受行为文本的"共同名义"说,即共同署名。[2]共同署名意味着行为文本的统一性和唯一性,而不是多个主体各有文本。

在我国地方政府间的合作实践中,共同署名发展出了两种形

---

[1] 参见胡建淼主编:《行政行为基本范畴研究》,浙江大学出版社2005年版,第376页。
[2] 参见生物工程公司不服药品管理行政处罚案,《最高人民法院公报》1989年第4期;最高人民法院(2018)最高法行再119号行政裁定书("刘以贵案")。

式:在一个公权力行为文本上以其中一个主体的文号共同署名;[①]在一个公权力行为文本上以各自的文号共同署名。[②]公权力行为的文号即发文字号,有规定的格式,相当于公权力行为的身份证号。它可以表明公权力行为的主体以及其地域效力范围。在一个文号共同署名的情况下,就会出现某合作方引用外地文号公文,从而模糊地域效力范围的现象。在以各自的文号共同署名的情况下,可以避免地域效力范围模糊,且同时援引该多个文号既可以避免误以为系多个文件的现象,又可以清晰地表明各方的合作。一般情况下,党政机关的公文都应符合《党政机关公文处理工作条例》第9条第15项和第39条的规定,一个公文仅限一个字号,但法规、规章文本不受此限,可有例外规定。因此,地方共同法规的发布公告宜载明各制定主体的文号。

地方共同法规应当是一个共同署名发布的文本。如果不共同署名,不要求地方共同立法文本的唯一性,而是每个地方都有一个自己的文本,如酉水河保护立法最后为两个条例,那么就不属于地方共同立法了,而是协同立法,很容易被单方面修改或废止。

(四)批准或备案

根据我国"地方组织法"和《立法法》的规定,省级人大的地方性法规应报全国人大常委会和国务院备案,设区的市和自治州人大的地方性法规,应报省、自治区人大常委会批准,并由省、自治区人

[①] 参见江苏省环境保护厅、上海市环境保护局和浙江省环境保护厅共同发布的《关于印发长江三角洲地区企业环境行为信息公开工作实施办法(暂行)和长江三角洲地区企业环境行为信息评价标准(暂行)的通知》,苏环发〔2009〕23号,2009年7月31日发布。

[②] 参见《关于共同推进长江三角洲区域建筑市场信用信息平台建设工作的通知》,上海市建设和交通委员会、江苏省建设厅、浙江省建设厅,沪建交〔2007〕198号、苏建工〔2007〕57号、浙建建〔2007〕20号,2007年3月20日发布。

大常委会报全国人大常委会和国务院备案。省级人大的共同立法可以共同报送备案；设区的市和自治州人大的共同立法，有共同批准机关的可以共同报批，没有共同批准机关的则应分别报批。

根据《法规规章备案条例》《行政法规、地方性法规、自治条例和单行条例、经济特区法规备案审查工作程序》及有关地方性法规的规定，批准和备案都是对地方性法规的实质性审查。两者的区别在于，批准是一种立法行为，是对设区的市（含州）地方性法规的再次审议和通过，是该类地方性法规的生效要件；备案是一种对已生效地方性法规的监督，尽管实施职权审查，但不能直接推翻或改变地方性法规，而只能要求制定主体修改或废止。批准和备案对地方共同法规的审查，除了合法性审查外，还应审查是否具备地方共同法规的要件以及必要条款，从而保护没有参与共同立法的地方利益。

从域外法的角度来看，美国的州际协定是合作州根据联邦宪法中的州际"协定条款"所开展的共同立法。它原则上无须获得事先授权，如果涉及前述政治性事务，则应经联邦国会的批准。对州际协定的批准，在联邦宪法和法律上未见任何程序性规定。实践中，联邦国会可以采取很灵活的方式进行，既可以是事先授权也可以是事后批准，既可以明示同意也可以默示同意。事先同意的，既可以同意订立特定州际协定，也可以概括性同意针对某一主题订立州际协定；既可以通过事先参与或立法的形式同意，也可以采取批准的形式同意。事后批准的，可以附加条件或声明，没有批准时间的限制；有"日落条款"的，可以一次性批准，也可以每五年批准一次。[①]

[①] 参见〔美〕约瑟夫·F.齐默尔曼：《州际合作——协定与行政协议》，王诚译，法律出版社2013年版，第52—59页。

我国的地方共同立法没有必要将事先授权制度改为事后批准制度。一方面，事后批准制将导致更多不确定性；另一方面，地方立法尤其是地方共同立法需要投入很大成本，一旦事后无法获得批准，将造成浪费。

三、地方共同法规的必要条款

地方共同法规有规制和发展两类，内容上按协商一致所达成的共识而定。它的条款构成大多与一般地方性法规相同，但还有一些特殊的必要条款值得讨论。

（一）实施主体条款

我国的法律和法规几乎都有主管部门条款，也可以称为实施主体条款或管辖权条款，地方共同法规也应如此。一般情况下，地方共同法规可以规定合作方政府的职能部门为实施主体；如有必要，也可以规定设立专门的实施机构。如需制定的长三角示范区管理条例，为了统一适用于分属三个不同行政区的吴江区、嘉善县和青浦区，经国务院同意已经设立统一的实施机构即示范区理事会和执行委员会。如果专门的实施机构系协调性机构，如长三角示范区理事会，则并无组织法上的障碍，且为中央政府所鼓励。[1] 如果专门的实施机构系规制性机构即行政主体，如长三角示范区执委会，则有三个问题需要讨论。

其一，专门实施主体的性质。对行政机构的立法，在我国属于中央立法的权限，地方性法规一般无权规定。具有执法主体资格的长三角示范区执委会已经成立，但在"地方组织法"上却并无依据。

---

[1] 《国家发展改革委关于进一步加强区域合作工作的指导意见》，发改地区〔2015〕3107号，2015年12月28日发布。

有的地方探索了具有行业自治组织性质的"法定机构",[①]对长三角示范区执委会作了同样的定位。但从法治的要求来说,地方共同法规把它规定为合作方共同设立的派出机关为宜,以对接"地方组织法"第85条派出机关的规定。这样就基本没有突破现有法律规定,无须法律专门授权。

其二,专门实施主体的组织和权限。洋山港是上海市和浙江省合作建设的项目。基于地方合作法律资源的有限性,上海市政府制定了《洋山保税港区管理办法》。该办法21条中有9条规定了管委会的组织、权限(第2条、第4条第2款、第10条、第11条、第13条、第14条、第15条、第16条第3款、第17条)。如前所述,它属于委托立法,其内容反映了地方共同法规的普遍规律,即地方共同法规应明确规定实施主体的组织和权限。实施主体的组织应体现平等合作的原则。"长三角示范区方案"在总结洋山港保税区管委会经验的基础上,明确要求执委会"工作人员由两省一市共同选派或聘任"。已完成组建的执委会,在职数上坚持了三地平等原则。

其三,专门实施主体的领导机关。有的国家实行地方自治,对地方行政行为实行事后合法性监督。我国对普通地方没有实行自治,对地方行政行为实行事前"请示—审批"合法性审查机制。把地方共同法规的专门实施主体定性为"法定机构",虽然回避了"地方组织法"的机构设置困境,但带来的却是运行中"请示—审批"的领导体制难题。为此,"长三角示范区方案"设计出了作为领导机关的长三角示范区理事会,但基于法律上并无理事会的规定,该理事会就不能承担起法定审批机关的职责。如果实施主体作为合作方

---

① 参见是冬冬:《陆家嘴金融发展局挂牌,取代原有政府部门管理陆家嘴金融城》,载澎湃新闻网。

政府的派出机关,则合作方政府既可以承担起领导职责又可以承担起法定审批职责。

专门实施主体属于合作方共同设立的行政机关,作者对此另有专门讨论,在此不再赘述。

(二)利益平衡条款

政府所要实现的是共同利益,当今的趋势是日益重视其中的经济利益。[1]区域合作主要是一种以经济发展为目标的合作。有的区域合作会产生较大的经济收益,如经济园区建设;有的区域合作尤其是区域生态治理合作,往往涉及一方发展利益的牺牲或承担更多义务。区域合作还必然产生一定的运行成本。按照平等、共赢原则,利益应公平分配,成本应合理分担,损失应该获得赔偿,受益应当提供补偿。国家和有关部门通过出台《关于进一步加强区域合作的指导意见》等政策支持地方对此进行探索,同时根据"长三角一体化规划"和"长三角示范区方案"等鼓励长三角区域建立园区合作和生态项目的成本分担和利益共享机制。地方共同法规对此应作出规定。

地方共同法规对利益平衡的规则,可以有三种类型:第一,对能够作较准确预判的利益,作出明确规定,如有关园区开发的收益分配比例等。[2]第二,对难以作较准确预判的利益,设定平衡机制,如相应法律事实出现时合作双方再行协商,或者由专门的实施主体按一定规则决定。第三,对难以作较准确预判的利益,设定平衡指标,如按各方的投入比、受损比、人口数和经济发展状况等分配。

---

[1] 参见〔法〕让·里韦罗、让·瓦利纳:《法国行政法》,鲁仁译,商务印书馆2008年版,第48页。

[2] 参见蒋成钢、罗小龙、王绍博:《陷入困境的跨界区域主义——对江阴靖江跨界合作的重新认识》,《现代城市研究》2018年第10期,第64—65页。

（三）开放性条款

区域合作的目的是为了克服行政区壁垒，实现区域协调发展。地方共同立法不能成为新的区域性壁垒的工具。为此，我国的地方共同立法应当考虑开放性条款，即是否允许有关地方加入。如果地方共同法规因客观情况所限，则不接受其他地方的加入。如长三角示范区仅涉及江苏、浙江和上海，安徽虽然也属于长三角区域但与示范区无关，因而制定长三角示范区管理条例不能接受安徽加入。与此同时，我国的区域合作是与改革开放试验结合在一起的，往往有中央的决定或者法律授权。如果中央决定或法律授权限定了主体，则无法接受其他地方加入。然而，对于没有客观情况或没有法律限制的地方共同法规，如长三角大气防治之类的立法，则可以接受有关省申请加入。

地方共同法规也可以规定申请加入的条件，如参照长江三角洲城市经济协调会的入会条件。[①]加入条件的设定是为了保证协商的顺利进行，尽快达成广泛共识，实现合作目标。当然，加入条件的设计应当合理。根据迪欧凯姆的类型学原理，所提取的分类指标越多则共性越少，分类指标越少则共性越多。[②]同理，加入条件越多越高，则加入可能性越小；加入条件越少越低，则加入可能性越大。如果加入条件多或高得实际上难以加入，开放性条款就没有实质意义；但如果加入条件少、低，则加入泛滥，也必将弱化合作基础。

[①]《"长江三角洲城市经济协调会"城市入会规程》（2004）规定，长江三角洲城市经济协调会的入会条件有：在地理上以上海为中心，以300公里为半径的扇形区域，城市人口密度不能低于500人/平方公里，城市化水平不低于20%，GDP相对上海比值不低于5%、人均GDP相对上海比值不低于20%，经济联系强度系数不低于10（参见刘洋：《"最昂贵的门票"：长三角扩容遭遇"嫌贫爱富门"？》，载中国经济网）。

[②]〔法〕E.迪欧凯姆：《社会学方法的准则》，狄玉明译，商务印书馆1999年版，第96—97页。

(四)效力条款

地方性法规的效力涉及效力范围、效力时间以及对人的效力。在此,作者拟对地方共同法规效力的特殊性进行讨论。

其一,地方共同法规是合作区范围内的特别法。地方共同法规应明确其适用的地域范围,是合作方全部辖区还是特定区域。它还应明确,在规定的适用区域内,地方共同法规与合作方的有关地方性法规不一致时,何者优先适用。制定地方共同法规的重要目的,就是为了统一合作区范围内的规则,实现合作。如果允许合作方的地方性法规优先于地方共同法规,那么也就意味着合作一方或双方可以有意或无意地单方面修改、废止地方共同法规,合作也就名存实亡了。对此,有学者要求国家法律作出专门的规定。[1] 其实,地方共同法规可以通过效力条款,规定其为各合作方的特别法。根据我国《立法法》第103条特别法优于普通法的原则,在其适用区域内,各合作方的地方性法规在与共同法规有冲突时优先适用共同法规。也就是说,如果合作方已有相同调整对象的地方性法规,在内容上与该地方共同法规不一致的,应以该地方共同法规为准;如果合作方此后新制定相同调整对象的地方性法规,则不得与该地方共同法规相抵触。

其二,地方共同法规的拘束力。地方共同法规与一般地方性法规一样,对制定主体本身也具有拘束力,非经法定程序不得任意修改或废止。然而,它毕竟是多个地方立法主体共同制定的,是合作方协商一致的结果。"长三角一体化规划"专门强调了地方间的协商机制,要求政策和法规的制定应以协商一致的结果为前提。这

---

[1] 参见肖辉:《关于京津冀协同发展联合立法的构想》,《河北学刊》2015年第6期,第166页。

样,地方共同法规除了与一般地方性法规一样对制定主体具有拘束力外,还具有类似合同的效力,即合作方不得单方面修改或废止地方共同法规。合作方应遵守自己的承诺,坚持诚实信用,对地方共同法规实施中的问题通过协商一致,然后完成修法程序。

(五)纠纷解决条款

立法并不能一劳永逸地解决区域利益纠纷,甚至会产生新的纠纷。区域合作中的纠纷也在所难免,[①] 需要有相应的解决机制。美国的州际合作纠纷和日本、法国的地方合作纠纷尽管可以通过诉讼解决,但考虑到合作方都是无法选择的邻居而往往优先选择协商、调解或协调解决。其中,《日本地方自治法》第251条之一至四对这类纠纷的解决作了详细规定。在我国,区域合作纠纷并没有诉讼机制。根据单行法中的区域合作条款,对纠纷的解决有协商处理和上级协调处理两种。是通过协商还是报请上级协调处理,以及协商处理的组织和规则等,都需要在地方共同法规中设定。

本节结语

目前,我国还没有地方共同立法的实践。作者所讨论的地方共同立法只是面对区域合作需求而提出的一种理论方案。作者对区域合作需求的了解,主要基于长三角区域一体化的观察,对大湾区建设和京津冀协同等区域合作观察有限,了解不够充分。不过,作者努力将基于长三角区域的共同立法方案一般化、理论化,以期其具有普遍意义。与此同时,作者对地方共同立法方案的讨论,努力

---

① 参见蒋成钢、罗小龙、王绍博:《陷入困境的跨界区域主义——对江阴靖江跨界合作的重新认识》,《现代城市研究》2018年第10期,第62—65页;席斯:《三峡工程竣工税收将超50亿 重庆湖北争税费分成》,载搜狐网;李平等:《京冀水权引争议 华北平原水资源不堪重负》,载中国网。

立足于我国现有法律资源，尽可能减少对现有法律制度的过大、过多冲击，以降低阻力和节省资源。

以问题和需求为导向，作者于本节中讨论了地方共同立法的要件、程序和必要条款。基于可观察样本的有限性，本节的讨论还是初步的，所形成的基本认识是，针对地方事务、在没有其他解决途径、宪法和法律上未禁止以及法律允许的情况下，有关地方人大可以在协商的基础上，共同起草建议稿，分别审议、通过，共同发布地方性法规。地方共同法规应当设置实施主体条款、利益平衡条款、开放性条款、效力条款和纠纷解决条款。

地方人大共同发布地方性法规，理想的方案是由法律明文规定，暂时可以由全国人大常委会授权探索。长三角一体化建设中的地方共同立法，尽管已有中共中央和国务院的批复，但这只能被看作是一种事实需求和任务，按照法治的要求仍需要完成法律程序，取得全国人大常委会的授权。

当然，作者所探讨的地方人大共同立法只是一种制度技术或制度方案，即在有关地方人大达成一体化立法共识，需要实现既定目标的情况下，可供选择的一种制度。它不解决地方人大能否达成共识、是否有共同立法的动力问题。并且，如果通过地方协同立法能实现区域一体化目标的，则不必启动地方共同立法。地方共同立法旨在实现协同立法难以解决又没有中央立法的区域一体化任务。

第五章　区域合作的组织机制

第一节　区域合作中的共设机关[①]

本节导语

两个以上的行政区因为空间上的联结点、相同任务或共同任务而引发区域治理问题。这种治理既需要行为法机制又需要组织法机制。传统上的组织法机制有两类：第一，把若干行政区合并为一个行政区，以实现行动的统一。1971年，法国政府曾尝试对若干市镇加以合并，却遭到了公众的强烈反对，被指破坏了历史延续和文化个性。我国也存在通过行政区合并调整区际关系的实践和选项。但随着地方主体意识和行政区利益的逐渐形成，行政区合并也遭到了反对。[②]并且，一个国家的行政区不可能被全部合并。只要存在两个以上的行政区，就存在区域协同的需求。第二，在几个行政区之上设立一个领导或管理机关，通过行政层级关系实现行动的统一。如京津冀及周边地区大气污染防治领导

[①] 本节原标题为《地方政府的跨行政区共设机关》，首发于《环球法律评论》2020年第6期，此次出版时根据实践和立法的发展作了修改。

[②] 参见张弛：《山东滕州人大代表为争行政自主权起诉省政府》，载凤凰网；李笛：《网曝浙江长兴将撤县建区 官方回应：会充分听取民意》，载中国共产党新闻网。

小组,太湖流域管理局,以及长江航运管理局等。但本书所研究的是伙伴型法治协调而不是科层制法治协调。科层制法治协调无疑是一条行之有效的途径。但问题是,科层制法治协调既无法承担起所有的区域协调任务,也难以达到平等自主合作的效果。那么,地方政府能共同设立一个区际治理机构吗?浙沪双方共同设立了洋山港管委会,苏浙沪政府共同设立了长三角示范区执委会,以及粤澳双方共同设立了粤澳横琴合作区执委会,是否具有普遍的可复制性?

当今政府行政的一种趋势,就是越来越关注经济发展,不仅规制现在而且筹划未来,[1]即日益关注经济建设和可持续发展的需要。于是,不同地方面临的相同任务或共同目标日益增多。在我国,区域协调发展已经成为国家的重要发展战略,地方合作甚至区域一体化正在各地积极推进。地方的合作治理需要法治的引领,尤其需要组织法上的区际共设机关制度。遗憾的是,我们的组织法对此长期未作规定;我们的组织法学并未回应上述问题,而是主要研究科层关系却很少讨论府际关系。[2]本节不讨论央地或上下级关系上的机构设置,仅讨论地方政府共同设置跨行政区机构。对这一问题的讨论,可以突破区域协调或地方合作的发展瓶颈,进一步扩大地方自主权,推进组织法学研究向府际关系的深化。发达国家比我国更早地推行了区域协调和地方合作,积累了较为丰富的区域法律治理经

---

[1] 参见〔法〕让·里韦罗、让·瓦利纳:《法国行政法》,鲁仁译,商务印书馆2008年版,第3、20页。

[2] 参见叶必丰:《行政组织法功能的行为法机制》,《中国社会科学》2017年第7期,第112页。

验,但有的国家所实行的是联邦制,有的国家属于偏小的城邦型,与我国殊异。本文拟借鉴与我国同为单一制并注重中央统一领导的法国和日本法律,探讨除了中央或上级设立跨行政区机构以外的区域性机构方案。本节在此讨论的重点不是联席会议之类的协调性机构,而是具有决策和执法主体地位的管理机构,在我国最为典型的有苏浙沪两省一市共同设立的长三角示范区执委会、粤澳横琴合作区执委会和洋山港管委会。上述实践将是本节讨论我国区际共设机关的主要素材。

一、地方政府的自主组织权

(一)法国、日本的地方自治组织权

"自治组织权,是指对包括地方公共团体的意思决定方式在内的组织构成由自己来决定的权能。"[①]这是一个简明的定义,要真正了解自治组织权还必须从法国和日本两国的宪政和具体制度中认识。根据法、日两国宪法的规定,在央地关系上实行分权和地方自治。这种地方分权和自治是否完全切断了中央对地方的介入呢?日本在"二战"后,宪法中有关地方制度的设计,有学者天川晃的重要贡献。他对央地关系在传统的"集权—分权"维度的基础上,按照中央和地方对地方事务能参与到何种程度,提出了"融合—分离"的轴线即"天川模型",设计了"集权融合型"的日本地方制度。"集权是指,中央政府相对较多地拥有行政资源分配的决定权,能够对自治体行使影响力";"融合是指,自治体综合性地承担提供地方

---

① 〔日〕盐野宏:《行政组织法》,杨建顺译,北京大学出版社2008年版,第118页。

行政服务,而中央政府对事务执行进行广泛参与这样一种机制"。[1]这样,日本虽然实行地方自治,但中央政府有足够的资源,可以在很多方面介入地方事务,所谓"自治与官治并存,自治包含在官治中"。[2]日本地方自治制度建立以来,虽然进行了多次改革,其地方自治权得到逐步扩大,但是中央和地方间的"集权融合型"特点仍然得以延续。法国与日本的情形相同。"法国的地方分权制度从实质上讲就是找到了一种介于纯粹的中央集权制度和联邦制的中间状态",[3]"地方行政区的地位全都来源于法律,地方无权改变自己的地位,其地位的改变一概取决于中央政权",[4]地方只能依法自治。

显然,单一制国家的地方不同于联邦制国家的成员国,它"依然处在国家的监督之下,国家至少要核查他们的行为是否合法"。[5]也就是说,法、日两国的地方自治并没有排除中央的权力作用,中央的权力作用构成了地方自治组织权的法律界限。法、日两国包括自治组织权在内的地方自治权,不是地方团体固有的、先于国家而存在的权力,而是国家赋予地方的权力,系由中央传来的权力。[6]法国的地方分权旨在减少中央政府的某些决策权而将其授予地方政府,

---

[1] 〔日〕礒崎初仁、金井利之、伊藤正次:《日本地方自治》,张青松译,社会科学文献出版社2010年版,第12、16页。
[2] 郭冬梅:《日本近代地方自治制度的形成》,商务印书馆2008年版,第183页。
[3] 李驰:《法国地方分权改革》,中国政法大学出版社2016年版,第131页。
[4] 〔法〕让·里韦罗、让·瓦利纳:《法国行政法》,鲁仁译,商务印书馆2008年版,第47—48页。
[5] 同上书,第48页。
[6] 参见〔日〕礒崎初仁、金井利之、伊藤正次:《日本地方自治》,张青松译,社会科学文献出版社2010年版,第8页;〔日〕盐野宏:《行政组织法》,杨建顺译,北京大学出版社2008年版,第91页。

地方政府的权力系由中央政府授予。[①]日本明治时期的地方自治权是由法律赋予的,"二战"后的地方自治权不过是得到宪法的确认而已。也就是说,法、日两国包括自治组织权在内的地方自治权范围,取决于中央政府的赋权范围。

法、日两国的地方自治组织权表现为一种对组织法的实施性立法权。法、日两国地方的组织机构(包括机构和主要职位)可以分为"必置机构""选置机构"和"附属机构",都由法律明文规定,实行完全法定主义。[②]日本地方团体虽然具有自治立法权,可以在没有法律时制定条例,在法律有授权时制定比法律更高标准的条例,在有法律规定时予以细化,但都必须在法律规定的范围内制定。在实行机构法定主义的前提下,自治立法权的作用空间很小。"首长对所管辖的局、部、课等本部机构组织以及地方事务所,分所、派出所等组织,制定条例、制定规则等权限。"[③]法国则在宪法上规定,任何地方行政区都必须由法律创立;组织法不仅可以详细规定地方政权的组织结构和运行机制,还可以针对某些大城市、某些省制定特别法、作出特殊的制度安排。[④]1982—1983年间法国又出台了四部法律详细规定地方政权的组织结构和运行机制;法律根据人口数规定市镇议员数和公务员数。地方有规章制定权,但"并没有'自主'的规章制定权"。[⑤]并且,法、日两国规定地方组织机构的法不限于

[①] 参见〔法〕让·里韦罗、让·瓦利纳:《法国行政法》,鲁仁译,商务印书馆2008年版,第49、50页。

[②] 参见〔日〕礒崎初仁等:《日本地方自治》,张青松译,社会科学文献出版社2010年版,第191—192页。

[③] 同上书,第67页。

[④] 参见李驰:《法国地方分权改革》,中国政法大学出版社2016年版,第6、24页。

[⑤] 〔法〕让·里韦罗、让·瓦利纳:《法国行政法》,鲁仁译,商务印书馆2008年版,第127页。

法律,还有实施组织法的中央行政法规。

法、日两国的地方自治组织权也表现为一种组织机构的依法设置权。在日本,地方应该按照法律的规定设立"必置机构",可以按照法律的规定设立"选置机构"和"附属机构",按照法律规定的人口比例配备公职人员。地方首长(议长兼行政首长)具有对副知事、副市町村长等特别职和一般职职员的任免权。"自治体中各部、局的职员原则上由自治体一并录用,其人事管理权属于首长。"① 在法国,市镇是自治团体,依法通过直接选举组成市镇议会,市镇长(议长)由市镇议会从市镇议员中选举产生,负责执行市镇议会决议。市镇可以依法设立机构,聘任公务员,成立咨询委员会和公用事业机构。"在这方面,市镇议会的自主权是不完全的,因为法律只允许市镇设立身份登记处、殡仪馆、消毒室之类被认为必不可少的公用事业。"② 省、大区并非自治团体,自主权比市镇要小得多。

综上所述,法、日两国的地方自治组织权是一种地方自治的保障制度,据此地方具有一定程度的组织自由空间,而并非决定所有与地方组织相关问题的权限。③

(二)我国的地方自主组织权

我国除了民族区域、港澳地区的自治以及基层群众性自治外,宪法和"地方组织法"对普通地方没有明文规定地方自治。但是,我国普通地方政府仍享有地方自主权。《宪法》第3条第1款规定,

---

① 〔日〕礒崎初仁、金井利之、伊藤正次:《日本地方自治》,张青松译,社会科学文献出版社2010年版,第67页。
② 〔法〕让·里韦罗、让·瓦利纳:《法国行政法》,鲁仁译,商务印书馆2008年版,第156页。
③ 参见萧文生:《地方自治团体之自主组织权》,《公务员法与地方制度法》,(台北)元照出版有限公司2003年版,第276、286页。

我国的国家机构实行民主集中制的原则；第4款规定，中央和地方的国家机构职权的划分，遵循在中央的统一领导下，充分发挥地方的主动性、积极性的原则。据此，我国的地方自主权也来自中央的赋予，原则上由全国人大通过法律规定，具体由国务院划分。[①]1978年改革开放以来的一项重要内容，就是不断完善宪法和法律的规定，逐步扩大和加强地方自主权。

对照法、日两国地方自治组织权框架，我国的地方政府也具有自主组织权。我国地方政府的组织结构和主要职务都由"地方组织法"规定，机构和人员的编制审批权也集中在中央。同时，"地方机构设置条例"第4条按照《宪法》第3条的民主集中制原则，规定了地方政府机构的编制工作实行中央统一领导、地方分级管理的体制；第7条强调了地方自主组织权，规定上级人民政府机构不得干预下级人民政府的机构设置和编制管理工作。有的行为法也赋予了地方政府自行设置、确定行政主管部门的自主权。[②]上述规定都表明，我国地方政府有权按照法律和法规的规定，按照需要、精干、统一和效能原则自主设置机构，自主选任公职人员；某些内设机构是否设立则由上一级机关裁量。[③]

并且，我国的地方自主组织权呈继续发展趋势。改革开放以来，各地方普遍建立的经济开发园区，都自主设有管委会。其中，有些开发区的设立并未按法定程序批准，市、县政府设立派出机关并

---

① 参见叶必丰：《论地方事务》，《行政法学研究》2018年第1期，第19—20页。
② 如《土地管理法》第5条第2款规定："县级以上地方人民政府自然资源主管部门的设置及其职责，由省、自治区、直辖市人民政府根据国务院有关规定确定。"
③ 参见《中央编办对〈地方各级人民政府机构设置和编制管理条例〉有关问题的答复意见》，中央编办综函字〔2007〕133号，2007年7月17日发布。

无组织法依据。[①] 我们暂且不讨论管委会的设立是否符合法治主义的立场,从地方自主组织权来说,它是中央或上级鼓励地方或下级探索的结果。十九大报告要求"赋予省级及以下政府更多自主权。在省市县对职能相近的党政机关探索合并设立或合署办公"。有的地方还进行了更为大胆的机构改革探索。[②]

当然,我国的地方自主组织权还需要进一步加强。[③] 与法、日两国地方自治权所不同的是,我国地方自主组织权的不足不在于中央和地方、上级和下级之间是否存在事权分割线,不在于中央对地方、上级对下级的人事任免,不在于我国地方自主权比法、日两国地方自治权的大小。中央对地方的作用,在实行地方自治的日本也同样存在。2000年《日本地方自治法》实施以前,日本都道府县虽有自治,但知事却由中央任命;2000年后,日本中央政府也有空降人员到地方自治团体任职的现象。[④] 我国地方自主权最重要的问题是,中央和地方、地方各级之间尚缺乏事权分工的具体法律规定,中央对地方、上级对下级的领导("集权融合")行为还没有法律予以规范,地方自主权更缺乏"防御权"特征,保障地方自主权的机制还没有建立起来。这种法律保障机制,在法国是行政诉讼,在日本还有自治纠纷处理委员会。[⑤] 缺了这种法律保障机制,要么是自治过度

[①] 参见叶必丰:《行政法与行政诉讼法》(第三版),高等教育出版社2015年版,第60页。

[②] 参见苏永通:《"最大胆"的"大部制"改革:顺德试水党政合署》,《南方周末》2018年3月9日,第B09版。

[③] 参见沙雪良、郭超、李玉坤:《国务院机构改革方案决定草案今表决》,《新京报》2018年3月17日,第A05版。

[④] 参见〔日〕礒崎初仁、金井利之、伊藤正次:《日本地方自治》,张青松译,社会科学文献出版社2010年版,第73页。

[⑤] 参见蔡秀卿:《日本中央与地方及地方间争议处理制度》,《公务员法与地方制度法》,(台北)元照出版有限公司2003年版,第233—264页。

而少了中央管控(如2021年前的我国香港地区),要么是中央干预而无法纠正。

总之,法、日两国地方基于自治组织权,我国地方基于自主组织权,都可以依法设置地方机构。地方政府的这种自治组织权或自主组织权是地方设置区际共设机关的基础。

二、区际共设机关的法律依据

(一)共设机关应当由中央立法

共设机关作为中央立法事权,有国外的立法例。如前所述,地方虽然有自主组织权,但地方机构的组织法却由中央制定。区际共设机关也应该由中央立法设定。法国法律对地方的组织结构和机构设置作了详细、严密的规定,并鼓励地方合作,针对各级地方政权、各种不同类型的合作规定了共设机关,以行使共同管辖权。[①]《日本地方自治法》则对共设机关作了概括性规定,普通地方公共团体可以经协商缔结协议,共同设立有关区际行政机关。

共设机关的组织立法属于中央立法权,在理论上是因为组织机构不再是纯粹的内部行政事务,需要由法律加以规范。哈耶克基于英国的经验,认为行政组织本来是统治者自身的事务,因而组织规则并不是"法律人的法律"。但是,统治者除了抵御外敌和维护社会秩序外,越来越需要为公众提供更多的服务。为了取得公众的合作,组织机构的设立逐渐取得了法律授权,组织法也就逐渐取得了与"法律人的法律"相同的地位。[②]也就是说,机构设置越来越与公

[①] 参见李贝、韩小鹰译:《法国地方政权总法典选译》,上海社会科学院出版社2022年版,第98—107页。

[②] 参见〔英〕弗里德利希·冯·哈耶克:《法律、立法与自由》(第1卷),邓正来、张守东、李静冰译,中国大百科全书出版社2000年版,第198、200、210页。

众的权益密切相关,而不再是行政机关的内部事务。狄骥认为,组织法的效力看起来局限于国家内部组织,但实际上很快会转移到外部关系,难道军事组织的法律不涉及公民的兵役义务吗?[①] 在德国,行政机构设置权曾长期只属于行政机关。[②] 但在当代,"行政组织也不再是单独被视为一种对外封闭、对内阶层性架构的组织;相反的,应该将其视为一种被区隔、多样复杂而被共同组合而成的单位与层级组织"。[③] 行政机构设置关系不再是与公众无关的内部行政关系,而必须由法律调整,共设机关应该由国家加以立法。

共设机关的组织立法属于中央立法权,在法律上是因为应坚持法律保留原则。根据《立法法》第11条规定,各级政府的产生、组织和职权只能由法律规定。也就是说,我国对机构设置实行法律保留原则。这里的法律仅限于全国人大的规范性文件,但不限于组织法,还包括行为法中具有组织法功能的条款。政府与政府的职能部门、派出机关并不是同一个概念。立法实践中,政府的组织结构和管辖权由组织法详细规定;政府职能部门和派出机关的设置原则上由组织法作简单规定,具体职权多由行为法加以规定。我国各领域的行为法都设有主管部门条款,其实就是政府职能部门的管辖权条款。

我国机构设置的法律保留原则并未完全闭合。在实践中,机构设置的设定又放宽到行政法规和党中央、国务院的文件,仅排除了

---

① 参见〔法〕莱昂·狄骥:《宪法学教程》,王文利等译,辽海出版社、春风文艺出版社1999年版,第89页。
② 参见〔德〕哈特穆特·毛雷尔:《行政法学总论》,高家伟译,法律出版社2000年版,第518页。
③ 〔德〕施密特·阿斯曼:《秩序理念下的行政法体系建构》,林明锵等译,北京大学出版社2012年版,第20页。

部门规章、地方性法规、地方政府规章和规范性文件。①国务院事实上制定了有关机构设置的细化或程序性行政法规,②对地方机构的人员配置编制具有更大的权力。地方人大和地方政府也往往创制性地制定有关机构设置的规定,③甚至行政规范性文件也在设置机构并确定其管辖权。④国务院关于地方机构设置的立法,可以以《宪法》第89条第4项规定的国务院"规定中央和省、自治区、直辖市的国家行政机关的职权的具体划分"为依据,但地方人大和政府创设机构设置的规定很难认为符合法律保留原则,地方立法无法规范与中央或上级机关之间的关系,无法规范与辖区外行政机关的关系。

上述问题已经引发理论上的关注。有的认为,机构设置应坚持重要性保留原则。⑤作者认为,我国应当坚持机构设置的完全法律保留原则,因为:第一,机构设置权,不仅仅是决定行政机关的设置、变更或者撤销的权力,而且还是确定行政机关的组织形式的权力。机构设置"涉及国家行政组织的成员,属于国家事务的重要决定"。⑥第二,"设置行政机关的同时,要一并确定其管辖权。管辖权规则必须具有法律根据,应当肯定这适用于所有的情况,不

---

① 参见《关于参照公务员法管理的事业单位是否办理法人登记问题的复函》,国事登函〔2010〕3号,2010年4月27日发布。

② 参见《公安机关组织管理条例》(2006)和"地方机构设置条例"等。

③ 参见《洋山保税港区管理办法》(2006),第4条;《珠海经济特区横琴新区条例》(2011),第11—24条。

④ 参见《省政府办公厅关于促进江阴经济开发区靖江园区加快发展若干政策措施的通知》,苏政办发〔2003〕105号,2003年6月29日发布。

⑤ 参见王晓强:《行政组织法律保留原则及其保留范围研究》,《河北法学》2019年第5期,第156页。

⑥ 〔德〕哈特穆特·毛雷尔:《行政法学总论》,高家伟译,法律出版社2000年版,第519页。

允许例外"。[①]第三,机构设置行为不仅具有对内效力而且具有对外效力。机构设置行为是一种法律行为,且具有双重法律效力,即对所设机构来说"是行政行为,而对公民来说是法律规范"。[②]

综上所述,我国地方立法不能对机构设置作创制性规定,不能设定区际共设机关。

(二)中央一般规则和地方专门规定

"地方组织法"第80条第1款专门规定:"县级以上的地方各级人民政府根据国家区域发展战略,结合地方实际需要,可以共同建立跨行政区划的区域协同发展工作机制,加强区域合作。"该条设于"机构设置"一节中,所规定的"区域协同发展工作机制"当然包括区域合作的组织机构或组织机制,但这是一条授权性规则、概括性规则,地方设立区域合作组织还必须遵守组织机构的设置规则。

1. 中央一般规则。我国"地方组织法"和"地方机构设置条例"并未明文规定共设机关,但规定了机构设置的原则和要件。

我国地方机构设置的原则为需要原则、精简原则、统一原则和效能原则。其中,需要原则是指机构设置应当按照经济社会全面协调可持续发展的要求,适应全面履行职能的需要。区际共设机关是符合需要原则的。自1986年以来,每个"国家发展规划"(计划)都高度重视区域合作及其机制创新。[③]经国务院同意的国家发改委文件指出,国家鼓励各地方的区域发展平台在建立区际综合管理机

---

① 〔德〕哈特穆特·毛雷尔:《行政法学总论》,高家伟译,法律出版社2000年版,第519页。
② 同上书,第519、521页。
③ 参见叶必丰:《区域合作的现有法律依据研究》,《现代法学》2016年第2期,第35页。

制方面进行探索试验,努力形成一批可复制、可推广的成功经验。[①]

我国地方机构设置的要件,包括:第一,主体要件。设立工作部门的主体是所有县级以上地方政府。设立派出机关的主体是省、自治区的人民政府,县、自治县的人民政府,以及市辖区、不设区的市的人民政府。根据国务院办公厅转发的文件,直辖市和设区的市政府也可以设立派出机关。[②] 第二,程序要件。由本级政府提出方案,经上一级政府机构编制管理机关审核后,报上一级政府批准。其中,县级以上地方各级政府行政机构的设立、撤销或者合并,还应当依法报本级人大常委会备案。第三,类型要件。县级以上地方政府的工作部门,系专门目的的地方机构;省、自治区、县、自治县、市辖区人民政府的派出机关,以及不设区的市的人民政府的派出机关,系一般目的的地方机构。其中,县、自治县政府设立的派出机关只能称为区公所,市辖区、不设区的市政府设立的派出机关只能称为街道办事处。根据国务院办公厅转发的文件,市级以上政府可以设立管委会作为派出机关。[③] 第四,权限要件。机构设置应做到职责明确、分工合理、机构精简、权责一致,决策和执行相协调。职责相同或者相近的,原则上由一个行政机构承担。第五,事实要件。有必要设置机构以履行职责。

法律和行政法规规定的地方机构设置要件,显然都是指向单一行政区域内的地方机构的。这在以往,只能根据《立法法》第4、9条的规定,立法应当坚持改革开放原则来展开目的解释,把法律和

[①] 参见《关于贯彻落实区域发展战略 促进区域协调发展的指导意见》,发改地区〔2016〕1771号,2016年8月16日发布。

[②] 商务部、国土资源部、建设部《关于促进国家级经济技术开发区进一步提高发展水平的若干意见》,国办发〔2005〕15号,2005年3月21日发布。

[③] 同上。

行政法规规定的机构设置原则和要件适用于区域合作机构的设置。当然,考虑到共设机关在机构设置要件上的完全契合性、组织立法取得像"法律人的法律"那样的权威和尊重、共设机关的普遍性、地方立法难以规定区际共设机构,以及后文将要讨论的设置和运行规则等因素,则共设机关应当由全国人大统一立法。这是因为制定法律是最高国家权力机关的事权,同时又是它的职责。[1]过于抽象不确定之原则,必须加以废弃或改造成为一般原则+具体规则,以利于法律的实施。[2]为此,"地方组织法"第80条第1款作出了规定,此规定构成了机构设置原则和要件的特别法,即设立主体可以是两个或多个县级以上地方政府,特殊的程序要件包括区域发展规划的获批、合作各方的相商一致等,特殊的机构类型要件包括多个地方政府共同的派出机关甚至法定机构,事实要件即加强区域合作的需要。

2. 地方专门规定。上海市基于中央立法对共设机关没有作明确的规定,针对与浙江省共同设立的洋山港管委会专门制定了规章,即《洋山保税港区管理办法》(2006)。该办法第4条第1款规定:"洋山保税港区管理委员会(以下简称管委会)由上海市组建,海关和检验检疫等部门、上海市人民政府相关部门、上海市南汇区人民政府和浙江省舟山市人民政府参加,在洋山港区建设省市联合协调领导小组指导下,统一负责保税港区的日常事务管理。"该办法另有多个条款具体规定了管委会的职责和权限。

《洋山保税港区管理办法》虽然规定了共设机关,但并不是创设

---

[1] 参见〔英〕边沁:《政府片论》,沈叔平等译,商务印书馆1995年版,第226页。
[2] 〔德〕施密特·阿斯曼:《秩序理念下的行政法体系建构》,林明锵等译,北京大学出版社2012年版,第13页。

性立法。该办法第 1 条规定了其制定依据，即《国务院关于设立洋山保税港区的批复》[①] 以及上海市与浙江省联合建设洋山深水港区合作协议。也就是说，共设机关洋山港保税区管委会是上海市和浙江省共同拟定的方案，经国务院批复同意设立的。[②] 在它已经取得合法地位的基础上，《洋山保税港区管理办法》将行政内部审批的结果加以外化和具体化，以立法的形式加以确认和宣告，旨在把组织机构的合法性转化为执法行为的合法性。它是一个针对特定共设机关的专门规定，而不是一种普遍设置共设机关的规定。它之所以由上海市单方面制定，是因为我国的《立法法》并没有联合立法或共同立法的规定，而只能协商、委托一方制定。从上述意义上说，《洋山保税港区管理办法》并没有违反法律保留原则。

上海市和浙江省共设洋山港管委会的探索，为"地方组织法"的专门规定提供了经验支撑。根据"地方组织法"第 80 条的规定，广东省人大常委制定了《横琴粤澳深度合作区发展促进条例》。该条例第 6 条规定："合作区管理委员会由广东省、澳门特别行政区双方按照《总体方案》联合组建，实行双主任制。广东省和澳门特别行政区有关单位、珠海市人民政府、中央驻粤相关机构是合作区管理委员会的成员单位。"第 7 条规定，合作区执委会是合作区管理委员会的日常工作机构，是承担合作区经济、民生管理等相关行政管理和公共服务职能的法定机构。上述规定确认了在该条例之前已经设立的粤澳横琴合作区管委会及其执委会的合法地位，明确了共

---

① 国函〔2005〕54 号，2005 年 6 月 22 日发布。
② 中央编办："开发区管委会的机构设置，根据党中央、国务院机构编制的有关规定，经济技术开发区中管理机构（企业性质的除外）为副厅级以上的，由中央编办审核，报国务院或中央编委批准；为处级的，由省编办审核，报省政府或编委批准"（参见中央编办：《机构编制工作动态》，2007 年 3 月 1 日增刊第 1 期）。

设机关执委会的法定机构性质。

三、区际共设机关的设置

区际共设机关的法律问题不限于前述的地方自主组织权和法律依据,还包括它的设置和运行,因而更多地涉及行政组织内部关系,但同样必须坚持法治,有法可依;坚持民主,合作共赢。"行政法不仅仅是干预与给付法,而且也是组织法,……行政法不能限缩于法院为权利保护之观点,而应该扩大领域及于法院控制所不能及之领域。行政行为也不仅仅是由外部加以控制,而且也应该由内部起,以法治及民主方式加以规范。"[1]

（一）区际共设机关的设置主体

1.法国和日本两国区际共设机关的设置主体。法国和日本的区际共设机关立法非常发达,所规定的共设机关包括共设协调机构、共设管理机构,以及部分事务组合、广域联合和全部事务组合。其中,部分事务组合、广域联合和全部事务组合相当于多个地方政权的部分或全部自愿合并或联盟,[2]不在本节讨论的范围。法、日两国法律规定,区际共设机关的设置主体是开展合作的各方地方政权,而不是上一级机关或中央政府。就地方政权本身而言,既有政府又有议会。共设机关的设置是辖区内的重要事项,需要议会的通过。

法、日两国实行地方自治。地方政权之间没有隶属关系,只有辖区大小、强弱之分,在法律地位上相互独立、一律平等,不得形成

---

[1] 参见〔德〕施密特·阿斯曼:《秩序理念下的行政法体系建构》,林明锵等译,北京大学出版社2012年版,第18页。
[2] 参见〔日〕盐野宏:《行政组织法》,杨建顺译,北京大学出版社2008年版,第107页。

形式或实质上的领导、监督或控制关系,甚至不得有财政上的资助关系。地方政权之间如果存在上下级隶属关系,则构成一定的监督关系。[①]地方政权之间对共设机关只能通过协商处理,即合作各方协商一致,缔结协议。除了仅仅负责联络性的共设机关外,该合作协议需经合作各方议会通过。同样,共设机关的撤销、变更等也需要合作各方协商一致,缔结协议,并经合作各方的议会通过。

合作各方间的协议是共设机关的重要法律文件,因而法律对合作协议的内容有明确要求。《日本地方自治法》第252条规定,共设机关的协议应包含下列必要条款:共设机关的名称;设置共设机关的地方公共团体;共设机关的办公场所;组成共设机关的委员及其他组成人员的选任方法及其身份处理,即共设机关的首长是由合作方议会选举产生还是由合作方首长协商推举产生,以及共设机关对职员如何聘任的方法;经费;关于共设机关与相关地方公共团体之间关系及其他的共设机关之必要事项。[②]但在法国,共设机关的组成人员和职员聘任,并非由协议约定,而由法律直接规定。如法国第2017-86号法律就规定了发展理事会的组成人员:该理事会由辖区内的经济、社会、文化、教育、科学、环境以及社团各领域的代表组成;男性代表与女性代表的人数差不得超过1人,并且应当能够反映该地区的不同年龄构成;共同体委员或者大都会委员不得同时担任发展理事会的成员;发展理事会成员的工作没有薪水。[③]

[①] 参见李驰:《法国地方分权改革》,中国政法大学出版社2016年版,第68、116页;《法国地方政权总法典选译》,李贝、韩小鹰译,上海社会科学院出版社2022年版,第124—125页。
[②] 参见《日本地方自治法》,肖军、王树良译,上海社会科学院出版社2022年版,第105页。
[③] 参见《法国地方政权总法典选译》,李贝、韩小鹰译,上海社会科学院出版社2022年版,第119—120页。

参加共设机关的地方政权，可以退出。当然，退出共设机关需要遵循相应的规则。根据《日本地方自治法》第252条的规定，参加共设机关的普通地方公共团体，可以经由议会议决，在退出之日的两年前，书面预告其他所有相关普通地方公共团体后，退出共设机关。收到预告的相关普通地方公共团体，必须在作出该预告的普通地方公共团体退出前，协商共设机关的变更事宜。如果书面预告退出的地方团体，期间要撤回退出预告，则须经其他所有相关普通地方公共团体议会的议决同意。如果因参加方的退出而使共设机关的设置主体只剩一个时，则应该废止该共设机关。①

2. 我国区际共设机关的设置主体。我国对区际共设机关还在探索之中。《洋山保税港区管理办法》没有明确载明洋山保税港区管委会的设置主体。结合上文的讨论，洋山保税港区管委会的设置主体是有权设置其作为派出机关的省、市政府；结合前述地方机构设置的程序要件，它的设置主体也就是其设置方案的拟定主体；结合上海市与浙江省联合建设洋山深水港区合作协议和《国务院关于设立洋山保税港区的批复》（国函〔2005〕54号），它的设置主体是浙江省政府和上海市政府。长三角示范区理事会及其执委会的设置主体，以及粤澳横琴深度合作区管委会及其执委会的设置主体，都是合作方政府。②

在我国，地方人大并不是地方机构的设置主体，区际共设机关的设置不需要本级人大的通过。当然，根据"地方组织法"第79条

---

① 参见《日本地方自治法》，肖军、王树良译，上海社会科学院出版社2022年版，第106页。
② 参见《长三角生态绿色一体化发展示范区总体方案》，国函〔2019〕99号、国务院2019年10月25日批复，发改地区〔2019〕1686号、国家发展改革委2019年10月26日发布；《横琴粤澳深度合作区建设总体方案》，中共中央、国务院2021年9月5日发布。

和"地方机构设置条例"第9条的规定,地方政府设置行政机构应当依法报本级人大常委会备案。从各地的实践观察,这种备案既可以备而不审也可以既审又备,既可以作形式审查也可以作实质审查。也就是说,地方人大对地方政府的机构设置权作用有限,且尚未规范化。这与法、日两国的区际共设机关由议会通过,还是有很大差异的。

(二)区际共设机关的组建

与机构设置行为系法律行为不同,机构组建行为系事实行为,组建主体原则上为设置主体。区际共设机关组建中最重要的问题,是首长的选任及其组成人员的席位分配。关于区际共设机关的首长,法、日两国基本上由设置主体议会选举或设置主体首长互相推选。基于地方政权地位的独立性和平等性,对合作各方的席位,法国法律极为重视公平分配。法国地方合作中一个广泛运用的公平规则是"2/3+1/2+1/4"规则。这个规则运用到共同体委员的席位分配中就是:席位的分配方案由至少2/3的合作方并且其代表所有合作方的1/2以上的总人口,或者是至少1/2的合作方并且其代表所有合作方的2/3以上的总人口达成协议。当人口最多的合作方在占总人口的1/4以上时,前述多数应当包括人口最多的合作方。在无法按上述要求达成协议时,法律规定了席位按人口基数分配的法定方式。无论如何,每一合作方至少应有一个席位,任何一个合作方都不得拥有过半数的席位。上述法律规定既保护了弱小合作方,又防止了众多弱小合作方联合起来排挤强者的可能,体现了"一人一票"的民主原则。因此,区际共设机关在组织上坚持民主、平等原则非常重要。

我国在区际共设机关组建的探索中,考虑席位或人员配备比例时,未将人口数量作为单独的因素加以考虑。其实,合作各方除了人口数量的多少以外,地域范围、经济实力和政治地位等也不尽相同,甚至大为悬殊。总体而言,我国区际共设机关充分考虑到了合作各方的比例,并形成了多种实践方案。第一,按建设主次组建。在江苏"江阴—靖江"合作开发中,江阴是主要建设方,靖江是土地空间供给方;在洋山港建设中上海是主要建设方,浙江是土地空间供给方。管委会成员的正职首长由主要建设方担任,副职由合作双方推荐人员担任。第二,适当体现需求。粤澳横琴深度合作区的初心就是为澳门产业多元发展创造条件。管委会实行双正职首长制,合作双方各一人;副职首长6人按1∶1原则分配,但常务副职首长由澳门特别行政区政府委派;秘书长由合作双方各委派1人,但澳门特别行政区委派的秘书长兼任执委会主任。第三,完全平等组建。长三角示范区理事会的正职负责人由合作三方轮值担任,执委会主任由上海市派人、副主任由合作三方各派1人担任,执委会工作人员,甚至内设机构的人员比例均为1∶1∶1。

合作方是没有隶属关系的地方单位,但合作的组织和推进、共设机关的组建毕竟需要有一方出面负责。为此,法国的法律作了专门规定,即由合作方推选,一般是推选综合实力强的合作方牵头。我国法律对此没有加以规定,而根据区域合作的实际情况,由中央或者上级的政策加以安排。中央在"长三角一体化规划"中确立了上海的龙头地位,对区际共设机关的组建负有组织和推进职责;但在大湾区规划中却未作同样安排,而在粤港澳大湾区建设领导小组领导下由合作各方协商组建。

(三)上级机关的监督或审批

根据《日本地方自治法》的规定,市町村在公布共设机关的设置后,应报都道府县;都道府县在公布共设机关的设置后,应报总务大臣。该法未规定此项报告需要审批,而是一种事后监督的备案。从法国法律来看,共设机关的设置需要报送上一级机关的国家代表。与日本的上级机关监督相比,法国的国家代表具有更大的监督权,甚至可以建议下级机关共设机关的设置。当共设机关跨越省、大区的辖区时,法律规定须征求省、大区合作理事会的意见。在个别情况下,国家代表也具有审批权。如法国第2004-809号法律规定,省的国家代表经征求省的市镇合作委员会意见,可以批准某一合作方的退出。但总体而言,上级或中央对共设机关的设置,法、日两国所确立的都是事后合法性监督的原则。

根据我国"地方组织法"第79条和"地方机构设置条例"第9条所规定的地方机构设置的程序要件,地方机构的设置方案经上一级政府机构编制管理机关审核后,由上一级政府批准。对地方行政机构的设置不是事后监督,而必须经事先审批;不是一种形式性审查,而是一种实质性审查;审批机关是上一级政府。区际共设机关设置的审批机关应当是合作各方的共同上一级政府。也就是说,地方政府对设置区际共设机关等行政机构的意思,只有经过上一级机关的批准才具有法律效力。地方政府是区际共设机关的设置主体和组建主体,上一级政府是区际共设机关的批准主体。在此,充分体现了"集权融合性"央地关系的鲜明特征。

与法、日两国相比,我国地方机构的设置缺乏充分的法律规范调整,而偏重行政机关的事前审批。法律规范的作用在于发挥普遍性调整,而行政审批则偏重个案处理。"一项正当行为规则的作用,乃在于对众多个人所具有的不尽相同的目的进行协调,而一项命令的作用则在于实现特定的结果。与一项正当行为规则不同,一项命令不仅会限制个人的选择范围(或者说不仅会要求他们去实现它们刻意创生的预期),而且还会要求他们按照一种并没有要求其他人的特定方式行事。"[1] 在哈耶克看来,上述问题的过错在立法机关,是法律过多地把行政裁量权赋予了行政机关尤其是中央政府。他认为,应该规范立法,然后充分发挥法律的作用,再把中央政府的大多数权力下放给地方政府。[2] 同时,事前审批和事后监督虽然都是中央政府对地方机构设置权的一种监控,但事前审批偏重实质性审查,可以决定地方政府机构设置意思的成立与否,事后审查偏重对地方政府机构设置行为的合法性审查,并不影响合法的机构设置意思的成立。因此,在机构设置实行事前审批的情况下,地方自主组织权就受到了较大影响。

四、区际共设机关的运行

(一)民意基础

司法活动是以双方当事人的利益交涉为基础、法院居中裁判的过程,因而裁判无须民意机关通过即具有正当性。行政行为"完全不同于构成特定司法职能的那种行为",它的"典范是一个单方面的意志宣告"。[3] 为增强行政行为的正当性,法治不仅要求行政行为由民意机关选出的行政机关作出,还要求按照民意机关制定的法律作出,甚至要求部分重大行政决定须经民意机关

---

[1] 〔英〕弗里德利希·冯·哈耶克:《法律、立法与自由》(第2卷),邓正来等译,中国大百科全书出版社2000年版,第218—219页。
[2] 参见同上书,第464、482页。
[3] 〔奥〕凯尔森:《法与国家的一般理论》,沈宗灵译,中国大百科全书出版社1996年版,第306页。

通过。①

法国法律规定了区际共设机关的民意机关，以及民意代表的名额分配和选举。《日本地方自治法》也有类似规定。但是，专门目的的区际共设机关（部门性机构）并没有自己的民意机关。根据日本的经验，在这种情况下，要以设置主体的议会为民意机关。

我国已有的区际共设机关基本上是以开发区管委会的名义而设立的。它"根据授权行使同级人民政府行政审批、经济协调与管理等职能"，②是"所在地人民政府的派出机关"。③近年来，我国的区际共设机构采用"议事决策机构—执行机构"的体制。议事决策机构代表合作方政府，其本身并非行政主体；执行机构即执委会属于行政主体，开始采用法定机构的定位。实际上，无论是管委会还是执委会，其所具有的职能都已经相当于一级地方政府。但是，与管委会或执委会相对应的人民代表大会却都未设立。它们的决策只向设置主体负责，最多由设置主体以政府工作报告等形式向本级人大简要报告，缺乏充分的民意基础。与管委会或执委会相似情形的地区行政公署，正因为没有对应的人民代表大会，都已纷纷通过"地改市"而使民意基础得以完善。可以说，它们的民意基础是我国今后必须解决的一个问题。这是因为，一切旨在成为好政府的政府都应该是代议制政府。④结合现实可能性，至少包括区际共设机关

---

① 参见〔德〕施密特·阿斯曼：《秩序理念下的行政法体系建构》，林明锵等译，北京大学出版社2012年版，第85—88页。

② 商务部、国土资源部、建设部《关于促进国家级经济技术开发区进一步提高发展水平的若干意见》，国办发〔2005〕15号，2005年3月21日发布。

③ 《国务院办公厅关于促进开发区改革和创新发展的若干意见》，国办发〔2017〕7号，2017年1月19日发布。

④ 参见〔英〕J.S.密尔：《代议制政府》，汪瑄译，商务印书馆1982年版，第55页。

在内的行政首长应当纳入人大常委会人事任免决定的范围,区际共设机关事宜应当纳入人大讨论、决定的重大事项范围。

在行政行为不需要得到民意机关的同意或批准的场合,民主正当性就体现为听证或听取意见。法国法律在规定了区际共设机关政府信息公开的基础上,还规定了选民得到发表意见的机会,要求区际共设机关主席或者决策者听取选民意见。经全体合作方市长提议,或者经决策机关一半以上成员书面申请,共设机关应当对征求意见的组织原则以及方式作出决议,并且不得以紧急状况豁免。对共设机关所作决定的意见,选民达到1/5以上的,可以要求记录在案。在同一年内,选民关于征求意见的请求以一次为限。有关征求意见的文件应公布在共设机关所在地、每个合作方政府所在地,以及在必要的情况下,公布在合作方政府所属政府所在地,供选民查阅。[1]

我国的征求意见和听证比较发达,但区际共设机关对拟作行为的征求意见、听证有自己的特点,需要有特殊的规则。基于我国的区际共设机关没有相应的人大组织,这种听证及其规则就显得尤其重要。对此,法国的经验值得我们借鉴。

(二)决议规则

区际共设机关在与相对人的关系中,实施行政行为的规则适用一般行政程序的规定,并无太多特殊性。在此需要分析的是,区际共设机关作出决定、通过决议时,与设置主体之间的关系。对这一关系上的规则,《日本地方自治法》未作明确规定,而由共设机关的章程规定;法国法律却对此作了详细的规定,核心在于保证合作的

---

[1] 参见《法国地方政权总法典选译》,李贝、韩小鹰译,上海社会科学院出版社2022年版,第155—157页。

公平公正，不允许合作方倚强凌弱，也不能让强者吃亏。

"为免流于表象，民主依赖对于形式以及程序规则的遵守。"[①]为此，法国法律要求共设机关在决策时应坚持"2/3+1/2+1/4"规则，即：2/3以上合作方同意并代表1/2以上总人口，或者1/2以上合作方同意并代表2/3以上总人口，且同意方必须包括人口在1/4以上的合作方。[②] 该规则在决策上的运用，体现了公平对待合作方的三个标准：第一，共设机关组成人员的票决制。民主和公正的一条主要原则，是少数服从多数。这是一条简明易行，并为人们普遍接受的规则。第二，合作方的票决制。少数或多数的判断有多个维度。共设机关的组成人员席位是按照合作方的人口数确定的，人口数更多的合作方在共设机关占有更多席位。如果纯粹按照共设机关组成人员的票决制，表决中占多数的往往可能是人口更多的个别合作方，将使其他合作方处于不利地位。为此，法国法律还以每个合作方一票的票决制作为补充。第三，所代表的人口比例。通过前述两条规则，还会出现人口较少的合作方联合起来反对人口最多或较多合作方的可能。为此，法国法律规定，票决为多数的，所代表的人口也必须是多数，方为有效。第四，合作方"老大"保底条款。法国法律明文规定，通过上述规则通过的决议，必须包含人口最多合作方的意见。也就是说，如果人口最多的合作方反对的话，即使票决达到多数，仍不能通过决议，或者说决议不能生效。

为了防止有关合作方联合针对某个合作方，法国第99-586号法律专门规定，共设机关拟专门对某一合作方作出决定的，必须事

[①] 〔德〕施密特·阿斯曼：《秩序理念下的行政法体系建构》，林明锵等译，北京大学出版社2012年版，第47页。

[②] 参见李驰：《法国地方分权改革》，中国政法大学出版社2016年版，第26页。

先听取该合作方的意见。如果该合作方在收到共设机关的建议草案之日起三个月内并未给出意见,则视为同意或接受。当该合作方作出反对意见时,共设机关必须经 2/3 以上合作方赞同,所作决定方为有效。

我国目前的区际共设机关本身实行首长负责制。它受区际议事决策机构领导,涉及合作方事宜的由议事决策机构按协商一致原则处理。但洋山港管委会系由上海市人民政府组建,在协商处理中作为组建者的上海方必然有更大话语权。实际上,我国除了政府组织以外还有党组织。议事决策机构成员在党内地位的高低,也会影响到协商处理中的话语权。

(三)法律适用

区际共设机关的法律适用存在三个问题,即它以什么身份适用法律,地域管辖权有多大,以及当各合作方所制定的规则存在冲突时如何适用。

1. 关于共设机关适用法律的身份。共设机关原则上按相同性质的行政机关适用法律。根据日本和法国法律的规定,如果共设机关系一般目的行政机关,则适用该类机关应适用的法律;如果共设机关系教育、环境或土地等专门目的行政机关,则适用该专门目的行政机关应适用的法律。同时,共设机关原则上按相同地位的行政机关行使级别管辖权。[①]

法律有特别规定的,共设机关适用特别规定。法国第 96-142 号法律规定:"当为组合区设立一个市区议会时,它行使本章所规定

---

① 参见《日本地方自治法》,肖军、王树良译,上海社会科学院出版社 2022 年版,第 110 页;《法国地方政权总法典选译》,李贝、韩小鹰译,上海社会科学院出版社 2022 年版,第 120—121、176、180 页。

的对组合区的权限。"① 根据法国关于巴黎和里昂两都市区享有省级管辖权的法律规定,两个都市区的共设机关也享有省级管辖权。

结合我国的具体情况,可以说除有特别规定外,县、省级政府共设的部门性机构适用县、省级主管部门的法律;县、省级政府共设的管委会或执委会原则上适用县、省级政府所属一般目的行政机关的法律,行使其管辖权。同时,共设机关还可以依法接受合作方及所属机关的委托,行使所委托的行政管辖权。② 根据《横琴粤澳深度合作区发展促进条例》第9条的规定,粤澳合作区执委会行使设区的市及以下政府及其有关部门的职能,以及广东省政府及其职能部门移交或委托的职能。

2. 关于共设机关的管辖权。在合作区域内统一行使管辖权,是设置区际共设机关的目的所在。在法国,区际共设机关原则上在合作方的辖区内都享有管辖权,至于具体的事务和地域管辖范围既取决于共设机关实现任务的需要,又取决于合作方基于时限、财政条件和行使方式等因素的约定。共设机关一旦行使经约定的事务和地域管辖权,合作方相同事务的行政机关应立即移交而不能继续行使原有的事务和地域管辖权。如果共设机关在合作方的全部区域行使特定事务的管辖权,则合作方可撤销相同事务的行政机关。如果共设机关在合作方的部分区域行使管辖权,则合作方可保留相同事务的行政机关,而调整地域管辖范围。如果共设机关行使部分事务管辖权,则合作方的原管辖机关仍保留剩余事务管辖权,对该剩余

---

① 《法国地方政权总法典选译》,李贝、韩小鹰译,上海社会科学院出版社2022年版,第45页。

② 参见叶必丰:《论行政机关间行政管辖权的委托》,《中外法学》2019年第1期,第94页;《洋山保税港区管理办法》(2006),第4条第2款及第10条。

事务行使管辖权。移交出管辖权的行政机关,不能要求相应补偿。[①]

在我国,初期的共设机关管辖权都是由合作方协商约定的。洋山保税港区管委会的事务管辖权仅为合作方主管部门移交的港口业务,地域管辖权限于港区,包括由小洋山港口区域、东海大桥和与之相连接的陆上特定区域。港区内的公共建设、客运系统等仍由合作方有关机关管辖。长三角示范区执委会的管辖权则为:负责一体化示范区内的发展规划、制度创新、改革事项、重大项目、支持政策的具体实施,重点推动先行启动区相关功能建设。共设机关管辖权的设定,均系合作方基于合作目的协商约定,并报经有权机关批准公布。现在,广东省对粤澳合作区执委会的管辖权探索了立法确认的形式,在法治化方面迈出了可喜的一步。

3. 关于各合作方规则的适用。各合作方所制定的规则对共设机关原则上都具有约束力。例如,根据《洋山保税港区管理办法》第8条的规定,洋山保税港区的开发建设既要受上海市有关规划的拘束,又要受浙江省有关规划的拘束。在粤澳深度合作区,民商事主体对大陆和澳门的民商事法规有选择适用权。

合作方的规则存在差异甚至冲突是一种必然、普遍的现象。行政区是对国家权力的地域分工。基于这种权力分工,每个行政区可以根据自身的特点对全国性的同一事务作出不同规定,并且是可取和正当的。[②]各地的自身特点可能是民族、宗教、政党等政治性因素。法国的政党政治活跃,一个市镇的执政党是左翼政党,另一

[①] 参见《法国地方政权总法典选译》,李贝、韩小鹰译,上海社会科学院出版社2022年版,第105—110页。

[②] 参见〔奥〕凯尔森:《法与国家的一般理论》,沈宗灵译,中国大百科全书出版社1996年版,第336页。

个市镇的执政党可能是右翼政党。这就必然导致地方规则的差异。各地的自身特点也可能是经济因素。我国各地的经济发展很不平衡,各合作方的地方性法规和地方政府规章不一致的问题也客观存在。[1] 即使在经济发展水平相差不大的长三角,也"由于协作不够,各地在立法时往往只从本地利益出发,而较少考虑相邻地方的规定,产生了地方立法的冲突问题,突出表现在招商引资、环境治理等领域"。[2]

在上述情况下,区际共设机关如何适用地方规则问题,未见法国和日本法律规定,是否采用前述议决规则解决也并不明确。作者认为,我国地方性法规和地方政府规章不一致的,应通过作为制定主体的地方人大和地方政府的立法协同机制加以避免。对此,长三角区域立法机关作出了积极探索。[3] 合作方的行政规范性文件不一致的,也应通过制定主体协调一致。如果共设机关在实施行政行为时发现,地方性法规、地方政府规章或行政规范性文件仍存在不一致的,则应适用上位法的规定,或者从上位法寻求解释加以解决。如果没有上位法的,则应送请制定机关协商解决。

本节结语

对于我国的京津冀协同、长三角一体化、长江经济带建设、大湾区建设和城市群建设等区域协调、区域一体化或地方合作,政府目

---

[1] 参见邓小兵等:《论交通运输执法裁量基准的区域协同》,《西部法律评论》2017年第1期,第107页。

[2] 王春业、任佳佳:《长三角区域地方立法的冲突与协作》,《唯实》2013年第2期,第63页。

[3] 参见毛新民:《上海立法协同引领长三角一体化的实践与经验》,《地方立法研究》2019年第2期,第50页。

前所关心的主要是经济发展和环境治理。这是理所当然的目标,无可厚非。但基于法治主义立场,区域协调或地方合作主要是一个法治问题。法治不仅仅是区域经济发展和区域环境治理的保障,而且是价值引领,是一切现代生活的基础。[1]区域治理是对地方各自为政和层级集权的改革,是国家治理体系和治理能力现代化的重要内容,必须于法有据、依法推进。

地方法治是国家法治的重要组成部分,地方立法是地方自主权的重要内容。地方政权身处合作之中,对法治的需求最了解,对公众的服务最贴近,应当充分发挥地方立法的积极性和主动性,推动相互间的合作,实现法治的协同。但是,从区域协调或地方合作所需要的区际共设机关来看,地方政权只能作细化的、个案式的规定,无权作创设性规定、普遍性规定,有关共设机关的设置主体、组建、决议规则和法律适用等都需要由法律加以统一、明确的规范。对此,法、日两国为我们提供了框架性的参照和经验性的认识,值得重视。"法律是什么,在不同的国家中有差别而且差别很大。然而,法律应该是什么,在所有的国家中却在很大程度上是相同的。"[2]我国对区际共设机关的设置,在"地方组织法"作出实体性、授权性规定的基础上,还需要在"地方机构设置条例"中作出程序性规定。

"行政法学的任务即在于:注意新关系领域之发展,以及将其整合于行政法学体系中。"[3]通过对区域合作中区际共设机关这一新问题的观察和讨论,目的既在于探讨新兴的区际共设机关的组织法原

---

[1] 参见〔英〕J.S.密尔:《代议制政府》,汪瑄译,商务印书馆1982年版,第32页。
[2] 〔英〕边沁:《政府片论》,沈叔平等译,商务印书馆1996年版,第99页。
[3] 〔德〕施密特·阿斯曼:《秩序理念下的行政法体系建构》,林明锵等译,北京大学出版社2012年版,第10页。

理,又在于引发学界关注行政机关区际关系的组织法机制,将其纳入行政组织法体系,促进我国行政法学的进一步发展。它可以进一步展开的研究领域,则是中央和地方的事权分工和地方自主权,以及它们所必然要求的防御权。

本节以地方政府的区际共设机关为主题,以法、日两国相关法律为借鉴,针对我国已有的实践,讨论了区际共设机关的法律依据和我国组织法治的完善,主张县级以上地方人民政府根据需要共同设置跨行政区专门目的或一般目的的行政机关或法定机构,具体规定区际共设机关的设置主体,确立它在组建和运行中的平等规则和民意基础。区际共设机关应以其管辖事务的性质和地位适用法律,原则上可在合作方的辖区内都享有管辖权。它一旦行使管辖权,合作方相同事务的行政机关应立即移交而不能继续行使原有的管辖权。它的有效运行还取决于合作方地方性法规和规章的协调一致。但鉴于区际共设机关在我国尚属于先行先试阶段,可观察的法律问题比较有限,同时对法、日两国的借鉴仅限于法例,未及于法律所根植的文化,本节的讨论还是初步的,有待于学界共同深化。

第二节　区域合作中的法定机构[①]

本节导语

"地方组织法"第 80 条第 1 款规定:"县级以上的地方各级人民政府根据国家区域发展战略,结合地方实际需要,可以共同建立跨行政区划的区域协同发展工作机制,加强区域合作。"这一规定

[①] 本节原标题为《论我国的法定机构》,首发于《中外法学》2022 年第 3 期。此次出版时有修改。

为区域协同发展工作机制构建了四个法律要件:第一,主体是县级以上地方政府,而非政府部门或乡镇政府。第二,政策依据是国家区域发展战略,当前多表现为中共中央和国务院批复的区域发展规划及国务院批复的实施方案,体现了中央关于区域治理的决策和意志。第三,原则是地方实际需要。机构设置的需要原则,是新中国成立以来"地方组织法"一直坚持并在行政机构设置中得以贯彻的原则,[①]也是区域协同发展工作机制需要贯彻的原则。第四,目标是共同实现跨行政区的政府合作。基于行政区划制度,任何县级以上地方政府都无权领导或监督辖区外的地方政府,为了实现区域发展目标只能共同决策,开展区域合作。

区域协同发展工作机制的规定是全国人大"贯彻国家区域协调发展战略,总结地方实践经验和做法"而新增的规定。[②]那么,关于区域协同发展工作机制的内涵和外延,就必须总结和梳理地方政府已有的实践经验。已有的实践经验包括组织法和行为法两个方面。"地方组织法"所规定的区域协同发展工作机制当然是组织法机制。有关区域合作的组织法实践,有上级组织和合作组织两类。上级组织可以设立特定机构对区际事务进行统一治理,如长江航运管理局、太湖流域管理局以及江苏省税务和市场监管部门在江阴-靖江

[①] 参见《地方组织法》1954年第31—35条,1955年第31—35条,1956年第31—35条,1982年第38条,1986年第55条,1995年第64条,2004年第64条,2015年第64条,及2022年第79条;《地方各级人民政府机构设置和编制管理条例》第3条;董明非:《我国机构设置中"实际需要"原则的构成要件——以突发事件应急指挥机构的设置条款为中心》,《行政法学研究》2021年第6期,第166页。

[②] 王晨:《关于〈中华人民共和国地方各级人民代表大会和地方各级人民政府组织法(修正草案)〉的说明——2022年3月5日在第十三届全国人民代表大会第五次会议上》。

合作园区的派驻机构等。[①] 上级组织也可以设立旨在领导、组织和推进区域合作的机构，如京津冀及周边地区大气污染防治领导小组等。但上级组织所设立的机构并非区际政府间的合作治理机构，并非"地方组织法"第80条第1款规定的调整对象，也不是本文讨论的对象。区际政府间最为普遍的合作治理机构是议事协调机构即各种联席会议，其次是管理型的合作机构。两者不能混淆，管理型机构是一种持续运行的机构。[②] 管理型合作机构具有对公众的行政职权，涉及机构及职权法定原则，是组织法的调整对象。到目前为止，它基本上有三类，即合署办公、派出机关和法定机构。

2004年12月，新疆维吾尔自治区宣布，在不涉及乌鲁木齐、昌吉回族自治州行政区划调整的前提下，成立自治区党委的派出机构乌昌党委，专门负责领导和推进两地的合作。2005年，昌吉回族自治州所属米泉市和乌鲁木齐市所属东山区成立米东新区，米泉市和东山区的计划委员会、财政局、建设局、规划局、招商局、外事侨务旅游局、行政执法局等实现合署办公，由此实现了两地市场、财政和规划的统一。[③] 不过，合署办公不到两年，两地即合并为乌鲁木齐市米东区。[④] 目前具有代表性的合署办公是长三角区域合作办公室。

[①] 参见李煜兴：《江阴经济开发区靖江园区管理体制调研报告》，见叶必丰等著：《行政协议——区域政府间合作机制研究》，法律出版社2010年版，第274页；叶必丰：《长江经济带国民经济和社会发展规划协同的法律机制》，《中国政法大学学报》2017年第4期，第5—15页。

[②] 参见〔法〕莫里斯·奥里乌：《行政法与公法精要》（上册），龚觅等译，辽海出版社、春风文艺出版社1999年版，第431页。

[③] 参见徐健：《"乌昌经济一体化"调研报告》，见叶必丰、何渊、李煜兴、徐键：《行政协议——区域政府间合作机制研究》，法律出版社2010年版，第301—302页。

[④] 参见《国务院关于同意新疆维吾尔自治区调整昌吉回族自治州与乌鲁木齐市行政区划的批复》，国函〔2007〕65号，2007年6月30日发布。

它并不是长三角三省一市相应机构的联合办公,而是三省一市派员组建的联合办事机构,其"主要职责是负责研究拟订长三角协同发展的战略规划,以及体制机制和重大政策建议,协调推进区域合作中的重要事项和重大项目,统筹管理合作基金、长三角网站和有关宣传工作"。[1]

根据"地方组织法"第85条的规定,省、自治区政府,县、自治县政府,市辖区、不设区的市政府,都可以设立派出机关。根据国务院办公厅转发的商务部等部门文件,县级以上地方政府在国家级经济技术开发区都可以设立管委会作为派出机关,从而"地方组织法"未规定的直辖市和设区的市政府也可以设立派出机关。[2] 由此,在较长时间内,派出机关被用于区域合作的管理机构,成为地方政府区际共设机关的一种形式,如江苏江阴—靖江管委会和洋山保税港区管委会。

区域合作中无论是合署办公还是作为派出机关的管委会,在"地方组织法"修订前都存在机构设置的合法性危机。[3] 为此,身处改革前沿的深圳市就考察了香港特别行政区以及新加坡在行政系统以外设立法定机构的经验,并在先于全国开展的事业单位分类改革中提出了探索法定机构的设想。[4] 2008年,深圳市在关于探索中国特色社会主义示范市的文件中,明确指出需要借鉴新加坡经验探

---

[1] 《2018年长三角一体化发展大事记》,载中国长三角网,2019年3月1日。
[2] 参见《国务院办公厅转发商务部等部门关于促进国家级经济技术开发区进一步提高发展水平若干意见的通知》,国办发〔2005〕15号,2005年3月21日发布。
[3] 参见叶必丰:《行政法与行政诉讼法》,高等教育出版社2015年版,第60页。
[4] 参见《中共深圳市委办公厅、深圳市人民政府关于印发〈深圳市实属事业单位分类改革实施方案〉〈深圳市事业单位改革人员分流安置办法〉和〈深圳市事业单位转企社会保险有关问题实施办法〉的通知》,深办〔2006〕34号,2006年7月5日发布。

索法定机构。[1]随后,深圳开展了多项法定机构立法。2015年,青岛市在其蓝色硅谷核心区建立了长江以北首个法定机构青岛蓝色硅谷核心区管理局。现在,法定机构已经成为全国许多地方经济技术开发区、保税区和自由贸易试验区选择的管理机构。

区域协调和区域合作是我国地方治理的一项改革创新。合作方地方政府在建立合作管理机构时,也放弃了派出机关选项,而选择了法定机构。2010年国家发改委印发的《前海深港现代服务业合作区总体发展规划》允许前海深港现代服务业合作区探索完善法定机构,负责前海管理、开发工作。2011年的《深圳经济特区前海深港现代服务业合作区条例》第7条规定,在前海合作区设立深圳市前海深港现代服务业合作区管理局,定位为实行企业化管理但不以营利为目的的履行相应行政管理和公共服务职责的法定机构。第8条第4款规定,前海管理局的高级管理人员可以从香港或者国外专业人士中选聘。[2]此后,长三角示范区执委会和横琴粤澳深度合作区执委会也选择了法定机构的定位。

经济管理学在20世纪80年代末就关注到了新加坡法定机构在经济起飞中的作用并作了持续研究,[3]公共管理学也在20世纪90年代跟进了研究。[4]21世纪以来,有关学科开始积极关注国内法定机构实践的研究,形成了较多重要成果,积极支持了地方对法定

---

[1] 参见《中共深圳市委、深圳市人民政府关于坚持改革开放推动科学发展努力建设中国特色社会主义示范市的若干意见》,深发〔2008〕5号,2008年6月6日发布。
[2] 2020年修订该条例时,上述规定都进行了优化修改。
[3] 参见陈杰:《法定机构在新加坡经济起飞中的作用》,《东南亚研究》1989年第2期,第30—33页;曹云华:《新加坡法定机构的经济管理职能浅析》,《经济社会体制研究》1991年第4期,第54—59页。
[4] 参见柳泽伟:《新加坡公共行政制度中的法定机构》,《经济研究参考》1993年第Z2期,第772—780页。

机构的探索。[①] 遗憾的是，法学界却几乎不关注法定机构，原因可能在于组织法上对它并无规定，而授权理论可以解决法定机构所引发的责任诉求。

然而，如果不是从救济法而是从治理法角度来说，法学尤其是行政法学，就必须重视对法定机构的研究。区域合作是国家治理体系和治理能力建设的重要组成部分，法治是区域合作的引领和保障。为此，本节以新"地方组织法"为背景所设定的命题是，法定机构为什么能契合区域合作的需要，是否可以作为它所规定的区域协同发展工作机制？这样，我们就有必要从法学上认识法定机构的法律性质、法律依据、职权职责和体制机制。

一、法定机构的法律性质

（一）法定机构不属于现有组织体系

法定机构无疑是公共组织。关于公共组织的行政法性质，我国行政法学上有公共行政说和"授权-委托"行政说。公共行政说认为，行政法不仅是国家行政的法，而且是公共行政的法；行政主体不仅仅是国家行政机关和授权行政主体，而且还包括行使公共治理权的公共组织。[②] 但行政法学上的主流学说却是"授权-委托"行政说，认为公共组织并非天然的行政主体，只有经法律、法规授权才能成为授权行政主体，或者经行政机关的委托才能代为行使行政权。[③]

[①] 参见崔健、杨珊：《前海合作区法定机构运作模式探究》，《特区实践与理论》2011年第5期，第84—87页；杨建生、黄丹丹、李飒：《论开发区法定机构治理模式的改革与完善》，《经济与社会发展》2021年第1期，第35—42页。

[②] 参见石佑启：《论公共行政与行政法学范式转换》，北京大学出版社2003年版，第154、164页。

[③] 参见应松年主编：《行政法与行政诉讼法》，高等教育出版社2017年版，第68—69页。

根据"授权-委托"行政说，法定机构可以成为授权行政主体或者受委托组织。

然而，把法定机构作为授权行政主体或者受委托组织是"诉讼-责任"话语体系中的性质定位。从国家治理体系角度来说，我们必须把授权行政主体或受委托组织还原到组织机构的类型上加以定位。我国的各类机构都需要取得编制和机构代码。从1963年至今，中央编委一直把编制分为行政、事业、企业三种序列。行政编制适用于党政机关，包括国家机关、各党派和部分社会团体，预算列为行政经费。事业编制适用于各类事业单位，预算列为国家事业费。企业编制适用于直接从事工农业等生产、独立经济核算的各国家企业单位。[1]

如下文所述，法定机构具有行政职能，依法行使行政职权。但它不是行政机关，不在"地方组织法"的调整范围，不具有行政编制，其工作人员并非公务员。有的地方性法规或地方政府规章明确规定法定机构不属于行政机关。如《珠海市轨道交通局管理暂行办法》（2021年规章）第2条规定："市轨道局由市人民政府依法设立，不列入行政机构序列，履行相应公共事务管理职能，具有独立法人地位的法定机构。"天津市不仅把新近的天津国家自主创新示范区管委会定为法定机构，而且还把保税区管委会从原来的派出机关改为法定机构。[2]

法定机构不是事业单位，没有事业单位的编制。相反，事业单

---

[1] 参见李松山：《改革人员编制划分方法及适用范围的探讨》，《行政论坛》1994年第4期，第37页。

[2] 参见《天津国家自主创新示范区条例》（2021年）第7条；《天津港保税区条例》（2003年）第5条，2019年第5条。

位是深圳市最早启动的法定机构改革对象。长期以来,作为授权行政主体或受委托组织的事业单位除了编制属性外,事实上与行政机关无异,如中国证监会,但并没有发挥出特殊的优越性。为此,有全国人大代表的议案认为,应该去中国证监会的事业单位属性,改革为法定机构。中国证监会对此予以认同,只是中央编委认为尚需进一步研究。[1]

根据《民法典》第97条的规定,法定机构是法人。法定机构作为法人可以进行企业化、市场化管理,但它并不是企业,并不以营利为目的。对此,有关设立法定机构的地方性法规或地方政府规章都作了明文规定。

(二)法定机构属于新型的公法人

法定机构是指由专门立法设立,具有法人地位,自主运行,实现专门性目的的非营利性公共组织。《深圳经济特区前海深港现代服务业合作区条例》(2020年)第7条第2款规定:"管理局在市人民政府领导下,依照本条例履行前海合作区开发建设、运营管理、产业发展、法治建设、社会建设促进等相关行政管理和公共服务职责,可以实行企业化管理但不得以营利为目的。"这一规定被有关地方的法定机构立法纷纷效仿。当前,我国的法定机构要么是业界自治基础上的公共组织,如上海浦东陆家嘴金融城发展局;要么是需要专业判断的公共组织,如深圳国际仲裁院;更多的则是紧密结合市场需求和技术创新的公共组织,如成都未来医学城管理局。

英国、新加坡和我国香港特别行政区的法定机构除了强调它的

---

[1] 参见全国人大财经委员会《关于第十一届全国人民代表大会第一次会议主席团交付审议的代表提出的议案审议结果的报告》,2008年10月28日全国人大常委会通过。

专业性外，尤其注重它的独立性或自治性。法定机构严格按创设它的法律履行职责，不受行政机关的非法干预。[①] 法、德两国的公法人由政府设立，具有权利能力，从事公共事务的管理，系非营利目的的法人。法、德两国注重公法人的特殊性即专业性原则，强调它的灵活性，但未强调其独立性或中立性。

根据法、德两国的公法人理论，公法人的基本特征在于：第一，公法人是政府创设的，而不是自然存在或由私人发起的，也不接受私人的加入。第二，公法人具有合法暴力为特征的行政权，运用行政权所作的行政行为具有先定力，不接受司法矫正和清算，也不求助于仲裁。第三，公法人具有一定的灵活性，但受到上级的严格控制，独立性较小。[②]

私法人和公法人都可以与政府开展合作，但两者有着根本区别。耶利内克认为，认定公法人的根本标准在于它具有与国家行政机关一样的，而其他任何组织都不具有的行政职权。[③] 他认为，法律将行政职权植入作为非国家机关的团体，从而使得该团体一方面具有要求国家移交该职权的请求权，另一方面具有对其成员实施治理

---

① Ahmad Alsharqawi and Anan Shawqi Younes, " Regulating the UK Financial System Post Crisis under the Financial Services and Markets Act 2000 as Amended", *Journal of Legal, Ethical and Regulatory Issues*, Vol. 23, No. 5, 2020, p. 3；孙昕玥：《新加坡法定机构的发展：历程、特征与作用》，《湖北经济学院学报（人文社会科学版）》2018年第10期，第21页；孙文彬：《香港法定机构的运作、监管及启示》，《港澳研究》2016年第1期，第85页。

② 参见〔法〕让·里韦罗、让·瓦利纳：《法国行政法》，鲁仁译，商务印书馆2008年版，第62、64页；王名扬：《法国行政法》，中国政法大学出版社1989年版，第121页；〔德〕哈特姆特·毛雷尔：《行政法学总论》，法律出版社2000年版，第572—574页。

③ 参见〔德〕格奥格·耶利内克：《主观公法权利体系》，曾韬、赵天书译，中国政法大学出版社2012年版，第235页。

的权利。①

我国的法定机构虽然借鉴于香港特别行政区、新加坡甚至英国,但却具有大陆法系国家公法人的特征。它虽然具有香港特别行政区和新加坡法定机构"一机构一立法"的形式,但除了深圳国际仲裁院和深圳公证处以外,几乎都没有独立性或自主性。关键是,香港特别行政区和新加坡法定机构不具有基于行政职权的特权和豁免权,②而我国内地的法定机构却相反,行使职权的行为属于行政行为,具有先定力、公定力、确定力、拘束力和执行力。在立法上,要求对法定机构的职权像行政机关的职权一样实行清单管理;③在司法上,法定机构的行政侵权与行政机关的行政侵权一样需承担行政赔偿责任。④因此,我国的法定机构是公法人,没有照搬香港特别行政区和新加坡的模式⑤而呈现出法、德两国公法人的特征,是行政、事业和企业三类编制以外的一种新类型。

英国、新加坡和我国香港特别行政区所强调的法定机构专业性,不仅指法定机构设立目的的专业性,而且指法定机构的专业能力。法、德两国也强调公法人的专业性即特殊性原则,仅仅指公法人的成立宗旨是为了处理特殊事务。所谓特殊事务,可以是某一方

---

① 〔德〕格奥格·耶利内克:《主观公法权利体系》,曾韬、赵天书译,中国政法大学出版社2012年版,第235—236页。

② 参见孙文彬:《香港法定机构的运作、监管及启示》,《港澳研究》2016年第1期,第85页;陈志敏:《新加坡的法定机构在经济发展中的作用》,《社会科学》1993年第5期,第7页。

③ 参见《中国(广西)自由贸易试验区条例》(2020年),第13条第3款;《广州市南沙新区明珠湾开发建设管理局设立和运行规定》(2017年规章),第15条等。

④ 参见《最高人民法院关于人民法院为海南自由贸易港建设提供司法服务和保障的意见》,法发〔2021〕1号,2021年1月8日发布。

⑤ 参见张鲁彬:《海南自贸港法定机构改革推进路径研究——基于比较视角》,《南海学刊》2021年第4期,第24—27页。

面的专门事务,也可以是地方的特有事务。尽管在实践中,很难界定何谓特有事务,但相比于国家而言却有其核心内容。[1] 也就是说,公法人都是专门目的的公共组织而非一般目的的公共组织。

  法、德两国的公法人原来主要存在于以人为中心的行业领域即社团法人。但法国早在1884年就通过了法律,允许市镇在合作中设立公法人即市镇联合会,成为地域性的公法人。市镇联合会是法国相邻或不相邻市镇共同设立的区域合作管理机构,负责特定合作事务的处理。[2] 第二次世界大战后,地域性公法人得以更快发展。法国最新立法即2005年2月23日法律规定,当多个市镇共有财产或者权利时,为了实现对财产和权利以及与之相关的公共服务的管理,可以设立一个公法人;公法人的设立由所在省的国家代表通过政令决定。德国也以专门目的的公法人作为区域合作管理机构。"目的团体公法人既不会导致地方行政组织结构发生重大变化,又能够充分保障区域合作治理能力。"[3] 我国把属于公法人的法定机构运用于区域合作,成功地解决了行政区划壁垒。行政机关的设立依法应当以行政区划为基础。在合作各方行政区划不变的前提下,要共同设立一个行政机关就缺乏管辖区域或者异地管辖缺乏法律依据。法定机构不是行政机关,不受行政区划限制;它是法人,可以像其他法人一样将机关设在合作方的任一区域,并在约定的合作区域范围内行使管辖权。

---

  [1] 参见〔法〕让·里韦罗、让·瓦利纳:《法国行政法》,鲁仁译,商务印书馆2008年版,第65页。
  [2] 参见〔法〕莫里斯·奥里乌:《行政法与公法精要》(上册),龚觅等译,辽海出版社、春风文艺出版社1999年版,第430—432页。
  [3] 参见严益州:《论我国区域合作组织机制的革新——以德国目的团体公法人为借鉴》,《中国行政管理》2018年第11期,第134页。

我国的法定机构有的属于专门目的的公共组织,仅负责特定区域或项目的合作开发、创新,如长三角示范区执委会;有的则属于具有一般目的的地域性公共组织,不强调它处理能力的专业性,如粤澳横琴深度合作区执委会。

二、法定机构的法律依据

"对于公法法人而言,诸如权利能力产生、内部管理体制、外部关系乃至业务范围等并不适用民法。"[①]它需要由行政法加以规定。

(一)法定机构的设定依据现状

当前,我国对法定机构还没有作统一立法,法定机构的依据都是地方性法规、法规性决定、地方政府规章和地方规范性文件。

1.地方性法规和地方政府规章的规定。从实践观察,地方性法规和地方政府规章对法定机构的规定,有园区性立法和组织性立法两类。

对法定机构的园区性立法,是指该地方性法规或地方政府规章对园区事务作了全面规定,其中作为创新体制机制规定了法定机构。如《中国(湖南)自由贸易试验区条例》(2022年)在第八章"服务与保障"设有一条即第54条"探索设立法定机构"。《天津国家自主创新示范区条例》(2021年)在第二章"管理体制"中规定了3条,即第6条规定了管委会的设置,第7条规定了管委会的法定机构性质和职权,第8条规定了管委会的工作原则。《青岛蓝色硅谷核心区管理暂行办法》(2015年规章)在第二章"管理体制"对法定机构作了较为具体的规定,即第6条园区的治理结构,第7

---

① 参见王洪亮:《论事业单位的民事法律地位——以学校为研究范例》,《法商研究》2007年第4期,第70页。

条法定机构的领导组织,第 8 条法定机构的名称、性质,第 9 条法定机构的职权,第 10 条法定机构的组织,第 11 条法定机构的工作原则,第 12 条法定机构的用人制度,第 13 条法定机构的监督。

对法定机构的组织性立法,是指专门就法定机构所作的、具有组织法属性的立法。当前,表现为地方性法规的法定机构组织性立法仅 2 件。第一件是《深圳国际仲裁院条例》(2020 年),设总则、理事会、执行机构、规则与名册、财务和人力资源管理、监督机制及附则七章共 37 条,对作为法定机构的国际仲裁院作了详细规定。第二件是《横琴粤澳深度合作区发展促进条例》(2023),设总则、治理体制、规划建设与管理、促进产业发展、便利澳门居民生活就业、推动琴澳一体化发展、法治保障和附则 8 章,对粤澳合作区执委会的性质、领导体制和职能作了详细规定。法定机构的组织性立法多表现为地方政府规章,基本上属于在已有地方性法规对法定机构作原则性规定基础上的执行性立法,如《海南博鳌乐城国际医疗旅游先行区管理局设立和运行规定》(2019 年规章)和《文昌国际航天城管理局设立和运行管理规定》(2021 年规章)等。

2. 法规性决定的规定。基于不抵触、不重复、有特色、小切口和可操作的地方立法工作原则,除了地方性法规外,地方立法的形式还表现为法规性决定。法规性决定区别于重大事项决定,是按《立法法》等所规定的立法程序所作的,向后发生普遍性法律效力、可以反复适用的决定。法规性决定关于法定机构的规定往往比较简单,只有寥寥数条。按照新加坡和我国香港特别行政区的惯例,法定机构立法是针对特定法定机构的名称、法律性质、组织和职权等的专门立法,法规性决定也是如此。如《三亚市人民代表大会常务委员会关于设立三亚市投资促进局的决定》(2020 年)分 9 条规定了法定机构三亚市投资促进局,《广东省人民代表大会常务委员会关于横琴粤澳深度合作区有关管理体制的决定》(2021)分5条规定了法定机构粤澳合作区执委会。

实践中也存在针对一定区域内不特定法定机构的法规性决定。对不特定法定机构的法规性决定,基本上仅规定法定机构的法律性质、组织原则,而将特定法定机构的名称、组织结构和职权事宜交由本级政府作出具体规定。例如,《成都市人民代表大会常务委员会关于开展法定机构改革试点工作的决定》(2020年)就是一个针对不特定法定机构的法规性决定。在这一基础上,成都市人民政府先后制定了8个有关法定机构的规章。① 这样,较为原则的法规性决定和具体细化的地方政府规章共同构成了法定机构的法律基础。

3. 规范性文件的规定。法定机构在长三角区域三省一市并没有获得太多发展。2022年3月9日在北大法宝法规数据库以"法定机构"作全文检索,仅发现上海市有陆家嘴金融城发展局和外滩外资金融发展促进会,以及安徽省有江淮大数据中心,共三个法定机构。浙江省对法定机构还在酝酿之中。② 上海市的两个法定机构并不是以立法的形式,而是以规范性文件的形式创设的。创设陆家嘴金融城发展局的《浦东新区人民代表大会常务委员会关于促进和

---

① 《成都龙泉驿汽车产业功能区管理暂行办法》(2020年规章)、《成都邛崃市天府新区新能源新材料产业功能区管理暂行办法》(2020年规章)、《成都交子公园金融商务区管理暂行办法》(2020年规章)、《成都未来科技城管理暂行办法》(2021年规章)、《成都天府文化公园管理暂行办法》(2021年规章)、《成都蓉北商圈管理暂行办法》(2021年规章)、《成都锦江公园管理暂行办法》(2021年规章)和《成都未来医学城管理暂行办法》(2021年规章)。

② 参见《浙江省人民政府关于做好稳外资工作的若干意见》,浙政发〔2020〕10号,2020年5月18日发布;《浙江省人民政府关于支持中国(浙江)自由贸易试验区油气全产业链开放发展的实施意见》,浙政发〔2020〕16号,2020年7月15日发布。

保障陆家嘴金融城体制改革的决定》(2016年)共12条,从形式和内容上看与法规性决定无异,但因决定主体并非立法主体而只能属于规范性文件。创设外滩外资金融发展促进会的《外滩金融集聚带关于服务上海扩大金融业对外开放支持外资金融发展若干意见》,[1]则系黄浦区政府的行政规范性文件。上述规范性文件并无有关法定机构的地方性法规依据。湖南省也曾以行政规范性文件规定法定机构,但随后得到了地方性法规的确认。[2]

(二)法定机构需要法律的规定

通过上述梳理表明,我国内地法定机构的设定依据都是地方性法规、法规性决定、地方政府规章和规范性文件。同时发现,地方对法定机构的探索都获得了国家层面的支持。如《深圳经济特区前海深港现代服务业合作区条例》在2011年制定时的政策依据,是国务院关于深圳要"积极探索促进现代服务业发展的体制机制"的指示,[3]国家发改委关于深圳要"按照精简高效、机制灵活的原则成立管理机构,探索完善法定机构运作模式"的要求。[4]成都市人大常委会的决定和成都市政府的规章在规定法定机构前,已获国务院关于"深化政府机构改革,探索设立法定机构"的批复意见。[5]粤澳横

---

[1] 黄府办发〔2018〕038号,2018年8月20日发布。
[2] 参见《湖南省人民政府关于印发〈中国(湖南)自由贸易试验区管理办法(试行)〉的通知》,湘政发〔2021〕8号,2021年3月23日发布;《中国(湖南)自由贸易试验区条例》(2022年),第54条。
[3] 参见《国务院关于〈前海深港现代服务业合作区总体发展规划〉的批复》,国函〔2010〕86号,2010年8月26日。
[4] 参见《国家发展改革委关于印发〈前海深港现代服务业合作区总体发展规划〉的通知》,发改地区〔2010〕2415号,2010年10月10日。
[5] 参见《国务院关于印发中国(四川)自由贸易试验区总体方案的通知》,国发〔2017〕20号,2017年3月15日发布。

琴深度合作区管委会和执委会在广东省人大常委会作出法律决定前,国务院就已有明确具体的批复。[1]

虽然国家对法定机构持肯定态度,但在立法上除了《民法典》认可法定机构为法人外,缺乏统一规定。这主要是因为法定机构刚刚开始探索,实践经验还不够丰富,统一立法的条件尚不成熟。正像中央编委回复有关中国证监会的法定机构改革议案时所说的,这需要结合深化行政管理体制改革,进一步研究论证。[2] 从"未来法"意义上说,国家对法定机构应该有统一的规定。这是因为作为非国家机关的法定机构行使着特定的行政职权,关系到国家垄断公权力原则和职权法定原则的贯彻。[3] 当然,国家对法定机构的统一规定应该是原则性、授权性规定,而不是取代专门立法对特定法定机构的规定。有了国家对法定机构的原则性、授权性的统一规定,中央或地方关于法定机构的专门立法才具有合法基础。对区域合作法定机构来说,则现在已经有统一的法律依据,即"地方组织法"第10条的协同立法和第80条的区域协同工作机制。合作各方可以据此开展协同立法,共同设立法定机构。立足于"未来法",地方组织法则可以借鉴法国2005年2月23日第2005-157号法律,规定区域合作法定机构的设立条件和主体、人员组成和运行的基本规则。

---

[1] 参见《横琴粤澳深度合作区建设总体方案》,中共中央、国务院2021年9月5日批复。

[2] 参见全国人大财经委员会《关于第十一届全国人民代表大会第一次会议主席团交付审议的代表提出的议案审议结果的报告》,2008年10月28日全国人大常委会通过。

[3] 参见叶必丰:《论行政机关间行政管辖权的委托》,《中外法学》2019年第1期,第94页。

三、法定机构的职权职责

(一)行政职权和公共服务职责

除了像深圳国际仲裁院和深圳公证处这样的准司法性法定机构外,法定机构几乎都具有行政职权。如前所述,法、德两国公法人的职权范围遵循特殊性规则,即承担法律所赋予的特有或专门地方事务的管理职责。我国的法定机构也都承担着相应区域内各具特色的创新驱动任务,但事权范围并不完全相同。有的法定机构与辖区内地域性行政机关共存,并不具有地域性行政机关的事权。如《青岛蓝色硅谷核心区管理暂行办法》(2015年规章)第14条规定:"核心区内的公安消防、环境保护、社会保障、市容和环境卫生等社会管理职能由即墨市政府以及市相关部门负责。"有的法定机构辖区内没有相应的地域性行政机关,既要承担特定的创新驱动任务又要承担地域性行政机关的事务。如根据《横琴粤澳深度合作区发展促进条例》(2023)第9条的规定,凡设区的市及以下人民政府及其有关部门行使的经济、民生管理等相关行政管理和公共服务职能,在合作区范围内,全部移交给粤澳合作区执委会。《天津国家自主创新示范区条例》(2021年)第7条也有类似规定。但不论怎样,法定机构的行政职权都受相应地方性法规或地方政府规章所规定事务范围的限制。

地方性法规或地方政府规章在规定法定机构行政职权的同时,几乎又都规定了它的公共服务职责。如《深圳经济特区前海深港现代服务业合作区条例》(2020年)第7条第2款规定:前海合作区管理局依照本条例履行前海合作区的行政管理职权和公共服务职责。但地方性法规和地方政府规章在列举规定法定机构的行政职权和公共服务职责时,并没有区分哪些是行政管理职权、哪些是公共服务职责。国家《"十四五"公共服务规划》把公共服务分为基本公共服务和普惠性非基本公共服务两大类。"其中,基本公共服务是保障全体人民生存和发展基本需要、与经济社会发展水平相适应的公共服务,由政府承担保障供给数量和质量的主要责任,引导市场主体和公益性社会机构补充供给。"① 政府对基本公共服务承担着兜底保障的职责,并制定了《国家基本公共服务标准(2021年版)》作为地方政府提供基本公共服务的底线标准。② 上述表明,公共服务职责实际上也是一种行政职权。

法定机构既然行使行政职权就存在管辖权范围。它的地域管辖权就是地方性法规和地方政府规章所规定的园区范围,无须赘述。需要讨论的是法定机构的级别管辖权。法国的授权还要确定公法人的级别管辖权与设立它的市镇级别管辖权相同。③ 我国地方性法规和地方政府规章在规定法定机构的行政职权时,也规定了它的级别管辖权。如《天津东疆保税港区管理规定》(2019年)第11条规定:"市人民政府及其职能部门可以将市级管理权限授权或者委托保税港区管委会行使。"《横琴粤澳深度合作区发展促进条例》(2023年)第9条赋予执委会省级行政管辖权。

(二)法定机构的职权取得方式

法定机构并非一经成立而自然取得行政职权,而是源于授权和

---

① 《国家发展改革委、中央宣传部、教育部等关于印发〈"十四五"公共服务规划〉的通知》,发改社会〔2021〕1946号,2021年12月28日发布。
② 参见《国务院关于国家基本公共服务标准(2021年版)的批复》,国函〔2021〕20号,2021年2月4日发布。
③ 参见〔法〕莫里斯·奥里乌:《行政法与公法精要》(上册),龚觅等译,辽海出版社、春风文艺出版社1999年版,第430—432页。

委托。如《海南自由贸易港海口江东新区条例》(2020年)第5条第1款规定:法定机构"依照授权或者委托行使相应的行政审批权和行政处罚权"。

1.授权。法定机构的行政职权源于授权。授权的依据原则上系地方性法规(含法规性决定)。即使法定机构系依据地方政府规章设立,也会规定须经地方性法规的授权取得行政权。如《海南博鳌乐城国际医疗旅游先行区管理局设立和运行规定》(2019年规章)第2条规定:"乐城管理局是依照法规规章设立的乐城先行区法定机构,经地方性法规授权,履行相应行政管理和公共服务职责。"有的虽然没有"授权"两字,但却规定了授权的实质性内容。如《横琴粤澳深度合作区发展促进条例》(2023年)第9条第1款规定:"法律、法规、规章规定由设区的市及以下人民政府及其有关部门行使的经济、民生管理等相关行政管理和公共服务职能,可以由合作区执行委员会及其工作机构行使。"非法规性授权仅见于上海市陆家嘴金融城发展局和外滩外资金融发展促进会。

2.委托。法定机构是不以营利为目的从事公共事务管理的组织,可以接受行政机关的委托行使行政职权。行政委托按行政职权是否转移为标准,可以分为事务委托和职权委托。事务委托也就是通常所说的行政委托,以委托的行政机关名义实施行政行为并由其承担法律责任,行政职权并没有从委托的行政机关转移到受委托组织,受委托组织仅取得完成所委托事务的代理权。职权委托则是委托的行政机关将其行政职权通过委托转移到受委托组织,受委托组织以自己的名义实施行政行为并承担法律效果,等同于日本行政法学上的权限委任。[1]

---

[1] 参见〔日〕盐野宏:《行政组织法》,杨建顺译,北京大学出版社2008年版,第29—30页。

现有的地方立法中对法定机构的委托既有事务委托又有职权委托。不过，立法者在规定转移行政职权时，似乎并无职权委托的自觉。如《横琴粤澳深度合作区发展促进条例》（2023年）第9条第3款规定："广东省地方性法规、广东省政府规章规定由省人民政府及其有关部门行使的经济、民生管理等相关行政管理和公共服务职能，交由合作区执行委员会及其工作机构行使。"这里的"交由"是一种行政职权的转移，并且该款的"交由"与第2款的"委托"并用而不使用已经被普遍使用的"授权"，客观上是在探索一种授权和事务委托以外的道路即职权委托，但却没有明确意识到这将带来法律效果上的变化。

到底是授权、事务委托还是职权委托，在有关条文含义不明时，就应按法律解释确定。《三亚市人民代表大会常务委员会关于设立三亚市旅游推广局的决定》（2020年）规定："三亚市旅游推广局根据本决定和市人民政府、市旅游和文化广电体育局的授权行使有关权限。"这里的"授权"仅具有概括性意义，不符合授权的具体要求。并且，根据全国人大常委会法工委关于法律已经赋予特定行政机关的职权不能再"授权"给有关行政机关的答复，[①]三亚市政府也不能把市旅游和文化广电体育局的职权"授权"给法定机构。因此，这里的"授权"应当根据职权是否转移解释为事务委托或职权委托。类似的"授权"还有很多，如《深圳经济特区前海深港现代服务业合作区条例》（2020年）第21条第1款规定："管理局根据市人民政府授权负责前海合作区土地的管理和开发。"第25条第2款规定：

---

① 参见全国人大常委会法工委：《关于如何理解和执行法律若干问题的解答（四）》，其中"6. 矿产资源法规定赋予市、县人民政府的行政处罚权，市、县政府能否再授权给有关主管部门"，载北大法宝网。

"管理局根据市人民政府授权，负责前海合作区土地供应方案以及农用地转用实施方案审批。"这两条中的"授权"同样应当进行解释和认定。

职权委托本来应该限定于行政机关之间，即受委托组织应当是行政机关而不是行政机关以外的组织。[①]法定机构是法人，实行企业化运作，但并不是按市场登记注册的企业，也不是在民政部门登记注册的社团，而同行政机构一样是经机构编制委员会登记的独立序列，是公共组织。《海南省大数据管理局管理暂行办法》（2019年规章）第11条明确规定："省大数据管理局的登记机关是海南省委机构编制委员会办公室。"第16条规定："省大数据管理局作为一级财政预算单位管理，财政经费预算实行国库集中支付，并接受有关机构监督。"因此，除了人事、财务和内部组织等情形外，法定机构的管理几乎与行政机关没有太大区别，依法接受行政机关的职权委托是可以成立的。

3. 授权和委托的限制。在德国，立法机关不能随意授权公法人，授权必须限于公法人"自己的事务"，不得涉及国家、特别是立法机关保留的事务，不得涉及可以放任的私法事务。[②]我国在实践中，倡导"围绕制度创新，按照'应放尽放、能放则放'原则，将省级和市级相关经济社会管理权限下放自贸试验区，充分赋权、充分放权"。[③]基于当前我国激活地方自主权的需要，向法定机构授予更多

[①] 参见〔日〕盐野宏：《行政组织法》，杨建顺译，北京大学出版社2008年版，第29—30页。
[②] 参见〔德〕哈特穆特·毛雷尔：《行政法学总论》，高家伟译，法律出版社2000年版，第574—575页。
[③] 《湖南省人民政府关于加快推进中国（湖南）自由贸易试验区高质量发展的若干意见》，湘政发〔2020〕17号，2020年12月8日发布。

行政职权是必要的,但授权或委托仍应遵循法治原则。

在区域合作中,地方人大和政府可以通过协同立法授权或委托法定机构特定合作事务的行政职权,明确其级别管辖权。如江苏省人大常委会、浙江省人大常委会、上海市人大常委会《关于促进和保障长三角生态绿色一体化发展示范区建设若干问题的决定》(2020年):"示范区执委会根据本决定授权,行使省级项目管理权限。"如果需要合作方行政机关的委托,则宜采用职权委托。这是因为,如果采用事务委托,则法定机构只能以委托的合作方行政机关名义实施行政行为,就会形成相对人与受委托的法定机构、委托的多个合作方行政机关之间,受委托的法定机构与委托的多个合作方行政机关之间,以及多个合作方行政机关相互之间错综复杂的行政法律关系。如果引发行政诉讼则构成共同诉讼,且基于合作方多为县级以上地方政府,第一审应当由中级法院管辖。如果采用职权委托,法定机构在行使职权引发纠纷时,则以法定机构为被告,可以简化纠纷、便于化解。

四、法定机构的体制机制

(一)法定机构的领导体制

在所有的法定机构中,深圳国际仲裁院和深圳公证处具有独立或相对独立的法律地位。但这不是因为它们是法定机构,而是因为《仲裁法》《公证法》的规定。没有改革为法定机构的其他地方仲裁机构和公证处也具有独立或相对独立的法律地位。除上述两个机构外,法定机构都不具独立性,都有相应的领导体制。从已有立法和实践来看,法定机构的领导体制有政府领导和政府机构领导两类。

立法上大多规定法定机构归政府领导。如《厦门经济特区两岸新兴产业和现代服务业合作示范区条例》(2014年)第6条第1款规定:"设立示范区管理局,在市人民政府领导下开展工作。"深圳前海深港现代服务业合作区管理局也属于这种情形。也有的立法,如《天津国家自主创新示范区条例》(2020年)第6条,虽然没有在文字上建立政府与法定机构间的领导关系,但从政府领导开发区的各项工作,并设立法定机构具体实施的逻辑来看,政府仍然是法定机构的领导机关。

有的规定法定机构归政府专门设立的工作机构或派出机关领导。如《海南陵水黎安国际教育创新试验区管理局设立和运行管理规定》(2020年规章)第2条明确了管理局的法定机构性质,第4条规定:"省政府主要通过海南陵水黎安国际教育创新试验区建设领导小组对管理局进行领导。"《山东省青岛西海岸新区条例》(2017年)第6条规定西海岸新区管委会是青岛市政府的派出机关,是辖区内经济功能区法定机构的领导机关。

在区域合作中,法国的市镇合作管理机构隶属于合作方市镇的议会。在我国,合作方政府共同设立工作机构或议事机构领导法定机构。如根据《横琴粤澳深度合作区发展促进条例》(2023)的规定,合作区设有粤澳双方政府共同组建的管委会,管委会领导下设的执委会。作为法定机构的长三角示范区执委会的领导机关是长三角示范区理事会。但该理事会并非业界共治机构,而是江浙沪两省一市党政领导组成的组织。[①]

(二)法定机构的组织结构

1.三分制组织结构。新加坡和我国香港特别行政区的法定机

---

① 参见项颖知:《长三角一体化示范区将采用"理事会+执委会+发展公司"三层架构创新体制机制》,载东方网。

构采用决策、执行和监督的三分制治理机制。深圳国际仲裁院几乎完全按照这一模式建立。[①] 但它是一个准司法机构,相对于我国的绝大多数法定机构属于管理型机构而言不具有代表性。按照决策、执行和监督三分制建立的法定机构可以以青岛蓝色硅谷核心区为代表。根据《青岛蓝色硅谷核心区管理暂行办法》(2015年规章)第7、8、13条的规定,核心区理事会系最高决策机构,负责研究确定核心区的发展战略规划,行使重大事项决策权。核心区管理局作为法定机构,负责执行,对理事会负责。核心区监事会负责对核心区管理局进行监督,对核心区理事会负责。类似的法定机构还有三亚市旅游推广局和三亚市投资促进局。[②] 有的内地法定机构虽然也实行三分制,但决策机构仅仅具有咨询性质。[③]

2. 两分制组织结构。有的法定机构只有决策和执行机构,而没有监督机构。如《文昌国际航天城管理局设立和运行管理规定》(2021年规章)第3条规定:"航天城管理局由省人民政府直接领导,实行理事会领导下的局长负责制,局长主持全面工作。理事会负责统筹协调、监督和决策重大事项。"在这种情况下,对法定机构的监督由决策机构或者外部的政府机关负责。成都市的多数法定机构未设决策机构,而仅仅设立业界咨询机构。有的法定机构只设执行机构和监督机构而未设专门的决策机构。《厦门经济特区两岸新兴产业和现代服务业合作示范区条例》(2014年)第6条规定法定机构为执行机构,第13条规定了监督机构。在这种情况下,重大事项

[①] 参见《深圳国际仲裁院条例》(2020年)第8—18条、第31—35条。
[②] 参见三亚市人大常委会《关于设立三亚市旅游推广局的决定》(2020)、《关于设立三亚市投资促进局的决定》(2020)。
[③] 参见《厦门经济特区两岸新兴产业和现代服务业合作示范区条例》(2014年),第15条。

的决策权由领导机关负责。

3. 单一制组织结构。我国的很多法定机构只是一种执行机构，决策和监督都由领导机关负责，与原来作为派出机关的管委会无异。虽然有的法定机构设有业界组织，但只是咨询性的。如《海南博鳌乐城国际医疗旅游先行区管理局设立和运行规定》(2020年规章)第8条规定："乐城管理局根据工作需要，可设置业界协商共治平台和咨询机构，为乐城先行区发展提供意见和建议。"

在区域合作中，法、德两国的区域合作公法人设议事机构和执行机构，大多未专设监督机构而由有关外部机构负责监督。[①] 根据法国2005年2月23日第2005-157号法律，法国的市镇合作公法人应设立负责决策的管理委员会，该委员会由合作市镇选派的政府成员组成，确定一名主席、数名副主席。我国的区域合作法定机构也基本如此。如长三角示范区设有苏浙沪两省一市领导人组成的理事会作为决策机构，又设长三角示范区执委会作为执行机构。横琴粤澳深度合作区设粤澳双方代表组成的管委会作为决策机构，设执委会作为执行机构。深港前海合作区略有不同，未设决策机构，决策事宜由深圳市政府负责，仅设前海合作区管理局（执行机构）和前海合作区廉政监督机构。

（三）法定机构的运行机制

行政机关实行科层制，不仅在人事、财务和纪律方面有严格控制，而且多有帕金森式的"官场病"，缺乏灵活性，不能适应快速变

---

① 参见王名扬：《法国行政法》，中国政法大学出版社1989年版，第124页；〔法〕莫里斯·奥里乌：《行政法与公法精要》（上册），龚觅等译，辽海出版社、春风文艺出版社1999年版，第432页；严益州：《论我国区域合作组织机制的革新——以德国目的团体公法人为借鉴》，《中国行政管理》2018年第11期，第135页。

化的市场发展需要。我国香港特别行政区和新加坡的法定机构为填补市场失灵与政府固化之空缺,建立了负责特定项目或专业性事务的法定机构。[①] 我国探索法定机构就是要借鉴它的市场化或企业化运营的机制,具体表现在三个方面:

1. 人事财务的企业化管理。这包括聘用制、职级制、薪酬制,以及激励机制和经费筹措机制等。如《成都市人民代表大会常务委员会关于开展法定机构改革试点工作的决定》(2020年)之五,对法定机构运行机制的要求是,实行扁平化管理,建立高效率、专业化的组织体系;建立灵活高效用人机制,实施市场化薪酬制度,探索多元经费投入机制。《天津国家自主创新示范区条例》(2021年)第8条规定:"实行企业化管理,对管委会负责人和高级管理人员实行竞争选拔制和任期目标制,推行全员聘任制,自主决定机构设置和岗位设置,建立岗位绩效工资体系。"

2. 参与市场活动。这主要表现为进行市场化推介、招商引资和项目建设。如《三亚市人民代表大会常务委员会关于设立三亚市投资促进局的决定》(2020年)之三规定,三亚市投资促进局统筹执行全市招商引资工作,牵头组织全市性重大投资促进活动,做好招商引资企业和项目服务保障,负责招商平台、招商引资信息管理系统建设和管理工作。

3. 投资举办企业。《海南省大数据管理局管理暂行办法》(2019年规章)第9条规定:"按照'管运分离'的原则,省大数据管理局依法组建省大数据运营公司,承担全省电子政务基础设施、

[①] 参见孙文彬:《香港法定机构的运作、监管及启示》,《港澳研究》2016年第1期,第85页;陈志敏:《新加坡的法定机构在经济发展中的作用》,《社会科学》1993年第5期,第7页。

公共平台和共性平台的建设运维工作,省大数据管理局履行出资人职责。"《广州市南沙新区明珠湾开发建设管理局设立和运行规定》(2017年规章)第11条第2款规定:"明珠湾管理局可以依法设立企业,从事土地开发、基础设施建设、公共服务配套设施运营、项目投资等业务。明珠湾管理局依法履行出资人职责,所得收益用于明珠湾开发建设和管委会规定的其他用途。"

在区域合作中,如果把合作管理机构定位为行政机构,则必须受编制的刚性约束和行政隶属关系的限制,必须满足公务员的国籍要求等。合作方政府运用作为公法人的法定机构就是要充分发挥它运行机制上的灵活性,克服上述法律障碍,平等吸纳合作各方人员,甚至吸引境内外人才。同时,合作方政府通过法定机构举办发展公司,作为开发建设主体,承担合作区内基础性开发、重大基础设施建设和区域性功能塑造等开拓性任务。更为重要的是,通过发展公司的出资比例和股权结构,合作方政府可以持续、平等地表达利益,形成风险共担和利益共享的常态化合作机制。

本节结语

法定机构自在我国深圳设立以来,在许多地方的自贸区、高新技术开发园区得到了实践。它都是经地方性法规或地方政府规章规定,由政府设立的处理特定事务的公共组织。它虽然借鉴于我国香港特别行政区和新加坡的经验,但在我国却发展成为独立于行政编制、事业编制和企业编制的专门目的公法人。它根据授权或委托获得行政职权或代为行使行政职权。其中,法定机构基于授权而成为授权行政主体,基于职权委托而成为职权行政主体。法定机构多由政府或其设立的机构领导,大多按照决策和执行二分制结构组织,具有一定的灵活性。

  法定机构并非"地方组织法"中的国家行政机关,因而不受行政区划的限制,可以作为地方政府开展区域合作的管理机构。合作方地方人大根据"地方组织法"第10条的规定,可以通过协同立法为合作方政府创设法定机构作为第80条所规定的"区域协同发展工作机制",并授予其处理特定合作事务的行政职权。合作方地方政府可以派员担任法定机构负责决策事务的管理委员会委员或者理事会理事,实现对法定机构的共同决策,从而实现跨行政区共同治理。法定机构用于区域合作可以避免行政编制、行政隶属关系和人员国籍等一系列法律限制。它作为授权行政主体或职权行政主体,可以避免合作方政府成为共同被告的复杂性。

  最后还需要指出的是,组织法上的领导体制与行为法上的审批制应当相一致。作为区域合作管理机构的法定机构解决了组织法上的领导体制,但并没有解决行为法上的审批制。当合作方政府并没有直接的上级政府时,行为法上的上级审批仍需要通过合作各方分别上报。为此,有必要适当提升法定机构的级别管辖权,从而使得法定机构可以直接上报合作各方的共同上级政府审批。至于法定机构作为合作方政府的区际共设机关的法律适用等问题,作者在本章上一节已有专门讨论,在此不再赘述。

第六章　区域合作的职权机制[①]

第一节　行政机关间职权的委托

本节导语

在我国区域一体化或区域协同中，不同地方的行政机关之间往往需要行政管辖权的委托才能更好地实现区域性行政目的。上海地铁 11 号线直通江苏省昆山市，昆山段自 2016 年起由昆山管理。为了高效和统一管理，是否可以把昆山段委托上海统一管理，这是一个行政机关间职权的委托问题。其实，这种不同地方行政机关间的委托，在我国区域一体化兴起之前就已经发生和存在。如自 1980 年起，青海省玉树州的唐古拉山镇即确定由格尔木市"代管"。并且，自 2003 年《行政许可法》规定行政机关间行政许可的委托以来，立法上出现了将行政机关间的委托加以制度化的趋势。

但是，在现实中已经出现在行政机关之间相互委托的背景下，我国行政法学有关行政委托的研究仅局限于行政机关委托非行政

[①] 本章根据《论行政机关间行政管辖权的委托》（首发于《中外法学》2019 年第 1 期）和《行政机关间的事务委托和职权委托》（首发于《中国法学》2022 年第 3 期）两文改写而成。

机关组织的研究,[1]旨在预防行政权的滥用,却没有研究旨在实现社会治理的行政机关相互间的委托制度。同时,我国的立法曾在较长时期内基本上也仅规定行政机关对非行政机关组织的委托,没有建立起完善的行政机关相互间委托制度,甚至如《行政强制法》等立法还禁止行政机关间的委托。在全面推进依法治国、建设法治政府以及加强社会治理的今天,我们有必要对行政系统内部不同行政区、不同部门、不同层级之间的委托加以深入研究,以期制度化和规范化。

从理论上说,行政机关间职权的委托涉及行政权是否可处分问题。从制度史上看,行政机关间的职权委托有一个发展演化过程。从行政机关相互间的关系观察,行政机关间的委托有层级委托和横向委托两类。本节对上述问题的讨论将以法国法为参照系。这是因为,法国属于单一制国家,且曾经也以中央集权为特色。经过20世纪末到21世纪初旨在实现国家治理体系现代化的改革,逐步下放了行政权力,形成了城市自治,加强了地方合作,编纂了《法国地方法典》。与其他国家相比,法国法在技术上对我国具有更多借鉴意义。

一、行政机关不得自行处分职权

我国行政法学上很早就确立了行政机关不得自行处分行政权的原则,[2]现在仍然坚持。[3]行政委托与行政权不得自行处分原则具

---

[1] 参见黄娟:《行政委托制度研究》,北京大学出版社2017年版,第13—21页。
[2] 参见张尚鷟主编:《行政法学》,北京大学出版社1990年版,第24页。
[3] 参见应松年主编:《行政法与行政诉讼法学》,高等教育出版社2017年版,第32页。

有密切联系。可以说,行政委托就是在行政权不得自行处分原则上建立起来的。正因为行政权必须亲自行使,不得自行处分,才需要行政委托制度。因此,梳理行政权不得自行处分原则的发展,对讨论行政机关间职权的委托制度具有基础性意义。

(一)理论根据及其发展

有关行政机关所行使的权力,一般有多种说法,主要包括行政权、行政职责和行政职权。行政权是抽象、概括的理论概念,作为立法权、司法权的对称。行政职责强调行政机关当为的义务,不得任意放弃或转移。行政职权是相对于行政职责和行政权而言的,侧重于说明行政机关与公民、法人或其他组织的关系或行政的边界,包括对事、人和空间的管辖权。通说认为,行政职权和行政职责是统一的。行政职权对特定人是权力,但对不特定人或国家来说又是职责或义务,是一个问题的两个方面。基于义务必须履行的理论和规则,行政机关不得处分行政职权。同时,行政职权或行政职责是法定的。[①] 基于法律优位原则,行政机关不得抛弃或转让,否则可能构成行政不作为。

近年来,行政机关不得自行处分职权的理论根据,在比较法上获得了发展。《德国基本法》第33条第4项规定:"高权性权限的行使,作为持续性事务,原则上应当委任给具有公法上的勤务关系和负有忠诚义务的公务员。"有学者认为,这一规定将公权力的行使者限定为公务员,排除了行政机关依据私法雇用的职员和工人。同时,基于"作为持续性事务"和"原则上"的限定,"将公权力行使

---

① 参见张尚鷟主编:《行政法学》,北京大学出版社1990年版,第24页;罗豪才主编:《行政法学》,北京大学出版社1996年版,第22页;应松年主编:《行政法与行政诉讼法学》,高等教育出版社2017年版,第32页。

委任给私人只能限定在'暂时性'和'例外性'的情形之下。这意味着将公权力行使委任给私人在德国受到宪法的限制"。"日本国宪法虽然没有明确规定只有行政机关才能行使公权力,也没有明确禁止'委任行政'(将公权力行使委任给私人),但其公法学通说认为,类似于德国的宪法上的限制在日本也是存在的。"[①]该学者进一步认为,我国的行政授权和行政委托制度需要反思,并确立行政权不得委托给非行政机关组织行使的原则。

(二)理论争议及其回应

近年来,我国有学者主张将行政权与行政职权加以区分,认为行政权是相对于立法权、司法权而言的公权力,是整体意义上的公权力。行政职权是各行政机关的法定权力,区别于抽象意义的行政机关的行政权。他们认为,行政机关具有法律人格,能够作独立的、自主的意思表示,代表论、独立人格论和职权职责统一论都不能否定行政机关对所具有职权的可处分性。[②]"广义的行政职权处分,是指行政主体在不改变行政职权性质和功能的前提下,对行政职权所进行的行使(包括裁量、判断余地等)、转让(行政授权、行政委托、集中行使等)、放弃(不作为、不管辖、权力下放等)或设定其他权利(担保等)的法律行为。狭义的行政职权处分,则主要是对行政职权所进行的转让、放弃等行为。"[③]

作者认为,不得自行处分行政职权原则仍需坚持。行政职权

[①] 王天华:《行政委托与公权力行使——我国行政委托理论与实践的反思》,《行政法学研究》2008年第4期,第92—100页。

[②] 参见关保英:《论行政主体的职权处分权》,《东方法学》2008年第1期,第16—23页;解志勇、刘娜:《行政职权之处分研究》,《中共浙江省委党校学报》2014年第2期,第122—128页。

[③] 解志勇、刘娜:《行政职权之处分研究》,《中共浙江省委党校学报》2014年第2期,第122—128页。

确系行政权的具体化,行政机关也确实具有法律人格并作意思表示。但是,行政职权并没有改变行政权的性质,仍然是一种要求人们忍受的公权力。行政机关不能像民事主体一样可以自由地表示意志,不能实行意思自治原则而应遵循意思法定原则,必须受法律的约束。"行政官厅的权限,根据法律保留的原则,是根据法律才能够赋予的,所以,该权限由该行政官厅自己行使,是依法律行政的原则所要求的。"[1] 否则,法治将受到威胁,人权将难以获得有效保障。行政机关也不能任意抛弃其职权而损害公共利益。即使在发生争议时,行政机关也不能放弃职权,不能交由民间仲裁,而只接受法院的裁决。[2]

主张者所引行政职权处分的实例,其实也不能成立。第一,行政授权并非行政机关的意思,并非行政机关将其自己的职权授予给非行政机关的组织,谈不上行政机关对其职权的处分。相反,这种意义上的授权具有公权力配置的性质。"法律、法规直接赋予有关组织拥有和行使一定的行政权力,其实质是法律、法规对行政权的直接设定","行政权设定意义上的授权,其属性是立法机关所实施的立法行为"。[3] 第二,行政委托系行政机关将其自己的职权授予给其他社会组织。应当承认,行政委托具有行政职权转让的因素。[4] 但是,行政委托的制度设计本身就意味着法律、法规或规章的允许,并且具有严格的规则限制。否则,行政机关就不能擅自委托。尽管擅自委托或非法委托在行政诉讼中不能改变委托关系的存在,但这

---

[1] 〔日〕盐野宏:《行政组织法》,杨建顺译,北京大学出版社2008年版,第23页。
[2] 参见〔法〕让·里韦罗、让·瓦利纳:《法国行政法》,鲁仁译,商务印书馆2008年版,第66页。
[3] 胡建淼:《有关中国行政法理上的行政授权问题》,《中国法学》1994年第2期,第71—82页。
[4] 参见同上。

是确定责任的需要,行政机关在对外承担责任后可在内部追究相关人员或组织的责任。第三,行政裁量和行政合同作为行政职权的处分实例,在某种程度上获得了立法上的支持。《行政复议法实施条例》第50条,以及《行政诉讼法》第60条都规定,行政机关对行使行政裁量权引发的纠纷可以调解。一般认为,调解是以互谅互让为基础的,构成权利(力)处分。但其实,行政调解的理论基础应当是公众参与,而不是以职权处分为基础的互谅互让。①

迄今为止,我国的行政职权不得处分原则以及有关该原则的争议,都是针对行政机关与非行政机关组织间的关系上展开的。但从行政机关相互间关系即行政组织法关系来说,行政职权的调整和委托更非行政职权的转让,并不违反国家垄断行使公权力的原则,②行政权并没有从国家组织转移到社会组织。

二、我国行政机关间委托的发展

(一)行政委托制度的建立

我国的行政委托制度是随着行政诉讼的发展而建立起来的。行政案件的可诉性早在新中国初期的法律中就有规定,③但真正的发展却源于改革开放的激发。1980年的《中外合资经营企业所得税法》(已废止)第15条和《个人所得税法》(已修正)第13条率先规定了纳税行政争议的可诉性。1981年《外国企业所得税法》(已

---

① 参见叶必丰:《行政和解和调解:基于公众参与和诚实信用》,《政治与法律》2008年第5期,第2—10页。
② 参见王天华:《行政委托与公权力行使——我国行政委托理论与实践的反思》,《行政法学研究》2008年第4期,第92—100页。
③ 《国境卫生检疫条例》(1957年,已废止)第7条第2款规定:"受处分人对所受的处分如果不服,可以在接到处分通知或者判决书后十日内,向原处分机关或者它的上级机关声请复议或者申诉,或者依法向上诉审人民法院提起上诉。"

废止）第 16 条作了同样的规定。为适应上述法律的规定，1982 年的《民事诉讼法（试行）》（已废止）第 3 条第 2 款规定："法律规定由人民法院审理的行政案件，适用本法规定。"这就打开了行政诉讼的通道，促使可诉性条款一度成为法律中的必要条款。到 1989 年 4 月 4 日《行政诉讼法》公布，有可诉性条款的法律共计 27 部，其中包括《治安管理处罚条例》（1986）第 39 条。并且，最高人民法院对《民事诉讼法（试行）》（1982）可诉条款中的"法律"扩大解释为法律、行政法规和地方性法规。[①] 这样，可诉性条款进一步增多，如《对外合作开采海洋石油资源条例》（1982）第 28 条等。

税收和警察是秩序行政的典型领域。这两个领域的法律对可诉性条款的设置，攻克了影响建立行政诉讼制度的堡垒，引发了较多的行政诉讼案件。但是，"某些具体的法条是法学家在没有考虑任何特定的判决的情况下构想出来的"。[②] 某些立足于治理的规则难以适应纠纷解决的需要。如《治安管理处罚条例》（1982）第 33 条规定，警告、50 元以下罚款可以由公安机关委托的乡（镇）人民政府裁决。从字面上看意思明确清晰，而在行政诉讼中却发生了谁应作为被告的争议，即受委托乡（镇）人民政府所作的裁决应以谁为被告？

更为重要的是，当时所实行的是计划经济体制，国家和社会的界限很不清晰。表现在立法上，对行政权的规定延伸到了行政机关外的社会组织。如《治安管理处罚条例》（1986）第 38 条规定，当事人对赔偿款"拒不交纳的，由裁决机关通知其所在单位从本人工

[①] 参见《最高人民法院关于地方人民政府规定可向人民法院起诉的行政案件法院应否受理问题的批复》，法（研）复〔1987〕40 号，1987 年 10 月 9 日发布。
[②] 〔奥〕埃利希：《法社会学原理》，舒国滢译，中国大百科全书出版社 2009 年版，第 187 页。

资中扣除,或者扣押财物折抵"。表现在执法中,当时的行政机关常常向社会组织交办任务。承办行政任务的社会组织种类繁多,有农村基层生产组织、城市基层居民组织、社团组织和行业组织,有临时性组织(如各种联防队、工作组、检查站),[①]有企业或企业所属机构(如铁路局工程处)等。这就使得行政行为与假行政行为难以区分,[②]导致了在行政诉讼中确定被告的困难。

基于上述背景,《行政诉讼法》(1989)第25条规定,行政诉讼以作出具体行政行为的行政机关为被告;由法律、法规授权的组织所作的具体行政行为,以该组织为被告;由行政机关委托的组织所作的具体行政行为,以委托的行政机关为被告。由此,我国从行政诉讼程序的角度确立起了行政委托制度。该行政委托显然是一种行政机关对社会组织的委托。2000年最高人民法院对它作了扩大解释,在第21条规定:"行政机关在没有法律、法规或者规章规定的情况下,授权其内设机构、派出机构或者其他组织行使行政职权的,应当视为委托。"[③] 这一规定为现行司法解释所承继。[④] 其实,在授权依据被限定为法律、法规和规章的情况下,行政机关超越限定以其他形式赋予内设机构、派出机构行使职权的,既没有构成授权也没有构成委托,而只是职责分工。内设机构、派出机构根据职责分工

---

① 参见佚名:《临时机构何其多 领导兼职何其滥》,《人民日报》1985年6月11日;法文:《综合治理岂能单靠罚款》,《法制日报》1990年9月18日;巫军等:《湖北撤掉非法站卡1500个》,《法制日报》1990年10月25日;姜明安主编:《行政诉讼案例评析》,中国民主法制出版社1994年版,第102页。

② 参见叶必丰:《假行政行为》,《判例与研究》1998年第4期,第13页。

③ 《最高人民法院关于执行〈中华人民共和国行政诉讼法〉若干问题的解释》,法释〔2000〕8号,2018年2月8日废止。

④ 参见《最高人民法院关于适用〈中华人民共和国行政诉讼法〉的解释》(法释〔2018〕1号,2018年2月6日发布)第20条第3款。

所作的行为,理应由所在行政机关负责,这既没有必要,也不应当通过委托制度加以确定。

与《行政诉讼法》(1989)的委托规定相呼应,《行政处罚法》(1996)从实体法的角度规定了行政机关对社会组织的委托。该法第18、19条规定,行政处罚的受委托组织必须是"依法成立的管理公共事务的事业组织";"行政机关不得委托其他组织或者个人实施行政处罚"。该法把行政机关排除在委托对象之外。

(二)行政机关间委托的出现

我国法律上早就有行政机关间委托的规定。《国务院关于劳动教养问题的决定》(1957)第3条规定,省级政府可委托有关机关批准劳动教养。《森林法》(1984)第28条规定县级政府林业部门可委托乡镇政府核发采伐许可证。《森林法》后经多次修正,其委托条款一直得以保留。《治安管理处罚条例》(1986)第33条第2款规定:"在农村,没有公安派出所的地方,可以由公安机关委托乡(镇)人民政府裁决。"《烟草专卖法》(1991)第16条规定,县级工商部门根据上一级烟草专卖部门的委托,审批烟草专卖零售许可证。相比于法律,法规和规章规定行政机关间的委托则要更多些。以行政法规为例,2021年8月8日以"委托"为关键词,在"北大法宝"作全文检索,就发现曾有7件行政法规规定行政机关间的委托(见表6-1)。

表6-1 规定行政机关相互间委托的行政法规

序号	名称	发布	效力	条序	事务
1	天然水晶管理办法	1982.8.12	2001.10.6废	3	省级政府可委托其地矿局批准开采申请

234　区域合作法导论

（续表）

序号	名称	发布	效力	条序	事务
2	国家体育锻炼标准	1982.7.12	1990.1.6废	14	国家体育主管部门可委托地方各级部门发放证书、奖章
3	加强教育学院建设若干问题的暂行规定	1982.10.21	2008.1.15废	5	省级政府可委托行署和盟领导教育学院
4	外国企业常驻代表机构的登记管理办法	1983.3.5	2011.3.1废	4	国家局可委托省级局办理外国企业常驻代表机构的登记
5	学校卫生工作条例	1990.6.4	有效	28	国务院卫生部门可委托其他部门卫生机构进行学校卫生监督
6	传染病防治法实施办法	1991.10.4	有效	3	国务院卫生部门可委托其他部门卫生机构行使法定职权
7	水生野生动物保护实施条例	1993.9.17	2013.12.7修	17	渔业部门可委托同级建设部门核发驯养繁殖许可证

说明：本节有关行政机关间委托条款的检索是以"委托"为检索词的。实际上，有的立法并没有使用"委托"但却包含了委托内容。

但在《行政诉讼法》（1989）规定了授权和委托制度后，立法者对行政机关间委托的态度产生了摇摆。比如1986年的《矿产资源法》第45条规定，本法第39、40、42条的行政处罚由市、县人民政府决定。针对河南省人大常委会法工委的询问，全国人大常委会法工委的答复指出："矿产资源法规定由市、县人民政府行使的行政处罚权，市、县人民政府不能再授权给有关主管部门。"① 这里的"授

---

① 参见全国人大常委会法工委：《关于如何理解和执行法律若干问题的解答（四）》，"6.矿产资源法规定赋予市、县人民政府的行政处罚权，市、县政府能否再授权给有关主管部门"，载北大法宝网。

权"并非法律上的设定,自然应理解为委托。我国《行政处罚法》(1996)第18、19条所规定的委托,都是行政机关对非行政机关组织的委托,而不是行政机关之间的委托。《行政强制法》规定行政强制不得委托。并且,《行政处罚法》(1996)把委托对象限定为事业组织后,原有的行政机关间委托的法律条款被纷纷废止或修改,如2005年公布的《治安管理处罚法》就不再规定委托乡(镇)人民政府治安处罚,表6-1中规定行政机关间委托的有效行政法规仅剩3件。由此,也可以合理地推定地方性法规和规章中行政机关间委托条款的变迁。

《行政许可法》(2003)第24条第1款规定了行政委托:"行政机关在其法定职权范围内,依照法律、法规、规章的规定,可以委托其他行政机关实施行政许可。"此后,《社区矫正法》第18条规定社区矫正决定机关可委托社区矫正机构等进行调查评估。在北大法宝法律数据库检索可以发现,有关规章对上述行政许可委托条款纷纷作出了实施性规定。[①]

我国"放管服"改革中的行政审批权调整多是通过修法完成法律手续的,但最新的《海南自由贸易港法》第7条却采用了更为可行的委托制度,规定:"国家支持海南自由贸易港建设发展,支持海南省依照中央要求和法律规定行使改革自主权。国务院及其有关部门根据海南自由贸易港建设的实际需要,及时依法授权或者委托海南省人民政府及其有关部门行使相关管理职权。"该规定的意义在于,它把行政机关间的委托拓展到了行政许可以外的广阔领域,必将为今后的立法所效仿。

---

① 参见《市场监督管理行政许可程序暂行规定》第7—9条,《旅游行政许可办法》第10条,《工业和信息化部行政许可实施办法》第2条等。

对行政机关间委托具有重要意义的是新修订的《行政处罚法》。该法第21条所规定的委托对象，由原来的"事业组织"修订为"依法成立并具有管理公共事务职能"的组织，从而可以包含行政机关。第24条第1款规定："省、自治区、直辖市根据当地实际情况，可以决定将基层管理迫切需要的县级人民政府部门的行政处罚权交由能够有效承接的乡镇人民政府、街道办事处行使，并定期组织评估。决定应当公布。"全国人大常委会法工委工作人员撰文、著书指出，该条中的"交由"既可以是下放权力、授权，也可以是委托。①

行政许可是行政机关广泛实施的授益行政行为，行政处罚是行政机关广泛实施的负担行政行为，另有"放管服"改革中的行政审批委托。这些法律条款标志着我国行政委托制度的重大发展，标志着行政机关间委托制度的建立。

（三）行政机关间委托的实践

我国的改革开放在科层行政中主要表现为扩大地方自主权，鼓励地方先行先试，形成可复制的经验加以推广。为此，有权设定行政审批的机关逐渐取消和下放审批权，无权设定行政审批的机关则只能委托下级行政机关审批。如早在1985年，安徽省政府就将自己权限内的部分审批事务，委托所属主管部门、行署和市人民政府审批。②自设立深圳等经济特区后，各地方政府纷纷设立经济技术开发园区，并建立管委会作为管理机构。地方政府在把自己的部分

---

① 参见黄海华：《新行政处罚法的若干制度发展》，《中国法律评论》2021年第3期，第48页；袁雪石：《中华人民共和国行政处罚法释义》，中国法制出版社2021年版，第172页。
② 参见《安徽省政府关于下放部分审批权限的意见》，皖政〔1985〕39号，1985年5月4日发布。

职权调整给管委会的同时，还委托管委会行使其有关职权，并要求有关职能部门把部分职权委托给管委会。①

2001年，我国加入了世贸组织。《中国议定书》和WTO《工作组报告》要求我国管制性行政过程的效率化和合理化、政府管制机构与管制程序的中立性、许可制度的规范化和合理化。WTO的《进口许可程序协议》规定，许可程序应当简单、透明和具有可预见性；作出许可决定的时间不超过30天，如果众多许可同时审批则不得超过60天。②为了减少流程，提高办事效率，我国兴建了行政审批中心。它是由多个行政部门集中办公的平台，多为"收发室"式的服务窗口。同时，有些地方加大了改革力度，成立了行政审批局。此类不同部门之间的集中审批实质上属于委托。③

在行政实践中，行政机关间的委托事实上大量存在，并得到司法上的支持。最高人民法院在范凯案判决中认为："行政权力可以委托，如果没有法律、法规的禁止性规定，也没有专业性方面的特殊要求，行政机关可以将某一事项的一部或全部委托给其他行政机关、下级行政机关乃至私人组织具体实施。"④有些地方的行政机关甚至不顾《行政强制法》第17条第1款明文禁止行政强制权委托的规定，以交办、责成等形式进行变相委托。如在罗荣昌案中，郑州市惠济区委办公室和惠济区政府办公室联合作

---

① 参见《武汉东湖新技术开发区条例》（1994）第10条，《宁波国家高新技术产业开发区条例》（2016）第5条。

② 参见应松年、王锡锌：《WTO与中国行政法制度改革的几个问题》，《中国法学》2002年第1期，第14页。

③ 参见俞扬、林建华：《关于设立行政审批局的实践与思考》，《行政科学论坛》2016年第9期，第18—20页；《关于公布句容市相对集中行政许可权改革试点首批集中事项目录清单的通知》，2017年11月22日，句委发〔2017〕43号。

④ 最高人民法院（2017）最高法行申2289号行政裁定书（"范凯案"）。

出《关于印发惠济区拆迁遗留问题和违法建筑清零攻坚行动方案的通知》(惠办文〔2016〕12号),要求按照属地管理的原则,各镇(街道)负责本辖区拆迁遗留问题和违法建筑"清零"工作,组织巡查、发现、制止各类违法建筑行为,依据执法部门作出的行政执法文书实施拆除。长兴路街道办事处据此强制拆除了原告的房屋。[①] 此案中的"要求"实质上是一种行政机关间的委托,但并不合法。

三、行政机关职权的层级委托

(一)法国行政职权的层级委托

法国行政职权层级委托的制度基础在于事权分工。"像法国这样一个长期实行中央集权的国家,大量的行政管理任务一向被视为国家利益,因而由国家承担。"[②] 但自20世纪末期以来,法国进行了一系列改革,扩大了大区、省和市镇的自主权。扩大地方自主权改革的重要内容之一是进行事权分工,即对事权按中央、大区、省和市镇进行配置,具体分为如下两类。第一,专属事权。市镇、省和地区之间的权力分配原则是,不允许其中任何一级地方政权[③]建立

[①] 参见最高人民法院(2017)最高法行申1064号行政裁定书("罗荣昌案")。

[②] 〔法〕让·里韦罗、让·瓦利纳:《法国行政法》,鲁仁译,商务印书馆2008年版,第53页。

[③] 根据李驰的讨论,法语中的"Collectivtè territoriale"含有"地方政府""地方领土单位"和"地方行政区域"的意思,翻译为"地方行政区域"比较恰当(参见李驰:《法国地方分权改革》,中国政法大学出版社2016年版,第9—10页)。韩小鹰先生与作者讨论时认为用"地方政体"更为准确。但作者认为,"政体"已有特定的含义,"地方行政区域"少了政权组织的信息,基于法国地方政权组织的议行合一体制,使用"地方政权"比较准确。

或行使对其他两级地方政权的任何形式的监护权。[①] 也就是说，事权的配置要尽可能明确、清晰，不交叉、重叠。各级地方政权与国家的职权分配，应尽可能把属于国家和属于市镇、省或大区的职权加以区别，以便让每项职权及相关资源能够全部归属于国家或市镇、省、大区。第二，共同事权。国家和地方政权除了各自的专属事权外也有共同事权。促进男女平等的权限，文化、体育、旅游、推广地区语言和教育的权限，由市镇、省、大区和具有特殊地位的机构分享。

基于央地分权，中央与地方以及各级地方政权间的职权明确清晰，大区、省和市镇独立行使自己的职权。其中，大区和省既是地方利益的主体又是中央在地方的监管者；市镇则实行自治，纯粹是地方利益主体。作为地方利益主体的地方政权都具有法人资格，可以完成法律生活的一切行为。它们的行为已经不再以国家的名义、按国家的利益、由国家的代表作出，而是以地方政权的名义、按地方的利益、由其负责的机构作出。[②] 除非依"补充性原则"，以及依《国防法典》等法律的明文规定，国家不得任意减损它们的职权。这样，不同层级的政权间并不存在审批或指示关系，一级政权可以自主决定，也无所谓我国所说的"上级交办的事项"。"也因此，一种'契约政治'获得发展。这种'政治'试图减少专横的决定，增加双方协

---

① 法国《国防法典》规定：法律对于管辖权所作的划分并不影响国家针对地方政权等行使它在国防方面享有的权限。国家可以根据需要使用市镇、省、大区及其相关组织和公共机构所提供的服务。如果国家代表认为上述地方政权行使管辖权的行为，可能严重影响到国防运行或某项国防建设或工程的一体化，则国家代表可仅以此为由，向行政法院要求裁定上述行为无效（参见《法国地方政权总法典选译》，李贝、韩小鹰译，上海社会科学院出版社2022年版，第5—6页）。

② 参见〔法〕让·里韦罗、让·瓦利纳:《法国行政法》，鲁仁译，商务印书馆2008年版，第51页。

议。"[1] 如果一级政权的事务，由另一级政权处理更有效率和便民，则需要通过行政合同进行行政职权的委托。

法国行政职权层级委托的主要制度在于一级政权可委托另一级政权或财税独立的市镇合作公共机构行使其职权。该行政职权的委托是以委托方的名义，为了委托方的利益得以行使的，并由委托方和受委托方之间签订的协议确定委托的时间、目的和委托方对受委托方的监管方式。这一协议的具体形式由最高行政法院通过法令加以确定。[2]

除非涉及禁止性事项，国家可以主动或者依请求，通过订立协议，把部分行政职权委托给大区、省、市镇或财税独立的市镇合作公共机构。这是一种国家委托，即是以国家的名义、为了国家利益而行使管辖权的。相关地方政权或公共机构在行使所委托行政职权时，不得违反有关的法律或规章。所有行政职权的委托都不能涉及国籍、公民权利、公共自由保障、个人的身份和能力、司法组织、刑法、刑事诉讼法、外交政策、国防、治安和公共秩序、货币、信贷、外汇、选举权领域，或干预公共自由的基本条件，或某个宪法保障的权利，或在法国签署的国际条约、法律和规章中没有明确委托的，而在国家监管下行使的某项职权。

愿意行使国家委托的行政职权或者委托国家行使其职权的地方政权或财税独立的市镇合作公共机构，须向国土公共政策会议提出请求。该请求和国土公共政策会议的意见，由本地区的国家代表

---

[1] 〔法〕让·里韦罗、让·瓦利纳：《法国行政法》，鲁仁译，商务印书馆2008年版，第24页。

[2] 参见《法国地方政权总法典选译》，李贝、韩小鹰译，上海社会科学院出版社2022年版，第6页。

转交给有关部长。当请求被接受后,地方政权或公共机构将在提出请求后的一年内收到一份协议草案。行政职权的委托用法令的方式确定。签署的协议应规定委托职权的期限、需要实现的目标和使用的方法,以及国家对受委托机构的监管方式。这一协议的具体形式由最高行政法院通过法令加以确定。[①] 国家委托可以通过协议,向地方政权或财税独立的市镇合作公共机构提供资助或补贴。

除此以外,地方政权或财税独立的市镇合作公共机构也可以委托国家行使其职权。

(二)我国行政职权的层级委托

我国事实上存在着上下级行政机关间职权的委托。[②] 在立法上,《行政许可法》第24条对实施行政许可委托作了较为完整的表述。根据这一规定,层级行政机关间也开展了实施行政许可委托。[③] 还有少量单行法规定也体现了行政职权的层级委托。如《海南自由贸易港法》第7条规定:"国务院及其有关部门根据海南自由贸易港建设的实际需要,及时依法授权或者委托海南省人民政府及其有关部

[①] 参见《法国地方政权总法典选译》,李贝、韩小鹰译,上海社会科学院出版社2022年版,第6页。

[②] 参见《国务院关于发布〈关于实行专业技术职务聘任制度的规定〉的通知》,国发〔1986〕27号,1986年2月18日发布;《安徽省政府关于下放部分审批权限的意见》,皖政〔1985〕39号,1985年5月4日发布。

[③] 如商务部、海关总署、质检总局《公布在广东省恢复施行自动进口许可法律规定有关事项》(联合公告2018年第1号)规定:"依据《中华人民共和国对外贸易法》第十五条第二款、《中华人民共和国行政许可法》第二十四条和有关规章的规定,受商务部委托,自即日起,广东省商务主管部门负责对肉鸡、植物油、煤、铁矿石、化肥等10种非机电类货物实施自动进口许可并签发《中华人民共和国自动进口许可证》,广东省和深圳市、广州市、珠海市、汕头市、湛江市商务主管部门(机电产品进出口办公室)负责对发动机及关键部件、金属加工机床、汽车产品、飞机、船舶等16种机电类货物实施自动进口许可并签发《中华人民共和国自动进口许可证》。"

门行使相关管理职权。"《大中型水利水电工程建设征地补偿和移民安置条例》第27条规定,与大中型水利水电工程项目法人就移民安置"签订协议的省、自治区、直辖市人民政府或者市人民政府,可以与下一级有移民或者移民安置任务的人民政府签订移民安置协议"。这一规定实质上系委托下一级地方政府安置移民。《横琴粤澳深度合作区发展促进条例》第4条也规定了海南省人民政府及其主管部门对合作区执委会的委托。但总体说来,我国法律规定上下级行政机关间行政职权的委托并非普遍现象。

我国尚未普遍建立行政机关职权层级委托制度的原因主要在于缺乏层级间的事权分工。法国在城市自治改革前,"有关法律并不是针对每个地方行政区制定的,而是按照教育、社会救助等事权分别制定的"。① 我国目前就是如此,宪法、地方组织法以及相关单行法对中央和地方各级政府事权的规定严重同构。② 除个别中央专属事权外,我国从地方到中央的各级行政机关都有权管辖某一事务,没有明确各级行政机关的专属事权。③ 对行政处罚案件、行政复议案件或者行政许可事务等的层级管辖制度,多以案件的严重程度、社会影响的大小、标的物的价值、当事人的地位以及涉外因素为标准设定,④ 而非按事务的性质和类型设定。并且,上级行政机关可

---

① 〔法〕让·里韦罗、让·瓦利纳:《法国行政法》,鲁仁译,商务印书馆2008年版,第119页。

② 参见任广浩:《国家权力纵向配置的法治化选择——以中央与地方政府间事权划分为视角的分析》,《河北法学》2009年第5期,第84—88页;封丽霞:《中央与地方立法事权划分的理念、标准与中国实践——兼析我国央地立法事权法治化的基本思路》,《政治与法律》2017年第6期,第16—32页。

③ 参见章剑生:《现代行政法总论》,法律出版社2014年版,第251页;叶必丰:《论地方事务》,《行政法学研究》2018年第1期,第16—27页。

④ 参见叶必丰:《行政法与行政诉讼法》,高等教育出版社2015年版,第65页。

以根据需要上收或下放级别管辖权。①

2016年,国务院发布了"国务院央地事权划分意见"。该意见明确指出,合理划分中央与地方财政事权和支出责任,"是推进国家治理体系和治理能力现代化的客观需要"。该意见明确要求:"中央的财政事权如委托地方行使,要通过中央专项转移支付安排相应经费","地方的财政事权如委托中央机构行使,地方政权应负担相应经费"。这就说明:第一,为了实现国家治理的现代化,必须实行事权的层级分工。第二,基于事权的层级分工,层级政府间可以进行行政职权的委托。第三,层级政府间行政职权的委托,需要辅之以财政支付责任。这项改革目前还需要通过立法加以制度化和具体化,②但上述意见已经指明了发展方向和目标。最新的改革进展是,国务院要求每个省级行政区只能设置一个层级的执法队伍,即执法事务原则上只属于县、市级政府。

2019年中办、国办印发的《关于推进基层整合审批服务执法力量的实施意见》指出,推进行政执法权向基层下沉,以乡镇和街道名义开展执法。行政机关职权的层级委托在基层得以全面推行。

四、行政机关职权的横向委托

有政治学者认为,地方合作的实质是行政机关相互间的职权"让渡"。③从法学角度看,这一说法值得争议,地方合作并非职权

---

① 参见全国人大常委会法工委:《上级人大或政府是否有权将下级行政机关的职权上收》(2006年12月29日),载中国人大网。
② 参见楼继伟:《推进各级政府事权规范化法律化》,《中国财政》2014年第24期,第8—10页。
③ 参见杨龙、彭彦强:《理解中国地方政府合作——行政管辖权让渡的视角》,《政治学研究》2008年第4期,第61—66页。

"让渡"而是行政职权的委托。

(一)我国的法治基础和横向委托

我国宪法和组织法对行政机关间的横向关系曾长期未作规定。[①] 在行为法上,对行政机关实行职权法定原则。职权法定原则是法律优位原则和法律保留原则在行政职权规则上的体现,表明行政职权源于法律并以法定范围为限度。这一原则早就体现在全国人大常委会法工委的有关答复中。[②]《行政处罚法》《行政许可法》《行政强制法》等则明文确立了行政处罚法定、行政许可法定和行政强制法定原则,对行政职权法定原则作了明确表达。为了贯彻职权法定原则,在救济法上规定了越权可撤销原则。《立法法》第107条规定,行政法规和规章超越权限的,由有关机关依法予以改变或者撤销。《行政诉讼法》第70条规定,行政行为超越职权的,法院判决撤销或者部分撤销,并可以判决被告重新作出行政行为。

为了应对环境整治、飞地治理、飞地经济、城市群建设和区域协同的任务与挑战,行政机关在横向关系上有必要开展协同或合作。但是,部门行政机关间的协同或合作存在事务管辖权的障碍,区域行政机关间的协同或合作存在地域管辖权的障碍。[③] 对此,不仅需要众多行为法机制和组织法上的大部制加以解决,而且需要建立统一的行政机关间的委托制度予以支持,以弥补组织法上的不足。为

[①] 参见叶必丰:《行政组织法功能的行为法机制》,《中国社会科学》2017年第7期,第109—130页。

[②] 参见全国人大常委会法工委:《关于如何理解和执行法律若干问题的解答(四)》之《自治州人大常委会是否有权在实施土地管理法的具体办法中作出同土地管理法规定的县级人民政府批准征用土地权限不一致的变通规定》,载北大法宝。

[③] 参见叶必丰:《行政组织法功能的行为法机制》,《中国社会科学》2017年第7期,第109—130页;叶必丰:《区域协同的行政行为理论资源及其挑战》,《法学杂志》2017年第3期,第79—89页。

此，《行政许可法》第24条规定了行政机关之间的委托。据此，行政机关之间开展了实施行政许可横向委托。[①]在非行政许可领域，行政职权的委托也客观存在，并得到了司法上的认可；[②]现行"地方组织法"也授权地方实现区域合作创新横向行政关系的法律机制，为行政职权的横向委托提供了更为全面的法律支持。但除实施行政许可委托以外，对行政职权的委托程序，在中央立法层面几乎未见法律规定，在地方立法层面规定得极为简单。因此，比较法上的相关经验值得参考。

行政机关职权的横向委托除了一方赋予对方管辖权外，还可以是合作各方相互赋予管辖权。如美国《加利福尼亚州联合行使权力法》第6502条规定："经立法部门或其他部门的批准，两个或多个公共机构可通过协议方式联合行使缔约方各自均拥有之权力，包括但不限于：征收费用、评估额或税收，即使缔约当事人中的一个或多个位于本州之外。"[③]《犹他州地方合作法》第11-13-201条、《华盛顿州地方间合作法》第39.34.030条等也作了类似规定。[④]我国在毗邻区域的联合执法中也有类似探索。

(二)法国委托协议的缔结程序

在法国，"公法人之间订立的协议，从出现时起就一直被推定为行政合同、受公法调整，除非二者之间只存在民事法律关系。法

[①] 参见《上海市绿化和市容管理局关于委托上海综合保税区管理委员会实施相关行政许可和审核事项的公告》，沪绿容〔2012〕380号，2012年12月11日发布。
[②] 参见最高人民法院(2017)最高法行申2289号行政裁定书("范凯案")。
[③] 《美国各州地方合作法选译》，王诚、申海平译，上海社会科学院出版社2022年版，第3页。
[④] 参见《美国各州地方合作法选译》，王诚、申海平译，上海社会科学院出版社2022年版，第114、227页。

国实行地方分权和区域合作,行政机关多元化趋势加强,这种合同的数量也越来越多,通常表现为国家与地方之间的协议,地方领土单位之间的协议,国家与大学、医疗机构等公务法人之间的协议等"。[1]法国的行政职权委托协议就是一种行政合同,不能完全像民事合同那样自由约定。《法国地方政权总法典》第1111-9-1条规定了行政职权委托协议的缔结程序,包括如下几个步骤。

1. 草案。行政职权委托协议草案的主要条款应包括:缔约主体的名称和层级,依法确定的地方政权职权的委托,依法规定实施的统一服务创新,依法规定可能会导致财务损失的财务协调、简化和清算方法,以及不超过6年的协议期限。我国的实施行政许可委托书几乎都未规定服务创新和财务责任。财务协调在同一政府系统内部还比较容易,如果跨地区则比较困难,必须予以约定。比如行政特许中的财税收益归哪个地方,支出由哪个地方财政承担?

2. 征求意见。地方政权可以就拟采取的委托或接受委托决定征求选民的意见,以便根据委托行使职权。"既然每个地方行政区注定要自己解决自己特有的问题,那国家法律就不是什么援军救兵了",[2]只能更加经常地向公民请教。同时,行政机关之间的合作协议不仅仅拘束缔约双方主体,而且往往对公众发生规制力,[3]因而征求公众的意见非常重要。征求意见的对象局限在地方政权所管辖的、与所委托或接受委托事务相关的选民。相比之下,我国

---

[1] 张莉:《谈法国行政协议纠纷解决》,《人民司法》2017年第31期,第30—34页。

[2] 〔法〕让·里韦罗、让·瓦利纳:《法国行政法》,鲁仁译,商务印书馆2008年版,第132页。

[3] 参见叶必丰:《区域合作协议的法律效力》,《法学家》2014年第6期,第1—11页。

的实施行政许可委托几乎都未征求公众的意见,只有事后的监督性参与规定。①

3. 支持和审议。我国的实施行政许可委托几乎都由委托机关和受委托机关自己审议,而非由独立第三方审议。在法国,每个地区的国土公共行动会议负责向地方政权及其组织和相关公共机构有序行使职权提供便利。国土公共行动会议可就所有与行使职权或者涉及地方政权及其组织的合作或者委托职权的公共政策行为进行讨论并提出意见。它还可以对邻近的外国地方政府与本国地方政权跨境合作关系的协调给出意见。

国土公共行动会议由下列成员组成:地区议会议长或《宪法》第 73 条规定的地方政权机构主席;省议会议长或行使省管辖权的大区地方政权机构代表;居民达到法定人数的、财税独立的市镇合作公共机构主席或居民选举产生的代表;国家在省的代表指定不属于国土公共行动会议成员的、市镇或财税独立的市镇合作公共机构的代表,以及其他经任命的代表。

国土公共行动会议由地区议会议长主持。它通过下属的各个专题委员会组织并且发布它的工作内容。国土公共行动会议由主席召集,设定议程,会议内容需要告知地区的国家代表。

在地方政权或财税独立的市镇合作公共机构请求获得国家事权时,国土公共行动会议应对该请求发表意见,并可以征求任何人或任何组织的意见。地方政权或财税独立的市镇合作公共机构负责介绍权限委托协议的草案,以及实施协议的组织蓝图和行动计划。根据介绍,国土公共行动会议可以讨论所有旨在协调公共行政

---

① 参见《国家林业局委托实施林业行政许可事项管理办法》(2017)和《河北省行政许可委托实施办法》(2015)。

措施的项目,协调行政职权的合理目标和联合行使职权的方式。作为权限委托协议草案的起草者,地方政权或公共机构可以结合国土公共行动会议的审议意见对草案进行修改。

4. 批准。审议后,协议草案交由地区国家代表、地方政权及其公共机构在3个月内予以审查批准,并由市长或主席签署。协议仅适用于签署协议的地方政权及其公共机构。受委托方有义务采取必要的措施,并履行协议。负责组织共同行使职权的地方政权或其组织,可以按照每个文件的咨询意见和批准要求,起草一份行使计划或行使蓝图的单独文件。

5. 报告和修订。负责组织行使所委托职权的地方政权,每年至少一次向前述负责审议的地方政权和相关公共机构提交一份报告,详细说明它在委托协议框架内作出的所有行为或行动计划,以及相关的财务活动。每3年或在相关的法律、规章或财务条件变更时,应对所有权限委托协议进行修订。[1]

(三)法国区域合作中可委托的情形

法国至今有效的宪法性原则是,一个地方政权不能指挥或者监督另一个地方政权。但是,地方政权间必须为了一个共同的目的而展开合作。为此,法律允许一个地方政权出面牵头组织。"当履行某种职责必须几个地方行政区协作配合时,法律可以允许其中的一个行政区,或者它们中的一个团体,出面组织安排它们的共同行动。"[2]《法国地方政权总法典》第1111-9条限定了区域合作中权限

---

[1] 参见《法国地方政权总法典选译》,李贝、韩小鹰译,上海社会科学院出版社2022年版,第9—11页。

[2] 〔法〕让·里韦罗、让·瓦利纳:《法国行政法》,鲁仁译,商务印书馆2008年版,第129页。

委托的范围,包括国土的整治和可持续发展,保护生物的多样性,气候、空气质量和能源,青年政策,运输方式的交叉手段和互补(特别是车站的改善),对高等教育和研究的支持。牵头的省可以组织地方政权及其公共机构,行使下列受委托职权的联合行动:社会行动、社会发展和减少能源贫乏,人的自主权,以及国土间的相互资助。牵头的市镇或受市镇委托管辖的财税独立的市镇合作公共机构,行使受委托管辖权的事权范围包括:持续性的活动,组织周边的公共服务,空间整治,以及本地发展。[①]

从其他一些国家的法理或规定来看,并非所有的行政职权都可以委托,是否可以委托由特别法或统一立法加以列举规定。[②] 法国对行政职权的层级委托采用了排除式规定,对行政机关间的横向委托则采用了肯定式、容许式规定。

本节结语

基于行政权不得处分原则,国家垄断行政权的行使。行政机关相互间行政职权的委托,并不违反上述原则。我国行政机关相互间的委托,在立法上经过反复,现在已得到了发展。行政机关间职权的委托包括层级委托和横向委托。它在层级关系上,提供了一种命令与服从关系外的选择,有助于进一步扩大地方自主权,发扬行政民主。它在横向关系上,有助于弥补组织法规则的不足,加强协同合作。行政机关间职权委托制度的建立,需要法律规定相应的范围、条件和程序。

---

① 参见《法国地方政权总法典选译》,李贝、韩小鹰译,上海社会科学院出版社2022年版,第8页。

② 参见应松年主编:《外国行政程序法汇编》,中国法制出版社1999年版,第279页。

我国对行政机关间职权的委托存在现实需求,现在有"地方组织法"的授权,《行政许可法》《行政处罚法》的明确规定,以及地方立法的具体规定,还有司法实践的经验支撑,已具备了统一立法的条件。现有的时机是行政程序法的制定。为了行政程序法的制定,学界作了长期的努力。[①] 自2007年以来,除2013年和2015年外,每年的全国人大会上都有制定行政程序法的议案。我们建议吸取比较法上的有益经验,在拟制定的行政程序法中对行政机关间职权的委托作出统一规定。

第二节 事务委托和职权委托

本节导语

如上节所述,行政机关间职权的委托包括层级委托和横向委托,在我国得到了发展。根据《行政诉讼法》等的规定和学说,受委托机关行使所委托职权的法律效果归属于委托机关。但这将增加区域合作的困难。假设经协商一致,某市取得某省一地建设油气园区,并取得该园区油气产业的管辖权。如果日后引发的诉讼及其法律责任仍由该省承担,也就是说该省在贡献出土地的同时还要承担难以预知的法律风险,那么该省是难以接受的,合作是难以达成的。

同时,行政机关职权的层级委托是不是必须以委托机关为被告或法律效果的归属者,也需要讨论。如2019年中办、国办印发的《关于推进基层整合审批服务执法力量的实施意见》明确指出,推进

---

① 参见王姝:《"行政程序法"博弈29年破局》,《新京报》2014年10月29日,第A18版。

行政执法权向基层下沉,以乡镇和街道名义开展执法。对此,除了相关法律的全面修改,[①] 能否从解释论获得合理解释?一项相关的制度工具是行政助手。行政助手理论能部分解释协助性组织在当前所发挥的作用,并得到司法实践的认可。[②] 但行政助手往往是一次性、临时性的,不以行政职权的转移为构成要件,并以提出协助要求的行政机关的名义实施行政行为。执法权下沉到乡级政府系行政职权的转移,且由承继职权的乡级政府以自己的名义实施行政行为,因而无法通过行政助手技术加以解释。

为此,能否通过对行政委托的改造提供理论支持?这就有必要对行政机关间的委托作深入研究,包括行政机关相互间的委托区别于行政机关对社会组织委托的特殊性质、特别法依据的构造和法律效果的归属。

一、行政机关间委托的类型

对实践的观察、描述和分析需要借助于社会形态学,对研究对象进行认真分类。[③] 类型化是我们认识行政机关间委托制度的钥匙。本章上一节按行政机关间是否存在隶属关系将行政机关间的委托分为层级委托和横向委托。基于本节导语所设定的问题,还有必要借鉴日、德行政法上行政机关间委托的分类制度,为分析我国行政机关间的委托制度提供基本的框架。

---

① 参见叶必丰:《执法权下沉到底的法律回应》,《法学评论》2021年第3期,第47页。
② 参见最高人民法院(2019)最高法行申3801号行政裁定书("马静茹案"),最高人民法院(2018)最高法行再119号行政裁定书("刘以贵案")。
③ 参见〔法〕E.迪尔凯姆:《社会学方法的准则》,狄玉明译,商务印书馆1995年版,第93—98页。

(一)事务委托和职权委托的构成要件

在日本行政法上,行政机关间的委托分为代理和委任。其中的代理与我国通说之行政委托相同,委任则如《日本地方自治法》第153条第2款规定:"普通地方公共团体的首长可以将其权限内的部分事务委任于其管辖的行政机关。"① 在德国行政法学上也有与日本相同的区分,不过被我国学者翻译为"机构委托"和"机构授权"。"机构委托是指一个机构在执行所属行政主体的任务之外,还执行另一个行政主体的任务,并且在此范围之内作为该行政主体的机构活动。"机构授权是指"特定的行政主体或者行政主体的机构以授权的方式执行另一个行政主体的任务"。②

日、德两国行政机关间的代理和委任在构成要件上存在区别。第一,行政职权是否转移。行政法上的代理与民法上的代理相同,是一种代为实施法律行为、处理特定事务的委托,并不发生权限的转移。代理机关并未取得行政权,而仅仅取得代理权。委任是一种行政职权的转移,"采取了该权限从委任官厅移至受委任官厅这种法律构成"。③ 基于委任,受委任机关可以持续地实施行政行为;委任机关则丧失其权限,不得再实施行政行为。④ 第二,特别法依据是否存在。行政机关间的代理可以分为法定代理和授权代理。授权代理不需要特别法依据,具有法律上职权的行政机关可以自主决定,按意思自治原理设立委托关系。"原则上,对外不予表示授权代

---

① 万鹏飞等主编:《日本地方政府法选编》,北京大学出版社2009年版,第59页。
② 参见〔德〕毛雷尔:《行政法学总论》,高家伟译,法律出版社2000年版,第515页。
③ 〔日〕盐野宏:《行政组织法》,杨建顺译,北京大学出版社2008年版,第25页。
④ 参见〔日〕室井力主编:《日本现代行政法》,吴微译,罗广田校,中国政法大学出版社1995年版,第281页。

理，而通常采取训令形式作出。"① 委任变更了行政机关间的法定职权，因而必须有特别法上的依据。② 第三，法律效果归属于谁。行政机关间的代理需要代理机关以被代理机关的名义实施行政行为，由此所产生的法律效果归于被代理机关。基于委任，受委任机关应以自己的名义实施行政行为，并承担由此所产生的法律效果。"就行政行为而言，实施该行政行为的权限由甲官厅委任给乙的情况下，处分厅是乙，而不是作为委任厅的甲官厅。"③ 在日本，法律效果归于受委任机关并不是基于法律的明文规定，而是基于惯例和学说。尽管日本曾有法律规定了受委任机关的法律效果，但该规定仅仅是对惯例和学说的确认。④ 第四，受委托机关的权利义务状况。基于行政机关间的代理关系，代理机关应当接受被代理机关的领导、指示。德国"在委托的范围内，受委托的机构不仅在职能上而且在组织法上都隶属于委托的行政主体"，"要遵守委托的行政主体的指令"。⑤ 在日本，代理机关和被代理机关之间，"一方产生善管注意义务，另一方产生报酬请求权等，当事人之间产生派生性、持续性法律关系"。⑥ 基于委任关系，受委任机关在实施行政行为时并非委任机关的下级机关或分支机构，不接受委任机关的领导或指示，但需要遵

---

① 〔日〕室井力主编：《日本现代行政法》，吴微译，罗广田校，中国政法大学出版社1995年版，第281页。

② 参见〔日〕盐野宏：《行政组织法》，杨建顺译，北京大学出版社2008年版，第24、26页。

③ 同上书，第25页。

④ 日本1962年《行政不服审查法》第8条第1款第2项规定："有作行政行为权限的行政机关（以下称'原权限机关'）将其权限委任于他者后，接受委任的行政机关基于委任实施了行政行为，就该行政行为，原权限机关作为复议机关作出复议决定的。" 2014年该法修订后，已没有这一内容。

⑤ 〔德〕毛雷尔：《行政法学总论》，高家伟译，法律出版社2000年版，第515页。

⑥ 〔日〕盐野宏：《行政组织法》，杨建顺译，北京大学出版社2008年版，第25页。

守委任机关实施的法律规范,接受委任机关的指导和监督。

在上述四要件中,行政职权是否转移是判断代理或委任的根本要件,即行政机关自愿将其职权转移给另一行政机关的构成委任,委任则必然产生行政职权的转移。特别法依据是判断代理或委任的补强性要件。这是因为,行政机关间的代理并不排斥法律加以规定。"从行政组织的民主统制这一观点出发,需要法律明确表示的根据与公开的说法也很有说服力。从这意义上讲,在法律根据方面,部分出现与权限委任的相对化。"[①] 但是,对特别法依据要件不能仅仅从形式上看,还要从规定内容上判断是否存在行政职权的转移。特别法仅仅规定了委托但未设定行政职权转移的,并非行政机关间的权限委任。法律效果要件和受委托机关的权利义务要件则是次要要件。这两个要件上的欠缺,对外并不影响代理或委任关系的成立,是可以通过认定加以补救的。

基于行政机关间的代理仅产生实施行政行为的代理权,本书将代理称为事务委托;基于行政机关间的委任产生行政职权的转移,本书将委任称为职权委托。

(二)我国的事务委托和职权委托

我国实践中那些行政任务一旦完成,委托关系即告消灭的委托,就属于行政机关间的事务委托。其中,有的也许没有使用"委托"这一术语,而可能是交办、协助或要求落实等。最高人民法院在朱如云等案裁定中认为,绍兴市越城区人民政府以公告的形式将法律上属于自己的相关拆迁事务交由城南街道办事处受理和承办,构成委托。法院对该委托予以尊重,但不认为受委托机关"因此即

---

① 〔日〕室井力主编:《日本现代行政法》,吴微译,罗广田校,中国政法大学出版社1995年版,第281页。

成为了补偿安置的法定义务主体,也不能认为其实际取得了独立实施补偿安置的行政主体资格",更不能认为委托行政机关"因此免除了法定的补偿安置义务"。[1] 也就是说,该案中的委托没有构成行政职权的转移,自然就没有构成法律责任的转移,因而属于行政机关间的事务委托。最高人民法院在刘长江案裁定中进一步指出:"与民事主体之间委托代理的一般规则不同,行政主体虽然可以通过委托方式,来组织实施具体的行政行为,但其法定职责,不能通过委托方式假手他人并推卸责任。""行政机关如认为相关民事主体超出委托范围实施的行为给当事人造成的损失,不应由国家最终承担,可在其依法承担相应法律责任后,依照法律规定或者协议约定向其追偿。"[2]

按照日、德的职权委托要件来分析,我国也存在行政机关间的职权委托。根据国务院的决定,相对集中行政处罚是为了解决多头执法、职责交叉、重复处罚、执法扰民等严重影响执法效率和政府形象的突出问题,是对有关部门行政处罚职权的调整和重新配置。集中行使行政处罚权的行政机关应作为本级政府直接领导的一个独立的行政执法部门,依法独立履行规定的职权,并承担相应的法律责任。行政处罚权相对集中后,有关部门如果仍然行使已被调整出的行政处罚权,所作出的行政处罚决定一律无效,该部门直接负责的主管人员和其他直接责任人员还将被依法追究法律责任。集中行使行政处罚权的行政机关所需经费,一律由财政予以保障。[3] 在

---

[1] 最高人民法院(2019)最高法行再199号行政裁定书("朱如云等案")。
[2] 最高人民法院(2020)最高法行再203号行政裁定书("刘长江案")。
[3] 参见《国务院关于进一步推进相对集中行政处罚权工作的决定》,国发〔2002〕17号,2002年8月22日发布。

行政诉讼中,对集中行使行政处罚权的行政机关作为被告是否适格的质疑,法院也予以驳回。[1]相对集中行政许可和行政强制也是如此。在乔万孝案判决中,终审法院认为:根据辽宁省人民政府关于鞍山市相对集中行政许可权的批复、鞍山市编制部门的文件及《行政诉讼法》第26条第6款之规定,"原鞍山市规划局是涉案建设项目所在地的城乡规划主管部门,依法具有核发本案所涉《建设工程规划许可证》的法定职权,鞍山市行政审批局及鞍山市自然资源局作为继续行使原鞍山市规划局职权的行政机关是本案适格被告"。[2]在梁训茂案判决中终审法院认为,集中行使行政处罚权的被告,根据《行政强制法》第17条的规定具有相对集中行政强制权。[3]因此,相对集中行政处罚、行政许可和行政强制完全符合行政机关间职权委托的四个要件。

自2002年国务院决定取消第一批行政审批项目以来,[4]我国开始了持续的权力下放改革,很多地方政府以立法或决定的形式将行政职权由法定行政机关调整为下级行政机关行使。[5]如《拍卖法》第11条规定的拍卖许可,《营业性演出管理条例》第6条规定的演出经纪机构营业性演出经营许可,都必须由所在地的省级主管部门审批。海南省人民政府发布命令将拍卖许可权委托海口市、三亚市的

---

[1] 参见最高人民法院(2020)最高法行申6400号行政裁定书("蔡云壮案")等。
[2] 辽宁省鞍山市中级人民法院(2019)辽03行终32号行政判决书("乔万孝案")。
[3] 参见海南省三亚市中级人民法院(2018)琼02行终151号行政判决书("梁训茂案")。
[4] 《国务院关于取消第一批行政审批项目的决定》,国发〔2002〕24号,2002年11月1日发布。
[5] 参见郑琳:《逻辑与进路:行政审批下放制度如何实现地方的有效治理与法治化》,《交大法学》2021年第3期,第142—146页。

主管部门,将演出经纪机构营业性演出经营许可权委托海口市、三亚市、儋州市人民政府主管部门。[①]在法律规范没有修改的情况下以"委托"的名义下放权力,实质上已经构成职权转移,承继职权的行政机关可以长期、持续地实施行政行为,并不因某个行政行为的结束而消灭。这些审批权下放改革突破了事务委托制度,是对职权委托的创新性探索。

2018年中办、国办曾发出三份通知,要求深化市场监管、交通运输和环境保护的一级执法和综合执法改革。[②]2019年中办、国办印发的《关于推进基层整合审批服务执法力量的实施意见》,要求将县级主管部门与公众密切相关的行政审批权以及部分行政执法权下沉到底即转移到乡镇人民政府、街道办事处,并以乡镇人民政府、街道办事处的名义实施行政行为。各地据此纷纷进行了改革和探索,形成了各有特色的经验。《法治政府建设实施纲要》(2021—2025年)确认了上述改革任务和实践经验,"坚持权随事转、编随事转、钱随事转"。《行政处罚法》第24条第1款关于县级主管部门的行政处罚权"交由"乡镇人民政府、街道办事处行使的规定,既是上述中央政策的法律化又是实践经验的总结。执法权下沉到底的改革属于事权的层级配置,穿透了单行法关于县级以上主管部门执法的底限。要把上述改革法律化,只有两条路径:第一条路径是,根

[①] 参见《海南省人民政府关于将部分省级行政管理事项调整由市、县、自治县和洋浦经济开发区实施的决定》,第297号,2021年3月6日发布。

[②] 参见中共中央办公厅、国务院办公厅:《关于深化市场监管综合行政执法改革的指导意见》(中办发〔2018〕62号,2018年11月26日发布)、《关于深化交通运输综合行政执法改革的指导意见》(中办发〔2018〕63号,2018年11月26日发布)、《关于深化生态环境保护综合行政执法改革的指导意见》(中办发〔2018〕64号,2018年12月4日发布)。

据宪法和组织法的规定修改单行法关于县级以上行政机关执法的规定,赋予乡级政府执法权。[1]第二条路径是,构建行政机关间的职权委托制度,允许县级行政机关视具体情况依法将其部分职权转移给乡级政府。作者更倾向于选择第二条路径。这是因为,第一条路径的修法只能解决部分行政职权的层级转移,第二条路径即行政机关间的职权委托制度既可适用于行政机关间行政职权的层级转移,又可以适用于行政机关间行政职权的横向转移即部际转移和区际转移。并且,相较于立法的普遍性规定,职权委托制度使得行政机关可以视具体情况决定是否转移其部分职权、转移给谁,从而避免执法权下沉给没有承接能力的乡级政府所遇到的困境。[2]

(三)职权委托与行政法上的授权

我国有学者把行政机关间的职权委托称为行政机关的授权,以区别于行政机关间的事务委托和法律授权。[3]我国行政法上的授权是指法律、法规或规章的授权。在行政机关间的职权委托也需要法律、法规或规章特别规定的情况下,行政立法主体既可以规定授权也可以规定职权委托,如果没有准确使用"授权"或"委托"就很容易混淆职权委托和授权。针对《森林法实施细则》(1986)第24条的"授权"[4]到底是授权还是委托的争议,全国人大常委会法工委解释认为:"由县级以上林业主管部门授权的单位所作的行政处罚决

---

[1] 参见叶必丰:《论行政机关间行政管辖权的委托》,《中外法学》2019年第1期,第47页。
[2] 参见余凌云、郑琳:《为执法重心下移进行法律赋权》,求是网。
[3] 参见胡建淼:《有关中国行政法理上的行政授权问题》,《中国法学》1994年第2期,第71页。
[4] 该条第1款规定:"对违反森林法行为的行政处罚,由县级以上林业主管部门或其授权的单位决定。"

定属于由行政机关委托的组织所作的具体行政行为。"[1] 在此所体现的法律原理在于：第一，授权是立法主体所表示的意志，所确立的是立法主体与被授权组织的关系。行政委托则是行政机关的意思表示，所形成的是行政机关与受委托组织或机关间的关系。第二，授权往往直接规定特定的授权对象，如《工商行政管理所条例》（1991）第8条第1款规定的授权对象为工商所，《铁路法》（2015）第3条第2款规定的授权对象为国家铁路运输企业。法律、法规或规章在规定委托时往往不规定特定的受委托组织，仅规定受委托组织应具备的条件。至于特定的受委托组织，则需要由行政机关在尊重受委托组织意愿的基础上确定，是行政机关选择和判断的结果。第三，授权法一旦生效，被授权组织即取得行政职权，在法律上无需立法主体或其他机关再作意思表示。法律、法规或规章对委托的规定，无论是否明确规定了委托的对象，都不会直接发生委托关系，而需要行政机关的委托决定。且对行政机关来说，法律规范的委托规定并非"当为规定"或"应为规定"，而属于一种"能为规定"。"能为规定，是指法律规定行政机关能够采取或不采取某种举措。在这类规定中，行政机关通常被赋予裁量权。"[2] 行政机关需要评估委托对象是否符合委托条件，视具体情况确定是否予以委托。行政机关所委托的是实施行政行为的代理权还是行政职权，也取决于行政机关依法所作的意思表示。第四，授权法既是授权关系成立又是授权关系合法的法律依据。委托关系合法的法律依据是法律、法规或规

---

[1] 全国人大常委会法工委：《县级以上林业主管部门授权的单位所作的行政处罚决定是否属于具体行政行为，行政诉讼被告如何确定》（1989年9月16日），载法律快车网。

[2] 何源：《德国法上的行政裁量与不确定性法律概念》，《国外社会科学前沿》2019年第11期，第53页。

章的委托规定,但委托关系成立的法律依据则是行政机关委托的意思表示(决定或委托协议)。总之,授权与委托的根本区别在于是否存在行政机关委托的意思表示,授权无需行政机关的意思表示,无论是事务委托还是职权委托都必须基于行政机关的意思表示。

二、职权委托的特别法构造

特别法对行政机关间委托的规定具有丰富的内容和重要的意义,有必要作专门讨论。

(一)职权委托应有特别法依据

在行政行为领域规定行政委托的代表性法律是《行政处罚法》《行政许可法》。《行政处罚法》(1996)规定"行政机关依照法律、法规、规章的规定",可以委托实施行政处罚。全国人大常委会法工委针对这一规定解释指出:"依照这一规定,必须是法律、法规或者规章明确规定了行政机关可以委托的,该行政机关才能依法进行委托处罚。"[1] 新《行政处罚法》关于委托依据的规定没有变化,全国人大常委会法工委的态度也没有变化。[2]《行政许可法》第24条第1款规定,行政机关"依照法律、法规、规章的规定,可以委托其他行政机关实施行政许可"。对此,全国人大常委会法工委行政法室认为,"除非法律、法规或规章作为依据,行政机关不得自行委托。如果没有法律、法规或者规章作为依据,行政机关可以自行委托,可能会使实施行政许可的主体混乱,从而导致乱许可,妨碍设立行政许

---

[1] 全国人大常委会法工委:《行政机关是否可以自行决定委托处罚》(1996年11月5日),载中国人大网。

[2] 参见袁雪石:《中华人民共和国行政处罚法释义》,中国法制出版社2021年版,第150页。

可制度的目的实现"。① 上述特别法授权条款表明,只要是行政委托,不论是行政机关对社会组织的委托还是行政机关相互间的委托,都应有《行政许可法》和《行政处罚法》以外特别法的依据,特别法既可以是同位阶的法律也可以是低位阶的法规或规章。如《烟草专卖法》第16条所规定的委托,即构成《行政许可法》第24条所称行政许可委托的特别法依据。

但在司法上,却有不同于上述立法的实践。念泗三村居民案终审法院认为,扬州市人民政府委托扬州市规划委员会审批《城市规划法》及江苏省实施办法所规定的详细规划,并不为法律、法规所禁止。② 此后,最高人民法院在范凯案裁定中坚持并发展了上述态度:"行政权力可以委托,如果没有法律、法规的禁止性规定,也没有专业性方面的特殊要求,行政机关可以将某一事项的一部或全部委托给其他行政机关、下级行政机关乃至私人组织具体实施。涉及国家重大利益以及涉及公民重要权利的领域以外的具有给付、服务性质的行政行为,尤其是以协商协议方式实施的行为,更是如此。"③ 最高人民法院的上述态度是针对行政机关间的事务委托而言的。基于裁判的一致性和对下级法院事实上的拘束力,我们也可以把最高人民法院的上述态度看作是对行政机关间事务委托的一般规则。这一规则解决了缺乏特别法依据的行政机关间事务委托是否合法,从而谁是适格被告的司法难题,同时也激励了行政机关间事务委托的发展。

---

① 许安标等:《〈中华人民共和国行政许可法〉释义及实用指南》,中国民主法制出版社2003年版,第148页。
② 参见《念泗三村28幢楼居民35人诉扬州市规划局行政许可行为侵权案》,《最高人民法院公报》2004年第11期。
③ 最高人民法院(2017)最高法行申2289号行政裁定书("范凯案")。

行政机关间的职权委托与事务委托不同，不能采用司法上的非特别法依据规则，而应坚持立法上的特别法依据规则。基于职权法定原则，行政职权的内容和边界及其行使主体都是由法律明确规定的。行政机关只能行使法律所赋予的职权，而不具有任何固有的权力，所谓公权的行政保留是值得质疑的；[1] 行政机关必须亲自行使法律所赋予的职权，而不得任意处分其职权。职权法定原则体现在《行政许可法》之中，就是第22条"行政许可由具有行政许可权的行政机关在其法定职权范围内实施"；体现在《行政处罚法》之中就是第17条规定"行政处罚由具有行政处罚权的行政机关在法定职权范围内实施"。根据职权法定原则，行政机关对法律和法规所赋予的行政许可权和行政强制权，对法律、法规和规章所赋予的行政处罚权，不得任意交给其他行政部门行使，[2] 即使上下级之间也不能任意上收或下放。[3] 职权法定原则的理论基础则是作为法治国家核心之一的法律优先。"以法律形式出现的国家意志优先于所有以其他形式表达的国家意志；法律只能以法律形式才能废止，而法律却能废止所有与之相冲突的意志表达，或使之根本不起作用。"[4]

行政机关间的职权委托必须有特别法依据，并不意味《行政许可法》《行政处罚法》的特别法授权条款是多余的。两部法律的任务是对所涉领域单行立法的统一。《行政许可法》第83条第2款明

---

[1] 参见门中敬：《论宪法与行政法意义上的法律保留之区分》，《法学杂志》2015年第12期，第24页；门中敬：《规范行政保留的宪法依据》，《国家检察官学院学报》2017年第1期，第91页。

[2] 参见全国人大常委会法工委：《矿产资源法规定赋予市、县人民政府的行政处罚权，市、县政府能否再授权给有关主管部门》（1990年12月10日），载找法网。

[3] 参见全国人大常委会法工委：《上级人大或政府是否有权将下级行政机关的职权上收》（2006年12月29日），载中国人大网。

[4] 〔德〕奥托·迈耶：《德国行政法》，刘飞译，商务印书馆2002年版，第70页。

文规定:"本法施行前有关行政许可的规定,制定机关应当依照本法规定予以清理;不符合本法规定的,自本法施行之日起停止执行。"两部法律以"但书"或授权等形式允许单行法作特别规定,单行法才具有合法性并构成两部法律的特别法。两部法律的特别法授权条款就是对单行立法中规定行政委托的开放和授权,尤其为低位阶的法规和规章合法地规定行政委托提供了法律依据。[1] 德国行政法学鼻祖迈耶把构成特别法依据的法律规定即特别法授权条款称为法律作用力的转让。[2] 他认为,法律之所以需要转让其作用力,则是因为法律具有规范创造力,下位法的合法成立必须有上位法的依据。"与法律不同,执行机构的意志表达必须要证明其特定的法律基础,这样才能成为法规。""如果法规命令不能满足这些条件,那么就是一个无效的法规命令。"[3] 纯粹法学创始人凯尔森则指出,特别法规范的合法效力不能仅仅基于目的正当和实际需要之类的客观事实,还必须具有上位法的依据。"只要一个法律规范决定着创造另一个规范的方式,而且在某种范围内,还决定着后者的内容,那么,法律就调整着它自己的创造",[4] 才会有统一的法治。就此意义而言,我国在修改有关组织法或制定行政程序法时,允许特别法设定职权委托应作为一条统一规则加以规定。

《行政许可法》《行政处罚法》等法律在规定委托时,并没有明确行政职权的转移。即使行政处罚权、行政许可权和行政强制权的

---

[1] 参见许安标等:《〈中华人民共和国行政许可法〉释义及实用指南》,中国民主法制出版社2003年版,第149页。
[2] 参见〔德〕奥托·迈耶:《德国行政法》,刘飞译,商务印书馆2002年版,第71页。
[3] 同上书,第87页。
[4] 〔奥〕凯尔森:《法与国家的一般理论》,张乃根译,中国大百科全书出版社1996年版,第141页。

集中行使,行政职权必然发生转移,也没有在法律条文上具体规定这一要件。如上所述,职权转移这一要件是由国务院的规定和司法判例发展出来的。我国行政机关间有职权委托之实但无立法确认的原因在于,尚未区分行政机关间的事务委托和职权委托,没有为立法提供足够的理论支持。今后职权委托的立法,应明确规定以受委托机关名义实施行政行为,从而表明行政职权的转移并区别于事务委托。

(二)特别法规定职权委托的规则

特别法对职权委托的规定应当有相应的规则,而不能任意规定。

1. 受委托组织的适当性。《行政处罚法》第21条规定了受委托组织的条件,包括受委托组织的公益性、工作人员的资格以及专业能力。这主要是针对社会组织的要求。对受委托组织系行政机关的情况下,上述条件无疑都是具备的。正因为此,《行政许可法》在规定行政机关间的委托时就没有、也不需要规定上述条件。

基于行政机关间的职权委托,受委托者将承享相应的法律效果,必须具有行政主体资格,因而应该是行政机关而不能是行政机构。地方各级人民政府的派出机关及视为派出机关的各类开发区管委会,根据最高人民法院法释〔2018〕1号第21条的解释,按具有行政主体资格的行政机关对待。这样,它们就可以成为受委托机关,并已有较多特别法的规定。[①] 在《行政许可法》规定行政机关间

---

① 如《广西凭祥综合保税区管理办法》第11条第1款规定:"管委会根据自治区人民政府的授权或者接受自治区人民政府和崇左市人民政府、凭祥市人民政府有关部门的委托",可以在保税区内实施行政许可;《新疆维吾尔自治区实施〈风景名胜区条例〉办法》第24条第2款规定:"风景名胜区所在地县(市)以上住房和城乡建设行政主管部门,可以将权限内的建设工程招标投标、施工许可、质量和安全监督等行政管理职能,委托风景名胜区管理机构依法实施",等等。

的委托后,有的法规和规章作了实施性规定,但规定的委托对象却是行政机构。如《广西壮族自治区森林防火实施办法》(2010)第13条第1款规定,计划火烧面积不足0.1公顷的用火许可证,报乡(镇)森林防火指挥部或委托村森林防火组织批准。规定把县级主管部门的行政许可权交由乡级政府所属行政机构行使,根据现行司法解释被视为事务委托。在现行《行政处罚法》之前,单行法中也存在把行政处罚权委托给行政机构的规定。如《传染病防治法实施办法》(1991)第3条第2款规定:"受国务院卫生行政部门委托的其他有关部门卫生主管机构",在本系统内行使《传染病防治法》所规定的行政处罚权。此类现象还比较多,[1]是今后应该加以修改、完善的。

立足于行政机关间职权委托制度的目的,特别法对受委托机关的设定应坚持便民、高效原则。[2]便民原则要求行政职权的委托应当方便公众的申请或参与,因而特别法主要应设定更接近公众的下级机关作为受委托机关。[3]高效原则要求行政职权的委托应当有利于提高行政效率,因此在有必要时可以设定上级机关或相关部门为受委托机关。两原则的结合,要求特别法在允许国务院主管部门委

---

[1] 参见《学校卫生工作条例》第28条第2款规定:"国务院卫生行政部门可以委托国务院其他有关部门的卫生主管机构",在本系统行使学校卫生执法监督权;《山东省无线电管理条例》第52条规定:"无线电管理机构可以在其法定权限范围内委托无线电监测站具体实施行政处罚,并对其实施行政处罚的行为负责监督",等等。

[2] 如《新疆维吾尔自治区实施〈风景名胜区条例〉办法》第24条第1款规定:"风景名胜区所在地县(市)以上自然资源(规划)行政主管部门应当按照便民、高效的原则,办理建设用地规划许可、建设工程规划许可以及规划竣工认可手续。"

[3] 如《浙江省农村住房建设管理办法》第4条第2款规定:"乡(镇)人民政府、街道办事处应当建立健全对农村住房建设的常态化管理制度并加强监督检查,可以受设区的市、县(市、区)人民政府及其有关部门的委托实施相关行政许可。"

托相关部门行使行政职权时,直接设定能更接近公众的较低层级的相关部门。如《学校卫生工作条例》第28条第2款不应该规定国务院相关部门为受委托机关,而应该规定省级或县级相关部门为受委托机关。工信部、公安部、交通运输部、司法部和国家民委所主管的多数高校都在北京市以外的城市。这些国务院主管部门受委托对所属高校的卫生工作开展执法,尽管比国家卫健委、教育部亲自执法更为高效,但并非最佳选择,势必转交相应的省级主管部门执法,从而导致再委托现象的发生。

2. 所委托权限的适当性。在日本,如果职权的全部委任或主要部分的委任导致委任机关不复存在的,则该委任因违反权限分配原则而不被承认。[1]我国《行政许可法》第24条、《行政处罚法》第20条将委托限定在法定权限内,也存在是否可以将法定行政许可权、行政处罚权"全部或主要部分"加以委托的问题。这里的"全部或主要部分"权限,并不是指过程意义上的权限。对过程意义上的"全部或主要部分"行政许可权、行政处罚权,特别法是可以规定委托的。《市场监督管理行政许可程序暂行规定》第8条第1款规定:"委托实施行政许可的,委托机关可以将行政许可的受理、审查、决定、变更、延续、撤回、撤销、注销等权限全部或者部分委托给受委托机关。""全部或主要部分"权限是指事权,可以通过行政行为的类型、相对人的类型和权利的类型等加以界定。在行政行为类型上,事权包括行政给付权、行政许可权、行政处罚权、行政强制权等。在相对人类型上,以教育行政主管部门的事权为例,事权包括对高校、中学、小学和幼儿园等的监管权。在公民权利类型上,行政

---

[1] 参见〔日〕室井力主编:《日本现代行政法》,吴微译,中国政法大学出版社1995年版,第281页。

机关的事权则可以分为生命、自由、财产和发展的保障职责。如果允许行政机关将其全部事权委托给其他行政机关，则委托行政机关因丧失全部事权而不再具有存在的意义。

权限的"全部或主要部分"具有相对性。一个行政机关尤其是一级政府往往具有多种事权，实施多部法律。全部行政处罚权或行政许可权相对于特定行政机关的全部事权而言，仅仅是部分事权。一个行政机关将其全部行政许可权或行政处罚权委托给其他行政机关，并不会颠覆法律所配置事权的整体结构。因此，从事权配置角度说，特别法规定一个行政机关全部委托其行政许可权或行政处罚权，是可以成立的。

但是，禁止特别法规定全部或主要部分权限的委托并不是一个伪命题。当前，我国的区域合作正在蓬勃发展，"飞地经济"得到了国家政策的支持。[1] 假设：经甲乙两地政府协商一致，甲地政府在乙地建设10平方公里的产业园区，并取得该地全部地域管辖权；该10平方公里地域正好是乙地A乡的整个辖区。如果甲地政府取得全部地域管辖权系由A乡政府委托，则构成全部权限的委托，A乡政府就没有再继续存在的行政辖区基础。如果甲地政府取得全部地域管辖权系由A乡政府的上级乙地政府委托，则属于部分权限的委托，但将因A乡政府丧失行政辖区或者改变A乡政府的隶属关系而违反行政区划制度。

在依法治国的条件下，某些行政事权具有专属性，如限制人身自由等职权。对专属性行政事权，即使属于行政机关的部分

---

[1] 参见《中华人民共和国国民经济和社会发展第十四个五年规划和2035年远景目标纲要》第32章第6节；国家发展改革委等8部门《关于支持"飞地经济"发展的指导意见》，发改地区〔2017〕922号，2017年5月12日发布。

权限,特别法也不得规定委托。《行政处罚法》第18条第3款规定:"限制人身自由的行政处罚权只能由公安机关和法律规定的其他机关行使。"国务院或者省级政府不得通过相对集中处罚制度将行政拘留权交给法定机关以外的机关行使。《行政强制法》第17条第1款规定:"行政强制措施权不得委托。"专属性行政事权既不能由行政机关自行委托,也不能由特别法规定行政机关委托。在依法治国原则确立之前制定的《国务院关于劳动教养问题的决定》(1957)曾规定批准劳动教养的委托,现在已被废除。

3. 不得再委托。受委托行政机关不得再委托是一条基本法理,不需要制定法的明文规定。《行政许可法》第24条第3款、《行政处罚法》第20条第4款明确规定受委托行政机关不得再委托只是对上述法理的确认。法律关于不得再委托的规定不仅对受委托行政机关具有拘束力,而且对立法主体也具有拘束力。因此,特别法不得作出允许受委托行政机关再委托的规定。《旅行社条例》第9条规定,对经营出境旅游业务的许可,国务院旅游行政主管部门可以委托省级旅游行政管理部门实施。海南省人民政府的规章性决定却规定,受委托的省旅游和文化广电体育主管部门可以委托县级旅游和文化广电体育主管部门,以及洋浦经济开发区管委会实施出境旅游业务许可,[①]构成了再委托,应属违法。

三、行政机关间委托的法律效果

行政机关间事务委托和职权委托的法律效果归属迥异,需要分

[①] 参见《海南省人民政府关于将部分省级行政管理事项调整由市、县、自治县和洋浦经济开发区实施的决定》,第297号,2021年3月6日发布。

别讨论。

（一）事务委托的法律效果归属

受托人应以委托人的名义实施法律行为并由委托人承受法律效果，是民事委托的基本原理。我国早期的行政法和行政诉讼法文献，都是从民法原理和《民事诉讼法》规定来阐发行政主体理论和诉讼当事人理论的。①这样，受委托组织应当以委托行政机关的名义代行职权并由委托行政机关承担法律责任，就成了我国《行政诉讼法》第26条第5款的规定和我国行政法学的通说。如前所述，初期的行政委托制度所要解决的是社会组织行使公权力的合法性危机，因而以委托行政机关为名义和由其承担责任是合乎逻辑的。这是因为，"国家是握有强制的主人"，"国家也垄断着一个指定国家中所存在的强制权力"。②"只有'国家'才能通过命令和允许的方式，'合法地'行使任何其他共同体可实施的强制力。"③社会组织"没有法律、法规授权或特定机关的委托而擅自行使行政职权的，是冒充国家行政机关及其工作人员的招摇撞骗行为，应通过民事诉讼或刑事诉讼解决争端"；④根据委托取得代理权时不能以自己的名义实施行政行为，也并不对所实施行政行为负责。

各级各类行政机关都是公共利益的代表者，都是国家行政权的分担者。行政机关相互之间的委托对国家垄断公权力原则没有构

---

① 参见朱维究：《行政诉讼法原理》，中国政法大学出版社1988年版，第88—93页；张焕光等：《行政法学原理》，劳动人事出版社1989年版，第114页；黄杰主编：《行政诉讼法讲座》，中国人民公安大学出版社1989年版，第53—57页。

② 〔法〕狄骥：《宪法论》，钱克新译，商务印书馆1962年版，第504页。

③ 〔德〕马克斯·韦伯：《论经济与社会中的法律》，张乃根译，中国大百科全书出版社1998年版，第342页。

④ 江必新：《行政诉讼法》，北京师范学院出版社1991年版，第124页。

成任何威胁,是否也要遵守民事委托和行政机关委托社会组织的规则?《行政许可法》第24条第2、3款规定,委托行政机关对受委托行政机关实施行政许可的后果承担法律责任,受委托行政机关在委托范围内以委托行政机关名义实施行政许可。《行政处罚法》第20条包括对行政机关和社会组织的委托,对法律效果的归属并没有加以区分。按照法律规定的行政行为法律效果归属,司法解释上也明确委托行政机关作为行政诉讼的被告。但对实践需求更为敏感的个案裁判则已有所探索。最高人民法院在范凯案中针对行政机关间委托引发的被告认定指出:"虽然一般认为,受托主体接受委托后仍应以委托主体的名义实施行为,但只要委托主体不是转嫁责任,对委托予以认可,并能承担法律责任,人民法院可以认定委托关系成立。""如果行政机关委托的组织参加诉讼更便于查清案件事实,人民法院可以允许其以共同被告或者第三人的身份参加诉讼。"[1]最高人民法院的意思是,行政机关相互间的委托与委托社会组织一样,法律效果归属于委托行政机关,但只要并非规避责任,只要更有利于行政目的的实现或诉讼争议的解决,实施行政行为的名义或行政诉讼的被告也可以是受委托行政机关。

如前所述,行政机关间的委托包括事务委托和职权委托。对行政机关间的事务委托来说,基于行政职权没有通过委托转移,确实需要遵守民事委托的规则,把法律效果归属于委托行政机关。法律效果包括有利和不利两类。受委托行政机关代行职权获得的利益即有利的法律效果应归属于委托事务的行政机关。如县级政府在作出国有土地上的房屋征收决定后,委托所属街道办事处办理拆迁

---

[1] 最高人民法院(2017)最高法行申2289号行政裁定书("范凯案")。

补偿事宜。街道办事处基于事务委托所取得的土地使用权归属于委托的县级政府而非据为己有。不利法律效果即法律责任,也归属于委托事务的行政机关。如征收房屋的补偿以及违法拆迁所造成的赔偿,均由委托事务的县级政府而不是由受委托的街道办事处承担。

行政机关间事务委托的法律效果归属于委托行政机关的理由如下:第一,坚持权责利相一致原则。权利意味着法律主体的自由和利益,既意味着他人的义务也意味着自己对他人的义务。"在这一意义上,每个权利相当于每个义务。"[1] 人格化的行政机关的权利即权力、职责、义务的统一体,都指向作为或不作为。义务主体违反了所负的义务就成了责任主体,因而法律责任的主体和法律义务的主体也是同一的。[2] 行政机关间的事务委托没有发生行政职权的转移,因而法律效果必须归属于委托行政机关。第二,避免受委托行政机关的权力滥用。公权力主体及其代理者代表着公共利益,但毋庸讳言,它们也发展出了自身利益。行政机关间的事务委托关系是短期的,甚至是一次性的,犹如麦克尼尔所说的个别性、现时化契约。"个别性交易突出的(特点)是交换固有的分离性和自利性,而不是它的凝聚性和合作性。""现时化,是将未来拉回到现在。"[3] 如果把法律效果归属于委托行政机关,基于委托行政机关需要取得公众的长期信任而对受委托行政机关的监督,就能尽量避免受委托行政机关的自利性和现时化。第三,防止委托行政机关规避责任。在

---

[1] 〔奥〕凯尔森:《法与国家的一般理论》,张乃根译,中国大百科全书出版社1996年版,第87页。

[2] 参见同上书,第73、76—77页。

[3] 〔美〕麦克尼尔:《新社会契约论》,雷喜宁等译,中国政法大学出版社1994年版,第17、55页。

早期,高高在上的行政机关不认为自己应当作被告,最多可以接受成为行政诉讼的"应诉人"。在《行政诉讼法》施行初期,基于执法责任制考核,行政机关往往通过拖延行政复议或作维持复议决定,规避行政诉讼被告。① 自行政诉讼双被告制度实施以来,行政机关往往通过委托或变相委托,经受委托组织或机关对被诉行为的"自认",规避行政诉讼被告。② 甚至有的县级政府专门设立征地安置临时机构,并通过"三定方案"将交办的具体任务"制度化",由该临时机构承担法律责任,规避被告。③ 此类通过委托规避被告的现象,当前已经发展到需要推定委托甚至公安机关侦查的严重程度,④或者请求公安机关保护被强拆房屋又引发另一行政诉讼案件的情形。⑤ 行政机关规避被告就是规避责任,必须得到遏制。第四,增强公众的可预见性。从理论上说,一次性关系是难以捉摸的,在长期、持续的关系中则能形成可预见的行为模式。⑥ 相对人与行政机关的合作,是基于法律赋予该行政机关的法定职权而建立的长期性关系。在长期的合作中,相对人可以通过法定程序和行政惯例等预见行政机关的行政行为及其法律补救。相对人与受委托机关的合作,是基于委托行政机关的暂时性甚至一次性委托,没有可供预见的惯例。

---

① 参见叶必丰:《受欺诈行政行为的违法性和法律责任》,《中国法学》2006年第5期,第60页。
② 参见最高人民法院(2020)最高法行再203号行政裁定书("刘长江案")。
③ 参见最高人民法院(2020)最高法行申2169号行政裁定书("王春红案")。
④ 参见最高人民法院(2018)最高法行申1995号行政裁定书("上海蝶球案"),最高人民法院(2017)最高法行再102号行政裁定书("上海马桥案"),最高人民法院(2020)最高法行再21号行政裁定书("沈家勇案")。
⑤ 参见最高人民法院(2020)最高法行申100号行政裁定书("张永生等案")。
⑥ 参见〔美〕麦克尼尔:《新社会契约论》,雷喜宁等译,中国政法大学出版社1994年版,第7页。

（二）职权委托的法律效果归属

对行政机关间的委托，作者以往遵循法律规定和沿袭通说，没有区分行政机关间的事务委托和职权委托，认为法律效果均应归属于委托行政机关。[①] 在事务委托和职权委托分野的情况下，我们有必要进一步说明职权委托的法律效果归属于受委托机关的理由。

1. 权责利的一致性。在民事委托或代理关系中，代理人和被代理人各有利益。即使面对第三人，代理人与被代理人之间也没有共同利益，而只有被代理人的利益，因而所引发的法律责任也应归属于被代理人。职权委托与民事代理以及基于民事代理原理的事务委托不同，导致了行政职权从委托机关转移到受委托机关。基于委托机关和受委托机关都是行政机关，都是公共利益的代表者，职权转移并不存在利益冲突。既然行政职权已经转移到受委托机关，则根据权责利相一致的原则，法律效果也应该归属于受委托机关，而不能再归属于已经丧失行政职权的委托机关。

2. 坚持法治的统一。根据《行政复议法》第13、14条、《行政诉讼法》第26条第1款和《国家赔偿法》第7条第1、2款的规定，行使行政职权、实施行政行为的行政机关是责任主体。基于上述规定所体现的权责利相一致原则，我国司法解释已经明确在下列行政职权转移的情况下，承继或继续行使行政职权的行政机关是责任主体：相对集中行政处罚权、行政许可权和行政强制权的，派出机关和有关开发区管理机构依法行使上级机关移交的行政职权的，以及改革中行政职权变更的。[②] 改革中行政职权的变更，不限于行政机构

[①] 参见叶必丰：《论行政机关间行政管辖权的委托》，《中外法学》2019年第1期，第94页。

[②] 参见《最高人民法院关于适用〈中华人民共和国行政诉讼法〉的解释》（法释〔2018〕1号，2018年2月6日发布）第21、23条。

的撤销、合并、变更以及行政职能的调整,还包括行政职权的层级再配置即权力下放或上收,其中大多数情况下都是以承继行政职权的行政机关为责任主体的。在执法权下沉到底的改革中,中办、国办的文件也明确要求乡级政府以自己的名义行使县级主管部门下沉的审批权、执法权。因此,为了在行政权转移这一标准上实现法治的统一,保障秩序和安全,实现合法性和合理性,应当坚持行政机关间职权委托的法律效果统一归属于受委托机关。

在行政审判实务中,有的把行政职权转移区分为职权继受和职权更替,认为职权继受系因原行政机关终止,职权更替仅限于职权变更,从而分别认定法律效果的归属。该说认为,职权继受的,承继机关不仅应承担其继受后实施行政行为所引发的法律责任,还应承担原行政机关实施行政行为在继受后才发生的法律责任;职权更替的,承继机关仅承担继受后其实施行政行为所引发的法律责任,不承担在继受前原行政机关所实施行政行为引发的法律责任。[1] 这一认识也可适用于行政机关间职权委托中法律效果归属的具体认定。

3.行政合作的需要。行政合作是行政机关间非基于领导、命令而形成的职务关系,主要发生在不具有隶属关系的行政机关之间。当前的区域合作或地方合作,主要是一种行政机关间的合作。行政合作的制度工具之一是行政委托,除事务委托外还有职权委托。《洋山保税港区管理办法》第4条第2款规定:"管委会可以依法接受上海市和浙江省有关行政管理部门的委托,在保税港区内履行相关行政管理职责。"洋山保税港区在浙江省辖区,其管委会尽管有浙

---

[1] 参见周公法:《职权继受和职权更替》,《行政法学研究》2006年第3期,第141—143页。

江省一方的参与，但由上海市人民政府组建并领导，因而管委会的职责需要得到浙江省有关行政机关的委托。这一委托系地域管辖权的转移，属于行政机关间的职权委托。地方行政机关除了代表国家在本行政区域内行使职权外，还是地方利益的代表者。在地方合作中，地方行政机关所代表的不是国家而是地方利益。如果仍然把法律效果归属于委托行政机关，即洋山港区范围内的财税收入等收益都归委托的浙江省一方，则上海市一方得不到回报；在财税收入等收益并非完全归委托的浙江省一方的情况下，法律责任归委托的浙江省一方，则对浙江省一方不公平。也就是说，基于职权委托，法律效果归属于委托的行政机关，则很难达成合作或者说委托制度反而成了合作的法律障碍。在职权委托中只有将法律效果归属于受委托行政机关，行政合作才能达成。

4. 行政诉讼的便利。在我国开展行政诉讼的初期，行政机关具有抵触情绪，甚至以这样或者那样的形式影响法院的独立、公正审判。为此，最高人民法院先后通过行政案件的异地管辖、[1] 提升管辖法院的级别、[2] 集中管辖或交叉管辖[3] 予以消解。随着行政案件的日益增多，[4] 提升行政案件管辖法院级别的结果，是基层法院

---

[1] 参见最高人民法院《关于贯彻执行〈中华人民共和国行政诉讼法〉若干问题的意见（试行）》（法〔1991〕19号，2000年3月8日废止）第11条。

[2] 参见《最高人民法院关于执行〈中华人民共和国行政诉讼法〉若干问题的解释》（法释〔2000〕8号，2018年2月6日废止）第8条第1项，《行政诉讼法》第15条；最高人民法院（2018）最高法行申2031号行政裁定书（"单君案"）。

[3] 参见《最高人民法院关于行政案件管辖若干问题的规定》（法释〔2008〕1号，2019年7月8日废止）第3条；《最高人民法院关于开展行政案件相对集中管辖试点工作的通知》，法〔2013〕3号，2013年1月4日发布。

[4] 在1990年全国各级法院共审结行政案件为12040件，1999年一审案件为98759件，2020年一审案件为266000件（参见1991年、2000年、2021年最高人民法院工作报告）。

行政案件过少,①而上级法院尤其是最高人民法院管辖行政案件的压力不断加大,甚至不堪重负。于是,最高人民法院又提出了诉源治理的司法政策,②出台了正确确定县级以上地方人民政府行政诉讼被告资格的司法解释,③试图改革行政案件级别管辖制度,④努力减轻上级法院及其自身的管辖压力。相应的,在行政诉讼涉及多阶段行政行为的案件中,法院不断发展了"法定职责机关"为被告的司法规则,在多级行政机关都有职责时寻找以较低层级行政机关为被告的可能,从而使基层法院取得了管辖一审行政案件的机会。⑤

根据《行政诉讼法》第14—18条的规定,行政诉讼的一般管辖并不是以行为、结果或原告所在地为标准,而是以被告的法律地位和所在地为标准确定的。行政机关间职权委托的法律效果归属,关系到被告的确定以及行政案件的级别管辖。如果以受委托行政机关为被告,则一审行政案件可由基层人民法院管辖;如果以委托行政机关为被告,则一审行政案件可能需要由中级以上人民法院管辖。如前述洋山港管委会在接受浙江省一方有关行政机关委托地域管辖权的同时,还接受上海市人民政府事务管辖权的委

---

① 参见杨月美:《行政案件提级管辖可行性分析——由基层法院行政审判窘状所想到的改革出路》,载中国法院网。
② 参见《最高人民法院关于深化人民法院司法体制综合配套改革的意见——人民法院第五个五年改革纲要(2019—2023)》。
③ 参见《关于正确确定县级以上地方人民政府行政诉讼被告资格若干问题的规定》,法释〔2021〕5号,2021年3月5日发布。
④ 参见《全国人民代表大会常务委员会关于授权最高人民法院组织开展四级法院审级职能定位改革试点工作的决定》(2021)及其说明。
⑤ 参见最高人民法院(2019)最高法行申12753号行政裁定书("苏华胜案"),最高人民法院(2020)最高法行申7570号行政裁定书("徐海英案"),以及最高人民法院(2020)最高法行申4558号行政裁定书("张广坡案")等。

托。法律效果的归属,决定着由它所实施行政行为引发的一审行政案件是由基层人民法院管辖还是由中级人民法院管辖的问题。应该说,行政案件的级别管辖与行政审批权和行政执法权的下放或下沉紧密相关。

  同时,根据《行政诉讼法》及其司法解释的规定,原告对自己的起诉负有一定的举证责任,包括对被告适格性的初步证明。[1] 基于行为-职责-被告的规则,原告对职责的证明已非易事,如果还要证明"职责"来源于谁委托则更加困难。如《国有土地上房屋征收与补偿条例》规定了征收补偿的"负责"机关,"负责"机关可以确定"实施"机关,"实施"机关可以委托实施单位。实践中,有的地方政府还故意把问题搞得更为复杂。在房屋被强制拆除后,所有权人要确定被告就需要解决是否存在委托,到底是"实施"机关还是"负责"机关委托,举证都非常困难。受原告举证能力的限制,适格被告的确定往往转化为法院的负担。在行政机关设法规避当被告的情况下,法官尽管是法律的专业人士但也不易作出准确判断,必将增加查明所作行政行为职权的来源或取得方式的难度。法院基于诉讼证据的非职权主义,对被告的认定往往不得不借助于有限的证据进行推定,因而又需要发展出一整套叠床架屋的被告推定规则。[2] 纠缠于被告到底是谁、向哪个法院起诉,既偏离了实质性化解行政争议的方向,又容易模糊受理阶段形式审查、受理后实质审查的界限。行政争议的解决,不能基于麦克尼尔连绵不断的社会关系确定适格被告,而应该以行政职权的转移为标准切断关系链条,置于现

---

  [1] 参见何海波:《行政诉讼法》,法律出版社 2016 年版,第 425 页。
  [2] 参见沈岿:《行政行为实施主体不明情形下的行政诉讼适格被告》,《交大法学》2019 年第 3 期,第 162—176 页。

时性关系之中。因此，在职权委托即行政权已经转移的情况下，就应该以承继的受委托行政机关而不以原行政机关为被告。

本节结语

我国的改革开放将持续深化，其中的职权调整和地方合作也将是一个长期的命题。"改革于法有据"以往主要是通过修法来实现的。关于执法权下沉到底的改革，也通过《行政处罚法》的修改得以部分落地。今后，修法仍将是实现改革合法性的可选路径。

但本研究为职权调整的改革提供了另一可选路径，即行政机关间区别于事务委托的职权委托制度。这是一种行政职权从一行政机关转移到另一行政机关，并由承继职权的行政机关以自己的名义实施行政行为、承享法律效果的制度，是调整行政机关间关系的基本法律制度之一。行政机关间的职权委托即使没有法律的规定也可以作为基本的行政法原理而存在；或者说法律上自有专门用语，如权力相对集中、权力下放等，但仍体现了职权委托的原理。要把这一基本原理制度化、法律化也无须过多的立法资源，只要在修改《国务院组织法》和"地方组织法"时加以规定即可。在上述组织法修改前，通过特别法规定委托也是可行的。"地方组织法"第80条的规定虽然是针对机构设置的，但也可扩大解释适用于行政机关的职权，从而解决区域合作中行政机关间职权委托的合法性。尽管行政机关间的职权委托制度仍然需要投入立法资源，但这就可以把全国人大的立法任务分散到对这一制度有个性化需求的更多立法主体上，更为便捷的是可以通过调整职权的具有行政法规或规章意义的专门决定形式完成特别法的制定。因此，它是成本更为低廉、更切合各地实际的法治路径。

当然，是把行政机关间自愿转移职权作为一种职权转移制度或者授权制度予以命名，还是如本书把它称为职权委托而置于行政委托中之一种，是并不重要也还可以进一步研究的。一方面，行政职权的转移除了本书所讨论的职权委托以外，还包括因行政机构的撤销、设立或变更而引发的行政职权调整。即使建立统一的行政职权调整制度，职权委托也具有相对独立性，仍有独立讨论的必要。另一方面，三十多年来行政委托制度已经形成了稳固的结构，要兼容职权委托就需要改革。因此，本研究把行政委托分为行政机关对行政机关和社会组织的委托，把对行政机关的委托分为事务委托和职权委托，还需要理论和实务界的广泛共识和法律上的认可。

第七章 区域合作的行为法机制

第一节 行政组织法功能的行为法机制[1]

本节导语

我国的长三角区域一体化,粤港澳大湾区建设,京津冀区域协同,长江经济带、成渝双城经济圈、长江中游城市群和中原城市群发展等,都涉及区际行政关系。"大部制"改革实际上是调整部际行政关系。在推行依法治国的今天,行政机关间的上述横向关系自然需要由法律加以调整。调整行政机关设置、地位和职责及相互关系的法属于行政组织法,规范法律主体行为的法律规范属于行为法,规范司法和仲裁程序的法属于裁判法。[2] 当前,我国的行政组织法除宪法中的有关条款外,主要有《国务院组织法》和"地方组织法"。我国行政组织法对行政机关间的横向关系有没有规定?行政组织法对此未作规定的话,是由哪类法律规范承担起调整行政机关间横向关系功能的,为什么会出现行政组织法功能由其他法律规范来承

---

[1] 本节以同名论文首发于《中国社会科学》2017年第7期,此次出版时有修改。
[2] 参见〔奥〕欧根·埃利希:《法社会学原理》,舒国滢译,中国大百科全书出版社2009年版,第9页;杨建顺:《日本行政法通论》,中国法制出版社1998年版,第291页。

担的现象,以及承担行政组织法功能的法律规范是否需要完善和改革?

我国行政法学发展自1984年以来,除了初期外,对行政组织法的研究比较缺乏,而重视行为法和裁判法的研究。已有的组织法研究重视行政机关的纵向关系即科层命令关系,而忽视行政机关的横向关系。我国行政法学对行为法和裁判法的研究已经比较深入,但却未关注到是否承担着组织法功能。有关地方行政机关间的横向关系,除了涉及分权及权限争议的上级机关解决机制外,行政法学界也没有更多讨论。[1] 直到区域经济一体化以来,学界才开始作经验总结型、国外借鉴型、实践对策型和理论反思型的探讨。[2]

因此,对本节所设定问题的探讨,既有助于实现行政机关横向关系的法治化,又有助于行政组织法理论的深化。

一、行政组织法的缺陷

(一)行政机关的横向关系

组织无论被定义为政治共同体的一种秩序还是一种结构,都包括三项基本的要素:人的法律地位或职位、权力或职责以及相互间的关系。[3] 有关组织的法律规则就是组织法。但是,组织法曾不被

---

[1] 参见应松年、杨伟东编:《中国行政法学20年研究报告》,中国政法大学出版社2008年版,第163—169页。

[2] 参见陈剩勇、马斌:《区域间政府合作:区域经济一体化的路径选择》,《政治学研究》2004年第1期,第24—34页;邓可视:《我国区域环境合作的组织机构研究——以美国州际环境合作组织为借鉴》,《法治研究》2013年第10期,第52—62页;叶必丰:《区域经济一体化的法律治理》,《中国社会科学》2012年第8期,第107—130页。

[3] 参见〔奥〕凯尔森:《法与国家的一般理论》,沈宗灵译,中国大百科全书出版社1996年版,第213页;〔德〕马克斯·韦伯:《论经济与社会中的法律》,张乃根译,中国大百科全书出版社1998年版,第335页。

认为是法律,常常被人们所忽视,"因为它们不是针对个人,而只是针对公务人员,而且因为它们的效力仅限于国家的内部组织"。[①] 同时,组织法不被重视,还因为它不进入司法程序,无关法院的职责,无需律师的服务,不是"法律人的法律",区别于"正当行为规则"即行为法。

行政组织法是组织法的一部分。行政"组织规范,是指使某自然人行为的效果归属于国家、地方公共团体等行政主体的规范。具体地说,此种规范以有关行政机关设立的规定及该机关所掌管事务的规定为核心,进而包括规定行政机关关系的规范"。[②] 行政机关间的相互关系包括科层关系和横向关系,是行政组织法的重要内容。"有关行政主体内部的行政机关相互关系(监督关系、协议关系、咨询关系等)的规范,也构成组织规范的一部分。"[③]

行政机关间的科层关系是一种等级命令关系。"社会的或政治的意义上的权力,意味着权威和上级与下级之间的一种关系。""这样一种关系只有在使一个人有权命令和另一个人有义务服从这样一个秩序的基础上,才是可能的。"[④] 基于这种等级命令关系,上级机关可以确定下级机关的法定职权及其裁量权范围。我国的立法一般都不规定实施该法的机构名称,而以"事务性质+主管部门"形式规定。至于哪个机关系负责该事务的主管部门,都由本级人民政府确定,以便为机构的撤并改革提供空间。行政机关间的科层关系

---

① 〔法〕莱昂·狄骥:《宪法学教程》,王文利等译,辽海出版社、春风文艺出版社1999年版,第88页。
② 〔日〕盐野宏:《行政组织法》,杨建顺译,北京大学出版社2008年版,第5页。
③ 同上书,第13页。
④ 〔奥〕凯尔森:《法与国家的一般理论》,沈宗灵译,中国大百科全书出版社1996年版,第213页。

一直是行政组织法研究的重点。

从形式上看,行政机关之间的横向关系有三类:第一,同一政府系统不同主管部门之间的关系即部际关系。第二,不同地方行政机关之间的关系即区际关系。区际关系的构成不要求行政机关的相同行政级别,仅要求行政机关间没有行政隶属关系。它不仅包括不同地方政府间的关系,还包括不同地方行政主管部门间的关系。不同地方的行政机关具有不同的行政区利益,比同一政府内的部际关系更为复杂。在财政事权和支付责任划分明确的前提下,在仍存在GDP竞争的情况下,是否同属于一个政府系统即同一个财政预算单位尤为重要。第三,上一级政府的主管部门与下一级政府间的关系。但是,上一级政府的主管部门是以其所在政府为后盾的,与所在政府同属一个财政预算单位,所作行为直接或间接系所在政府的意志。这种关系实为央地关系或上下级政府间的关系。因此,行政机关之间的横向关系主要是部际关系和区际关系。

(二)组织法之缺失及其困境

我国宪法和组织法规定了科层命令关系即上下级行政机关之间的领导与被领导关系。《宪法》第3条规定"国家机构实行民主集中制的原则","中央和地方的国家机构职权的划分,遵循在中央的统一领导下,充分发挥地方的主动性、积极性的原则"。第85条规定了我国国务院的法律地位,第89条规定了国务院统一领导所属各部门和全国地方各级国家行政机关工作的职权。"地方组织法"第73条规定了县级以上地方政府执行上级国家行政机关决定和命令的职责,以及领导所属各工作部门和下级政府工作的职权。凯尔森把国家机关之间的法律关系称为法律秩序,并专门讨论了中央和地方法律秩序的集权和分权秩序。[①] 按照他的理论,我国中央和地方政府间的关系,具有部分集权、部分分权和集权程度比较高、分权程度比较低的特点。

我国《宪法》规定了行政机关横向关系中的分权。《宪法》《国务院组织法》和"地方组织法"规定,国务院和地方各级政府按事权性质设置若干工作部门。《宪法》第107条规定,各级地方政府依法"管理本行政区域内的"各项行政工作。在行政机关的横向关系中,没有强制或命令关系,"因为,单方面的意志不能给他人强加一种责任,他们也不会受此责任的约束"。[②] 与我国同样实行单一制的法国,"有一个迄今还具宪法意义的原则,即一个地方行政区不得监督另一地方行政区"。法国1982年3月2日法律强调了这一原则,明确规定:"省长也不能从一个地方行政区对另一个地方行政区进行监护"[③]。基于这种分权秩序,"两个对不同地区有效力的但却关系到同一事项的规范,即具有不同属地效力范围但却具有同一属事效力范围的规范,可以对各自地区就同一事项(例如贸易)作不同规定"。[④]

我国宪法和组织法在规定行政机关横向分权关系的同时,并没有规定合作关系。毛泽东主席在《论十大关系》中曾讨论过沿海工业和内地工业的关系,指出:"好好地利用和发展沿海的工业老底子,可以使我们更有力量来发展和支持内地工业。"[⑤] 在中央和地方

---

① 参见〔奥〕凯尔森:《法与国家的一般理论》,沈宗灵译,中国大百科全书出版社1996年版,第335—338页。
② 〔德〕康德:《法的形而上学原理》,沈叔平译,商务印书馆1991年版,第79页。
③ 〔法〕让·里韦罗、让·瓦利纳:《法国行政法》,鲁仁译,商务印书馆2008年版,第53、129页。
④ 〔奥〕凯尔森:《法与国家的一般理论》,沈宗灵译,中国大百科全书出版社1996年版,第336页。
⑤ 《毛泽东著作选读》(下册),人民出版社1986年版,第724页。

的关系中,阐述了中央与地方、地方的上下级以及地方区际关系。他指出:"省市和省市之间的关系,也是一种地方和地方的关系,也要处理得好。我们历来的原则,就是提倡顾全大局,互助互让。"[①]这一思想长期以来并未体现为具体的宪法和组织法规则。直到2022年,"地方组织法"第80条才规定县级以上地方政府"可以共同建立跨行政区划的区域协同发展工作机制,加强区域合作"。

自然本来是浑然一体的。比如水,可能涉及水利、交通、矿产资源、渔业、环境生态和规划建设等各个方面,需要各行政主管部门的协同治理。水和大气等环境还被普遍认为具有外部性。经济活动也必然无法受行政区地域范围的限制,某一土地上的开发建设越来越影响到周围地区土地的使用、价值和环境,"蝴蝶效应"和"邻避效应"日益突出。于是,市场必须统一,地方应该合作,区际事务也就必然存在。对部门协同事务和区际事务,依法可以按照纵向行政关系由上级行政机关处理。这是因为,除地方自治外,科层分权秩序是一种不完全的分权秩序即中央或上级行政机关与地方或下级行政机关分享对同一事务的治理权,地方或下级行政机关的处理并不是最终的、独立的。也就是说,上下级行政机关之间的分权关系不过是一种领导与被领导、命令与执行的关系,是一种权力秩序或强制秩序。但是,处理部门事务最专业的是各负责部门,最贴近公众、最熟悉区际事务的是有关地方。这也是部门分权、地域分权和科层分权的意义所在。对部门协同事务或区际事务原则上应基于横向关系协商解决;由上级机关解决不过是最后的手段和最终弥补机制。不论巨细都由上级行政机关处理,无疑会加大上级行政机关

[①] 《毛泽东著作选读》(下册),人民出版社1986年版,第731页。

的负担和处理事务的成本,拉大与公众的距离,使权力趋于高度集中,失去分权的实际意义。

更为重要的是,区际事务都由上级机关处理会遭遇法律障碍。这是因为,法律对中央与地方、上级与下级行政机关之间,除了不完全分权秩序外,存在着少量完全的分权秩序,即地方规范具有其内容毫不取决于中央规范的独立地位。[1] 完全的分权秩序不限于地方自治,在我国也存在。国务院法制办针对有关出租车管理应适用地方性法规还是部门规章的问题,指出:"关于城市出租车的管理,国务院1998年机构改革时,已经将城市出租车管理职能下放给地方人民政府。据此,今后对此类问题,省级地方性法规或者政府规章有规定的,适用该地方性法规或者政府规章的规定。"[2] 这些事务只属于地方或下级行政机关,而不属于中央或上级行政机关。基于完全分权秩序,缺乏区际关系规则的结果是,市场受到了重重分割和封锁。人人都"有权要求和所有其他人的交往,并为此目的去访问地球上的一切地区"。[3] 但现实中,对一个需要赴外地的乘客,出租车送到目的地后必须空车返回;游客到外地旅游,涉及多个行政区,则只能由各行政区的多家旅行社接力导游。此类现象在现实中几乎层出不穷,浪费了极大的社会资源。

二、行为法机制的弥补

行政机关之间横向关系组织法规则的缺失是各国普遍存在的

---

[1] 参见〔奥〕凯尔森:《法与国家的一般理论》,沈宗灵译,中国大百科全书出版社1996年版,第345页。
[2] 《国务院法制办公室对内蒙古自治区人民政府法制办公室转送的赤峰市人民政府〈关于审查张晓利申请行政复议一案应适用地方性法规,还是适用部门规章的请示〉的复函》,国法函〔2001〕223号,2001年9月4日发布。
[3] 〔德〕康德:《法的形而上学原理》,沈叔平译,商务印书馆1991年版,第190页。

现象，解决的路径是创设承担相应组织法功能的行为法规范。行为法规范是在实现社会规制这一首要功能时，因涉及多个行政机关，附带调整行政机关横向关系的。调整行政机关横向关系的组织法功能只是有关行为法规范的第二位功能。与组织法不进入司法程序不同，行为法规范是司法裁判的依据，是"法律人的法"，其有效实施能够获得司法的保障。行为法规范是实现社会规制并调整行政机关横向关系的内容安排和制度设计，如分别审批和征求意见等，就是行为法机制。

（一）行为法机制的创设模式

概括地说，调整行政机关区际关系的行为法机制是通过三种模式加以创设的。

1. 分散立法、统一编纂模式。与意大利宪法的禁止规定不同，[①]法国2003年的宪法性法律《关于共和国的地方分权结构》要求"建成一个亲密无间的共和国"。根据这一规定，法国制订了一系列地方合作的法律和规章，既有组织法又有行为法。在行为法机制方面包括地方合作协议、共同规划、共同协作行为、征求意见和财税分享等各项制度。除了适用于全国所有地方的立法，还有分大区、省和市镇的区域合作立法，以及针对巴黎、马赛、里昂等大城市的区域合作立法。法国把上述立法按其内容，以条为单位分别编入统一的《地方政权总法典》，建立起了行政机关的区际法律秩序。

2. 统一的实体法模式。在日本，行政机关间的部际关系不在

---

① 如《意大利宪法》第120条第1款规定："各区不得在区与区之间征收输入税、输出税或过境税。"第2款规定："各区不得以任何方式采取妨碍区与区之间人员和物品自由流动的措施。"第3款规定："各区不得限制公民在国境内任何地方从事其职业、职务或工作的权利。"

组织法中规定。"这些规范有时作为行政官厅法通则上的法理而存在，但也存在像协议程序、咨询程序那样在行政作用法中予以规定的情形。"[①] 但对行政机关的区际关系，在宪法规定地方自治的基础上，在《日本地方自治法》中设专编作了统一规定，包括组织法和行为法。其中，行为法机制有：第一，合作协议。《日本地方自治法》第252条之二规定：地方机关为在自己及其他地方机关辖区内处理自己及其他地方机关事务时，可以与其他地方机关合作，通过协商，缔结关于合作处理事务时的基本方针和作用分担的协议。第二，事务委托。地方机关可以通过协商缔结协议，将其部分事务授权给其他区域的地方机关。该协议的成立、变更或废止应经地方机关的同级议会通过，并报上一级机关。第三，职权委托。日本《地方自治法》第252条之十六之二规定：地方机关可以应其他区域地方机关的要求，协商缔结协议，以该其他区域地方机关的名义，管理和执行该其他地方机关的部分事务。该协议的成立、变更或废止应经地方机关的同级议会通过，并报上一级机关。

美国的许多州则制定了专门的地方合作法，如《加利福尼亚州联合行使权力法》《犹他州地方合作法》《佛罗里达州地方合作法》《得克萨斯州地方间合作法》《弗吉尼亚州区域合作法》《华盛顿州地方间合作法》等，规定了各类区际关系的行为法制度。

3. 统一的程序法模式。有的国家在行政程序法中对行政机关的横向关系作出统一规定。《西班牙公共行政机关及共同的行政程序法》（1992）第4—8条，较为详细地规定了"公共行政机关相互间关系的原则"、部门之间的合作及其行政协议、基于协作协议需要

---

① 〔日〕盐野宏：《行政组织法》，杨建顺译，北京大学出版社2008年版，第13页。

成立的联合委员会和行政协议的效力。《韩国行政程序法》(1996)第7条规定:"行政机关为圆满履行行政事务,应相互协调。"第8条详细规定了职务协助。①

(二)我国行为法机制的类型

我国也是通过行为法机制来弥补组织法缺陷,承担起组织法功能的。行为法机制在形式上表现为公文处理制度。早在1981年,《国家行政机关公文处理暂行办法》第5条第1款第9项规定:"机关之间互相商洽工作、询问和答复问题等,用'函'。"第14条规定:"受双重领导的单位向上级机关的请示,应当根据内容写明主报机关和抄报机关,主报机关应当负责答复请示的问题;上级机关向受双重领导单位行文时,应当抄送另一个上级机关。"此后,几经修改,②2012年发布了现行《党政机关公文处理工作条例》③,并废止了先前的规定,但在行政机关的横向关系上变化不大。

我国实质性的行为法机制,是由单行法律、法规、规章和行政规范性文件规定的。这些行为法机制各种各样、数量众多。对这些规定的一一介绍,既是困难的也是不必要的。但为了了解其概貌,我们有必要对它们进行分类概括。"至于分类,则是将几种实际存在的或假想存在的制度分为不同的几部分,以便作普遍的考察。此外还要确定这几部分出现的次序,并为每一部分取一个名字。"④我国

---

① 参见应松年主编:《外国行政程序法汇编》,中国法制出版社1999年版,第276—278、546页。
② 1987年2月18日国务院办公厅发布新办法,同时废止了1981年办法。1993年11月21日国办发〔1993〕81号文发布了新办法,废止了1987年办法。2000年8月24日国务院国发〔2000〕23号发布了新办法,废止了1993年办法。
③ 中办发〔2012〕14号,2012年4月16日发布。
④ 〔英〕边沁:《政府片论》,沈叔平等译,商务印书馆1995年版,第114页。

行政机关间横向关系的行为法机制,如表7-1所示。

表7-1 我国调整行政机关横向关系的主要行为法机制

类型	机制	主要适用对象	对公民的影响
通过公民实现行政机关间的横向沟通	分别审批	部际关系	加重公民负担
	审批要件	部际关系	
	协商或移送管辖	部际关系、区际关系	很少加重公民负担
	征求意见	部际关系、区际关系	
	报送备案	部际关系	
行政机关间直接的横向沟通	共同行政行为	部际关系	不加重公民负担
	相对集中行政权	部际关系	
	职务协助	部际关系、区际关系	
	联席会议	部际关系、区际关系	
	行政协议	区际关系	
	区域合作条款	区际关系	

通过公民实现行政机关间的横向沟通,是指行政主管部门间本身没有直接的沟通,需要借助于公民的积极作为从而实现横向沟通的类型,即我们平常所说的"背靠背多头审批"。审批要件机制系一个行政主管部门的审批必须以公民报请并获另一行政主管部门审批为必经程序和实体构成要件的机制。如《草原法》第38条规定:"……确需征收、征用或者使用草原的,必须经省级以上人民政府草原行政主管部门审核同意后,依照有关土地管理的法律、行政法规办理建设用地审批手续。"该规定中的"审核同意"和"审批"都是一种实质性决定,分别都可以构成具体行政行为,但土地管理部门的行为必须以草原管理部门的行为为实施要件。审批要件机制实为多阶段行政行为。分别审批则并无审批要件机制的要求。如城市建设需要砍伐树木的,需要园林绿化行政部门

审批；影响供电电缆的，需要电力行政主管部门审批。两个审批行为之间并无要件关系。协商管辖，指行政机关之间发生管辖权争议的，由争议各方协商解决的制度。移送管辖，指行政机关受理公民、法人和其他组织的申请或者依职权启动行政程序后，认为不属于自己管辖的，应当移送有管辖权的行政机关，并通知当事人的管辖制度。

有时，行政机关也会通过上级机关，来解决涉及其他行政机关的事务。上级机关的处理，无论是决定还是协调纪要，都不是行政机关间的横向沟通机制，而属于级别管辖机制。

行政机关间直接的横向沟通系无须借助第三方而实现沟通的类型。其中，征求意见机制，是指一个行政机关在作出决定前应征求相关行政机关的意见。[1]它主要适用于部际关系，但现在也开始适用于区际关系。如省（区、市）级"发展规划"草案在送本级政府审定前，应由省（区、市）发展改革部门送相关的相邻省（区、市）政府发展改革部门与其总体规划进行衔接，并达成一致意见。报送备案机制，是指一个行政主管部门在作出决定后应报送另一行政主管部门备案。[2]它在学理上属于需补充行政行为。[3]共同行政行为是指两个以上行政主管部门作出的同一行政行为。[4]相对集中行政权是指经依法批准，把两个或两个以上行政主管部门的法定行政权集中由一个行政主管部门行使，原行政主管部门不得再行使已集中的

---

[1] 参见《野生动物保护法》第10条，《海上交通安全法》第19条，《海警法》第25条、《电子签名法》第18条等。

[2] 如《海洋环境保护法》第57条第2款规定："临时性海洋倾倒区由国家海洋行政主管部门批准，并报国务院环境保护行政主管部门备案。"

[3] 参见叶必丰：《行政行为原理》，商务印书馆2014年版，第208页。

[4] 如《教育部办公厅 国家体育总局办公厅关于推广实施〈全国中小学生系列武术健身操〉的通知》，教体艺厅〔2010〕8号，2010年8月23日发布。

行政权的一种行为法机制。《行政处罚法》第18条、《行政许可法》第25条,以及《行政强制法》第17条作了规定。职务协助,是指行政机关对某一事务无管辖权时,依法请求有管辖权的行政机关运用职权予以协助的制度,既可以适用于部际关系也可以适用于区际关系。[1] 上述行为法机制的具体数量,在现行法律、法规和规章及行政规范性文件中几乎多得难以统计,广泛存在于我国行政领域的方方面面。

行政机关间直接的横向沟通,还有为调整区际关系而发展出来的行政协议、区域合作条款和联席会议。行政协议是行政机关间平等协商而缔结的履行行政职责的协议。施米特在讲到宪法性协议时指出:"个别协议的效力和法律拘束力来源于实在法。"[2] 我国的行政协议也是如此。目前,规定行政协议的有《行政区域边界争议处理条例》《行政区域界线管理条例》《长江三峡工程建设移民条例》《大中型水利水电工程建设征地补偿和移民安置条例》,并且已经积累了很多司法案例。区域合作条款是我国法律和行政法规中有关地方政府相互合作、联动、协作和协商条款的统称(参见第四章第一节),是调整区际行政关系的重要法律制度。根据区域合作条款,行政机关之间可以缔结行政协议,也可以开展共同规划、联席会议等形式的协同合作。联席会议在性质上属于组织法制度,但却是在行为法中规定的。它源于区域合作实践,现也调整部际关系。[3] 我国法律规范没有像法国法律那样规定行政机关间合作时的牵头单位。但在实践中,往往都有牵头单位。其中,部际联席会议制度由

---

[1] 参见《海关法》第12条第2款、《行政处罚法》第26条等。
[2] 〔德〕卡尔·施米特:《宪法学说》,刘锋译,上海人民出版社2005年版,第77页。
[3] 参见《大气污染防治法》第86条、《外商投资法实施条例》第29条等。

某一部门牵头的,由上级机关批准同意。

上述行政组织法功能的行为法机制,基于行政机关是政府还是政府部门,是中央行政机关还是地方行政机关,构成了凯尔森用集权和分权、专制和民主、静态和动态等经纬而编织的国家行政组织秩序的复杂图景。其中,通过公民行为的行政机关间横向沟通机制,加重了公民负担。行政机关间直接的横向沟通机制,既实现了行政机关之间的直接沟通,又基本上没有加重公民的负担。尤其是行政协议机制,侧重于横向沟通过程和内容的规范,并强调了行政机关间横向关系的平等自愿原则,更具民主性质。"通过契约和条约的法律创造也具有一种分权的性质,……法律的契约性创造是一种民主的程序。"[1]

"在实定法意义上,政府的管辖范围必须具有合法的基础;现代政府是以行使合法管辖权来执行其功能。"[2] 行政机关间横向沟通机制的创设也是如此,否则就无法起到弥补组织法缺陷的作用。在上述行政机关间的横向沟通机制中,有的是法律创设的,更多的则是行政法规、地方性法规、规章乃至行政规范性文件创设的。根据《立法法》第11条的规定,有关国家机构及其产生、组织和职权的事项,由全国人大制定法律加以规定。法规、规章和行政规范性文件所规定的行政机关间横向沟通机制,虽然承担着组织法的功能,却是一种行为法机制。并且,很多横向沟通机制的直接功能是实现社会规制,只是兼具组织法功能,不属于法律保留事项。宪法和组织

---

[1] 〔奥〕凯尔森:《法与国家的一般理论》,沈宗灵译,中国大百科全书出版社1996年版,第343页。

[2] 〔德〕马克斯·韦伯:《论经济与社会中的法律》,张乃根译,中国大百科全书出版社1998年版,第42页。

法赋予了中央政府对全国各级各类行政机关的领导权,以及上级行政机构对下级行政机关的领导权。因此,中央政府或上级机关创设这些行为法机制即使涉及组织法功能,也并不违法。

三、行为法机制的成因

组织法功能为什么要通过行为法机制来实现,为什么会出现承载组织法功能的行为法规范？显然,组织法上难以一一规定行政机关之间横向关系的各种情形,不是理由。组织法完全可以作出像1992年《西班牙公共行政机关及共同的行政程序法》那样的概括性规定,现行"地方组织法"对区际行政关系也作出了概括性、授权性规定。因此,我们有必要进行深入研究。

(一)行为法机制的成因学说

1. 职责-手段说。狄骥从组织法与行为法关系上解释了具有组织法功能的行为法机制的成因。他针对组织法的效力仅限于公务员而不涉及公民指出,组织法的内容会"被转移到形式法律中",国家机构的职责会转化为行为法中的措施或手段,从而影响到公民权利。他举例说:"不计其数的关于军队的条例不会触及所有法国人吗？而这些法国人由于义务兵役制,除了极少数例外,从20岁到45岁的不等年龄都隶属于军队。甚至把国家事务分派到每个政府部门的领导机关、司局及处所之间的规章制度不是针对应该处在这个或那个位置的被统治者,而是针对应该负责这项或那项公务的内阁雇员吗？"[①]这就说明,行为法机制即使在组织法规则健全的情况

---

① 〔法〕莱昂·狄骥:《宪法学教程》,王文利等译,辽海出版社、春风文艺出版社1999年版,第89页。

下也仍有必要，没有行为法支撑的组织法是难以完全落实的。

2. 分权合作-民主自治说。凯尔森对国家组织秩序作了非常细致而复杂的讨论，在强调科层和命令秩序的同时，也讨论了部际关系和区际关系秩序。

每个政府都会设置各种各样的行政部门，并赋予其相应的职权，从而构成部门间的分权。分权是为了防止行政专断。但根据事务的性质和治理的需要，又必须协同合作。协同合作的方式，可以是共同的议事平台。凯尔森曾经指出，一个职能可以通过多个部门的行为来实现，如多个部门根据既定规则，通过相互沟通共同实现特定职能。当一项事务需要由几个部门的行为来处理时，协同合作的方式也可以是类似共同行政行为等行为法机制。[1]凯尔森在这里所讨论的，是部际关系的分权合作秩序。

凯尔森指出："国家的领土越大，以及社会条件越不同，通过领土划分的分权也就越有必要。"这种"分权的法律秩序是由具有不同空间效力范围的规范组成的。其中某些规范对全部领土是有效力的……而其他规范只对该领土的不同部分才是有效力的"。[2]国家的治理又可以分为专制和民主两类，与集权和分权并不完全对应。民主"既可能是静态意义上集权，也可能是这种意义上的分权；但分权要比集权容许更密切地接近民主观念。这种观念就是自决的原则"。凯尔森所说的民主，是指治理要更接近、更符合民意。"民主要求在法律秩序中表达的一般意志和从属该秩序的个人的意志之间有最大限度的符合。"他认为，民主自决的最佳机制是地方自

---

[1] 参见〔奥〕凯尔森：《法与国家的一般理论》，沈宗灵译，中国大百科全书出版社1996年版，第220、221页。

[2] 同上书，第335、336页。

治。"所谓地方自治是分权和民主这两种观念的直接和周密的结合。"①

从实践观察,地方自治意味着地方政府可以自主地处理法定范围内的事务,包括自主地处理与有关地方政府间的合作事宜。地方自治权由地方政府裁量行使,但它既受法定权力的限制又受中央政府的监控。②法国的地方合作机制,就是通过国家结构的现代化改革,下放行政权力,实行城市自治的基础上建立起来的。

3. 信任-授权说。哈耶克从政府与议会关系的角度解释了具有组织法功能的行为法机制的成因。他认为,组织法规则本来是关于组织自身的结构、目标和职能以及等级体系的规则。它与行为法有着重要区别:它是内部规则,只对政府组织内部而不对私人及行为发生拘束力;行为法是外部规则,是正当行为规则,强制规范私人行为。组织规则不是"法律人的法律",只有行为法才是"法律人的法律"。"一项行为规则的作用却只在于限定许可行动的范围,而且通常也不决定一项特定的行动;它所规定的内容永远是未完成的,亦即是说,它始终是一项施于所有的人的常设性义务。"③然而,组织法所固化了的职权,与面对无限未来发展所需要的治理即执行法律之间存在着矛盾。为了解决这一矛盾,政府机关就必须获得公众的合作、认同和支持,即获得法律上的授权。他说,历史上英国国王本来没有所需要的征税权,但为了获得臣民的支持,产生了议会,获得了法律授权。经过政府的推波助澜,组织规则和行为规则也就合二为

---

① 〔奥〕凯尔森:《法与国家的一般理论》,沈宗灵译,中国大百科全书出版社1996年版,第344、346页。

② 参见W.Ivor.詹宁斯:《法与宪法》,龚祥瑞、侯健译,生活·读书·新知三联书店1997年版,第144—145页。

③ 〔英〕弗里德利希·奥古斯特·哈耶克:《法律、立法与自由》(第1卷),邓正来等译,中国大百科全书出版社2000年版,第202页。

一了,甚至政府往往把"法律人的法律""所必须获得的尊严和尊重同样地赋予它的组织规则",①使组织规则成了组织法。也是在这一意义上,哈耶克把公法(不包括刑法)等而视之为组织规则,把私法(包括刑法)等而视之为行为法。按照哈耶克的这一理论,为了避免不断修改组织法进行扩权,导致了行为法制定时对政府机关在组织法上所未明确的职权加以一并规定即授权,从而形成了组织法功能的行为法机制。

4.制度-社会说。韦伯虽然把法律区分为合作型法律和隶属性法律,也注意到了国家机关的相互关系包括同级机关之间的关系,但仍认为只有私法才是合作型法律,公法是隶属性法律。他没有讨论行政机关之间的横向关系,但从法律与社会关系的角度分析了法律规范得以产生的一般规律。他指出:"在理论上可以说,法律规范是通过这种最简单的途径产生:心理上确立对某种行为的禁止,然后逐渐形成有拘束力的明显禁止;对此了解的人日渐增多后,便形成了某种共识,并被其他人所接受;最后,这种共识取得了强制实施的保障,从而与单纯的'习惯'相区别。"但韦伯并不认同这一进路,认为"真正的决定性因素是新的行为路线,它会导致现有法律规则的意义变化,或新的法律规则的产生"。②新的行为路线有两类:第一,个人基于兴趣和利益,改变了社会行为。"利益促使了法律规则的适用。""显而易见,那些出于自己经济利益不断参与市场交易的人比立法者和无实际利益的法律实施者,更懂得市场和利益情势。

---

① 〔英〕弗里德利希·奥古斯特·哈耶克:《法律、立法与自由》(第1卷),邓正来等译,中国大百科全书出版社2000年版,第200页。
② 〔德〕马克斯·韦伯:《论经济与社会中的法律》,张乃根译,中国大百科全书出版社1998年版,第66、67页。

在完全相互依赖的市场上,有许多情况是立法者始料未及的,因为市场是建立在私人利益基础上的。"[1]那么,个人行为又是如何成为社会普遍行为的呢?他说:"个人的创新以及通过模仿和选择,将新的内容注入了社会行为和合理的团体之中。"第二,"整个社会行为结构随外部条件的变化而变化"。[2]按照韦伯的理论,要了解行为法机制的成因,就必须考察第一个行为法机制出现的个体(人或机关)的兴趣和需求,以及成为社会普遍行为的社会背景。韦伯的学说对认识行为法机制的产生,尤其对认识为什么会产生这样或那样的行为法机制具有重要意义。

(二)我国行为法机制的成因

我国长期实行计划经济体制,并为1975年宪法、1978年宪法所确认。计划经济体制追求事实上的平等,并在当时发挥了相应的作用。但事实上的平等有时以剥夺部分人的财产,以及牺牲差异、竞争和自由为代价,排斥法律上的平等。这样的制度安排一定程度上剥夺了人们追求经济利益和法律平等的机会和自由。人的利益不能通过平等竞争获得满足,而只能被动接受分配。行政分配权、参与分配权一时成为人们追求的、比经济竞争权更为重要的目标。于是,平等主体之间的经济关系被不断限缩。制度的目的和行政机构的职责更关注于对公众行为的规制,属于行为法范畴的管制制度极为庞大,裁判法在整体上未能得以建立。即使是有限的纠纷,也往往规定可以由行政机关按分配或管制的方式予以裁断。管制任务的艰巨、繁重,导致了机构林立,职能交错。在法治缺失的条件

---

[1] 〔德〕马克斯·韦伯:《论经济与社会中的法律》,张乃根译,中国大百科全书出版社1998年版,第34页。

[2] 同上书,第67页。

下，行政机关自行建立了各种各样的管制制度，实现了从职责到手段、从组织法到行为法的转化，分别审批、审批要件和移送管辖制度不断得以确立。始于改革开放之初，由行政部门起草法律的做法，使各部门的管制制度上升为法律，得以合法化。但这些制度是各行政机关分别对公众个人实施的，是以作为分配对象或管制对象的公众个人为联结点的，行政机关相互之间大多并未形成直接的合作关系。因此，这一背景下的行为法机制是无意识地发展起来的，即在感兴趣于分配或管制的场合，意外地发展出了行为法机制。

我国的计划经济向市场经济的转型，是通过1978年以来的一系列改革得以推进的。改革起步于农村集体经济领域。人们经常为了一块土地的归属而发生争议。这"从表面上看是公民或法人在争某一块地界或山林，实质上是一个行政区域的边界纠纷问题"。[①] 于是，产生了行政区域边界协议机制。市场的逐渐发育，自生自发秩序的初步发展，也带来了市场的副作用，其中之一就是环境的严重污染。于是，环境保护行政协议也就应运而生了。随着社会发展阶段论的提出，宪法的修改，私有经济的保护，改革的不断深入，我国逐渐形成了"混合所有制经济"，逐步压缩了分配秩序或组织秩序，裁撤、合并了部分行政机构，减少了分配或规制行为。我国的入世，意味着民族经济开始融入世界市场；打破条、块封锁即部门垄断和地方保护的改革，开启了国内市场的统一和区域经济一体化，冲击了区域性行政壁垒。因此，通过改革，市场压缩了行政权（职责）的空间，引发了竞争，新的行政手段即协商性行为法机制发展起来了。

市场经济催生了法治，国家重建了裁判法制，倒逼了职权法定

[①] 侯洵直主编：《中国行政法》，河南人民出版社1987年版，第274页。

原则的形成。职权法定原则在行政组织系统内部是通过各行政机构的"三定方案"落实的。但"三定方案"在以往都是内部文件,不少还是以党组织名义制定的文件,需要借助行为法的规定取得权威性和公众信任。以梳理繁杂审批制度为重点的《行政许可法》明文规定了许可法定,取消了许多不必要的行政审批,改革多头审批为部际合作即征求意见或报送备案。部际关系虽然仍然被规定在行为法之中,却由外部规则向内部规则转化了,从而减轻了对公民的负担。

法治的重要内容之一是央地关系明确,各自权限的厘定。我国除香港特别行政区和澳门特别行政区以及民族自治地方外,并未实行地方自治。简政放权的改革,重点在于扩大地方自主权。基于民主集中制原则,确立了区域合作中的"中央和地方分级管理,以地方为主的原则",并进而发展成为"中央统筹与地方负责相结合原则"。1993年的分税制改革,形成了中国式的财政联邦制,[①]地方政府间的竞争与合作由此蓬勃兴起,区际协同合作不断活跃,联席会议制度纷纷建立,区域合作条款不断丰富,缔结了许多区域合作协议,并不断创新区际关系规则。实践的不断创新探索获得了"地方组织法"的确认。该法对区域合作的概括性授权规定,肯定了区际关系实践的合法性,并将进一步激发地方对区域合作的先行先试。

总之,我国行为法机制的形成源于我国的经济社会的发展和变革,以及法治的确立和进步。

---

① 参见徐斌:《财政联邦主义理论与地方政府竞争:一个综述》,《当代财经》2003年第12期,第29页。

四、行为法机制的改革

"凡是现在已经确立的,都曾经一度是革新的。"[1] 行为法规范在调整社会关系时一并调整行政机关横向关系,行为法机制在实现社会规制时承担组织法功能,无疑是一种创新。它节省了立法成本,避免了组织法规则和行为法规范的不兼容,实现了对行政机关横向关系的个性化调整。但是,"过去制定的法律在任何方面都可以作为适当的责难对象"。[2] 承担着组织法功能的行为法机制也是有局限的,如行为法机制的社会规制功能容易遮掩所附有的组织法功能,缺乏权威,难以获得公众信任等,更导致了行政审批的泛滥、公众负担的加重和这套机制的碎片化。

(一)行政审批的泛滥

在现代社会,国家的行政职能在不断扩大。经济越来越多地成为行政的目标,奉行政治自由、经济干预。政府规制功能的扩大,"最小国家"或"小政府、大社会"日益失去可能性。同时,官员们则常常抱怨说:"无论在资金还是人员配备方面都不足以满足执行职责的需要。"[3] 于是,行政机构有增无减已成基本趋势。更何况,即使行政职能暂时稳定,根据帕金森定律,行政机构也在增加。"其一,当官儿的人需要补充的是下属而不是对手。其二,当官儿的人彼此之间是会制造出工作来做的。"因此,"任何一个委员会","不是一成不变的结构,而像是一株植物,可以生根,发芽,凋谢和死

---

[1] 〔英〕边沁:《政府片论》,沈叔平等译,商务印书馆1995年版,第100页。
[2] 同上书,第99页。
[3] 〔美〕朱迪·弗里曼:《合作治理与新行政法》,毕洪海、陈标冲译,商务印书馆2010年版,第28页。

亡。从它散播的种子里,又冒出其他委员会来"。[①]这样,行政机关之间的横向关系日趋增多,充当组织法功能的行为法机制日益繁杂。

在我国,行政职能比很多国家更为强大,更为广泛。并且,根据《宪法》第 33 条第 4 款的规定,我国实行权利法定主义。公民的权利除了通过立法得以一次性、批量确认外,就得通过行政审批分别获取。成千上万的行政审批经与繁杂的行为法机制合流而泛滥成灾。从 2002 年以来取消和调整的中央政府行政审批事项共计 3748 项(含子项、部分),[②]未取消的中央政府行政审批还有 1700 多项。[③]这从一个侧面可以反映行政审批繁多的严重程度。

更为严重的是,在规制目的不变的情况下,为了行政机关之间的横向沟通而设定的某些行为法机制,将大大增加公民的负担。如表 7-1 所示,旨在实现行政机关间直接沟通的征求意见、报送备案、共同行政行为、相对集中行政权、职务协助、联席会议、区域合作条款和行政协议,并没有增加或很少会增加公民的负担。这些行为法机制尽管也会有沟通成本,并最终将由公众分摊,却并非是因为承担组织法功能而带来的副产品。但分别审批和审批要件机制都需要以公民行为为媒介才能实现行政机关之间的沟通。"行政机关总

---

① 〔英〕诺斯古德·帕金森:《官场病》,陈休征译,生活·读书·新知三联书店 1982 年版,第 2、28 页。

② 资料来源如下:国务院国发〔2002〕24 号、国发〔2003〕5 号、国发〔2004〕16 号、国发〔2007〕33 号、国发〔2010〕21 号、国发〔2012〕52 号、国发〔2013〕19 号、国发〔2013〕27 号、国发〔2013〕44 号、国发〔2014〕5 号、国发〔2014〕27 号、国发〔2014〕50 号、国发〔2015〕11 号、国发〔2015〕58 号、国发〔2015〕57 号、国发〔2016〕9 号和国发〔2016〕11 号。

③ 参见《李克强答中外记者问》,《人民日报(海外版)》2013 年 3 月 18 日,第 4 版。

是按照传统的做法,倾向于把自己视为统治权威而把公民视为臣民。"① 管辖制度未能预防行政机关相互打架,反而伤及公民。它们相互间不进行直接沟通,却强制公民扮演沟通桥梁的角色,大大增加了公民的负担。有的投资一个项目竟要过 53 个处、室、中心、站,经 100 个审批环节,盖 108 个章,全程需 799 个工作日。② 从企业申请征地到结束,政府审批中的各种流程前后花了 5 年时间,期间经历了 3 届市长、5 届区委书记。③

(二)基于国家治理现代化的改革

遏制行政审批的泛滥,完善行政组织法功能的行为法机制,涉及三个方面:行政组织的外部环境、内部结构和作用方式,都有赖于国家治理体系和治理能力现代化的不断推进。

1. 行政组织的外部环境即政府与社会的关系或政府职能的定位。"国家的权限是不受其本性限制的,并且在历史现实中,不同国家的实际权限是很不同的。"④ 但是,国家治理现代化必须明确政府权力的边界,转变行政职能,"核心问题是处理好政府和市场的关系,使市场在资源配置中起决定性作用和更好发挥政府作用"。⑤ 市场的统一有序应该是市场主体自发但却利他地调适结果,是一种自

---

① 〔法〕勒内·达维:《英国法与法国法——一种实质性比较》,潘华仿等译,清华大学出版社 2002 年版,第 118 页。
② 参见刘红杰:《投资一个项目盖 108 个章》,《齐鲁晚报》2013 年 3 月 9 日,第 A02 版。
③ 参见《代表吐槽行政审批:一个项目要盖上百个章》,《新京报》2014 年 2 月 16 日,第 A10 版。
④ 〔奥〕凯尔森:《法与国家的一般理论》,沈宗灵译,中国大百科全书出版社 1996 年版,第 270 页。
⑤ 《中共中央关于全面深化改革若干重大问题的决定》,人民出版社 2013 年版,第 5 页。

生自发秩序或耦合秩序。政府及其行政权应最大限度地退出市场资源的配置,市场经济只能保留与其自由相兼容的行政权。政府应将其职能定位于尽可能多地提供公共服务。只有这样,才能大大减少行政机构,减少需要调整的行政机关横向关系,减少行政审批,简化行为法机制。

2.行政组织的内部结构即政府的组织结构。在社会转型时期,"公法的基础不再是命令,而是组织"。[1] 国家治理现代化的重要任务,行政审批泛滥的本源性治理,都要求改善政府的组织结构。党的十七大报告提出了大部制改革,要求"加大机构整合力度,探索实行职能有机统一的大部门体制,健全部门间协调配合机制。精简和规范各类议事协调机构及其办事机构,减少行政层次,降低行政成本,着力解决机构重叠、职责交叉、政出多门问题"。[2] 第十二届全国人大第一次会议通过了《关于国务院机构改革和职能转变方案的决定》,整合了国务院有关职能部门。在机构改革的基础上完善组织法,在《国务院组织法》和"地方组织法"中明确规定部际关系规则。

更为重要的是改革央地关系,以实现区际关系层面政府组织结构的现代化。20世纪末至21世纪初,法国开展了一系列改革,首要任务就是实现国家治理结构现代化,下放行政权力,实行城市自治。我国也认为,"合理划分中央与地方财政事权和支出责任……是推进国家治理体系和治理能力现代化的客观需要"。我国央地关系改革的要求之一,是"最大限度减少中央对微观事务的直接管理,发挥地方政府因地制宜加强区域内事务管理的优势,调动和保护地

---

[1] 〔法〕莱昂·狄骥:《公法的变迁·法律与国家》,郑戈等译,辽海出版社、春风文艺出版社1999年版,第54页。

[2] 《胡锦涛文选》(第2卷),人民出版社2016年版,第638页。

方干事创业的积极性和主动性"。[1]当然,我国目前的改革还是初步的,还需要继续深化。第一,需要在宪法上明确地方自主权的主体。我国目前把乡(镇)、县、设区的市和省(自治区、直辖市)都作为地方,把省作为央地关系中地方的重点。法国的经验是,大区和省都是中央在地方的监管区,代表中央,只有城市才是地方和地方利益的主体。这是因为,改善政府组织结构、明确央地关系的目的,是"促使作出决定的行政机关更加接近被治理者"。[2]借鉴法国的经验,结合我国县级人大代表已经实现直接选举的基础,我国应该以县为地方自主权的重点主体。第二,需要在宪法上明确地方的终局性事权。"地方自治通常代表了一种比较完全的分权类型。由自治机关所发布的规范是最终的和独立的,至少就中央国家行政机关方面来说是这样的。"当然,"有时中央行政机关有权监督自治机关的活动;它们可以废除自治机关所发布的、违反国家立法机关所发出的中央制定法的规范,但它们不能以自己创造的规范来代替这些规范"。[3]基于分权和自治,"地方的决策已经不再以国家的名义、按国家的利益、由国家的代表作出,而是以地方行政区的名义、按地方行政区的利益、由地方行政区产生的机构作出"。[4]我国除特别行政区和民族地方以外,没有实行地方自治。但是,国家治理现代化需要宪法明确哪些事权属于中央,哪些事权属于地方;中央事务不应任意交由地方分治或预审,地方事务应由地方作终局

---

[1] "国务院央地事权划分意见",国发〔2016〕49号,2016年8月16日发布。
[2] 〔法〕让·里韦罗等:《法国行政法》,鲁仁译,商务印书馆2008年版,第51页。
[3] 〔奥〕凯尔森:《法与国家的一般理论》,沈宗灵译,中国大百科全书出版社1996年版,第347页。
[4] 〔法〕让·里韦罗、让·瓦利纳:《法国行政法》,鲁仁译,商务印书馆2008年版,第51页。

性决定。[1] 只有割断上级或中央对地方事务的分享治理链，才能避免县级行政机关的决定再报省和国务院主管部门层层审核、批准的现象，才能调动各层级行政机关的横向合作积极性。第三，地方事权的范围应根据治理的需要确定。我国正在进行简政放权的改革。什么是放权？对一个概念，我们不能从直接的观察中去认识，而必须从实践理性中去做职业推演。[2] 根据法国的经验，权力下放和地方分权的意思是完全不同的。"权力下放的意思是，将某些决策权交给中央政权驻地方官员。""地方分权旨在收回中央权力机关的某些决策权，转授给独立于中央政权的权力机关。"[3] 我国没有法国那样的分权和自治，因而当前的简政放权只是法国所说的权力下放。法国"以往许久，没有什么关于权力下放的政策。有时也制定'一套权力下放措施'，但那一般都是中央行政机关自己感到方便的办法，不过想用这些办法将自己不喜欢的某些职权，……推掉"。[4] 在我国优化政府组织结构的改革中，必须避免法国曾经出现过的问题，根据地方治理的需要确定地方事权。只有这样，地方行政机关才能在自己的事权范围内开展横向合作。

3. 行政组织的作用方式是行政行为。国家治理能力的现代化很重要的方面是作用方式即行政行为的现代化。这一现代化的任务很多，包括公众参与和电子政务等。其中，尤其是要统一行政程序，把行政行为类型化。行政机关横向关系的行为法机制，是由成

---

[1] 参见王锡锌：《地方治理的"在地化"与国家治理能力建设》，《中国法律评论》2016年第1期。

[2] 参见〔德〕康德：《法的形而上学原理》，沈叔平译，商务印书馆1991年版，第67页。

[3] 〔法〕让·里韦罗、让·瓦利纳：《法国行政法》，鲁仁译，商务印书馆2008年版，第49、51页。

[4] 同上书，第94—95页。

百上千的法律、法规、规章和行政规范性文件规定的。这尽管有利于把行为法机制嵌入具体情境,使它具有现实针对性,但却把它碎片化了。在各法律、法规、规章和行政规范性文件中,我们难以发现和认识行为法机制的整体或概貌。并且,行为法机制的共同要素,如行政机关横向关系的原则,职务协助的条件、范围、经费和责任,行政协议的缔约主体、程序、主要条款和效力等,都无法作统一的规定。这样,万一某部法律、法规、规章或行政规范性文件对行政机关的横向关系未作规定,则必将导致无法可依从而互相推诿或扯皮的现象。制度建设过于追求可操作性和生活化,从而陷入琐碎、脱节、冲突的泥潭,从而缺乏可全覆盖的共同规则,已经是我国当前立法的重病。要克服行为法机制碎片化的局限,就必须通过行政行为的类型化及其程序的统一化,制定统一的行政程序法进行整合。行政程序法与单行法中的程序规则,相当于一部法律的总则与分则关系。罗伯特·霍恩等针对《德国民法典》的总则指出:"它是德国民法学家关于法典应尽可能抽象化观点的典型产物。非专属某一特定法律制度(如买卖契约或劳务契约)的所有规则,都应提出来放在法典的前面,从而赋予它们普遍的适应性。"[1] 现在,我国有的地方已经制定行政程序规定,对行为法机制的整合进行了探索(见表7-2),是制定统一行政程序法的扎实基础和良好经验,因此统一立法的时机已经基本成熟。并且,我国的法治建设也迎来了法典化时代,制定行政程序法适逢其时。[2]

---

[1] 〔德〕罗伯特·霍恩等:《德国民商法导论》,楚建译,中国大百科全书出版社1996年版,第70页。

[2] 参见叶必丰:《行政法的体系化:行政程序法》,《东方法学》2021年第6期,第157—170页;王万华:《我国行政法法典编纂的程序主义进路选择》,《中国法学》2021年第4期,第103—122页。

表 7-2 地方行政程序规定中的行为法机制

序号	名称	时间	机制	调整关系
1	浙江省行政程序办法	2016	协商管辖/11、联席会议、专项工作小组、行政协议/14、综合执法/35、联合执法/36、职务协助/39	部际关系、区际关系
			行政权相对集中/37	部际关系
2	江苏省行政程序规定	2015	移送管辖/12、职务协助/16-17	部际关系、区际关系
			联席会议、专项工作小组、行政协议/14-15	区际关系、部际关系
3	宁夏回族自治区行政程序规定	2015	协商管辖/12、职务协助/19	部际关系、区际关系
4	海口市行政程序规定	2013	协商管辖/15	部际关系、区际关系
5	西安市行政程序规定	2013	协商管辖/13-14、职务协助/18-19	部际关系、区际关系
6	凉山州行政程序规定	2013	行政权相对集中/2	部际关系
			协商管辖/12、职务协助/14	部际关系、区际关系
			联席会议、专项工作小组、行政协议/13	区际关系
7	邢台市行政程序规定	2013	移送管辖/14、职务协助/18	部际关系、区际关系
			联席会议/17	部际关系
8	酒泉市行政程序规定（试行）	2012	职务协助/16、移送管辖/18、协商管辖/20	部际关系、区际关系
9	白山市行政程序规则	2012	协商管辖/14、职务协助/17	部际关系、区际关系
			联席会议、专项工作小组、行政协议/15	区际关系
			联席会议/16	部际关系

（续表）

序号	名称	时间	机制	调整关系
10	山东省行政程序规定	2011	职务协助/17、移送管辖/19、协商管辖/21	部际关系、区际关系
11	汕头市行政程序规定	2011	协商管辖/13、协调会/14、职务协助/15	部际关系、区际关系
12	湖南省行政程序规定	2008	协商管辖/14、职务协助/17	部际关系、区际关系
			联席会议、专项工作小组、行政协议/15	区际关系
			联席会议/16	部际关系

注：1.表中机制斜杠后的数字，系条序。2.《凉山州行政程序规定》《邢台市行政程序规定》《酒泉市行政程序规定（试行）》《白山市行政程序规则》在《立法法》修订后，也属于规章。

总之，在政府职能退出市场资源配置即简化政府事权的基础上，通过政府组织结构的优化减少和理顺行政机关间的横向关系，并通过制定统一的行政程序法整合行为法机制，是今后充分发挥行政组织法功能的行为法机制的必经之路。

本节结语

本研究的贡献主要在于发现了一种承担行政组织法功能的行为法机制。具体说来，本研究讨论了行政组织法中行政机关之间横向关系规则的缺失及其困境，揭示了各国的普遍性解决路径，即创设在实现规制目标的同时承担起相应组织法功能的行为法机制。

本研究通过概括发现，有关国家创设组织法功能的行为法机制有三种模式，即以法国为代表的分散立法、统一编撰模式，以日本为代表的统一实体法模式，以及以西班牙为代表的统一行政程序法模式。我国的行为法机制属于分散的实体法模式，在形式上表现为公文处理制度，在实质上表现为由分散单行行为法所规定的分别审批、审批要件、征求意见、报送备案、协商管辖或移送管辖、共同行政行为、相对集中行政权、职务协助、区域合作条款和行政协议等机制。本研究发现，分别审批和审批要件机制加重了公民负担，行政协议和区域合作条款等没有加重公民负担且具有分权民主和平等协商的意义。

为了解释行政组织法功能的行为法机制这一法律现象，本研究挖掘和整理了经典文献，学说认为组织法内容必然转化为行为手段，或基于分权合作进行协同治理和基于民主自治而自行处理事务，或组织的职权为了获得人民的信任需要得到法律授权，而各特殊行为法机制源于各自的特殊社会背景。在我国，早期的行为法机制与计划经济具有密切关系，多适用于部际关系；基于简政放权改革而发展起来的行为法机制从部际关系拓展到区际关系。

行政职能的庞大以及成千上万行政审批和繁杂行为法机制的合流，使得我国包括行为法机制在内的行政审批已泛滥成灾，必须加以改革。本研究基于国家治理体系和治理能力现代化，主张优化政府组织结构，深化大部制改革，尤其应借鉴法国的经验改善央地关系，实现区际关系政府组织结构的现代化，包括：第一，行政权应较少参与市场资源配置；第二，明确地方主体，赋予地方对特定事务的终局性处理权，以及按治理需要配置地方事权；第三，通过统一的行政程序立法整合行为法机制。

当然，改革的成功有赖于法治的进一步发展。目前，中央与地方事权和财政支付责任是由国务院的行政规范性文件加以规定的。其实，这是一个国家结构形式问题，应由宪法性文件予以确立。国务院文件明确规定，中央与地方的事权纠纷由国务院裁定。严格说来，这种纠纷也应该由最高司法机关或者全国人大常委会来裁定。

第二节　区域合作的行政行为理论资源[①]

本节导语

区域合作要法治先行,要立法。[②]"我们可以说,制定法在经济上或者政治上动荡的时期,常常既是结果,也是原因,可能被看作是社会进步的最重要的杠杆。"[③]但面对区域协同,法治先行或立法的切入点在哪里,需要规范或调整什么?[④]为了解决平等主体间的合作,传统上主要采用组织法上的安排。但组织法机制大多会造成对编制的压力,而编制在我国受到严格的控制。[⑤]

协同学上认为,系统结构的稳定有序取决于行为上的竞争和合作。这是由混沌产生有序,或一种有序性转变为另一种新的有序性的必然内在规律。[⑥]"每一类型的分子通过它的存在和协作使产生

[①] 本节原标题为《区域协同的行政行为理论资源及其挑战》,首发于《法学杂志》2017年第3期,此次出版时在原文的基础上进行了重写。

[②] 参见蔡岩红:《京津冀协同发展应法治先行》,《法制日报》2014年5月19日,第6版;汪红等:《汪玉凯建议"京津冀一体化"由国家深改组直接协调发展不能各地随心所欲——京津冀立法也需"一体化"》,《法制晚报》2014年4月4日,第A06版;刘杨:《京津冀治理一体化需有区域性法规》,《中国环境报》2014年6月20日第2版;王歧丰等:《立法保障京津冀协同发展》,《北京晨报》2015年1月25日,第A09版。

[③] 〔奥〕欧根·埃利希:《法社会学原理》,舒国滢译,中国大百科全书出版社2009年版,第199页。

[④] 〔法〕让·里韦罗、让·瓦利纳:《法国行政法》,鲁仁译,商务印书馆2008年版,第129页。

[⑤] 参见《中共中央办公厅国务院办公厅关于严格控制机构编制的通知》,厅字〔2011〕22号,2011年12月30日发布;《中共中央关于全面深化改革若干重大问题的决定》,2013年11月12日中国共产党第十八届中央委员会第三次全体会议通过。

[⑥] 参见〔德〕赫尔曼·哈肯:《协同学——大自然构成的奥秘》,凌复华译,上海译文出版社2001年版,第11页。

更多的同类型分子成为可能",从而使"本来无序的部分系统也被卷入现存的有序状态,而且其行为受它的支配",[1]形成同化现象。"在激烈的生存斗争中一个特别有趣的例子是共生现象,其中不同的物种相互帮助,而且甚至只有这样大家才可能生存。"[2]合作不一定必须基于一种组织结构,合作取决于行为。区域经济社会一体化除了行政组织法机制外,也可以基于合作,经由同化,达到稳定有序。建立稳定有序的区域经济社会结构,即行政分割的有效破除,产业布局的合理分工,统一市场的全面形成,生态环境的共同治理,以及基础设施的统一规划和建设等,都需要区域合作的行为法机制。

公权力的区域合作主要是行政机关间的合作,协同立法所制定的地方性法规也需要行政机关来实施。那么进一步的问题是,区域合作需要什么样的法律要件,行政行为理论对区域合作又有哪些资源及其挑战?

一、区域合作应具备的法律要件

从法律上说,区域合作必须具备相应的法律要件。

(一)区际联结点

行政区上的毗连使得相应地方政府成为无法选择的永久邻居。长江联结了流域内11个省市、41座城市和2亿多人口的产业、文化、交通、环境、水安全和基础设施等,[3]并导向丝绸之路和广阔海洋,从而使长江经济带战略与一带一路战略相对接,实现国家战略

---

[1] 〔德〕赫尔曼·哈肯:《协同学——大自然构成的奥秘》,凌复华译,上海译文出版社2001年版,第8、64页。
[2] 同上书,第73页。
[3] 参见张正明、贺云翱:《关于"长江文化"研究的对话》,载《长江文化论丛》2005年第00期。

间的互联互通。行政区上的毗连或者生态环境领域的关联构成了区际关系的空间联结点,为区域合作提供了必要条件。"国务院发展规划编制意见"的规定,"省(区、市)级总体规划草案在送本级人民政府审定前,应由省(区、市)发展改革部门……送相关的相邻省(区、市)人民政府发展改革部门与其总体规划进行衔接"。长江经济带十一省市"发展规划"的编制应当通过相互征求意见的形式加以协同。

两个或两个以上行政区即使没有空间上的联结点,也可能会有共同的任务或需求。如根据《宪法》第4、122条的规定,国家有义务从财政、物资、技术等方面帮助各少数民族加速发展经济建设和文化建设事业。从实践来看,上述国家帮助义务既表现为中央政府对少数民族地区的直接帮助,又表现为中央政府要求地方政府对少数民族地区的援助。并且,地方援助经立法得以法治化。[①] 地方间的援助不限于对中西部少数民族地区的援助,还有突发事件应对中的援助、自然灾害发生后的重建援助[②]以及扶贫脱贫援助等(参见本书表2-6)。于是,法律上的共同任务或需求就成为区际行政机关间的一个联结点。

两个或两个以上的行政区即使没有空间上的联结点,也还有各自的发展需求。有关地方都有不同的优势和需要,可以通过对价交换实现双赢发展。这如同个人一样,"每个人贡献出自己固有的能力来满足他人的需要,并由此从他人手中带来一种服务的报酬。这样便在人类社会中产生一种广泛的分工,这种分工主要是构成社会

---

① 参见《民族区域自治法》第64条、《义务教育法》第33条等。
② 参见《突发事件应对法》第52条、《防震减灾法》第70条等。

的团结"。① 如《"东三省"与"长三角"人才开发合作协议》②就是为了实现各自的需要而形成的一种任务联结。当然,对各自需求的任务联结,地方主体往往需要取得上级的合法性支持,会积极获得上级区域规划或区域指导的确认。

两个或两个以上行政区的任务联结,可以与空间联结叠加,也可以独立存在。但基于空间联结点,将具有更多的任务联结,如共同开发利用水资源、保护环境和合理布局产业等。

(二)地方自主权

合作的前提是不能有外部压力。"似乎需要假设一种首先创建有序状态的较高层次的控制力,然后有序状态得以保持下去。但……事实并非如此,先于有序状态的是一种竞争,一种选择过程。"③ "等价的力量间可能出现协作而产生新的模式。"④ 同样,区域合作意味着地方主体的自主和平等,既不受上级主体的任意干预,也不受另一地方主体的强制。

行政系统历来是严格的科层体系。地方行政实际上是否具有地方自主权,以及多大程度上具有自主权却是一个问题。"下级部门越来越事无巨细地受控制。""上级部门再次,有时是多次,把下级部门已经核查过的事重复核查。""协同系统的许多例子证明,上级部门对下级部门办事方式的积极干预,可能导致混沌状态,也就是使它的实际功能与原来期望的功能不符。"⑤ "应在较低的水平上

---

① 〔法〕狄骥:《宪法论》,钱克新译,商务印书馆1962年版,第63页。
② 参见朱伟光、王琦:《"东三省""长三角"联合开发人才资源》,载光明网。
③ 〔德〕赫尔曼·哈肯:《协同学——大自然构成的奥秘》,凌复华译,上海译文出版社2001年版,第53页。
④ 同上书,第40页。
⑤ 同上书,第163—164页。

允许有多得多的自组织,也就是说只立下一般性的规定,下级部门可以因地制宜和创造性地加以补充。"[1] 为此,法国从1982年开始进行了一系列中央与地方分权,扩大了地方自主权,实现了城镇自治。在我国,宪法规定了央地关系的两个积极性原则,通过改革不断扩大了地方自主权,并通过立法得以制度化。我国《立法法》第82条确认了地方事务,"国务院央地事权划分意见"等进一步明确了地方事务。很多区域开展了地方协同立法和行政合作,并已获得"地方组织法"第10、49、80条的确认和授权。

合作或协同还必须基于平等自愿,地方主体相互之间不能有强迫或被强迫。在法国,"有一个迄今还具有宪法意义的原则,即一个地方行政区不得监督另一地方行政区"。但这并不意味在区域合作中不能由一方出面组织或推动。为此,法国"2003年3月28日法律规定,'当履行某种职责必须有几个地方行政区协作配合时,法律允许其中的一个行政区,或者它们中的一个团体,出面组织安排它们的共同行动'"。[2] 我国各地方也是平等的,对此已在第三章第二节作了分析。法律对区域合作中的牵头组织没有加以规定,而根据实际情况,由中央或者上级的政策加以安排。中央在长三角一体化规划中确立了上海的龙头地位,对区域一体化负有组织和推进职责;但在大湾区规划中却未作同样安排,而在粤港澳大湾区建设领导小组领导下由合作各方协商共建。

当然,地方自主权是对地方事务的自主权(参见第二章第二

---

[1] 〔德〕赫尔曼·哈肯:《协同学——大自然构成的奥秘》,凌复华译,上海译文出版社2001年版,第164页。
[2] 〔法〕让·里韦罗、让·瓦利纳:《法国行政法》,鲁仁译,商务印书馆2008年版,第129页。

节）。如果并非地方事务，则不存在地方主体的自主权。

（三）可裁量性

在全国施行的法律、行政法规和部门规章也有大量允许裁量实施的规则，即使看起来比较刚性的立法也是如此。如《道路交通安全管理法》第4条第2款规定，县级以上地方各级政府应当适应道路交通发展的需要，依法制定道路交通安全管理规划，并组织实施。第39条规定，公安机关交通管理部门根据"道路和交通流量的具体情况"，可以规定交通管制措施。第123条规定，省级人大常委会可以根据本地区的实际情况，在该法规定的罚款幅度内，规定具体的执行标准。裁量实施的规则在促进型立法中更为普遍。

区域合作事务大多是由"发展规划"及区域规划确定的。行政规划不同于法律和法规。它们具有法律效力，[1]可作为确认公共利益等的依据，[2]但除了个别拘束性指标外没有像法律规范那样的规范性和拘束力。它们具有宏观性，比法律规范更为原则。它们具有发展性和不确定性，是针对未来建设和发展任务以及共同愿景的规划和预测。一般说来，对五年内的任务和愿景是可以作比较准确预测的。但是，五年内也可能出现像汶川地震这样的自然灾害，像金融危机那样的社会事件。同时，期间也可能推出像"一带一路"战略和长江经济带战略之类的国家战略。上述重大事件的发生和国家战略的实施，就需要调整相应的合作任务。基于上述宏观性、发

---

[1] 参见《中华人民共和国国民经济和社会发展第十二个五年规划纲要》，2011年3月14日全国人大批准；郝铁川：《我国国民经济和社会发展规划具有法律约束力吗？》，载《学习与探索》2007年第2期，第100—101页；徐孟洲：《论经济社会发展规划与规划法制建设》，载《法学家》2012年第2期，第45页。

[2] 参见王兴强：《"国民经济和社会发展规划"在司法审判中的功能》，上海交通大学2015届硕士学位论文，第26页。

展性和不确定性,区域合作事务就具有可裁量性。

区域行政协议有拘束性条款和弹性条款,所约定的区域合作事务有确定性权利义务和发展性事务。区际生态补偿协议中的生态监测数据、补偿金额,区际项目合作开发协议中的财税分配比例等,都属于确定性权利义务,不具有可裁量性。如《泛珠三角区域农业合作协议》约定:"推动区域内农产品流通,促进区域内农产品出口贸易。在区域内的九省区建立统一、开放的农产品市场,开辟农产品'绿色通道'。"[①]这类发展性事务同样具有宏观性、发展性、不确定性和可裁量性。在需要裁量实施的情况下,基于各地方主体特殊利益的存在,裁量偏差必然发生,因而必须通过合作加以控制。

(四)法无禁止

我国有关法律规定了地方政府的区域合作条款。例如,《环境保护法》第20条第2款规定,法律规定以外跨行政区域的环境污染和生态破坏的防治,由有关地方政府协商解决。《旅游法》第17条第2款规定,对跨行政区域且适宜进行整体利用的旅游资源进行利用时,可以由相关地方政府协商编制统一的旅游发展规划。当前,我国已有32部法律的52个区域合作条款,32件行政法规的39个区域合作条款(参见第四章第一节)。这些区域合作条款构成了区域合作的行为法依据。在没有区域合作条款的领域,根据"地方组织法"和《立法法》的规定,有地方立法权的人大可以开展协同立法,创设区域合作条款,为区域合作提供行为法依据。根据"地方组织法"的规定,县级以上地方政府可以建立区域合作工作机制。

---

① 叶必丰、何渊主编:《区域合作协议汇编》,法律出版社2011年版,第122页。

但是，对法律上禁止的事项和属于中央政府权限范围的事务，地方政府不能合作处理。例如，相邻地区政府可以在其中某一辖区内共同建设项目，但却不得变相买卖土地。地方政府从相邻地区买卖土地，不仅为《土地管理法》所禁止，并且涉及行政区域的变更。根据《宪法》第89条第15项和《国务院关于行政区划管理的规定》的规定，县级以上行政区域的变更属于国务院的法定职权。地方政府可以响应国家的号召建设"飞地经济"，但不能变更行政区划。根据《产品质量法》的规定，对国家监督抽查的产品，地方不得通过合作另行重复抽查。根据《防沙治沙法》的规定，地方政府既不得单独也不得联合批准在沙漠边缘地带和林地、草原开垦耕地。区域合作更不能涉及政治性事务，不能进行任何政治性质的结盟。

综上所述，在具备区际联结点、地方自主权、可裁量性和法无禁止时，地方行政机关可以开展区域合作。

二、区域合作中的行政行为类型

哈肯认为，协同行为包括集体行为和互为条件的行为。"许多个体，无论是原子、分子、细胞，或是动物、人类，都是由其集体行为，一方面通过竞争，另一方面通过协作而间接地决定着自身的命运。"[1]"我们所说的集体行为是指人们的那些似乎是相互约定的行动。当然并不需要每个人与另外所有的人交谈，甚至也不需要听取别人所讲的话。"[2] 当然，哈肯所说的集体行为不限于多个机关"相互约定"所作的行政行为，还包括基于传播和模仿所作的协同行政

---

[1] 〔德〕赫尔曼·哈肯：《协同学——大自然构成的奥秘》，凌复华译，上海译文出版社2001年版，第9页。

[2] 同上书，第116页。

行为。迪尔凯姆也认可这种基于传播和模仿的集体合作。"如果大家都产生了共鸣,那并不是因为彼此之间有一种事先自发安排好的协议,而是因为有一种同一的力量把大家引向同一个方面。"[①] 这种基于传播和模仿所作的协同行政行为,最多关涉行政法的价值和理念,并不涉及行政法的制度。哈肯所说的互为条件的行为是一种因果链条行为。"只有当一个居民点的大小达到一定程度时,某些社会设施,如学校、教堂、医院、法院、剧院和行政机关等才有其必要性和可能性。居民点的大小与这种新设施的出现多数是互为条件的。"[②]

(一)征求意见的行政行为

契合于哈肯所说的集体行为有征求意见的行政行为。行政机关在征求没有隶属关系的行政机关意见后才实施的行政行为,可以称为征求意见的行政行为。[③]2023年2月16日从北大法宝检索来看,它普遍适用于部际关系,最早出现于《药品管理法》(1984)。该法第22条第2款规定,生产已有国家标准或者省级标准的药品,"必须经省、自治区、直辖市卫生行政部门征求同级药品生产经营主管部门意见后审核批准",并发给批准文号。检索未发现法律和行政法规有关区际行政机关间征求意见的规定。即使在流域生态领域的最新立法,如《长江保护法》《黄河保护法》《大中型水利水电工程建设征地补偿和移民安置条例》等,也都没有规定区际行政机关间的征求意见,而是由上级机关分别征求所涉多个下级地方主体的

---

① 〔法〕E.迪尔凯姆:《社会学方法的准则》,狄玉明译,商务印书馆1999年版,第31页。

② 〔德〕赫尔曼·哈肯:《协同学——大自然构成的奥秘》,凌复华译,上海译文出版社2001年版,第119页。

③ 参见叶必丰:《行政行为原理》,商务印书馆2014年版,第211页。

意见。如《大中型水利水电工程建设征地补偿和移民安置条例》第10条第3款规定:省级移民管理机构或者国务院移民管理机构审核移民安置规划,应当征求"移民区和移民安置区县级以上地方人民政府的意见"。检索发现,"国务院发展规划编制意见"规定了区际行政机关间的征求意见,即省级总体规划草案在送本级人民政府审定前,应由省级发展改革部门"送相关的相邻省(区、市)人民政府发展改革部门与其总体规划进行衔接"。并且,该征求意见是相邻区域总体规划编制的必经程序。

行政机关向另一行政机关征求意见是一种行政预备行为。提供意见行为和经征求其他行政机关意见后作出的行政行为构成多阶段行政行为。征求意见的行政预备行为和提供意见的参与行为都并不直接影响相对人的权利义务。最高人民法院在沃达丰公司案裁定中指出,一行政机关对另一行政机关征求意见的回函,只是意见征集机关的参考性依据,系相关部门之间的内部行为,不对当事人的权利义务产生实际影响,不构成可诉行政行为。[1]上述裁判所基于的法理是,依法行政原则系对相对人所作行政行为的要求,而不是对行政机关间行政行为的要求。因此,行政机关向辖区外有关行政机关征求意见的行政行为,即使没有法律规范的依据也并不违法。

但是,法律规范对行政机关间征求意见的规定却具有重要意义。丁中发案终审法院指出,在法律法规有明确规定时,行政机关间的征求意见和反馈意见构成行政行为的法定前置程序,否则只是行政机关的裁量性程序。[2]也就是说,区际行政机关间的征求意见

---

[1] 参见最高人民法院(2016)最高法行申4762号行政裁定书("沃达丰公司案")。
[2] 参见江苏省南通市中级人民法院(2019)苏06行终766号行政判决书("丁中发案")。

在法律规范没有规定时,只是一种程序裁量行为;在法律规范有明确规定时,则是一种强制性程序行为。"国务院发展规划编制意见"规定了相邻地方"发展规划"编制中的征求和听取意见程序。并规定,"相邻地区间规划衔接不能达成一致意见的,可由国务院发展改革部门进行协调,重大事项报国务院决定"。这就表明,征求和听取相邻地方行政机关对"发展规划"的意见不仅仅是法定必经程序,而且必须协调一致,否则可由共同上级机关协调一致或决定。因此,区际行政机关间征求意见的法律规定,属于区域合作的强制性制度。

当然,是否把区际行政机关间的征求意见法律化要看实际需要。如果法律规范没有规定而又确有必要,则具有立法权的地方人大可根据"地方组织法"的规定开展协同立法,规定区际行政机关间的征求意见制度。县级以上地方人民政府可根据"地方组织法"共同建立跨行政区划的区域协同发展工作机制,加强区域合作的规定,建立区际行政机关间的征求意见制度。

(二)相同要件的行政行为

在我国的区域合作实践中,存在这样的行政行为:第一,区域性联合工作机构或经商定由一方行政机关起草行政立法文本,供合作各方采纳。基于合作各方事先已经缔结的合作协议的约束,除个别情况外,有关各方对文本或意见基本予以采纳。[①]第二,区域内的各方行政机关共同拟定,以各自名义分别在本辖区内予以决定、发布。[②]上述两种形式的行政行为已经超出了须征求意见的行政行为的范畴,但又不属于共同行政行为。那么,它属于行政行为的何种类型?

---

① 参见常旭:《东北三省政府立法协作框架协议正式签署》,载腾讯新闻网。
② 参见关桂峰:《京津冀首批区域协同地方标准发布》,载新华网。

1989年《行政诉讼法》第26条规定了同样行政行为。现行《行政诉讼法》第27条将其修改为同类行政行为。最高人民法院对同类行政行为与同样行政行为的司法解释却基本相同,都是指:第一,两个以上行政机关分别对同一事实作出的多个行政行为。第二,行政机关就同一事实对若干公民、法人或者其他组织分别作出的多个行政行为。[1]唯一的区别在于对同样行政行为的第一种情形有分别"依据不同的法律、法规"的限定,而对同类行政行为的第一种情形却没有这一限制。

我们暂且把第一种情形称为多机关的同类行政行为,把第二种情形称为多相对人的同类行政行为。两种同类行政行为的共同点和关键点在于"同一事实"。在司法实践中,对"同一事实"的认定非常严格,往往还会以同一法律、同一标的或同一法律关系再加以限定,甚至要求同时具备上述要件。最高人民法院在李俊法案裁定中认为,"合并审理是指两个或两个以上的单独诉讼,若有共同的诉讼标的或者法律关系,或基本事实之间具有相同性质的"案件。[2]《行政诉讼法》上基于同一事实的同类行政行为是服务于诉讼的,是要解决同类行政行为案件能否合并审理。"合并审理的价值在于将若干个高度关联案件通过一个诉讼程序完成全部审理工作,以提高司法效率,减少当事人诉累。"[3]

一个示范文本或共同拟定而分别决定的行政行为,所针对的并非同一事实而是同类事实,并非同一相对人而是不同地区的同类相

---

[1] 参见《最高人民法院关于执行〈中华人民共和国行政诉讼法〉若干问题的解释》(法释〔2000〕8号)第46条、《最高人民法院关于适用〈中华人民共和国行政诉讼法〉的解释》(法释〔2018〕1号)第73条。
[2] 最高人民法院(2019)最高法行申12669号行政裁定书("李俊法案")。
[3] 同上。

对人,因而不属于《行政诉讼法》上的同类行政行为。并且,同类行政行为作为一种诉讼制度与行政治理制度也有所区别。基于一个示范文本或共同拟定而分别决定的行政行为在构成要件上的相同,即相同的法律依据、同类事实和同类相对人,我们可以把它称为相同要件的行政行为。它对区域合作的意义也在于要件的相同,即区际行政机关通过合作,促成法律依据裁量、事实认定要件上的共识,并联合实施。

(三) 区际共同行政行为

契合于哈肯所说的集体行为还有共同行政行为。我国行政法学界对共同行政行为的讨论集中于诉讼,基本没有涉及它的社会治理和规制意义。其实,共同行政行为的首要意义在于协作治理和规制,因而是一种重要的区域合作行为。

然而,两个以上部际行政机关实施共同行政行为涉及事务管辖权,[①]两个以上区际行政机关实施共同行政行为则涉及地域管辖权。例如,江苏省环境保护厅、上海市环境保护局和浙江省环境保护厅共同发布的《关于印发长江三角洲地区企业环境行为信息公开工作实施办法(暂行)和长江三角洲地区企业环境行为信息评价标准(暂行)的通知》是三个机关以一个文号(苏环发〔2009〕23号)所作的行为。浙江省据此文件开展了企业环境行为信息公开的评估工作。[②]又如,《关于共同推进长江三角洲区域建筑市场信用信息平

[①] 参见生物工程公司不服药品管理行政处罚案,《最高人民法院公报》1989年第4期。

[②] 参见《浙江省环保厅关于开展2013年度浙江省企业环境行为信用等级评定的通知》,浙环函〔2014〕207号,2014年5月9日发布;《宁波市环境保护局关于对2013年度企业环境行为信用等级评价结果分类管理的通知》,甬环发〔2014〕83号,2014年8月26日发布。

台建设工作的通知》,系上海市建设和交通委员会、江苏省建设厅、浙江省建设厅以沪建交〔2007〕198号、苏建工〔2007〕57号、浙建建〔2007〕20号三个文号发布的一个文件。两个以上行政机关所作的行政行为构成共同意思表示的,属于共同行政行为。[①]区际共同行政行为导致的问题是,行政机关能跨越本行政区域实施行政行为吗?

日本的盐野宏教授认为,地域管辖权包括组织法和行为法两方面的意义。从组织法上说,甲地行政机关越权处理乙地行政机关管辖的事务,乙地行政机关不得提起机关诉讼,无效主张不会被承认。但从行为法上看,私人可以以甲地行政机关无权限为由,提起撤销诉讼甚至无效确认诉讼。[②]法国的里韦罗教授等也认为,违反地域管辖权对个人构成可撤销之诉。[③]

但德国却对地域管辖权采取了比较宽松的态度。"德国对于无管辖权导致无效采取的是相对宽松的态度,认为能够导致无效的管辖权,即几乎没有任何事实上的联结点能够认为行政机关有权作出该行政行为,或是该行为所规制的事项属于行政机关的任务范围。……违反《联邦行政程序法》第3条第1款第1项的地域管辖权,该条规定'当某项行政事务涉及不动产,或是与某地域有关的权利和法律关系,而不动产或是地域又属于行政机关的管辖范围'。据此,也只有违反这一项地域管辖权,在德国法中才会

[①] 参见〔日〕盐野宏:《行政组织法》,杨建顺译,北京大学出版社2008年版,第30页。

[②] 同上书,第13页。

[③] 参见〔法〕让·里韦、让·瓦利纳:《法国行政法》,鲁仁译,商务印书馆2008年版,第806页。

在美国的有关州,立法对地域管辖权作了更大的发展,即区际行政机关可以通过协议相互赋予对方地域管辖权。《加利福尼亚州联合行使权力法》第6502条规定:"经立法部门或其他部门的批准,两个或多个公共机构可通过协议方式联合形式缔约方各自均拥有之权力,包括但不限于:征收费用、评估额或税收,即使缔约当事人中的一个或多个位于本州之外。"[2]《犹他州地方合作法》第11-13-201条也作了类似规定。[3]

"凡是科学,其目的都在于发现,而凡是发现,都要或多或少地动摇既有的观念。"[4] 我们应该借鉴德国和美国有关州的经验,降低对行政机关地域管辖权的要求,创新区际共同行政行为的空间,推动区域合作。现在,"地方组织法"第80条、单行法上的区域合作条款和法律文件,以及基于协同立法所创设的地方性法规,都为区际共同行政行为提供了法律依据。前文所述的"苏浙沪企业环境信息通知"就有《环境保护法》第20条的规定为依据,"苏浙沪建筑信用通知"虽没有明确的法律规定为依据却有有关鼓励区域合作的法律文件为依据。并且,它们都有区域合作协议为具体依据。当然,行政机关实施区际共同行政行为不得违反有关地域管辖的强制性法律规范,如我国法律都规定涉及不动产的事务由其所在地机关管辖。

---

[1] 赵宏:《法治国下的目的性创设——德国行政行为理论与制度实践研究》,法律出版社2012年版,第146—147页。
[2] 《美国各州地方合作法选译》,王诚、申海平译,上海社会科学院出版社2022年版,第1页。
[3] 参见同上书,第114页。
[4] 〔法〕E.迪尔凯姆:《社会学方法的准则》,狄玉明译,商务印书馆1999年版,第一版"序言",第1页。

契合于哈肯所说的集体行为的还有区域合作协议,本书将在下一章加以专门讨论;契合于互为条件的行政行为则有职务协助和审批要件类行政行为(多阶段行政行为),本节将在下文作专门讨论。

三、区域合作中的职务协助行为

(一)我国职务协助立法的缺失

"职务协助,是指行政主体在对某一事务无管辖权时,可以依法请求有管辖权行政主体运用职权予以协助的制度。"[1]《联邦德国行政程序法》第4条规定:"应其他行政机关请求,任何行政机关应提供辅助性帮助(职务协助)。""下列情况不存在职务协助:1.在存在命令服从关系机关之间提供的帮助;2.提供帮助的内容构成被请求机关分内工作。"《西班牙公共行政机关及共同的行政程序法》第4条第1项规定:"公共行政机关在开展活动和处理相互间关系时必须做到:……3.向其他行政机关提供在行使其自身职能时所开展活动的信息;4.在自身范围内,向其他行政机关提供为有效行使其职能所需的积极合作与帮助。"

我国单行法上也有关于职务协助的规定。《税收征收管理法》第5条第3款规定:"各有关部门和单位应当支持、协助税务机关依法执行职务。"《突发事件应对法》第52条第1款规定,履行统一领导职责或者组织处置突发事件的政府,必要时可以"请求其他地方人民政府提供人力、物力、财力或者技术支援"。《行政处罚法》第26条规定:"行政机关因实施行政处罚的需要,可以向有关机关提出协助请求。协助事项属于被请求机关职权范围内的,应当依法予

---

[1] 叶必丰:《行政法与行政诉讼法》,高等教育出版社2015年版,第68页。

以协助。"地方政府相继制订的行政程序规定也大多设有职务协助条款，如《湖南省行政程序规定》第17条、《汕头市行政程序规定》第15条、《山东省行政程序规定》第17条、《辽宁省行政执法程序规定》第26—27条、《西安市行政程序规定》第18—20条、《江苏省行政程序规定》第16—17条和《宁夏回族自治区行政程序规定》第19条等。

德国的职务协助制度还有一个重要内容，就是职务协助成本的支付。《联邦德国行政程序法》第8条第1项规定："请求协助机关不需要向被请求机关支付行政规费。如具体个案的垫款超过50马克，可要求请求协助机关偿还。相互间提供职务协助的，无需偿还垫款。"第2项规定："被请求机关为实现职务协助所为的须支付费用的公务，有权得到第三人所欠的费用（行政规费、使用费和垫款）。"职务协助成本的合理解决，是调动职务协助积极性的动力机制。但我国除了《西安市行政程序规定》外，已有的单行立法和各地行政程序规定却都未规定职务协助的成本支付。也就是说，我国的职务协助制度尚未真正建立，职务协助还缺乏动力机制的支撑。这是亟待完善的。

（二）职务协助的利益多元挑战

在单一利益前提下的职务协助，如同一政府的不同部门之间的职务协助，其成本比较容易处理，可以在同一财政预算内解决。即便如此，也会有不予协助的情形。《联邦德国行政程序法》第5条第3项规定，如被请求机关须支出极不相称的巨大开支，则被请求机关无须提供协助。在国家治理体系和治理能力现代化的背景下，中央和地方的权限正在逐步明晰。"国务院央地事权划分意见"明确要求区分中央与地方的财政事权和支付责任，中央和地方把自己的事权委托对方完成的,都应向对方支付财政经费。也就是说,地方政府不再仅仅是中央政府在地方的监管主体,而且也是具有地方利益的主体,具有自己的财政预算。区际行政机关不是同一财政预算体系,有各自的财政经费预算。区际政府在利益相同或者具有统一财政经费预算时,区际职务协助便具有可行性。《突发事件应对法》所规定的区际职务协助就具有统一的应急经费,可望得到有关地方的良好回应。在行政区利益诉求各异时,区际职务协助的请求就很难得到被请求机关的有效回应,因为区际职务协助的成本更为高昂。

根据职务协助原理,职务协助的请求行为应以请求机关所在地有效的法律规范为依据,职务协助的协助行为则应以协助机关所在地有效的法律规范为依据。我国不同省、自治区和直辖市各有地方性法规和地方政府规章,所属设区的市以及自治州也各有地方性法规和地方政府规章。各地方性法规和地方政府规章,都是根据本地方的实际情况或利益诉求制定的,并不完全相同。如果各地没有特殊情况或各自的利益诉求,则不需要制定地方性法规和地方政府规章,有全国统一的法律、行政法规和部门规章即可。这样,在区际职务协助中,请求行为与协助行为的法律对接就存在挑战。如上海市为控制私车发展速度、缓解城市交通压力,实行了私车购买额度的招投标制度,然后向取得私车购买额度者颁发私车牌照。但基于《道路交通安全法》和《机动车登记规定》并无此规定以及苏州市和嘉兴市并无同样的规制需求,并未实行与上海相同的制度。苏州市和嘉兴市公安局如果协助上海市公安局的请求,不向在本辖区有户籍但常住上海的居民颁发私车牌照,就于法无据。并且,区际职务协助并不像行政处罚和行政强制执行中的单个行为,而往往是集约式的行政行为群。上海市公安局请求嘉兴市公安局不向常驻上海市的居民发放机动车牌照,协助行为是持续的系列行为,包括市公安局及下辖县公安局的持续系列行为。如果系世博会和奥运会安保之类的职务协助,则协助行为的种类更为复杂。因此,区域合作中协助行为的法律适用,与单个协助行为的法律适用相比要复杂得多,需要以地方性法规和地方政府规章的对接或协同为前提,从而需要极大的成本。

上述区际职务协助的成本往往是难以精确计算的。并且,有些区际职务协助还要克减自身的发展机会,如因环境保护而关停并转本行政区的某些产业。这样,职务协助在区域合作中的运用或有效开展就面临严峻的挑战。

(三)区际职务协助的补偿机制

"社会制度的绝大部分是由前人定好而遗留给我们的,我们丝毫也没有参与它的建立,所以反躬自问时,不可能找到产生这些制度的原因。再说,就算我们参与了这些制度的建立,我们也只能是以最模糊的,甚至往往是最不准确的方式勉强地猜到决定我们的行动的真正原因和我们的行为的本质。"[1] 从背景来看,职务协助是在秩序行政的时代设计的,行政的范围和成本都比较有限;是在单一系统内的制度,而不是跨系统的制度。德国的职务协助,是联邦政府系统内的职务协助,而不是联邦政府与州政府、州与州政府系统间行政机关的职务协助。但当前的区域合作除了延续而来的安保等秩序行政外,所面对的更多是社会行政、福利行政和生态行政,任务集中于环境保护、产业布局和基础设施建设等。区域合作中的职务协助是若干个行政区行政机关间的职务协助,有更大的规模、更

---

[1] 〔法〕E. 迪尔凯姆:《社会学方法的准则》,狄玉明译,商务印书馆1999年版,第二版"序言",第9页。

复杂的形势和更高昂的成本。

如果要固守职务协助的本来设计,那么它在区域合作中的运用就必须加以限制。中央和地方有某些共同事权和支付责任。对这些共同事权,中央政府和各地方政府具有共同或相同的财政预算,可以统一或协同安排使用。在共同事权范围内,部际、区际行政机关间可开展职务协助。

在地方事权范围内的区际职务协助则需要突破和发展。它需要完善的协助成本补偿机制,需要有良好的财政横向转移支付制度。在生态区域合作领域,财政部等的指导意见明确指出应坚持"区际公平、权责对等"原则,即"流域上游承担保护生态环境的责任,同时享有水质改善、水量保障带来利益的权利。流域下游地区对上游地区为改善生态环境付出的努力作出补偿,同时享有水质恶化、上游过度用水的受偿权利"。[1] 协助方在克减某些发展利益时,只有能分享其他更多的发展利益,才会有协助的积极性或动力。区际职务协助的成本补偿和利益共享,不仅仅涉及不同行政区政府间的关系,还涉及政府与公众的关系。并且,公众才是区际职务协助的根本动力。只有社会结构的组合方式才是社会进化和社会变革的决定性因素或动力。[2] 系统内部结构的有序性才是系统的决定性力量,系统内部结构关系的不断变化决定着系统的创新。[3] 因此,区际职务协助制度还必须包括公众参与。

---

[1] 财政部、环境保护部、发展改革委、水利部《关于加快建立流域上下游横向生态保护补偿机制的指导意见》,财建〔2016〕928号,2016年12月20日发布。

[2] 参见〔法〕E.迪尔凯姆:《社会学方法的准则》,狄玉明译,商务印书馆1999年版,第127—133页。

[3] 参见〔德〕赫尔曼·哈肯:《协同学——大自然构成的奥秘》,凌复华译,上海译文出版社2001年版,第23—29、130—132页。

四、区域合作中的审批要件行为

(一)审批要件类行为的图谱

哈肯关于协同行为中的互为条件的行为,在我国有审批要件类行政行为(多阶段行政行为),并普遍存在于层级行政和部际行政领域。如在张荔等案中,被最高人民法院认定为合法的征收决定及补偿方案就属于链条式审批要件行为。[①] 在图 7-1 中,每前一行政行为都是后一行政行为(审批)的构成要件,从而形成行政行为的链条。链条式审批要件行为也存在于区际关系中,如图 7-2 所示。

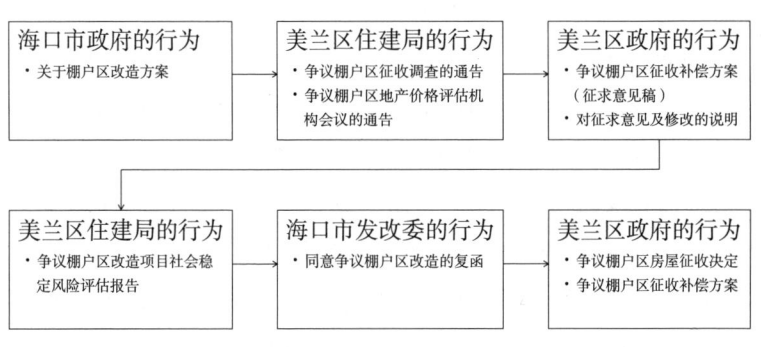

图 7-1 张荔等案中的审批要件行为

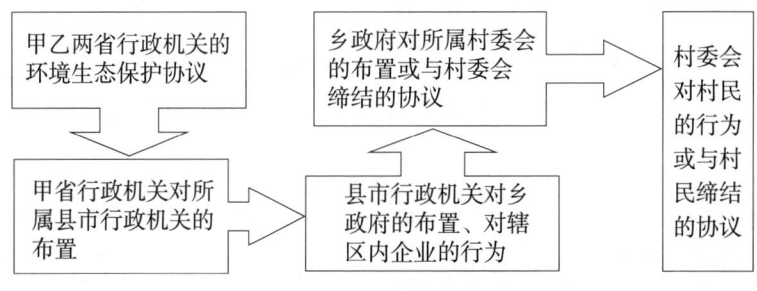

图 7-2 区际审批要件行为

---

① 参见最高人民法院(2017)最高法行申 6972—6976、6978—6979、6981—6984 号行政裁定书("张荔等案")。

在上图7-2中,省、县市行政机关和乡政府的行为构成了行政行为的链条即多阶段行政行为。这一链条并未就此结束,还继续延伸到基层群众性自治组织的行为,以及企业或村民的环境生态保护行为。企业或村民的环境生态保护行为,又指向乙省行政机关的合作协议履行行为。于是,它们就构成了一条持续的循环链。这类审批要件行政行为(加其他组织的行为)也存在于产业协同发展和安保领域。如为了上海世博会的成功举办,自2003年起,长三角两省一市及合作体通过了多份文件,以协调和动员长江三角洲区域内的多种资源。[1] 浙江省各级政府承担起了"环沪护城河"的安保重任。[2] 这一安保责任的承担,则使得上海市政府愿意向浙江省开放世博会的红利,从而进一步激发浙江省政府的协同积极性。这就进入了麦克尼尔所构建的现代关系性契约,一种不仅关系到行为而且关系到身份的连绵不断的关系性契约。与个别性契约的一次性交易不同,现代关系性契约牵涉许多人,持续很长的时间,期间会有成员的变更,必须为未来合作预留空间。[3] 于是,行政法的目的不仅是为了简单地应付社会经济问题,而且也是为了实现特定目标比如相互性和权力变迁。[4]

(二)法律救济的挑战和选择

尽管"人类生活本身并非都是在法庭前上演的",但"法学的任何科学阐释都必将以法官法学作为出发点"。"法官法学总是被看

---

[1] 参见《长江三角洲城市经济协调会第五次会议纪要》,见叶必丰等主编:《区域合作协议汇编》,法律出版社2011年版,第41—42页;《长三角主要领导座谈 共同努力确保世博成功召开》,《青年报》2009年11月28日,第A02版。

[2] 参见《中共浙江省委、浙江省人民政府关于表彰全省上海世博会"环沪护城河"安保工作先进集体和先进个人的通报》,浙委〔2011〕4号,2011年1月5日发布。

[3] 参见〔美〕麦克尼尔:《新社会契约论》,雷喜宁等译,中国政法大学出版社1994年版,第19—20页。

[4] 参见同上书,第77页。

作是主导性的,而且经常被看作是唯一的法学。"[1] 在我国区域经济一体化背景下,区域合作中的纠纷将是一种新常态。[2] 链条式审批要件行政行为最大的法律挑战在于法律救济的困难。如果村民履行了生态保护义务,而乙省行政机关没有为此履行生态补偿义务,则至少存在四方面的挑战:第一,村民起诉本省内的行政机关,则被诉行政机关并无过错。在这种情况下,由甲省内的行政机关承担责任,属于权责不一致,并非正义。第二,村民起诉乙省行政机关,则与被诉行政行为不具有直接的因果联系。法院不受理没有直接因果关系的起诉。[3] 第三,如果甲省行政机关起诉乙省行政机关,显然不属于民事诉讼,但我国行政诉讼中并无机关诉讼之类型。第四,区域合作中权益受影响的公民,可能是一个分布在多乡、县范围的很大群体,存在很高级别的行政机关,因而对原告代表人、级别管辖和诉讼秩序维护都是很大的挑战。

区域合作中链条式审批要件行政行为的法律救济,在区际移民领域已经出现判例。概括地说有两种类型:第一,淡化直接因果关系,把过错方行政机关作为被告。在马恩本案中,移民迁出地行政机关没有向迁入地行政机关足额拨付移民安置补偿费。原告起诉移民迁出地行政机关,获法院支持。[4] 第二,模糊直接因果关系和过

---

[1] 〔奥〕欧根·埃利希:《法社会学原理》,舒国滢译,中国大百科全书出版社2009年版,第22、262页。

[2] 参见李成思等:《跨界水污染纠纷为何多年难解?》,载《人民日报》海外网。

[3] 参见黄陆军等人不服金华市工商行政管理局工商登记行政复议案,《最高人民法院公报》2012年第5期;《原告主张的权利与被诉具体行政行为无因果关系的不应具备原告主体资格——安邦财产保险股份有限公司吉林中心支公司诉吉林市公安局交通管理支队颁发驾驶证案》(第86号案例),最高人民法院行政审判庭:《中国行政审判案例》(第3卷),中国法制出版社2013年版,第24页。

[4] 参见最高人民法院(2015)行提字第33号行政裁定书("马恩本案")。

错,把链条式行政行为每一环节的义务主体都作为被告。在乌史村二组案中,水库开发商将征地移民安置补偿款拨付给州移民局,州移民局将部分款项拨付给县移民局,县移民局又拨付给了乡政府。因对乡政府分配补偿款不满,原告起诉州移民局。法院立案后,追加县移民局和乡政府为被告。[①]

在链条式审批要件行政行为中,同一行政区内的不同层级行政机关属于同一利益共同体,具有统一的预算体系,并非链条式区际行政行为纠纷化解的重点。链条式区域合作行政行为纠纷化解的关键,在于区际行政机关之间纠纷的化解。

对区际审批要件行政行为纠纷应当以预防为主,即第一链的行政行为(行政协议)得到全面履行是最为重要的,可以有效防止多米诺骨牌效应的纠纷发生。然后,当前述审批要件行为图谱中的乙省行政机关即第一个行政机关未全面履行行政行为时,甲省行政机关即第二个行政机关应当尽责主张权利。如果像马恩本案中移民迁入地行政机关那样不作为,把权利主张转移或推诿给链条末端的公民,则区际行政纠纷并未真正形成。

当区际行政纠纷发生时,理想的选择是通过区际行政机关协商解决,或者由上级机关协调解决。在法国,区际行政纠纷尽管可以通过行政法院解决,但极少发生,主要是通过协商、和解解决的。我国当前已经出台不少协商、协调的法律规定。如《环境保护法》第20条第2款规定:"前款规定以外的跨行政区域的环境污染和生态破坏的防治,由上级人民政府协调解决,或者由有关地方人民政府协商解决。"协商或协调机制融合了日本学者棚濑孝雄所构建的

[①] 参见四川省凉山彝族自治州中级人民法院(2015)川凉中民初字第60号民事裁定书("乌史村二组案")。

"合意——决定"和"状况性——规范性"纠纷解决的所有元素。其中,协商系纠纷的合意解决机制,偏重纠纷的状况性解决。上级机关的协调可以是调解,也可以是决定。调解和决定都属于纠纷的决定解决机制,属于准审判性纠纷解决机制,偏重纠纷的规范性解决。①

协商机制系"所谓根据合意的纠纷解决,指的是由于双方当事者就以何种方式和内容来解决纠纷等主要之点达成了合意而使纠纷得到解决的情况"。②从我国的已有立法看,区际行政纠纷的协商机制是首要选项,要么是协商和协调中排列第一的选项,要么是协调解决的前置程序。③这是因为区际行政纠纷多为地方事权范围的纠纷,地方行政机关具有相应的自主权。上级机关的决定是一种单方意志。上级机关在调解中"持有自己的利益时,往往可以看到他为了使当事者达成合意而施加种种压力的情况"④而构成"强制性合意"。它们往往有损地方自主权。同时,有关区际行政机关往往是无法选择的邻居,必须面向未来而合作。

区际行政机关之间的协商具有行政性,伴随着随意性。区域协商应切实发挥有效化解纠纷的功能,避免纠纷久拖不决和滚动发展;增强协商的规范性,尽可能避免协商的状况性。现在,我国许多地方建立的不断趋于专门化、制度化的区域协商机制,如《长三

---

① 参见〔日〕棚濑孝雄:《纠纷的解决与审判制度》,王亚新译,中国政法大学出版社1994年版,第7—35页。
② 〔日〕棚濑孝雄:《纠纷的解决与审判制度》,王亚新译,中国政法大学出版社1994年版,第10页。
③ 参见叶必丰:《区域合作的现有法律依据研究》,《现代法学》2016年第2期,第33—35页。
④ 〔日〕棚濑孝雄:《纠纷的解决与审判制度》,王亚新译,中国政法大学出版社1994年版,第13页。

角地区跨界环境污染纠纷处置的应急联动工作方案》[1]《江苏省溧阳市、安徽省郎溪县跨界污染纠纷处置工作机制》[2]和《粤桂两省区跨界河流水污染联防联治协作框架协议》等,正是为了充分发挥上述积极功能,避免或减少负面作用。

本节结语

推进区域合作传统上主要依赖于组织法治。但协同学上认为,系统结构的稳定有序取决于行为上的竞争和合作。从行政行为角度来说,区域合作应当具备区际联结点、地方自主权、可裁量性和法无禁止等法律要件。基于协同学理论,区域合作中的行政行为有区际行政机关间的征求意见行政行为、相同要件的区际行政行为、区际共同行政行为、区际职务协助行为和区际审批要件行政行为。行政机关间的征求意见,不论是裁量性程序还是法定程序,都可以适用于区域合作。如无法律规范的规定而又有必要,则地方主体可以建立区际行政机关间的征求意见制度。区际行政机关可以通过合作,实施相同要件的行政行为。区际共同行政行为虽然涉及地域管辖权问题,但借鉴有关国家的经验,根据"地方组织法"等规定,在我国也是可以放松地域管辖权的要求或建立相互赋予地域管辖权的制度。区际职务协助行为在法律上并无太多障碍,主要任务在于构建以利益多元为基础的成本补偿和利益共享机制以及公众参与机制。区际审批要件行政行为作为区域合作的一种重要机制,需要通过协商或协调妥善处理有关纠纷。

---

[1] 参见蔡敏等:《华东三省一市共建跨界污染应急联动机制》,载新华网。
[2] 参见高杰、詹国平、谈伟:《苏皖建立跨界污染纠纷处置机制》,《中国环境报》2013年11月25日,第3版。

第八章 区域合作之行政协议

第一节 区域行政协议的探索[①]

本节导语

在我国经济高速发展的进程中,存在着地区上的不平衡。为此,国家采取了"分类指导"的原则,即东部新跨越、西部开发、东北振兴和中部崛起。同时,由于地理、经济、文化等因素上的共性,我国经济社会的发展又呈现出区域性,如长三角区域、(泛)珠三角区域和环渤海区域等。

区域经济一体化,主要是通过市场自发解决的。但是,市场机制有时会遭遇行政区划上的障碍。对此,长三角区域政府在实践中创造出了旨在推动和促进区域经济一体化的协商对话并缔结协议的法治协调机制,为泛珠三角区域政府、环渤海区域政府和其他区域政府所效仿。从法学角度看,区域行政协议既不是共同行政行为也不是行政合同,而是类似于美国的州际协定和《西班牙公共行政机关及共同的行政程序法》所规定的行政协议,是政府间实现平等

[①] 本节原标题名为《我国区域经济一体化背景下的行政协议》,首发于《法学研究》2006年第2期。此次出版时根据新的实践和文献重写。

合作的一项法律机制。在我国,这既是一项法治创新也是一个新的行政法学范畴。

在行政协议探索的初期,法学界并未予以足够的关注和重视。相反,其他学界却不满足于行政协议,为实现经济一体化,对政府组织提出了更高的要求。有人建议,以经济区来统一现行行政区划,并以此为基础建立统一的行政和司法机构,对各行政区域的经济和社会发展进行有法律拘束力的规划和规制。有的主张,把某些省市的部分区域划归另一省市,从而扩大某一省市的发展空间。[1]

基于法学的实践性品格,作者曾对区域行政协议的法治基础、缔结、主要条款和履行等进行了探讨,分析行政协议所涉及的中央与地方、地方与地方、政府与公众、政府与市场之间的关系等问题,旨在为区域经济一体化的发展建立一种区域政府间进行平等、有效合作的法律机制。[2]现在原有研究的基础上,结合新的发展和文献对区域行政协议作进一步总结。并且,本研究仅以区域行政协议为研究对象,并不研究非政府机关间缔结的区域合作协议。

一、区域行政协议的法律依据

(一)缔结依据

从理论上说,"在任何社会环境下,解决价值冲突的办法都只有寥寥几种。一种办法是通过地理上的隔绝。另外一种更主动的办法就是退出。弥合个别的或文化上的差异的第三种办法是通过对

---

[1] 参见丁汀:《长三角经济一体化3种方案》,载《财经时报》2003年3月22日,第2版。
[2] 参见叶必丰:《我国区域经济一体化背景下的行政协议》,载《法学研究》2006年第2期,第57—69页。

话，在这种情况下，价值冲突原则上能够表现出一种积极的征象，也就是说，能够成为增进交流和自我理解的手段。最后，价值冲突也可以通过使用武力或暴力来加以解决"。[①] 在现代社会，隔绝和退出已经成为不可能；武力或暴力，也已经被抛弃。剩下的纠纷解决机制，只有对话和协商。即使存在司法救济途径的场合，协商机制也不可或缺。美国康涅狄格州和宾夕法尼亚州关于怀俄明的土地曾发生争执。"邦联条例强迫双方将问题提交联邦法庭裁决。法庭判决宾夕法尼亚州胜诉。但是康涅狄格州对此判决表示强烈不满，而且也没有表示完全屈从，一直通过谈判和协商，获得他认为和自己所受损失相等的东西为止。"[②] 何况，由于某些冲突具有普遍性而并非个案，无法通过诉讼获得广泛解决，但又具区域性而不具全国性，也难以由中央来统一立法。因此，解决问题的途径只能是统一立法所提供的制度化协商机制，并通过缔结协议得以固化。

地方行政机关只能在本行政区域内行使职权。区际事务分属于相关行政区行政机关管辖，也涉及上级行政机关的管辖权。如果区际行政机关共同管辖或者协同管辖，则涉及地方行政机关公权力的外溢，涉及地方间的合作或联合的分寸把握，需要中央的允许，因此很多国家宪法和法律都明文规定了缔结依据。《美国联邦宪法》规定了"协定条款"，成为美国州际协定的宪法依据。美国的很多州则制定了专门的法律，为各自的地方合作协议提供了法律依据。《西班牙公共行政机关及共同的行政程序法》第6条第1款规定："全

[①] 转引自〔美〕华勒斯坦等：《开放社会科学》，刘锋译，生活·读书·新知三联书店1997年版，第75页。

[②] 〔美〕汉密尔顿、杰伊、麦迪逊：《联邦党人文集》，程逢如、在汉、舒逊译，商务印书馆1980年版，第31页。

国政府和自治区政府的机构之间可以在各自的职能范围内签署协作协议。"《日本地方自治法》第252条之二规定:"普通地方公共团体为在自己及其他普通地方公共团体区域内处理自己及其他普通地方公共团体事务时能与其他普通地方公共团体合作,可以与其他普通地方公共团体协商,缔结关于合作处理事务时的基本方针和作用分担的协约。"《法国地方政权总法典》第1111-8条规定:"一级地方政权可委托另一级地方政权或税收独立的市镇合作公共机构行使它的管辖权。""该委托由委托政权和受委托政权之间签订的协议来确定委托管辖的时间、目的和委托政权对受委托政权的监管方式。这一协议的具体形式由最高行政法院通过法令来确定。"[1]

我国的区域行政协议有单行法律、法规上的区域合作条款(参见本书第四章第一节)。如《水法》第56条规定:"不同行政区域之间发生水事纠纷的,应当协商处理;协商不成的,由上一级人民政府裁决,有关各方必须遵照执行。在水事纠纷解决前,未经各方达成协议或者共同的上一级人民政府批准,在行政区域交界线两侧一定范围内,任何一方不得修建排水、阻水、取水和截(蓄)水工程,不得单方面改变水的现状。"《行政区域边界争议处理条例》第13条规定:"经双方人民政府协商解决的边界争议,由双方人民政府的代表在边界协议和所附边界线地形图上签字。"当然,大多数区域合作条款并没有"协议"两字,但协议是协商的结果,经协商一致而形成的书面文件基本上属于协议的范畴。因此,区域合作条款就是区域行政协议的法律依据。同时,区域合作条款大多是针对区际纠纷所作的规定。但与美国的州际协议源于州际边界纠纷协议一样,我国

---

[1] 《法国地方政权总法典选译》,李贝、韩小鹰译,上海社会科学院出版社2022年版,第6页。

的区域合作条款也被创造性地适用于旨在实现合作共赢的发展目标。"地方组织法"第80条规定："县级以上的地方各级人民政府根据国家区域发展战略，结合地方实际需要，可以共同建立跨行政区划的区域协同发展工作机制，加强区域合作。"这里的"跨行政区划的区域协同发展工作机制"至少包括与机构设置有关的区域行政协议。

（二）必要条款

1. 有关国家的区际行政协议必要条款。区域行政协议的法律依据大多规定了强制性要求即必要条款。《法国地方政权总法典》第1111-9-1条规定，行政权委托行使的区际行政协议草案尤其应包括：第一，地方政权或管辖机构的层级；第二，地方政权之间的管辖权委托，或者地方政权对区际共设机关进行的管辖权委托；第三，所创设的一体化服务；第四，地方政权财政措施的协调、简化和澄清方法；第五，协议的期限，最长不得超过6年。《日本地方自治法》分区际协议会、区际共设机关和区际事务的委托规定了区际行政协议的必要条款。其中，区际行政协议委托行政事务时必须规定下列事项：第一，委托的普通地方公共团体和受托的普通地方公共团体；第二，委托的事务范围、委托事务的管理和执行方法；第三，委托事务所需经费的支付方法；第四，其他与委托事务相关的必要事项。《西班牙公共行政机关及共同的行政程序法》第6条第2款明确规定，区际行政协议文本应按照以下内容格式化：第一，签署协议的机构及各方的法律能力；第二，各行政机关所行使的职能；第三，资金来源；第四，为履行协议所需进行的工作；第五，是否有必要成立一个工作机构；第六，有效期限，如缔约各方同意，所确立的有效期限不妨碍协议的延长；第七，前项所述原因之外的终止以及因终止而结束有关行为的方式。美国多州的地方合作法也作了必要条款的规定。

2. 我国区际行政协议的主要条款。我国尚未制定区际行政协议的专门法律,区际行政协议是长三角省市在实践中摸索出来的。从已有的区际行政协议来看,主要有以下条款:

(1)签署协议的主体及各方的法律能力。每份行政协议都载明了签署主体、有资格代表该主体签署协议的负责人的签名、该机构印章。

(2)合作的共识。区域行政协议的开头部分,所表达的往往是合作各方对合作所达成的共识。这一部分虽然比较抽象和原则,但对统一认识和明确目标有着积极意义。这一部分一般都比较简明扼要,不会冗长。

(3)合作安排。这是区域行政协议最主要的条款,也是合作各方的权利义务。这部分一般会比较明确具体,以便协议的履行。不过,在此需要特别强调的是,区域行政协议不能约定应该由市场自行解决的内容,也不能约定法律所禁止的事项。

(4)所要成立的组织机构或合作机制。例如,《长三角地区道路交通运输一体化发展议定书》第二部分专门规定了合作机制,包括协调委员会的设立、组成、主席的轮值、会议的举行、秘书处和协调委员会的职责等内容。当然,组织机构并非每个区域行政协议所必需,只是在有必要时才在协议中订明。

(5)协议的加入和退出。早期的《长江三角洲城市经济协调会章程》规定:"长三角协调会由长江三角洲地区15城市组成",并未规定加入和退出。协调会在2003年接受台州市加入申请后,也就被称为"15+1"。2004年,长三角经济协调会修改了章程,将前述规定修改为"长三角协调会由长三角地区的城市和其他城市组成",并专门制定了《"长江三角洲城市经济协调会"城市入会规程》,规定了入会条件。[①] 这样,在符合入会条件的情况下基本实现了区域行政协议的开放性。但对协议的退出未作规定,须完善。

(6)生效时间。长三角区域行政协议大多未明确规定协议的有效期限,也未明确规定生效时间,而只有签署时间。在这种情况下,我们也只能将签署时间视为协议的生效时间。少数协议规定了生效时间,分两种形式。一是规定确定的生效时间,如《长三角食用农产品标准化互认(合作)协议》规定:"本协议自即日起在两省一市试行"。二是规定一个不确定的法律事实的发生作为生效时间,如《沪苏浙共同推进长三角创新体系建设协议书》约定:"本协议现有两省一市科技行政管理部门草签,报两省一市政府批准后正式签约。"从法理上讲,这两种生效时间的规定都是可以的。相比之下,泛珠三角行政协议关于生效时间的规定要规范得多。它们的特点是将作为生效时间的签署时间作为专门的一条加以规定,并且每个协议都有这一条,也形成了一个基本固定的格式。例如,《泛珠三角区域(九省区)质量技术监督合作框架协议》最末一条即第6条规定:"本协议一式九份,签署各方各执一份,2004年9月2日于广州签署,签署之日起生效。"

(7)协议的修改、补充。长三角的少数协议还规定了协议的修改和补充。例如,《长三角食用农产品标准化互认(合作)协议》规定:"以上条款如有不妥和不完善之处,在试行中三方可协商修改和

---

① 所规定的入会条件是:城市化水平不低于20%、GDP总量相对上海比值不低于5%、人均GDP相对上海比值不低于20%、经济联系强度系数不低于10等(参见李刚殷等:《长三角上演"名分"争夺战》,载《工人日报》2005年11月2日,第1版)。

补充。"《镇江市与连云港市国民经济和社会发展2004年合作计划》规定:"本计划未尽事宜由两市主管部门另行商定。"多数区域行政协议并未规定此款内容。在这种情况下,履行时如发现需要修改或补充的,也应通过协商,订立修改或补充协议来解决。修改或补充协议应与缔结协议一样,履行批准手续。

除上述条款外,无论是区域一体化已基本成型的长三角和珠三角的区域行政协议,还是其他区域相继缔结的协议,都未约定协议履行中的违约责任、监督和纠纷解决机制。这些内容在国外是由法律规定并有现成机制的,一般无须专门约定。但在我国目前,尚无法可依,有必要在协议中明确。

二、区域行政协议的参与主体

有关主体对区域行政协议的参与是由程序规则确立的。多国法律对区域行政协议的缔结程序作出了规定,明确了参与主体。我国《行政区域边界争议处理条例》和《行政区域界线管理条例》规定了行政区域边界协议和行政区域界线协议的缔结程序和参与主体。其他区域行政协议尚无缔结程序的法律规定。《重大行政决策程序暂行条例》第3条第1款第5项规定,本条例所称重大行政决策事项包括:"决定对经济社会发展有重大影响、涉及重大公共利益或者社会公众切身利益的其他重大事项。"缔结区域行政协议应该属于该项所调整的对象,因而缔结程序可适用《重大行政决策程序暂行条例》的规定。据此,我们也可以确定区域行政协议的参与主体。

(一)缔约主体

美国的州际协定只有州长才有资格签署。这是因为,在殖民地时代,州际协定当然能由全权代表殖民地的总督来缔结。在结成联邦后,作为成员州的代表并非州议会或州法院,而是州长。除了州长以外的其他行政机关,则不能缔结州际协定,不能成为州际协定的缔约主体。州际行政协议的缔约主体则不限于州长,可以是州的各类行政机关。[①]州以下的区域行政协议缔约主体可以是地方的各类公共机构。如根据《加利福尼亚州联合行使权力法》第6500、6502条的规定,州和县的任何行政机关都可以与外州、县的行政机关缔结合作协议。根据《佛罗里达州地方合作法》规定,州、县和市的行政机关都可以与外州、县和市的行政机关缔结合作协议。[②]西班牙、日本和法国区域行政协议的缔约主体同样可以是任何行政机关。

我国单行法上区域合作条款对合作主体的规定有以下几种:第一,县级以上地方政府。如《海洋环境保护法》第9条第1款规定:"跨区域的海洋环境保护工作,由有关沿海地方人民政府协商解决。"以"协商"命名的区域合作条款,所规定的合作主体基本上是县级以上地方政府。第二,地方政府职能部门。如《反电信网络诈骗法》第7条规定,"有关部门"在反电信网络诈骗工作中应当密切协作,实现跨地域协同配合。合作主体为地方政府职能部门的规定,基本上出现在以"联动""协作""合作"命名的区域合作条款中。第三,地方政府及其职能部门。如《科学技术进步法》第76条规定,国家鼓励"地方各级人民政府及其有关部门"开展跨行政区创新合作。第四,具有事务管辖权的行政机关。如《国家安全法》

[①] 参见〔美〕约瑟夫·F.齐默尔曼:《州际合作——协定与行政协议》,王诚译,法律出版社2013年版,第192—193页。

[②] 参见《美国各州地方合作法选译》,王诚、申海平译,上海社会科学院出版社2022年版,第3、177页。

第49条规定,国家建立"地区之间"关于国家安全的协同联动机制。《行政处罚法》第25条第2款规定:"对管辖发生争议的,应当协商解决。"这类条文中没有指明具体的合作主体,但根据文意应该是具有事务管辖权的行政机关。

当然,我国的区域合作条款还没有覆盖到所有行政领域。在没有区域合作条款的行政领域,区域行政协议如果涉及机构设置及其签字权的,则法律上的依据是"地方组织法"第80条。根据该条的规定,建立"跨行政区划的区域协同发展工作机制"的主体是县级以上地方政府。同时,根据"地方组织法"第10、49条的规定,省级和设区的市级地方人大可以开展协同立法,建立区域合作机制。也就是说,在县级以上地方政府或地方人大的协同立法已经建立区域合作机制的基础上,几乎任何行政机关都可以成为区域行政协议的缔约主体。

在"地方组织法"修改之前,长三角和泛珠三角行政协议的缔结已形成了类似的实践规则。地方政府各职能部门在本级政府或上级政府与外地政府缔结协议的基础上,才与外地行政部门缔结协议。长三角区域政府及其职能部门是在长三角区域政府先缔结具有概括性和原则性的《长江三角洲城市经济协调会章程》的基础上,进而缔结各种区域行政协议的。泛珠三角地区政府则是在先缔结了概括性和原则性的《泛珠三角区域合作框架协议》,然后由各职能部门分别缔结具体、专门的区域行政协议。各职能部门缔结的区域行政协议,有章程或框架协议为基础和依据,也就避免了缔约主体是否合格的质疑。

(二)公众参与

《重大行政决策程序暂行条例》第二章第二节专门规定了重大

行政决策的公众参与。根据规定,需要遵循公众参与程序的重大行政决策有两类:第一,决策事项涉及特定群体利益的,决策承办单位应当与相关人民团体、社会组织以及群众代表进行沟通协商,充分听取相关群体的意见建议。第二,决策事项直接涉及公民、法人、其他组织切身利益(以下简称"直接利益")或者存在较大分歧的,可以召开听证会。除以上两类以及依法不予公开的情形以外,其他重大行政决策是否需要经公众参与程序,由决策承办单位裁量。

1. 征求意见。《关于长三角食用农产品标准化互认(合作)的协议》涉及区域内农民的利益,《泛珠三角出版合作框架协议》涉及区域内出版社的利益,《湖北省旅游局、重庆市旅游局关于加强长江三峡区域旅游合作协议》涉及旅游公司的利益。如果现在缔结上述区域行政协议,就应遵循《重大行政决策程序暂行条例》所规定的听取意见程序。

2. 听证。有的区域行政协议系多阶段行政行为中后一行政行为的要件(参见第七章第二节)。如上海市政府与浙江省政府关于合作开发洋山港的协议,是后续规划、移民安置等行政行为的构成要件。这类行政协议无疑也是重大行政决策,但是否涉及"直接利益"?在具体行政行为理论中,直接产生法律效果是指不需要借助其他行为就能对特定人产生的法律效果。[1] 直接产生法律效果表现在行政诉讼中就是法律上的利害关系,是判断公民、法人或其他组织是否具有原告资格的标准。对法律上利害关系的判断标准一般包括:是否存在一项权利,该权利是否属于原告的主观权利,以及该权利是否可能受到了被诉行政行为的侵害。[2] 但是,法律上对抽象

---

[1] 参见叶必丰:《行政行为原理》,商务印书馆2014年版,第161—170页。
[2] 参见最高人民法院(2016)最高法行申2560号行政裁定书("臧金凤案")。

行政行为的听证却并没有如此要求。《规章制定程序条例》第16条第2款规定:"起草的规章涉及重大利益调整或者存在重大意见分歧,对公民、法人或者其他组织的权利义务有较大影响,人民群众普遍关注,需要进行听证的,起草单位应当举行听证会听取意见。"《上海市行政规范性文件制定和备案规定》第15条第1款规定:"有下列情形之一的,起草规范性文件时可以组织召开听证会:(一)直接涉及公民、法人或者其他组织切身利益,各利益相关方存在重大分歧意见的;(二)涉及重大公共利益,存在重大分歧意见的;(三)其他起草部门认为确有必要的情形。"如果对抽象行政行为是否涉及"直接利益"也作如同法律上利害关系一样的判断,那么将没有一个抽象行政行为需要听证,听证制度将失去意义。区域行政协议与抽象行政行为一样需要其他行政行为的实施才能对特定人直接产生法律效果,其是否涉及"直接利益"也应参照抽象行政行为加以解释,从而适用《重大行政决策程序暂行条例》中的听证规定。因此,如果现在缔结类似于上海市政府与浙江省政府关于合作开发洋山港的协议,就应举行听证。为了方便听证,听证会可以由协议各方主体分别举行。

3. 裁量参与。除前文第一、二类以及依法不予公开的区域行政协议以外,其他区域行政协议是否需要经公众参与程序,由缔约主体裁量是否需要公众参与、公众以何种形式参与。

另外,除属于依法不予公开的情形以外,区域行政协议都应当公开。《日本地方自治法》第252条之二规定:"普通地方公共团体缔结合作协约后,必须公开协约。"《法国地方政权总法典》第1411-13条规定,对包括区域行政协议在内的相关文件,市政府应当在接收之日起15日内以张贴的形式向公众公开,"市长应将在市政府张贴文件的信息以及地点通知市民,并且该张贴至少持续一个月"。在这方面,我国以泛珠三角区域的表现更为优秀,所缔结的区域行政协议都会在媒体上发布。但有些地方的区域行政协议却没有公开,只有很简要的新闻。即使公众依据《政府信息公开条例》申请提供,也没有得到有关部门的任何答复。这是亟待完善和解决的重大程序问题。

(三)监督主体

1.有关国家区域行政协议的监督主体。《美国联邦宪法》第1条第10款第1项规定:"任何一州,未经国会同意,……不得与他州或外国缔结协定或盟约。"宪法禁止各州缔结协定或盟约是因为,制宪时联邦的地位尚未巩固,联邦担心由分散的各殖民地演变而来的各州通过与他州或外国缔结协定或盟约,脱离联邦,或加入他国。[①] 随着联邦地位的巩固和各州"异心"不再,联邦政府的担心也就逐渐减退了,所担心的只是联邦政府对各州的实际控制问题。于是,美国联邦上诉法院于1962年作出裁决,除非得到国会的批准,政治性的州际协定不能生效,而不涉及政治的州际协定不必得到国会的同意。[②] 但是,不涉及政治的社会和经济事务也可能影响联邦政府对各州的控制。并且,美国联邦最高法院在1978年的裁决中又作了补充解释,认为如果一个州际协定没有通过侵占联邦政府权力的方式来扩大作为成员的州的权力的话,并不需要国会的同意。[③] 这个标准基本上可以解决州际协定是否需要得到国会同意或批准

---

① 参见〔美〕汉密尔顿等:《联邦党人文集》,程逢如等译,商务印书馆1980年版,第22—23、34页。

② 参见:*Tobin v. United States.* 306 F.2nd 270 at 2724, D. C. Cir. (1962)。

③ 参见:*Steel Corp. v. Multistate Tax Commission.* 434 U.S. 452 (1978)。

的问题,但仍会有争议。因此,很多州为了减少风险和保险起见,在州际协定涉及联邦政府所关注或敏感的问题时,往往事先主动请求国会的同意。

美国对州以下的地方却实行完全不同于州的体制,即地方政府的权力源于州。尽管有的州对地方实行"狄龙规则",有的州对地方实行地方自治,有的州对地方部分实行"狄龙规则"、部分实行地方自治,但地方的权力来源于州是共同的特征。基于此,美国的州对区域行政协议设置了很多审批制度。如加利福尼亚州对地方部分实行"狄龙规则"、部分实行地方自治。[①]《加利福尼亚州联合行使权力法》对区域合作协议的审批,是按照该协议的内容项目一一审批的。该法第6502.5条规定了联合行使权力的项目,超出该规定范围的项目则应在缔结协议前取得项目所在地县监事会的批准;第6502.7条规定,涉及有毒物质的,应取得立法机关或其他主管部门的批准;第6503.5条规定,当区域行政协议约定区际共设机关时,则应报送州务卿及州审计长备案;第6503.8条规定,对区际共设机关的成员,应报送地方政府的机构组建委员会审批,等等。

日本和法国等实行地方自治,中央或上级对区域行政协议的监管比较宽松。根据《日本地方自治法》252条之二的规定,总务大臣可以建议都道府县缔结区域行政协议,都道府县知事可以建议地方公共团体缔结区域行政协议;缔结的区域行政协议只要报送都道府县知事、总务大臣备案即可,无需审批。区域行政协议中的重大事项,由本地方议会议决而不是由上级或中央审批。[②] 根据《法国

---

① 参见陈科霖:《狄龙规则与地方自治:美国的实践经验及对中国的借鉴启示》,《甘肃行政学院学报》2015年第2期,第8页。
② 参见《日本地方自治法》,肖军、王树良译,上海社会科学出版社2022年版,第104—105页。

地方政权总法典》第1111-9-1条的规定,区域行政协议应当经过地方行动委员会的合法性审查。地方行动委员会既不是纯粹的国家机关也不是纯粹的地方机关,而是由地区理事会主席或地方政权行政机构首长、大省理事会主席或大区行政机构代表、区际共设机关首长或选举产生的代表组成的机构。缔结的区际行政协议需报送国家代表备案。[①]《西班牙公共行政机关及其共同的行政程序法》第8条第2款规定:"无论是部门会议协议还是协作协议都应通知参议院。"这里规定的"通知参议院"相当于备案,而不是批准或同意。

2.我国区域行政协议的监督主体。对长三角区域的经济一体化,曾有政协委员设想成立长三角"城市联盟"。[②]尽管政协会议上的言论应受法律保护,但这种结盟在任何国家里的中央政府都是不会允许的,也会引起其他地方政府和公众的不安,今后需要相当审慎。

区域行政协议涉及科层关系,需要取得中央或上级政府的同意。是否所有的区域行政协议都要经中央或上级政府同意?我国的中央或上级政府对地方或下级政府的控制能力比其他国家都要强。尤其是我国中央或上级政府在人事和财政上的控制,是其他国家无法相比的。因此,我国中央或上级政府不需要对每个区域行政协议都行使审批权。对可能影响中央或上级政府权限的区域行政协议,以及法律和行政法规明文规定须经审批的区域行政

---

① 《法国地方政权总法典选译》,李贝、韩小鹰译,上海社会科学院出版社2022年版,第9—10页。

② 参见刘颖等:《江苏三位政协委员建议成立长三角"城市联盟"引争议》,载《南京晨报》2005年3月6日,第2版。

协议,[1]须经中央或上级政府同意。其他区域行政协议则不必经中央或上级政府同意。可能影响中央或上级政府权限的区域行政协议,主要是对经济和社会领域展开全面合作的框架性区域行政协议。

由谁来负责监控区域行政协议？美国的州际协定和西班牙的省际行政协议都是由中央的议事机构即国会、参议院来监控的。美国州以下地方、日本和法国的区域行政协议则是由上级行政机关来监控的。我国省级人民政府既是国务院的下级行政机关又是本级人大及其常委会的执行机关,与全国人大及其常委会之间没有直接的隶属关系。省级以下政府与全国人大及其常委会之间的中间环节更多。因此,省际行政协议应由国务院负责监控,其他区域行政协议则由相应上级政府监控。"地方组织法"第80条第2款规定:"上级人民政府应当对下级人民政府的区域合作工作进行指导、协调和监督。"这一规定也适用于有关的区域行政协议的监督。同时,有关国家的区域行政协议都需要缔约主体的议会通过。我国的区域行政协议除了涉及中央与地方的关系外,也涉及政府与人大的关系。重要的区域行政协议或全面性区域合作协议至少属于本辖区内的重大行政事务。地方政府应按照"地方组织法"第50条第4项的规定经本级人大常委会讨论、决定,对其他区域行政协议可在政府工作报告中向本级人大说明。

对区域行政协议采用何种监控形式？监控形式既包括事前的

---

[1] 例如,根据《行政区域边界争议处理条例》第16条的规定,争议双方人民政府达成的边界协议,由双方人民政府联合上报备案。其中,省、自治区、直辖市之间的边界协议,上报国务院备案；自治州、自治县的边界协议,逐级上报国务院备案；县、市、市辖区的边界协议,逐级上报民政部备案；乡、民族乡、镇的边界协议,逐级上报本省(自治区、直辖市)人民政府备案。

项目审批、参与缔结协议,也包括事后对协议的审批或备案。从我国的实际情况看,区域合作项目往往需要上级政府或中央政府的审批,如泛珠三角区域行政首长联席会议系由国务院批准设立,[1]长三角区域《全国一体化算力网络长三角国家枢纽节点建设方案》系由国家发改委批准。[2]在事先审批的基础上,行政机关才会缔结区域合作协议。这类似于美国州以下的区域合作体制。有时,在项目审批的基础上,国务院主管部门或上级主管部门还会参与区域行政协议的指导、磋商和缔结。[3]《民族区域自治法》第14条第2款也规定,对民族自治地方的撤销、合并或变动,中央政府应参与协商。在这种情况下,缔结的区域行政协议就没必要再设计实质性的事后审批制度,只要报送备案即可。如果区域行政协议所涉及的项目无需事先审批,未经事先同意,则需要有事后的实质性审批制度。

必须指出的是,需要中央或上级政府批准的区域行政协议应当采用两个标准:一是跨行政区,二是影响到中央或上级政府的控制力。长三角区域和泛珠三角区域等省级政府间的行政协议,如《长江三角洲城市经济协调会章程》《长江三角洲地区城市合作协议》《泛珠三角区域合作框架协议》和《环渤海地区经济联合市长联席会协议书》,应当经中央批准。但是,上海市某区所属的一个街道与浙江省某县的一个乡政府间的省际行政协议,不足以影响到中央

---

[1] 参见《成都日报》新闻:《2021年泛珠三角区域合作行政首长联席会议召开》,载澎湃网。

[2] 参见《国家发展改革委等部门关于同意长三角地区启动建设全国一体化算力网络国家枢纽节点的复函》,发改高技〔2022〕211号,2022年2月7日发布。

[3] 参见贺海峰:《新安江跨省生态补偿试点调查》,《决策》2012年第7期,第50页;何立峰(国家发展和改革委员会党组副书记、副主任):《深化泛珠三角区域合作 构建我国重要经济支撑带》,载国家发改委网;王攀等:《国家各部委支持泛珠三角区域发展规划》,载新浪网。

政府的控制力,因此就不需要由中央政府批准。乡级政府间的区域行政协议影响到上级政府的控制力的,则应分别报经上级地方政府审批。

三、区域行政协议的履行

(一)区域行政协议的履行方式

美国《得克萨斯州地方间合作法》第791条第13节规定,区域行政协议可以约定设立一个行政机关或指定现有的地方政府履行协议义务。[①] 这代表了区域行政协议履行的一般方式。

1. 缔约主体的主动履行。区域行政协议有赖于各缔结方本着诚实信用的原则自觉、主动履行。在区域行政协议的履行遇到行政障碍时,我国多数学者都寄希望于一个权威机构的强制。其实,区域行政协议的履行,所需要的是构建法律和制度而不是机构或组织。尽管人们常常拿欧盟来类比我们国内区域的一体化,以欧盟委员会、欧洲议会和欧洲法院等组织来论证建立权威、统一机构的必要性,但殊不知欧盟委员会等机构是根据国际条约即《马斯特里赫特条约》建立的。尽管人们拿美国的州际管理机构来类比,但殊不知它是州际协定的约定和结果。这些条约和州际协定并不是由外部强制履行的,而是基于平等自愿,以及制度化合作并结成一个共同体的需要而缔结的国际性法律和国内区域性协定。我国区域行政协议的履行即使需要外部强制,也可以由上级政府监督实施,而不需要另行组建专门机构。

---

① 参见《美国各州地方合作法选译》,王诚、申海平译,上海社会科学院出版社2022年版,第204页。

缔约主体自觉、主动履行，往往是缔约主体根据自己的职权制定在本辖区内实施的规章、行政规范性文件、国民经济和社会发展计划或具体的工作安排来履行协议中的义务的。例如，为了落实长三角区域双边或多边协议，杭州市政府曾专门制定年度工作要点，明确己方需要履行的义务。[1] 缔约主体自觉、主动履行，也包括缔约主体所属机构的履行。如为了履行《天津市山西省进一步加强经济与社会发展合作框架协议》，天津市和山西省政府都制定了各自的工作方案，明确了己方所属行政机关的任务和要求。[2]

2. 设置专门机构负责实施。有关国家的法律以及美国多州的法律规定，区域行政协议可以创设实施机构即区际共设机关（参见第五章第一节）。第一，可以根据需要创设区际共设机关实施。如《日本地方自治法》第252条之二之二规定："普通地方公共团体为了共同管理执行普通地方公共团体的部分事务，或者对普通地方公共团体事务的管理执行进行联络调整，为了共同制定广域的综合规划，可以经协商制定规约，设置普通地方公共团体的协议会。"[3] 第二，区际共设机关的设立应符合法定要求。如《西班牙公共行政机关及其共同的行政程序法》第7条规定："一、如果协议的操作需要成立一个共同的机构，它可采取具有法人资格的联合委员会的形式进行。二、联合委员会章程应确立其宗旨，以及组织、运转和财务制

---

[1] 参见《关于印发杭州市2004年接轨上海融入长三角工作要点的通知》，杭政办函〔2004〕107号，2004年4月22日发布。

[2] 参见《天津市人民政府办公厅印发关于落实天津市山西省进一步加强经济与社会发展合作框架协议分工方案的通知》，津政办发〔2013〕75号，2013年9月10日发布；《山西省人民政府办公厅关于印发我省与北京市天津市山东省和安徽省合作文本及相关工作分工的通知》，晋政办发〔2013〕69号，2013年6月17日发布。

[3] 《日本地方自治法》，肖军、王树良译，上海社会科学院出版社2022年版，第104页。

度细则。三、决策机构应由所有参加联合委员会的单位代表根据有关章程确定的比例组成。四、可通过适用于参加联合委员会的行政机关的法律所规定的任何方式,提供委托范围内的服务。"第三,还可以根据需要制定或创设发展公司实施。《法国地方政权总法典》第.5111-1条规定:"地方政权可以按照法律规定的形式和条件,创建合作公共机构,以联合行使其管辖权。"[①] 该总法典第1111-10条规定,区域行政协议还可以指定或组建一个由行政机关主管的公司或社会组织对项目加以实施。美国《加利福尼亚州联合行使权力法》第6506条规定,区域行政协议的实施机构除可以是缔约主体外,还可以是协议指定的缔约主体之一方、一个共设机关或一个公司。[②] 现在,法国的区域行政协议和美国州以下地方的区域行政协议,大多采用缔约主体+共设机关+项目法人的实施机制。

我国有的区域行政协议也采用缔约主体+共设机关+项目法人的实施机制。如苏浙皖沪缔结的《长三角地区一体化发展三年行动计划(2021—2023)》指出:"不断完善'上下联动、统分结合、三级运作、各负其责'的区域合作机制。"[③] 据此,苏浙沪三省市在长三角示范区建立了"理事会+执委会+发展公司"的"三层次"管理架构。"理事会由三省市政府常务副省(市)长轮值,主要负责研究确定示范区建设的发展规划、制度创新、改革事项、重大项目、支持政策和协调推进,对两省一市党委、政府负责。""执委会作为理事会的执行机构,主要负责示范发展规划、制度创新、改革事项、重大

[①] 《法国地方政权总法典选译》,李贝、韩小鹰译,上海社会科学院出版社2022年版,第106页。

[②] 参见《美国各州地方合作法选译》,王诚、申海平译,上海社会科学院出版社2022年版,第9页。

[③] 长三角办2010〔10〕号,2021年6月18日发布。

项目、支持政策的研究制定和推进实施。发展公司作为示范区开发建设主体，是一个市场化的投资运作平台。"① 此前的上海市与浙江省联合建设洋山深水港区合作协议，根据《洋山保税港区管理办法》第 4、7 条的规定，所采用的也是上述模式，即洋山港区建设省市联合协调领导小组＋洋山保税港区管理委员会＋保税港区开发公司。我国区域行政协议的实施机构虽然有法律的原则性规定，但还需要有更明确具体的立法。

(二)区域行政协议纠纷的解决

区域政府机关在行政协议的履行中，不可避免地会发生纠纷。如果不加以妥善的解决，协议将变成一纸空文，合作成果将付诸东流。这种纠纷应如何解决？

在大陆法系国家，对区域行政协议纠纷可以通过行政诉讼和宪法诉讼解决。如《西班牙公共行政机关及共同的行政程序法》第 8 条第 3 款规定，在不违反协议中有关实施机构条款规定的情况下，"解释和履行中可能产生的争议问题应属行政纠纷法庭过问并管辖，否则，可由宪法法院管辖"。在美国，对州际协定纠纷可以通过仲裁、调解和民事诉讼解决。② 美国州以下地方的区域行政协议纠纷的解决也是如此。对此，美国《加利福尼亚州联合行使权力法》第 6516.6 条 E 和《犹他州地方合作法》第 11-13-202（3）等都作了明文规定。③ 具有大陆法系法文化的日本，除了可通过行政诉讼

---

① 陈鸣波:《关于长三角一体化发展体制机制建设情况的报告》，2019 年 11 月 14 日在上海市第十五届人大常委会第十五次会议上的发言。

② 参见：F. Zimmerman, *Interstate Cooperation: Compact and Administrative Agreements*, (Greenwood Press, 2002, p.50); *Hinderlider v. La Plata River and Cherry Creek Ditch. Co.*, 304 U.S. 92 (1938).

③ 《美国各州地方合作法选译》，王诚、申海平译，上海社会科学院出版社 2022 年版，第 20、105 页。

解决区域行政协议纠纷外，还专门建立了自治纠纷解决机制。《日本地方自治法》第252条之二规定："缔结了合作协议的普通地方公共团体相互间发生合作协约纠纷时，作为当事人的都道府县可以通过书面形式向总务大臣、作为当事人的都道府县以外地方公共团体向都道府县知事，请求提供旨在通过自治纠纷处理委员来处理该纠纷的方案。"[1]

根据我国法律行政法规上的区域合作条款，区域行政协议纠纷应当由缔约主体协商解决，协商不成的按科层机制由共同上级地方政府或中央政府处理，或者直接按科层机制由共同上级地方政府或中央政府处理。协商解决，就意味着按照现有的区域行政协议来解决，对区域行政协议进行补充和修改。这就需要重新磋商和谈判，并遵循区域行政协议的缔结程序。其优越性在于可以使作为永久邻居的缔约主体和睦相处，纠纷处理方案容易得到履行；其弊端在于可能会把以往的协议推倒重来，成本之高往往难以承受。从理论上说，科层机制能够解决所有区域行政协议纠纷，至于能否实现纠纷的实质性化解则另当别论。

根据我国《仲裁法》第3条的规定，区域行政协议纠纷不能通过仲裁途径解决。根据《行政诉讼法》第12条第1款第11项和《最高人民法院关于审理行政协议案件若干问题的规定》第2条的规定，可诉性行政协议不包括行政机关间履行职责的协议，区域行政协议不能通过行政诉讼解决。根据已有研究，即使公民、法人或其他组织对区域行政协议不服，也没有通过民事诉讼或行政诉讼解决区域行政协议纠纷的先例。公民、法人或其他组织只能就土地、山

---

[1] 《日本地方自治法》，肖军、王树良译，上海社会科学院出版社2022年版，第104页。

林、水域或矿产资源等争议提起民事诉讼,然后将区域行政协议作为诉讼证据。法院对作为民事诉讼证据的区域行政协议可以作合法性审查。①

当然,区域行政协议在成为具体行政行为或可诉行政协议的构成要件时,可能会成为间接审查的对象。区域行政协议在具有对特定相对人的规制效力时,如区际移民安置协议,就可以成为可诉行政行为。

本节结语

本节以我国经济一体化背景下的区域行政协议实践为对象,以有关国家的区域行政协议立法为参照,讨论了区域行政协议的法律依据、参与主体和履行。我国区域经济一体化背景下出现的行政协议,是区域政府为克服行政区划障碍而进行合作的法律机制,是以区域平等为法治基础开展对话和协商的结果。有关国家的立法对区域行政协议的缔结、必要条款、参与主体、履行方式和纠纷解决都有详细规定。与有关国家相比,我国对区域行政协议都有相应的实践,并已有法律上的原则性或概括性规定,只是缺乏具体的法律规则,还处于探索阶段。原则性或概括性的法律规定有利于探索区域行政协议的多种可能性。但随着实践的不断丰富,经验的不断积累,今后应当借鉴有关国家的立法,逐步完善区域行政协议立法。

其实,行政协议不仅仅是区际行政机关开展合作的法律机制,而且也是科层和部际行政机关开展合作的法律机制。即使就目前

---

① 参见李亚杰:《行政区域界线协议法律效力的实证研究》,上海交通大学2015年硕士学位论文,第10—15页。

而言，不仅仅有区际行政机关的行政协议，而且还有其他行政机关间的很多行政协议。其中，较多的有国务院主管部门与地方人民政府之间的合作协议，如教育部与广东省人民政府签订的《关于提高自主创新能力、加快广东经济社会发展合作协议》；[1]行政主管部门之间的合作协议，如中国科学院、科技部和教育部签订的关于共建"西安加速器质谱中心"的框架协议。[2]还有中央人民政府及其主管部门与特别行政区政府及其主管部门缔结的合作协议，如中央人民政府与香港特别行政区政府签订的《内地与香港关于建立更紧密经贸关系的安排》，以及科技部与澳门特别行政区政府签订的《内地与澳门关于成立科技合作委员会的协议》。[3]随着法治建设的深入，行政机关之间的合作将日益增多，行政协议也将有更广泛的发展空间。行政机关相互间频繁发生的摩擦或纠纷，也可以用行政协议机制来解决。就行政机关间的权限纠纷而言，在已有法律不变的前提下，目前主要是通过共同上级机关的决定、法律解释来解决的，以及通过行政诉讼对行政行为是否越权的裁判来间接解决的。[4]但今后，行政机关之间也可以依法通过对话和协商缔结行政协议来解决此类纠纷。这一解决纠纷的形式与行政合同一样是柔性的，更能实现相互间的和谐与合作，节约资源，从而造福于公众。因此，有关区域行政协议的研究对行政协议具有普遍性意义。

---

[1] 参见牟阳春主编：《中国教育年鉴（地方教育）》（2006），人民教育出版社2006年版，第617页。

[2] 参见《中科院、科技部、教育部共建"西安加速器质谱中心"》，载中国科学院网。

[3] 参见《将若干权力授予科技委员会委员，作为签署〈内地与澳门成立科技合作委员会的协议〉的签署人》，第312/2005号行政长官批示，2005年10月5日发布。

[4] 参见叶必丰：《行政法学》，武汉大学出版社2003年版，第147—152页。

合同是当事人双方意思自治的体现。即使如此，合同仍需要法律来规范。行政协议的缔结，也是行政机关在平等、自愿和协商的基础上进行的，他人不能越俎代庖。并且，行政协议是运用公权力缔结的，与合同相比，涉及中央与地方的关系、政府与公众的关系、公权力与私权利的关系，更深刻地影响到公众的个人权利。就目前区域经济一体化进程中的区域行政协议而言，就存在忽视农村和农民权利的倾向，也存在行政协议事实上的封闭性、拒绝申请加入的排斥性现象等，因而更需要法律加以规范。行政协议的大量出现，也到了把行政协议法的制定提上议事日程的时候。也就是说，行政协议既需要也有必要以行政协议法为制度平台，通过制定行政协议法来监控和保障。只有制定行政协议法，才能进一步促进行政协议这一合作机制的发展，才能实现政府对各主管部门、中央对地方、国家权力机关对行政机关的监控，才能保障公众的参与、明确政府与市场的界限。

行政协议法的立法模式可以有多种选择：第一，制定单行的行政协议法；第二，将行政协议与行政合同统一制定为一个法律，即制定行政协议与行政合同法；第三，借鉴西班牙的经验，未来的行政程序法中应专章规定行政协议，可与行政合同合为一章即"行政协议与行政合同"，然后分设行政协议和行政合同两节。鉴于我国行政协议已经比较普遍，与行政合同结合制定会增加许多变数，我国行政程序法的出台还需要相当长的时间，我们也可以先制定单行的行政协议法。通过制定和实施行政协议法，在进一步总结经验的基础上，再纳入统一的行政程序法并废止行政协议法。同时，由于行政协议涉及中央与地方、国家权力机关与行政机关的关系，因而即使作为单行法来制定，也不宜由国务院制定为行政法规而应该由全国人大常委会制定为法律。

第二节　区域行政协议的法律效力[①]

本节导语

区域行政协议已成为我国当前区域一体化和跨行政区环境治理的重要法律机制。它是一种行政协议，即行政机关相互间为履行职责而开展合作的协议。它是否具有法律效力，以及具有什么样的法律效力，关系到区域合作和跨行政区环境治理的成效、深化或成败。但它既区别于民事合同、行政合同，又区别于单方行政行为。它的法律效力无法从上述理论中推导。为此，有学者进行了较为深入的讨论，指出区域行政协议对缔约机关具有拘束力系基于诚实信用原则；对公众具有拘束力系基于它对第三人利益的保护。[②] 但区域行政协议的效力需要与实效加以区分，政府的诚实信用义务需要找到实定法上的依据，对公众具有拘束力的理论依据值得重新检讨。本研究将沿着如下思路展开法解释学论证：区域行政协议对缔约主体具有拘束力的基础是什么，该拘束力是否具有实现的可能性，以及在什么条件下可以拘束或规制缔约主体以外的公众。

一、区域行政协议的拘束力

凯尔森在讲到法律规范的效力时指出："我们所说的'效力'，意思就是指规范的特殊存在。说一个规范有效力就是说我们假定它的存在，或者就是说，我们假定它对那些其行为由它所调整的人

[①] 本节原标题为《区域合作协议的法律效力》，首发于《法学家》2014年第6期，此次出版时作了较多修改。

[②] 参见何渊：《区域性行政协议研究》，法律出版社2009年版，第78—89页。

具有'约束力'。"[1]法律效力即拘束力,区域行政协议的法律效力主要是指它对缔约主体的拘束力。

(一)拘束力的基础

1992年《西班牙公共行政机关及其共同的行政程序法》第8条第2款第1段规定:"部门会议协议和协作协议自签署后即对参与的行政机关产生约束力,除非协议中另有规定。"[2]但我国现行法律尚未就区域行政协议等行政协议对缔约主体的拘束力作出明确、统一的规定。作为个例,我国《行政区域边界争议处理条例》第14条第1款规定:"争议双方人民政府达成的边界协议,……凡不涉及自然村隶属关系变更的,自边界协调签字或者上级人民政府解决边界争议的决定下达之日起生效。"第17条规定:"边界争议解决后,争议双方人民政府必须认真执行边界协议或者上级人民政府解决边界争议的决定,向有关地区的群众公布正式划定的行政区域界线,教育当地干部和群众严格遵守。"《行政区域界线管理条例》也有类似规定。那么,区域行政协议为什么对缔约主体具有拘束力,在没有明确、统一规定时如何确定或解释它是否具有拘束力,即区域行政协议的基础是什么?

凯尔森认为,"命令的约束力并不'来'自命令本身,而却来自发出命令的条件"。这些条件有三项:首要的条件是,"一个命令之是否有约束力要依命令人是否已'被授权'发出命令为根据。假定他已被授权的话,那么他的意志表示便是有约束力的,即使事实上他没有任何优越的权力,并且这种表示也不具有绝对必要的形式"。

---

[1] 〔奥〕凯尔森:《法与国家的一般理论》,沈宗灵译,中国大百科全书出版社1996年版,第32页。

[2] 应松年主编:《外国行政程序法汇编》,中国法制出版社1999年版,第278页。

第二项条件,"是以某个别人的行为为其对象的意志行为"。第三项条件,"是通过文字或姿态或其他标志的相应表示"。[1] 克拉勃认为,"法律及其规条的拘束力的主要基础,并不在于人的外部,而是存在于他的内部,特别是存在于他的精神生活内,这种精神生活表现在他的正义感和正义意识内"。"法律的效力必须直接以共同的正义意识为基础。"[2] 由此,如果要确定区域行政协议是否具有拘束力,以及它为什么具有拘束力,在缔约主体的资格和缔约形式并无疑问的情况下,就应当关注缔约主体的"意志"。

区域行政协议所体现的缔约主体即政府的意志,区别于政府的单方意志。"一项法定协议并不是在法律史中出现的一种新现象。当然,它绝对是与帝制主义观念相对立的。如果法律被定义为主权权力所发布的命令,那么它就不可能同时也作为一项协议;这两个术语是相互排斥的。"[3] 区域行政协议系缔约主体平等协商、意思表示一致的结果。"联合意志是一切公共契约的最后基础。"[4] 区域行政协议所体现的是有关地方政府的联合意志,具有契约的特点。"为了要成立一个'有约束力的契约',两个人就一定要表示他们的协议,即他们关于某种相互行为的一致意图或意志。契约是双方缔约当事人的意志的产物。"[5] 但是,"由于在民法中'契约'一词具有

---

[1] 〔奥〕凯尔森:《法与国家的一般理论》,沈宗灵译,中国大百科全书出版社1996年版,第33—34页。
[2] 〔荷〕克拉勃:《近代国家观念》,王检译,商务印书馆1957年版,第25、45页。
[3] 〔法〕莱昂·狄骥:《公法的变迁·法律与国家》,郑戈、冷静译,辽海出版社、春风文艺出版社1999年版,第110—111页。
[4] 〔德〕康德:《法的形而上学原理》,沈叔平译,商务印书馆1997年版,第178页。
[5] 〔奥〕凯尔森:《法与国家的一般理论》,沈宗灵译,中国大百科全书出版社1996年版,第34页。

某种技术性的含义",因此政府间的合意"还是使用'协议'这个词比较合适一些"。①

经协商一致的双方意志即契约具有拘束力的理由,是诚实守信或诚实信用。它不限于民事契约,而是社会主体参与各种社会关系的一项普遍原则。"绝对命令是不以主体的决定为条件的命令。诚实就是这样一个绝对命令,人们不管利益和爱好如何,都必须诚实。"②守信即信守承诺,切实履行自己所作的承诺。只有这样,才能建立起自己的社会信用。"'我为什么应该遵守我的诺言?'这种问法就是假定大家都明白:我应该这样做。但无论如何,绝对不可能对所说的绝对命令提出进一步的论据",正如数学上的公设,是一个"关于权力概念的纯粹理性的公设"。③"假如没有对承诺的履行,就不会有任何协议,从而也不会有任何联合的事业和系统的合作。"④有关地方政府相互之间,以及政府与公众之间的交往,都应遵循诚实守信原则,而不应有所例外。

信守承诺义务只能因情势变更而改变。"假定履行承诺的经常和普遍的后果是带来灾害,那么,在这种情势下人们还有遵守诺言的义务吗?在这种情势下,制定法律,运用惩罚迫使人们去履行承诺,还是正当的吗?""承诺的有效性都是以环境为基础的;我认为,很明显,是环境而不是承诺本身必定成为约束力的根源,根据这

---

① 〔法〕莱昂·狄骥:《公法的变迁·法律与国家》,郑戈、冷静译,辽海出版社、春风文艺出版社1999年版,第110页。
② 〔英〕A.J.M.米尔恩:《人的权利与人的多样性——人权哲学》,夏勇等译,中国大百科全书出版社1995年版,第39页。
③ 〔德〕康德:《法的形而上学原理》,沈叔平译,商务印书馆1997年版,第91页。
④ 〔英〕A.J.M.米尔恩:《人的权利与人的多样性——人权哲学》,夏勇等译,中国大百科全书出版社1995年版,第43页。

种约束力,一项诺言一般地便易于兑现。"[1] 区域行政协议的拘束力也只能因情势变更而有所例外。

总之,区域行政协议是否具有拘束力以及为什么具有拘束力,即区域行政协议拘束力的基础,是缔约主体的诚实守信或诚实信用。

(二)实定法上的依据

1. 诚实信用的宪法依据。施米特针对社会契约论指出:"如果宪法在现有政治统一体内部是通过协定或协议制定出来的,这样一种协议在冲突情况下对制宪权主体就没有任何拘束力";"个别协议的效力和法律拘束力来源于实定法"。[2] 我国区域行政协议拘束力的诚实信用基础,同样应获得实定法的证明。

政府诚信或诚信政府的实定法依据,首先是宪法。《宪法》第5条第1款规定:"中华人民共和国实行依法治国,建设社会主义法治国家。"国务院阐释了依法治国与政府诚信之间的关系。《国务院关于全面推进依法行政的决定》[3] 指出:"依法行政是依法治国的重要组成部分,在很大程度上对依法治国基本方略的实行具有决定性的意义。"国务院根据宪法和有关法律、行政法规制定的《全面推进依法行政实施纲要》[4] 指出,依法行政和建设法治政府的目标之一是建设诚信政府或政府诚信。"诚实守信。行政机关公布的信息应当全面、准确、真实。非因法定事由并经法定程序,行政机关不得撤销、变更已经生效的行政决定;因国家利益、公共利益或者其他法定事由需要撤回或者变更行政决定的,应当依照法定权限和程序进行,

---

[1] 〔英〕边沁:《政府片论》,沈叔平等译,商务印书馆1995年版,第156—157页。
[2] 〔德〕卡尔·施米特:《宪法学说》,刘锋译,上海人民出版社2005年版,第75、77页。
[3] 国发〔1999〕23号,1999年11月8日发布。
[4] 国发〔2004〕10号,2004年3月22日发布。

并对行政管理相对人因此而受到的财产损失依法予以补偿。"国务院在《社会信用体系建设规划纲要（2014—2020年）》①中指出："政务诚信是社会信用体系建设的关键，""各级人民政府首先要加强自身诚信建设"。这就表明，依法治国和法治国家包含了政府诚信或诚信政府。

2.行政机关与公众关系上诚实信用的法律依据。在行政机关与公众关系上，政府诚信或诚信政府的实定法依据表现为单行法。《行政许可法》第8条第1款规定："公民、法人或者其他组织依法取得的行政许可受法律保护，行政机关不得擅自改变已经生效的行政许可。"第2款规定："行政许可所依据的法律、法规、规章修改或者废止，或者准予行政许可所依据的客观情况发生重大变化的，为了公共利益的需要，行政机关可以依法变更或者撤回已经生效的行政许可。由此给公民、法人或者其他组织造成财产损失的，行政机关应当依法给予补偿。"《招标投标法》第5条规定："招标投标活动应当遵循公开、公平、公正和诚实信用的原则。"

在行政机关与公众关系上，政府诚信或诚信政府的实定法不限于宪法和制定法，还包括判例法。这对于英美法系国家来说，已经是共识；对大陆法系国家来说尽管有争议，②但已成趋势。③在我国，判例尽管并未构成判例法，但基于传播和模仿而具有事实上的实定法作用。④最高法院遴选和公布的指导案例，则几乎已具有制度上

---

① 国发〔2014〕21号，2014年6月14日发布。
② 参见〔法〕狄骥：《宪法论》，钱克新译，商务印书馆1962年版，第120页。
③ 参见〔德〕汉斯·J.沃尔夫等：《行政法》（第一卷），高家伟译，商务印书馆2002年版，第263页；〔法〕让·里韦罗、让·瓦利纳：《法国行政法》，鲁仁译，商务印书馆2008年版，第328、378页。
④ 参见朱芒：《行政诉讼中判例的客观作用——以两个案件的判决为例的分析》，《华东政法大学学报》2009年第1期，第106页。

的实定法功能。[①]2014年6月17日作者在北大法宝数据库上检索，发现已有判例以政府诚信或诚信政府为原则或要求，来判断行政行为是否合法，如下表所示。

表8-1 诚实信用判例

序号	案名	主张者	表述
1	周口益民案[（2004）行终字第6号]	法院	政府诚信原则，信赖利益
2	濮阳宇通案[（2009）豫法行终字第00061号]	法院	遵循政府诚信原则
3	琼昌旅游案[（2005）琼行终字第35号]	法院	违背政府诚信原则
4	邓州云龙案[（2010）南行终字第120号]	法院	不得违反政府诚信原则
5	李某等案[（2013）永中法民一终字第245号]	法院	政府诚信
6	黄灿棠等案[（2009）穗中法民二终字第1181号]	法院	政府诚信
7	盛红案[（2013）浙金民终字第1039号]	复议机关	违背政府诚信的基本原则
8	陈增月案[（2006）东行初字第00047号]	法院	有违诚信政府和依法行政的要求
9	贺祖文等案[（2011）益法行终字第4号]	法院	遵循诚实信用原则的规定和建立诚信政府的要求
10	夏青案[（2013）信行初字第16号]	复议机关、法院	有违诚信政府、责任政府的原则

现在，运用诚信原则说理的司法裁判越来越多。在缺乏单行法关于政府诚信规定的情况下，由于裁判文书不能直接援引宪法，法

[①] 参见《最高人民法院关于案例指导工作的规定》，法发〔2010〕51号，2010年11月26日发布。

院审查单方行政为的政府诚信,往往援引国务院对宪法上依法治国的阐释作为依据;①对行政协议案件的审判,则会参照适用民法上的诚信原则。②有时,法院也会直接阐释政府诚信的理念加以说理。③改变上述缺乏实定法统一规定状况的是"地方组织法"。该法第65条规定:"地方各级人民政府应当坚持诚信原则,加强政务诚信建设,建设诚信政府。"这样,政府诚信原则就覆盖了所有行政领域。上述有关政府与公众关系上的政府诚信规则,应当适用于对公众具有规制力的区域行政协议。

3. 行政机关间诚信原则的法律依据。政府诚信原则也应当适用于行政机关相互间的关系。区域行政协议是基于区际行政机关间的平等、自愿、协商一致而订立的职权协议。在美国,它是一种合同,一般以民法上的诚信原则为适用依据。在我国,根据《最高人民法院关于审理行政协议案件若干问题的规定》,可诉行政协议(行政合同)也可以民事法律规范为适用依据。当然,《民法典》第7条规定的诚实信用原则是否也应该适用于区域行政协议,仍可以进一步研究。

即使民法上的诚实信用原则可以适用于行政领域,行政法上的诚实信用原则也是有必要的,因为行政法上的诚实信用原则仍有其特殊性,并形成了具体的信赖利益保护原则。为此,美国《犹他州地方合作法》对区域行政协议的诚实信用作了专门、详细规定。④在

---

① 参见最高人民法院(2019)最高法行申9071号行政裁定书("东方天涯驿站案"),最高人民法院(2017)最高法行申7679号行政裁定书("潍坊讯驰案")。

② 参见最高人民法院(2019)最高法行申13327号行政裁定书("王杰案"),最高人民法院(2017)最高法行申7679号行政裁定书("潍坊讯驰案"),等等。

③ 参见最高人民法院(2019)最高法行申8477号行政裁定书("营口小雨房案");萍乡市亚鹏房地产开发有限公司诉萍乡市国土资源局不履行行政协议案,最高人民法院指导案例76号,2016年12月28日发布。

④ 参见《美国各州地方合作法选译》,王诚、申海平译,上海社会科学院出版社2022年版,第146、165、173页。

我国,"地方组织法"第 65 条政府诚信原则是与第 80 条区域合作条款同时新增的条款。这表明,立法者在增加政府诚信原则条款时已经充分注意到行政机关与公众间的关系以及行政机关相互间的科层关系、部际关系和区际关系,政府诚信原则不仅适用于行政机关与公众间的关系,而且也适用于行政机关相互间的关系。同时,"地方组织法"是在第三章"一般规定"中规定政府诚信原则的,因此除非法律另有规定,一般就应适用于行政机关相互间的关系。

总之,诚实守信是政府的一项实定法义务。基于这一义务,政府应当受所缔结的区域行政协议的拘束,区域行政协议对缔约主体具有法律上的拘束力。

二、区域行政协议的拘束可能性

(一)法律效力和法律实效

凯尔森把法律效力区分为应然效力和实然效力。"法律效力的意思是法律规范是有约束力的,人们应当像法律规范所规定的那样行为,应当服从和适用法律规范。""法律规则即使在它缺乏'实效'的情况下,也是有效力的。""即使在后来当事人一方改变他的意思而不再想要他在缔约时表示想要的东西时,这个契约还是被假定生效的。"①

区域行政协议的拘束力就是这样一种应然、假定的法律效力,而并非实际上的拘束状态。这并非意味着自欺欺人。康德针对国际关系和国际条约指出:"问题不再是:永远和平是真实的东西或

---

① 〔奥〕凯尔森:《法与国家的一般理论》,沈宗灵译,中国大百科全书出版社 1996 年版,第 31、34、42 页。

者不是真实的东西；也不是当我们采纳前一种看法时，我们会不会欺骗自己的问题。问题是，我们必须根据它是真实的这样一种假定来行动。我们必须为那个可能实现不了的目的而工作，并建立这种看来是最适宜于实现永久和平的宪法……我们确实没有欺骗我们自己，我们采取这种行动的准则，将会引导我们在工作中不断地接近永久和平。"[1] 我们对区域行政协议的拘束力也应当持这一态度。

凯尔森又认为，"法律实效意思是人们实际上就像根据法律规范规定的应当那样行为而行为，规范实际上被适用和服从"。"不论人们实际上是否在为避免法律规范所威胁的形式下行为，不论制裁在其条件具备时实际上是否实现，这些都是关于法律实效的问题。"[2] 齐佩利乌斯进一步指出："法规范的实效性，即法规范被适用并被贯彻的可能性。……这种规范效力是指一个规范本身为人们的良心所认同，并作为行为动因发生作用，而不是因为顾及刑事惩罚或其他制裁而被遵守，或简单地说，人们是'出于义务'，而不是出于对外来强制的恐惧而行为。"[3] 同时，"受保障之法的特征在于其被贯彻的技术，在于其被违反之时，经由组织化的强制程序加以实现的可能性"。[4]

纠结区域行政协议是否具有拘束力的原因之一，就在于有没有区分法律效力和法律实效。其实，它们是两个不同的概念，法律实

---

[1] 〔德〕康德：《法的形而上学原理》，沈叔平译，商务印书馆1997年版，第192页。
[2] 〔奥〕凯尔森：《法与国家的一般理论》，沈宗灵译，中国大百科全书出版社1996年版，第31、42页。
[3] 〔德〕齐佩利乌斯：《法哲学》，金振豹译，北京大学出版社2013年版，第27—28页。
[4] 同上书，第36页。

效并不是法律效力的基础或原因。"规范并不是由于它是有实效的所以才有效力。"① 相反,法律效力是法律实效的基础,是评价法律实效的标准。当然,法律实效是法律效力制度的目的。不产生法律实效的法律效力制度,是没有多大意义的。基于此,我们还必须讨论区域行政协议的法律实效,即是否具有拘束缔约主体的保障机制。

(二)实现拘束的科层机制

区域行政协议的实际拘束是通过科层机制得以实现的。"协议是在两个或两个以上的团体之间形成的。它创设了这样的一类规则:它不仅适用于那些在协议签订之时隶属于这些团体的人,而同时也适用于那些后来隶属于这些团体的人。"② 我国的区域行政协议,事实上也是通过科层机制得以实施的。2013年5月21日,天津市人民政府、山西省人民政府共同签署了《天津市山西省进一步加强经济与社会发展合作框架协议》。2013年6月17日,山西省人民政府办公厅向所属各市人民政府,省人民政府各委、办、厅、局,下达了《关于印发我省与北京市天津市山东省和安徽省合作文本及相关工作分工的通知》。③2013年9月10日,天津市人民政府办公厅向所属各有关单位,印发了《关于落实天津市山西省进一步加强经济与社会发展合作框架协议分工方案的通知》。④ 双方主体都将框架协议向所属行政机关进行了落实。如果一方缔约主体不加以落实,不履行协议义务的,则可根据"地方组织法"第80条第2款的规定,由上级行政

---

① 〔奥〕凯尔森:《法与国家的一般理论》,沈宗灵译,中国大百科全书出版社1996年版,第45页。
② 〔法〕莱昂·狄骥:《公法的变迁·法律与国家》,郑戈、冷静译,辽海出版社、春风文艺出版社1999年版,第110页。
③ 晋政办发〔2013〕69号,2013年6月17日发布。
④ 津政办发〔2013〕75号,2013年9月10日发布。

机关负责监督。双方主体对合作协议的落实即拘束的实现，就属于齐佩利乌斯所说的"出于义务"而取得的实效。对缔约主体所属行政机关来说，所遵守的则是缔约主体基于科层领导权的实施行为而非合作协议，法律依据则在于有关组织法和《公务员法》中"下级服从上级"的规定。因此，缔约主体的所属行政机关受区域行政协议的拘束，并非区域行政协议对第三方机关发生拘束力。[①]

（三）实现拘束的责任追究机制

凯尔森认为："法律责任是与法律义务相关的概念。一个人在法律上要对一定行为负责，或者他为此承担法律责任，意思就是，他作相反行为时，他应受制裁。"[②] 一般说来，义务人、行为人和责任人三者是一致的。但是，"不法行为是由某一个人——社团的机关或国家的机关所犯的；制裁则针对社团的全体成员和国家的全体国民"。例如，"根据甲国元首的命令，甲国的一团士兵占领了一个属于乙国的岛屿。由于对其权利的侵犯，乙国向甲国开战，这就意味着乙国军队企图杀死或俘虏尽可能多的属于甲国的人，并且毁灭尽可能多的属于甲国人的经济设施"。这样，"制裁都针对着本人并没有犯不法行为但与犯不法行为有一定法律关系的人"。[③]

区域行政协议是否具有拘束可能性的关键，就在于它被违反时如何追究责任。借助凯尔森的分析框架，我们可以讨论区域行政协议的责任追究机制。违反区域行政协议的直接行为人，不见得是负有义务的缔约主体或代表，而可能是缔约主体的所属机关或公务

---

① 何渊：《区域性行政协议研究》，法律出版社2009年版，第90—91页。
② 〔奥〕凯尔森：《法与国家的一般理论》，沈宗灵译，中国大百科全书出版社1996年版，第65页。
③ 同上书，第76、77页。

员。这样，应受制裁的可能并不是缔约主体。在这种情况下，责任的追究者并非另一方缔约主体，而是行为人的上级机关，即按照科层机制追究。[①]《行政区域边界争议处理条例》第18条和第19条规定的违法行为就包括违反行政区域边界协议的行为，所规定的责任就包括按科层机制实施的行政处分。

难题在于违约方的上级机关乃至缔约主体不愿追究责任。西班牙的方案是监督机构——行政法院——宪法法院。1992年《西班牙公共行政机关及其共同的行政程序法》第6条第3款规定："如成立负责监督和控制的联合机构，它应处理由协作协议引起的有关解释和履行方面的问题。"第8条第3款规定："在不违反第6条第3款规定情形下，解释和履行中可能产生的争议问题应属行政纠纷法庭过问并管辖，否则，可由宪法法院管辖。"[②]这就表明，缔约双方的纠纷首先由根据合作协议成立的监督机构处理。监督机构是缔约双方协商成立的。这种纠纷处理机制仍属于协商处理机制，只不过协商并不是在纠纷的处理阶段而是在监督机构的成立阶段。然后，才是行政法院直至宪法法院。

在我国，对违反合作协议的责任追究主要由缔约双方进行协商，几乎像缔结协议的磋商一样。如果不能协商一致，并且该责任的追究与否足以影响到协议的整体履行，则只能按科层机制由缔约双方的共同上级机关协调解决。如《矿产资源法》第49条中规定："跨省、自治区、直辖市的矿区范围的争议，由有关省、自治区、直辖市人民政府协商解决，协商不成的，由国务院处理。"该规定所指的

---

① 参见任丽娜：《山西水污染之战：两年扣缴地方政府3.7亿》，载中国新闻网。
② 应松年主编：《外国行政程序法汇编》，中国法制出版社1999年版，第277、278页。

争议，也包括基于矿区范围的区域行政协议所导致的责任追究争议。当然，跨行政区公民、法人或其他组织之间的纠纷，无论是否涉及有关区域行政协议，都可以由侵权人与受害人自行协商解决，也可以由双方主管机关乃至缔约双方主体协商处理，[1]还可以通过法院诉讼解决。[2]《行政区域边界争议处理条例》第20条就规定："行政区域边界划定后，违反本条例的规定越界侵权造成损害的，当事一方可以向有管辖权的人民法院起诉。"但这些纠纷并非典型的区域行政协议履行纠纷。在这些纠纷中，缔约主体最多只有怠于履行区域行政协议约定职责的问题。

区域行政协议除有关资源补偿的协议外，往往并没有在文本中规定履行中的责任。这与法律文本、契约对责任有明文规定不同。违反区域行政协议的责任，需要按相关法律、法规和规章确定。这与违反具体行政行为的责任，按有关单行法确定相同。区域行政协议只是追究履行责任的依据之一。但这并不妨碍我们可以说，区域行政协议具有通过国家强制取得实效或实现拘束的可能性。

（四）实现拘束的动力机制

人民是社会和历史发展的动力，公众参与是区域行政协议实现拘束的动力机制。无论是实现拘束的组织法机制还是责任追究机制，无论是出于义务还是出于强制，有关机关都缺乏足够的动力，而有赖于公众的推动。《宪法》第41条第1款规定："中华人民共和国公民对于任何国家机关和国家工作人员，有提出批评和建议的权

---

[1] 参见蔡敏等：《淮河支流一起重大水污染事件落实跨省赔偿》，载新华网；浙江省环境执法稽查总队、江苏省环境监察局：《信息互通 联合督察 联合办公 苏浙区域联治协调解决积年纠纷》，载豆丁网。

[2] 参见童剑华：《嘉兴渔民状告盛泽印染厂污水侵害案开审》，载杭州网。

利；对于任何国家机关和国家工作人员的违法失职行为，有向有关国家机关提出申诉、控告或者检举的权利，但是不得捏造或者歪曲事实进行诬告陷害。"同时，公众也可以根据《政府信息公开条例》的规定申请政府信息公开，根据《行政复议法》的规定申请行政复议，以及根据《行政诉讼法》向法院提起行政诉讼。

但是，基于请求权的限制，公民的投诉或举报并不能请求缔约主体作为或不作为。基于人身权和财产权或利害关系的限制，公民对缔约主体履行合作职责的政府信息公开和行政复议申请以及行政诉讼请求，不一定能获得支持。[1]尽管如此，公众的积极参与能够充分展现缔约主体是否诚实守信，能够聚焦公众和媒体对缔约主体诚信状况的评论。现在，名目繁多的排行榜开始流行。法治政府的评价体系或排行榜，也已开始探索和研究。[2]这类评论和评价，并不限于一种个别性契约，而往往延展到一种关系契约。法律上的契约是一种个别性契约，"当事人之间除了单纯的物品交换外不存在任何关系"。但在关系契约学说看来，"每一个契约，……除了物品的交换外，都交涉到关系。……契约不只是一次个别性的交换，而是交涉到种种关系"。[3]这种关系错综复杂，连绵不绝。在一种个别性契约中的失信，会波及关系契约，会使他人在其他各种关系中难

---

[1] 参见〔德〕格奥格·耶利内克：《主观公法权利体系》，曾韬等译，中国政法大学出版社2012年版，第62、64、66—67页。

[2] 参见马学玲：《中国首份法治政府排行榜发布：广州居首 北京第三》，载中国新闻网；《国家社会科学基金重大项目"法治评估创新及其在中国的推广应用研究"开题》，载全国哲学社会科学规划办公室网站；《关于2013年度教育部哲学社会科学研究重大课题攻关项目评审结果的公示》，教社科司函〔2013〕170号，2013年9月9日发布。

[3] 〔美〕麦克尼尔：《新社会契约论》，雷喜宁等译，中国政法大学出版社1994年版，第10页。

以发生信任。"一个不值得信任的人就是一个人们要谨慎地、不同他发生任何关系的人,如果做不到这一点,那也要尽可能少与他往来。"[1]基于社会认可和信誉,公众参与将促使缔约主体自我拘束或追究有关责任。

三、区域行政协议的规制力

(一)规制力的解释

区域行政协议主要是对政府合作事务的安排,但这种安排往往涉及公众的权利义务。《长江三角洲地区旅游城市合作(杭州)宣言》第8条规定:"建设无障碍旅游区要与长三角旅游的整体发展步伐相适应,目前可先从取消区域内国内旅游地陪制、取消外地旅游车入城、入禁区的限制措施、允许其他城市的旅行社在本市开办分支机构、在各入城口设置醒目的旅游指示系统等方面入手,逐渐取消旅游壁垒和进入障碍。"[2]这对两省一市的旅行社来说,实际上是取得了同等待遇的权利。又如,《长三角食用农产品标准化互认(合作)协议》规定:"实施联合警示和退出制度。对生产、销售不符合标准的食用农产品的企业、单位或个人,两省一市在互相通报的基础上,实行'一二三'警示和退出制度,即:第一次不合格,发出警告并通报另两省(市)质量技术监督部门和有关部门;第二次不合格,提出严重警告,通报两省一市质量技术监督部门、有关部门和有关市场,质量技术监督部门可委派人员到相关基地检测审查;第三次不合格,经原食用农产品认证(定)机构确认,取消相应称号,责

---

[1] 〔英〕A.J.M.米尔恩:《人的权利与人的多样性——人权哲学》,夏勇等译,中国大百科全书出版社1995年版,第43页。

[2] 许小富主编:《杭州年鉴》(2004),方志出版社2004年版,第16页。

令退出市场,并向社会公告。"①这实际上是对农产品生产经营者设定了相应的义务。

类似上述涉及公众权利义务的区域行政协议对公众是否具有约束力?如果区域行政协议只是一种合同,如果公众并不是该协议的缔约主体,那么对公众就没有约束力,因为缔约双方不能通过合同来反对或约束第三方。我们如果把政府假设为公众的缔约代表,那么公众是缔约主体,政府只是代理人。这显然与区域行政协议的要求不符。然而,如果区域行政协议对辖区内的公众不产生约束力,那么很多协议的履行将成为不可能,很多条款就会变成一纸空文,区域合作和区域一体化的目标也就无法实现。如果回答是肯定的,那么理由是什么;如果回答是否定的,那么缔约机关如何不涉及公众而实施该协议?其实,区域行政协议对公众是否具有拘束力的问题,是关于政府机关所缔结的区域行政协议是否可以对公众行为进行规制的问题。我们为了区别区域行政协议对缔约主体的拘束力,把它对公众的规制性拘束力称为规制力。

区域行政协议是政府机关之间缔结的协议。公众并非区域行政协议的缔约主体,并未作出承诺。抽象地说,政府机关是辖区内公众的代表,所缔结的协议似乎也对公众有效。不过,"同意和代表这些有趣但又令人迷惑难解的词汇,它们是许多争论的根源"。②另外,要肯定区域行政协议的规制力,也并非"合同相对性"理论的突破所能解决。

承诺"对谁有约束力?当然是对作这种承诺的人有约束力。有什么理由让这个个人所作的承诺,去约束那些从来没有过这个承诺

---

① 叶必丰、何渊主编:《区域合作协议汇编》,法律出版社2011年版,第6页。
② 〔英〕边沁:《政府片论》,沈叔平等译,商务印书馆1995年版,第139页。

的人们呢？五十年前，国王对我的曾祖父承诺，依照法律统治他；五十年前，我的曾祖父对国王承诺，他将依照法律服从国王。现在，国王对我的邻居承诺，将依照法律统治他；现在，我的邻居对国王承诺，他将依照法律服从国王。就算是这样，所有这些承诺，或者其中的任何承诺对我来说有什么意义呢？很明显，要回答这些问题必须求助于另外一个原则，而不是靠那些由人们做出的承诺所固有的责任"。[①] 我们将通过下文的类型化比较加以说明，区域行政协议是否具有规制力，取决于它是否可以对公众的权利义务作出规定，取决于它是否具有法的性质或经利害关系人同意。至于规制力的实现，区域行政协议与单方行政行为相比并无独特之处，无须专门探讨。

（二）直接规制力

1.法律规定的直接规制力。美国州际协定属于一种州立法，对有关州内公众都具有拘束力。但对区域行政协议的法定直接拘束力来说，它不足为据。具有法定直接拘束力的区域行政协议在我国有行政区域界线协议和行政区域边界协议。《行政区域界线管理条例》第17条规定："违反本条例的规定，故意损毁或者擅自移动界桩或者其他行政区域界线标志物的"，由所在地行政主管部门处罚。第18条规定："违反本条例的规定，擅自编制行政区域界线详图，或者绘制的地图的行政区域界线的画法与行政区域界线详图的画法不一致的"，由有关行政主管部门处罚。上述条文中的"违反本条例的规定"，就包括已订立的行政区域界线协议。也就是说，公众实施第17、18条所规定的，违反行政区域界线协议的行为，将受到行政处罚。这里的行政处罚就是行政区域界线协议所具有的国家强制。

[①] 〔英〕边沁：《政府片论》，沈叔平等译，商务印书馆1995年版，第157—158页。

《行政区域边界争议处理条例》第17条规定:行政区域边界协议订立即边界争议解决后,"争议双方人民政府必须……向有关地区的群众公布正式划定的行政区域界线,教育当地干部和群众严格遵守"。也就是说,行政区域边界协议对辖区内的公众具有直接拘束力。

2. 基于同意的直接规制力。狄骥认为,行政协议"是可以被称为'法律'的,具有稳定性的普遍规范,这些规范确立了个人在一段不确定的时间内所处的状态,并确定了在法律强制力保障之下的行为能力。……它创设了这样的一类规则:它不仅适用于那些在协议签订之时隶属于这些团体的人,而同时也适用于那些后来隶属于这些团体的人,以及并不隶属于这些团体的人"。[1] 狄骥在此所说明的,就是一种直接规制力。

法国的行政协议很多,包括中央政府与地方政府间、地方政府相互间,以及政府与公共团体之间的行政协议。法国的地方政府甚至可以与外国地方政府缔结合作协议。除行政协议外,法国的地方议会还可以以决议的形式,缔结地方合作协议,包括省际议会协议和大区议会协议。[2] 法国宪法委员会认为,宪法不禁止政府机关间的合作协议。[3] 法国是单一制国家,因而地方合作协议都需要有中央法律的授权依据,不得与中央法律相抵触。

"但是,各种此类协议的性质和制度仍然不确定、不稳固。"[4] 法国最高行政法院在1988年1月8日关于斯特劳斯堡城市共同体案

---

[1] 〔法〕莱昂·狄骥:《公法的变迁·法律与国家》,郑戈、冷静译,辽海出版社、春风文艺出版社1999年版,第110页。
[2] 参见〔法〕让·里韦罗、让·瓦利纳:《法国行政法》,鲁仁译,商务印书馆2008年版,第282—283页。
[3] 同上书,第547页。
[4] 同上。

的判决，承认行政协议具有行政契约的性质；在1996年10月25日关于河口生态环境保护协会案的判决进一步指出，"一个这样的契约不会带来任何后果"。[1]法国最高行政法院在1974年10月23日的瓦莱案判决，则改变了上述态度，认为政府部门与某职业团体在法律框架内达成的协议，是"经利害关系人赞同而制定的规章条例性法规"。[2]可以说，经利害关系人同意，行政协议可对利害关系人发生直接规制力。

美国《加利福尼亚州联合行使权力法》规定，区际公共机构可以通过协议联合举债，可以共同与儿童保育机构订立协议，从而对相关公众发生直接规制力。[3]《佛罗里达州地方合作法》规定："任何此类公共机构和/或法人实体在合同或协议中所约定的所有承诺与义务，如果这些合同、协议、承诺与义务系根据本节规定而批准、允许或考虑，对承担这些义务或作出承诺的公共机构或法人实体而言，应当是合法、有效且具有约束力的；并且每一义务或承诺均可按照其条款得以执行。"[4]上述法人实体参与的区域行政协议就是得到其同意的协议。它们同意订立的区域行政协议，当然对其具有直接规制力。

基于同意而对利害关系人发生直接规制力的行政协议，在我国也存在。典型的实例是高校的部际、部地共建协议。这些行政协议的特点，在内容上是授益性的即获共建高校依据共建协议从缔约主

---

[1] 参见〔法〕让·里韦罗、让·瓦利纳：《法国行政法》，鲁仁译，商务印书馆2008年版，第547页。

[2] 同上书，第491页。

[3] 参见《美国各州地方合作法选译》，王诚、申海平译，上海社会科学院出版社2022年版，第20、86页。

[4] 同上书，第194页。

体取得建设经费,在缔结前都经获共建高校的申请或要求。例如,江西省政府和教育部共建井冈山大学协议、重庆市政府和教育部共建西南政法大学协议的缔结,就是两所大学努力争取、申请的结果。[①] 高校共建协议不仅对缔约双方具有拘束力,而且对获共建高校的经费使用具有直接规制力。不过,我们尚未发现基于同意而对利害关系人发生直接规制力的区域行政协议实例。

(三)间接规制力

1.通过组织机构的间接规制力。如第五章第一节所述,区际政府可以共设旨在实现合作任务的行政机关。如本章第一节所述,区际共设机关是根据区域行政协议建立的,是区域行政协议的实施机构。它的实施行为不仅仅以区域行政协议为依据,而且以区际共设机关的章程和它所代表的区际行政机关需执行的法律为依据。如《日本地方自治法》第252条之八、十二规定,区际共设机关应当制定章程,章程应当体现区域行政协议的有关内容,依据所代表区际行政机关需适用的法律实施行政行为。[②] 我国上海市《洋山保税港区管理办法》第1、4条,以及广东省《横琴粤澳深度合作区发展促进条例》第1、7—12条也作了类似规定。在这种情况下,对相对人发生直接拘束作用的并不是区域行政协议,而是区际共设机关的行政行为,且区域行政协议也不是区际共设机关所作行政行为的唯一依据。区际共设机关的行政行为,间接地体现了区域行政协议对公众的规制力。

---

① 参见江西省教育厅《关于恳请省政府致函教育部商议共建井冈山大学有关事宜的请示》,赣教计字〔2007〕142号,2007年8月1日发布;张国圣:《教育部重庆市共建西南政法大学》,载《光明日报》2012年10月25日,第6版。

② 参见《日本地方自治法》,肖军、王树良译,上海社会科学院出版社2022年版,第108、110页。

2. 通过行为机制的间接规制力。缔约主体在缔结区域行政协议后,将在本行政区域内制定、修改地方性法规、规章和规制性文件,实施规制行为。[①] 基于区域行政协议,区际行政机关可以实施相互征求意见的行政行为,联合实施相同要件的行政行为,作出区际共同行政行为,开展区际职务协助,或者将区际行政协议作为行政行为的构成要件(参见图7-2)。如在浙江省和安徽省订立新安江生态补偿协议后,安徽省及黄山市先后对协议任务进行了层层落实;[②] 制定了黄山市《新安江生态经济示范区规划》,设立了生态保护区和优先开发区;全面推行了农药集中配送制度,以控制农药可能带来的面源污染;落实"退耕""退捕",对有关当事人给予补偿,等等。[③] 这些行政行为并不是对公众违反两省行政协议的直接强制,因而并不是两省行政协议对公众的直接规制力。这些行政行为是依法履职行为,只是目的在于实现两省行政协议所约定的内容,是两省行政协议对公众的间接规制力。

本节结语

在应然层面,区域行政协议对缔约主体具有拘束力。这种拘束力源于政府的诚实信用原则。其首要的实定法依据是宪法上的"法治国家"条款,在政府与公众关系上的实定法依据是单行法的规定和判例,还有最新的"地方组织法",在区际行政机关间的实定法依据是"地方组织法"和《民法典》。区域行政协议也具有对缔约主体

[①] 参见吕文峰等:《清网行动:莱芜加大汶河水污染治理力度》,载齐鲁网;兰建凯:《山东莱芜加大汶河水污染治理力度》,载中国水网。

[②] 参见《黄山市人民政府关于转发省新安江流域水资源与生态环境保护实施方案任务分解的通知》,黄政办秘〔2015〕36号,2015年7月22日发布。

[③] 参见沈满洪等:《跨界流域生态补偿的"新安江模式"及可持续制度安排》,《中国人口·资源与环境》2020年第9期,第161页。

实现拘束的保障,即被适用或被实施的法律机制。实现拘束的机制是科层机制和基于科层制的责任追究机制,动力在于公众的推动。涉及公众权利义务的区域行政协议,经法律规定或有利害关系的公众同意,对公众具有直接规制力。区域合作协议经组织机构实施,或通过行为法机制,对公众具有间接规制力。区域行政协议所体现的基本原理也适用于科层行政协议和部际行政协议。区域行政协议的效力,有的可以通过协议来约定,如生效时间或生效期限、对地的适用范围;有的则无法由协议来约定而只能由法律加以明确规定,如协议对公众的效力。并且,行政协议的效力是区域合作中的全国性、普遍性问题,亟待由全国性立法予以规范。

第九章 区域合作法的实施机制

第一节 地方毗邻区域的联合执法[①]

本节导语

A地与B地毗邻。A地行为人在B地违法，B地行政机关依法有权管辖。即使违法人员回到了A地，B地行政机关也有权查处。当然，如果B地行政机关行使管辖权，为了前往A地调查就需要承受效率代价。但是，如果像不按分类投弃垃圾之类B地的违法行为在A地不属于违法行为，或者如保护环境生态而牺牲发展机会之类提供协助将承担过高的代价，则A地往往不愿提供协助，B地行政机关很难追究A地违法行为人的责任。另一方面，A、B两地行政机关也可能对同一行为人争相管辖、重复处罚。如行为人在连接A、B两地的高速公路上超速驾驶，分别被两地在交界处己方一侧设置的摄像头抓拍。A、B两地交界处未设置收费站，因而行为人的超速驾驶并未减速而中断。在法律上两地行政机关都没有理由

[①] 本节原标题为《我国地方毗邻区域的联合执法》，首发于《现代法学》2023年第1期。此次出版时略有修改。

将该违法行为处断为两个违法行为各自予以处罚,[1]也没有理由放弃处罚。这就可能导致对行为人的重复处罚或者左右为难的法律难题。毗邻区域的人们尽管高度融合,生活和语言习惯相同,即使110报警电话也常常"窜界",[2]但仍实行属地管理原则。

上述问题由来已久。为了提高行政效率,保障法律实施的统一性,维护相对人的合法权益,以往的做法是联合执法。20世纪八九十年代的治安管理、工商和税收立法中就有体现了区际联合执法的协助条款。[3]由于当时的法治不够健全,实践中联合执法很不规范,导致了许多违法乱象。1996年的《行政处罚法》没有规定联合执法,没有规定职务协助,试图通过相对集中处罚制度、管辖制度和委托制度加以解决。但区际联合执法的需求依然存在,单行法中的联合执法不降反增。从有关生态环境、食品安全、交通运输和城市管理到市场监管和遏制假冒伪劣商品领域,立法以及规范性文件纷纷规定了区际联合执法。[4]实践中,区际联合执法集中于有关地方的毗邻区域。[5]

---

[1] 在实践中,有个别地方将长时间自然单一行为处断为两个违法行为予以处罚的个案[参见北京市第三中级人民法院(2020)京03行终393号行政判决书"李清志案"]。

[2] 参见李斐等:《马鞍山市博望区丹阳镇破除地域壁垒打造苏皖平安边界》,载《安徽法制报》2018年9月28日,第2版。

[3] 参见《治安管理处罚条例》(1986)第34条第3款、《税收征收管理法》(1992)第5条第3款、《工商行政管理机关行政处罚程序规定(试行)》(1993)第28条。

[4] 参见《长江保护法》第80条、《大气污染防治法》第92条、《国务院关于加强食品安全工作的决定》(国发〔2012〕20号)、《旅游行政处罚办法》第5条、《广东省查处生产销售假冒伪劣商品违法行为条例》第17条,等等。

[5] 参见赖名芳:《沪苏浙联合执法查案668起》,载《中国新闻出版广电报》2010年11月3日,第1版;贾楠:《京津冀环境联动执法向纵深推进》,载《河北日报》2021年8月16日,第5版;川宣城:《川渝首次开展城市管理跨区域联合执法行动》,载《中国建设报》2021年12月7日,第7版。

联合执法一般是指两个或两个以上行政执法机关,依据联合执法事项目录,共同开展行政执法,并依据法定职责,分别作出行政处理决定的行政执法方式。[①]它不同于综合执法。综合执法是指基于政府的统一领导权,通过优化配置执法职责、整合精简执法队伍、下沉执法权限和力量,由一个行政机关统一行使若干个行政机关执法权并开展执法的体制。综合执法是以"整体政府"即政府对所属部门的统一领导,以及将多个部门的执法权向一个部门集中转移为法治基础的。联合执法原则上不存在执法权的转移,若干个行政机关按各自的职责协同执法活动。联合执法既可以适用于本行政区域内主管部门之间也可以适用于毗邻区域行政机关之间。综合执法组织是类似城市管理行政执法局这样的行政机关或事业单位,联合执法则大多是松散的组织形式。

在理论上,《行政处罚法》施行后的联合执法曾受到合法性质疑。[②]其实,社会在分工的同时也在趋同和整合,网络、大数据和智能化加速了社会的整合。政府在设置职能部门的同时也在加强其统一领导,甚至探索整体智治。在国家和社会"界面",一方面对社会成员来说无论执法主体是谁,都可以说是"国家",另一方面,政府的分层、分条、分区导致了执法主体的碎片化,每单个执法主体都无法对接整个社会的"界面"。因此,作为国家治理体系和治理能力现代化的内容之一,行政执法体制改革被提上了议事日程。行政执法体制改革在层级上主要是执法权下沉和实行一级执法体制,在"分条"即部门之间推行综合执法,以及在分区治理的毗邻区域探索

[①] 参见金国坤:《行政组织立法研究》,法律出版社2022年版,第250页。
[②] 参见董碧水:《专家称:联合执法不合法》,载《中国青年报》2003年5月23日,第4版;李传水:《联合执法应慎行》,《人大建设》2001年第11期,第28页。

联合执法。

毗邻区域不是指行政区之间一条相邻的界线,而是指以界线为基线所联合划定的区域。那么,毗邻区域联合执法能否得到法律上的支持,或者说它的法治基础是什么? 毗邻区域联合执法有什么样的组织形式,以及有哪些特殊的程序机制? 本节将立足实践需求,挖掘现有法律资源,对上述问题提供解释性分析,为改革和制度建设提供合法性论证。对可观察的已有联合执法探索,本节拟运用司法判例进行合法性检验、划定法律界限,通过法院的态度来表明作者的立场。尽管这有弱化本节理论性,降低理论高度的风险,但具有最终性的司法裁判毕竟比"意定法"论证更为现实和客观。

一、毗邻区域联合执法的法治基础

(一)基于行政区划的事权分工

我国宪法和法律建立起了统一的行政区划制度,地方包括省(自治区、直辖市)、设区的市、县(县级市)和乡(镇)。行政区划制度首先表现为政权组织尤其是行政组织的科层制。《宪法》第110条第2款规定:"地方各级人民政府对上一级国家行政机关负责并报告工作。全国地方各级人民政府都是国务院统一领导下的国家行政机关,都服从国务院。"行政区划制度其次才表现为全部区域的分区治理,各行政区之间的彼此自主和尊重。这在宪法和法律上表现为地方各级政府在"本行政区域内"依法行使职权。

行政区划在管理学上构成了国家治理中幅度和层次间的反比例关系。"管理幅度与层次成反比。在机构的总工作量为一定时,管理幅度愈大,则层次愈少;反之,管理幅度愈小,则层次愈多。"[①]

---

① 周世述:《行政管理》,人民出版社1984年版,第23页。

在行政机关间的沟通关系上，幅度与层次也呈反比关系。严格的科层制能够保证上下级行政机关间的上传下达，政令畅通，但却限制了区际行政机关相互间沟通和交流的充分性。区际行政机关间的沟通，需要通过共同的上级行政机关才能得以实现。如《生产安全事故应急条例》第3条第1款第2句规定："生产安全事故应急工作涉及两个以上行政区域的，由有关行政区域共同的上一级人民政府负责，或者由各有关行政区域的上一级人民政府共同负责。"如果不同省的基层政府需要沟通则需要逐级上报，并通过国务院主管部门再逐级下达。每级行政机关都是一个治理节点，都要对信息进行筛选、过滤。沟通途径越长、节点越多，则信息失真越大，沟通效果也就越有限。

在国家治理体系上，我国1978年以来的改革表现为不断下放权力，持续扩大地方自主权。权力下放在法律上表现为事权的层级分工，即中央和地方以及地方各级政府负责相应的行政事务。这样，地方行政机关不再纯粹是中央或上级行政机关在各地的代表同时还是本地公众的代表，既要维护全国的整体利益又要保障本行政区的地方利益。行政机关间的沟通不再限于上传下达，还有区际行政机关间的平等交流。这种平等交流，初期表现为区际行政机关间的公平竞争，当然也滋生了地方保护主义。公平竞争的另一面则是平等合作。在当下，区域协调已成为我国的重要治理理念，区域合作已得到蓬勃发展。实践中的典范是长三角一体化、大湾区建设、京津冀协同和成渝城市群，制度性成果则是区域合作条款、协同立法、委托立法、共设机关、职员派遣、联席会议、行政协议、职务协助、管辖权委托或职权委托等。

事权的层级分工也体现为行政执法体制的改革。党的十八届四中全会通过的《中共中央关于全面推进依法治国若干重大问题的决定》要求，"根据不同层级政府的事权和职能，按照减少层次、整合队伍、提高效率的原则，合理配置执法力量"，"完善市县两级政府行政执法管理"。根据这一要求，国务院及其主管部门进行了一系列改革，原则上确立了一级执法体制，即行政执法事务原则上由设区的市或者县级行政机关负责，少量行政执法事务由乡级政府负责。[1] 省级以上行政机关原则上不再具有执法权，而仅负责对下级行政机关执法的指导和监督工作。[2] 一级执法体制体现了事权层级配置的终局性，改变了执法层级制，对行政执法不再实行级别管辖。这样，对涉及A、B两地的区际违法行为就无法按级别管辖制度由共同上级机关管辖，A或B地行政机关也往往无法单独完成行政执法。

然而，前述区域合作法律制度并不能当然地为区际联合执法提供支持。首先，前述区域合作法律制度基本上是审批监管制度。执法与审批监管是不同的职责。基于职权法定原则，审批监管上的区域合作制度并不能规范行政执法职责的履行。其次，有审批监管权的行政机关不一定有行政执法权。从层级观察，国务院主管部门和省级主管部门有审批和监管权，但在实行一级行政执法体制后却没有行政执法权。从部门行政机关观察，根据《行政处罚法》和《行政强制法》规定的相对集中行政处罚和行政强制，行政执法权在被集

---

[1] 参见中共中央、国务院：《关于深入推进城市执法体制改革改进城市管理工作的指导意见》，中发〔2015〕37号，2015年12月24日发布；中共中央办公厅、国务院办公厅：《关于推进基层整合审批服务执法力量的实施意见》，2019年1月31日发布。

[2] 参见《市场监督管理行政处罚程序暂行规定》（2018年）第7条；《商务部关于进一步深化商务综合行政执法体制改革的指导意见》，商秩函〔2017〕885号，2017年11月24日发布，等等。

中后，原来的行政机关就不再具有该行政执法权。[①] 再次，有关行政机关即使都具有行政执法权，也可能各不相同。如《水污染防治法》第 84 条规定，对在饮用水水源保护区内设置排污口的执法权属于县级以上地方政府，对其他违法设置排污口的执法权则属于县级以上环境保护主管部门。因此，行政机关区际执法合作需要有相对独立的法律制度。

（二）区际行政执法合作制度

对区际执法合作需求最为迫切的是毗邻区域行政机关，尤其是区域合作密切的毗邻区域行政机关。例如，上海市金山区枫泾镇与浙江省平湖市新埭镇接壤，两地在交界处共建了张江长三角科技城，由两地管委会共同管理。共同管理与分别执法导致了严重错位，亟需联合执法。

1. 毗邻区域联合执法的组织法基础。"地方组织法"为地方行政机关的区际执法合作提供了组织法基础。该法第 80 条第 1 款规定："县级以上的地方各级人民政府根据国家区域发展战略，结合地方实际需要，可以共同建立跨行政区划的区域协同发展工作机制，加强区域合作。"

该规定中的"可以"，不是语义学上的可以或者不可以，而是法学上相对于禁止性规范和义务性规范的授权性规范。"它授予人们可以作出某种行为或不作出某种行为的能力"，[②] "是指经法律授予的、特定主体在特定的条件下、在特定的范围内的一种有限度的选

[①] 参见最高人民法院（2017）最高法行申 2156 号行政裁定书（"王增鹏等案"）。
[②] 吴大英、沈宗灵主编：《中国社会主义法律基本理论》，法律出版社 1987 年版，第 272 页。

择权"。① 它的作用在于"为人们的自主行为和良性互动提供行为模式,为社会的良性运作和发展提供动力与规则保障"。② 因此,该规定中的"可以"充分体现了区域协调的"中央统筹与地方负责相结合"的原则,县级以上地方政府有权将毗邻区域联合执法机制,作为建立跨行政区划工作机制的选项。

该规定中的"工作机制"被限定为"跨行政区划的区域协同发展",目的在于"加强区域合作"。至于它的具体内容包括什么,则并不明确,该规定也没有以示例的形式明确解释方向。③ 根据不确定法律概念的裁量理论,④ 县级以上地方政府有权对"工作机制"作出合目的性裁量,探索包括联合执法在内的区域协同机制。从法体系上来看,该规定是一条组织法而非规制法(行为法)规则,因而县级以上地方政府只能建立区际行政机关间的合作机制,而不能裁量制定行政机关与相对人间的权利义务规则。

基于以上解释,"地方组织法"第80条不仅是地方政府合作发展的组织法依据,而且也是地方毗邻区域联合执法组织的法律依据。地方政府可依据此探索毗邻区域联合执法的组织形式,建立联合执法工作机制。

2. 毗邻区域联合执法的行为法基础。最高人民法院曾在多个判决中指出,组织法规则是不针对具体行政领域的、宏观意义上的规则,在没有行为法具体规定的情况下不能作为要求作为或不作为

---

① 喻中:《论授权规则》,法律出版社2013年版,第107页。
② 张文显主编:《法理学》,高等教育出版社、北京大学出版社2001年版,第72页。
③ 参见江苏省无锡市中级人民法院(2019)苏02行终105号行政判决书("季频案")。
④ 参见王贵松:《行政裁量的构造与审查》,中国人民大学出版社2016年版,第49—51页。

的依据。[1] 这表明，毗邻区域的联合执法除了组织法依据还必须具有行为法依据。在单行法有关区际执法协助的基础上，2021年修订的《行政处罚法》第26条规定："行政机关因实施行政处罚的需要，可以向有关机关提出协助请求。协助事项属于被请求机关职权范围内的，应当依法予以协助。"该法所规定的职务协助覆盖全部行政处罚，不仅包括部际职务协助而且包括区际行政机关间的职务协助。根据《行政处罚法》的上述规定，行政机关提供职务协助需要具备两个要件：第一，有关行政机关提出了协助的请求。第二，协助事项在法定职权范围内。司法上支持行政机关合法的职务协助，反对超越职权提供职务协助。

对于协助事项是否在法定职权范围内的认定，实践中比较复杂。原因在于法律上有的协助职责条款属于概括性规则。如《畜禽规模养殖污染防治条例》第5条第4款规定："乡镇人民政府应当协助有关部门做好本行政区域的畜禽养殖污染防治工作。"该"协助"是否包括行政处罚和行政强制？在春光农场案判决中，法院对此作了体系解释，认为要阐明"协助"的意义，应当结合该条例第23条第2款的规定，即"乡镇人民政府、基层群众自治组织发现畜禽养殖环境污染行为的，应当及时制止和报告"。法院据此认为，乡镇政府的协助权表现为及时制止和报告在辖区内发生的畜禽养殖环境污染行为，而并不包括行政处罚和强制权。法院遂认定，本案被告乡政府强制拆除原告养猪栏舍的行政行为，虽然属于职务协助行

---

[1] 参见最高人民法院（2020）最高法行申9586号行政判决书（"叶胜案"）、最高人民法院（2017）最高法行申7917号行政裁定书（"梦巴黎家具城等案"）、最高人民法院（2017）最高法行申390号行政裁定书（"周美珍案"）、最高人民法院（2020）最高法行再37号行政判决书（"马清华等案"）。

为,但超越其职权,因而违法,应承担赔偿责任。[①]

在区际职务协助中,两地同类行政机关的职责不尽相同。一方面,不同地方所确定的机构职责不尽相同。如城管部门执法权的多寡系根据相对集中行政处罚和行政强制制度,由所在地省级政府决定。某地城管部门所具有的执法权,外地城管执法部门可能没有。更重要的方面还在于,职务协助请求机关所在地和被请求机关所在地有效的地方性法规和地方政府规章不尽相同。两地对即使需要共同遵行的法律和行政法规,也往往有不同的裁量基准。如关于《行政处罚法》第33条规定的"首次轻微违法不处罚",即使在一体化程度较高的长三角区域,各省市在实施中的裁量也并不一致。尤其是各地的开发园区已逐渐发展为类似行政区,为其制定了特别法、设置了执法机构,形成了特殊的规则。针对类似上述情况,德国对职责的认定以被请求机关所在地有效的法律规范为依据。[②] 在我国,为了解决上述两方面的问题,区际立法主体积极开展了立法协同,为区域内的法治统一提供了保障。[③] 在此基础上,毗邻区域联合执法中纷纷采取了求同存异的务实做法,即毗邻区域行政机关将各自职责中相同的职责,以及可以作相同裁量的事项制作成清单目录,在清单目录范围内相互协助。[④] 这样就可以避免一方请求协助

[①] 参见江西省新干县人民法院(2020)赣0824行初1号行政判决书("春光农场案")。

[②] 参见《联邦德国行政程序法》第7条,载应松年主编:《外国行政程序法汇编》,中国法制出版社1999年版,第164页。

[③] 参见毛新民:《上海立法协同引领长三角一体化的实践与经验》,《地方立法研究》2019年第4期,第50页;司涛:《着力推动京津冀区域协同立法工作》,《天津人大》2015年第4期,第1页;孙信志:《同向发力 同步上新 立良法促善治——川渝两省市人大常委会2021年协同立法综述》,《民主法制建设》2021年第12期,第3页。

[④] 参见《南京市联合执法工作规则》附件,宁政发〔2015〕122号,2015年5月26日发布;肖未等:《长三角八地联合发布"首违不罚"清单》,载《浙江日报》2022年9月1日,第2版。

而另一方却无职责的现象。

关于协助机制的事项范围,《优化营商环境条例》(2019)第57条第1款可以作为依据。该款规定:"国家建立健全跨部门、跨区域行政执法联动响应和协作机制,实现违法线索互联、监管标准互通、处理结果互认。"也就是说,无论是违法线索还是证据,无论是监管标准还是裁量基准,无论是执法决定还是决定的执行,都可以建立行政执法区际联动响应和协作机制。

二、毗邻区域联合执法的组织形式

基于组织法上的依据,毗邻区域行政机关在执法的组织形式上开展了积极探索,值得总结。

(一)区际联席会议

联席会议制度可以追溯到新中国成立初期。[①] 当时,它是一种民主的组织形式,目的在于组织和发动各阶层的人员和力量。改革开放后,联席会议制度开始进入口岸立法和国防立法,成为部际或军地合作机制。迄今为止,联席会议制度很少由法律和行政法规规定,更多是由国务院批复设立的。它作为一种普遍性制度,则源于行政机构改革。1986、1988年,国务院两次发文指出,应该撤并一些非常设机构,对已明确属于有关部门职责范围但又涉及相关部际协同的工作,可以设立联席会议制度,由主管部门负责同志牵头进行协调。[②] 由此可见,联席会议不是指会议活动,而是一种没有科

[①] 参见《省各界人民代表会议组织通则》(1949,已失效)第4条第1款、《各级职工业余教育委员会组织条例》(1950,已失效)第5条。

[②] 参见《国务院关于清理非常设机构的通知》,国发〔1986〕100号,1986年10月30日发布;《国务院关于非常设机构设置问题的通知》,国发〔1988〕56号,1988年8月11日发布。

层隶属关系的多个机构间协调工作的组织形式、沟通平台或交流机制。它往往由相关组织的负责人组成,设有处理日常事务的办事机构。该办事机构往往由牵头单位的办事机构兼任。

联席会议制度也被运用于协调区际事务。早在改革开放初期,国务院就批复建立了辽宁、吉林、黑龙江、内蒙古三省一区联席会议制度和上海经济区联席会议制度,及时协商全区性重大经济问题,突破了行政区划和部门的界限,推动了横向经济合作。[1] 此后,它被广泛运用于区际争议、区域合作和毗邻区域的联合执法,有的还有行政法规和地方性法规的明文规定。

根据《南京市联合执法工作规则》等地方行政规范性文件的规定,作为毗邻区域联合执法组织形式的联席会议,由毗邻区域有关行政首长组成,是联合执法的决策性组织,可以有牵头单位,大多不设负责人,一般都设有办事组织或联络人。联席会议的职责是明确联合执法的组织领导、工作机制、责任分工以及工作纪律。联席会议类似委员会制行政组织,以会议的形式开展工作,由牵头单位或办事组织定期或不定期组织召开,统一研究部署联合执法的事项、方法、步骤、措施,通报和交流执法工作,协调处理联合执法中的争议,研究解决联合执法的热点、重点或难点问题。

联席会议虽然是一种组织法机制,但却是一种议事协调机构,[2]并未构成行政主体,并非行政诉讼的被告。在毛春华等案中,一审判决认为,"联席会议办公室作为议事协调组织,也非毛春华、上

---

[1] 《国务院关于将东北能源交通规划办公室改为东北经济区规划办公室的批复》,国函〔1985〕145号,1985年9月17日发布;《国务院办公厅转发国务院四个规划办工作座谈会议纪要的通知》,国办发〔1985〕80号,1985年11月29日发布。

[2] 参见中央编办:《议事协调机构》;胡天宇:《政府议事协调机构:运行机制与重构路径》,《湖北科技学院学报》2022年第5期,第32页。

海沉毅玻璃制品有限公司所述及的行政征收的适格主体"。①该意见得到了二审和再审判决的支持。联席会议办公室设在某一行政机关,也不能据此确定所在机关为被告。在周晓静案中,最高人民法院再审认为,"河北省唐山市信访工作联席会议办公室并非唐山市政府的内设机构,唐山市政府亦并无周晓静要求履行的法定职责",②因此原告关于唐山市政府履行政府信息公开职责的请求,法院不能支持。

联席会议所作的行为,从实际情况来看有两类:第一,行政机关间的沟通行为,即内部行政行为。在徐雪良案中,最高人民法院认为被诉《关于建议依法严肃处理徐雪良进京非正常上访行为的函》,是杭州市信访联席会议北京工作组向上城区信访联席会议作出的内部行为,"仅对行政机关内部发生法律效力,并未设定申请人的权利义务。因此,不属于人民法院行政诉讼的受案范围"。③第二,直接针对相对人设定权利义务的行为。在柯亨保案中,重庆市政府有关部门及奉节县政府有关部门参加的联席会议,设定了原告住房、养老保险和一次性困难救助等权益。④在杨斌案中,锦州市太和区信访工作联席会议作出《关于新民乡新民村杨斌信访事项的会议纪要》,决定对杨斌被征收的土地地上物及经济作物给予作价,并按同期银行最高贷款利率支付2002年1月1日至2013年12月31日期间利息。⑤

联席会议的审议有时成为一项必经程序。《深圳市总部企业认

---

① 最高人民法院(2017)最高法行申141号行政裁定书("毛春华等案")。
② 最高人民法院(2019)最高法行申12668号行政裁定书("周晓静案")。
③ 最高人民法院(2016)最高法行申4611号行政裁定书("徐雪良案")。
④ 参见最高人民法院(2015)行监字第275号通知书("柯亨保案")。
⑤ 参见最高人民法院(2018)最高法行申8723号行政裁定书("杨斌案")。

定办法(试行)》第14、15条规定,市发展改革局在将总部企业名单核定后,应上报市总部经济工作联席会议审定,然后由市政府以公告形式公布并授予证书。在深圳秦深案中,最高人民法院据此认为,该联席会议的审定系原告成为总部企业的必经程序。[1]在关塘村民案中,湖南省娄底市娄星区政府在对原告的林地权属争议及征地补偿事宜的会议纪要中明确,当事双方"如果不服,可向娄星区联席会议或娄星区矛盾调处中心申请复核和调处"。[2]

《行政处罚法》制定时所发现的联合执法乱象在联席会议类案件中依然存在,联席会议机制还有待规范。虽然不少立法要求建立联席会议机制,但联席会议机制的组织和运行规则不够健全。联席会议是否可以成为外部行政行为的一项必要程序可以视情况而定,但不应允许联席会议对相对人直接作出设定权利义务的行政行为。如果联席会议作出影响相对人合法权益的行政行为,且没有对该行为自认负责的任何主体,则可以以参与该联席会议的所有行政机关为行政诉讼的共同被告。

同时,法院应当切实履行《行政诉讼法》第1条所规定的监督行政机关依法行政的职责。2022年10月15日在北大法宝案例库检索最高人民法院终审涉及"联席会议"的案例,计有162件,其时间跨度为2015—2020年。分析上述案例发现,法院没有支持过当事人对联席会议的任何程序性主张和实体性请求。一方面,法院认为联席会议及其办公室不具有被告即行政主体资格,所作行为并非外部行政行为。另一方面,法院对联席会议所作的行为(纪要或决定)又予以认可和支持。这是值得检讨和反思的。

---

[1] 参见最高人民法院(2016)最高法行申4183号行政裁定书("深圳秦深案")。
[2] 最高人民法院(2016)最高法行申3088号行政裁定书("关塘村民案")。

上述案例中反映出的联席会议问题及法院态度，虽然并非出现于毗邻区域联合执法，但对认识毗邻区域执法机关的联席会议也是有借鉴意义的。

（二）区际职员派遣

一机关派员参加另一机关的执法活动也属于联合执法，在文件中一般称为抽调人员、人员交流或干部挂职。它也是毗邻区域联合执法的一种组织形式。如江浙沪市场监管局和长三角示范区执委会要求在示范区实行联合执法，建立执法干部交流挂职机制。[①]重庆市在綦江-万盛开展区际联合执法，建立了两地干部交叉任职、互派挂职机制。[②]

日本针对区域合作，在其《地方自治法》第252条之17，专门规定了派遣职员的程序、受派遣职员工作期间及退休后的待遇，并明确规定受派遣职员应遵守派遣机关所在地的法令。[③]我国对派遣职员参与联合执法还缺乏制度化。天津市的地方政府规章《天津市行政联合执法规定》(1991)对派员参加部际联合执法有所规定。根据该规定，联合执法人员代表派遣机关执法，向派遣机关负责；派遣机关应承担所派执法人员执法行为的法律后果。

职员派遣也可以适用于毗邻区域的联合执法。在西峡龙成专利行政案中，被告榆林市知识产权局以涉案纠纷系跨省区、重大复杂有影响的案件为由，请求省市联合执法。经山西省知识产权局派

[①] 江浙沪市场监督管理局、长三角示范区执委会《关于支持共建长三角生态绿色一体化发展示范区的若干意见》，沪市监综合〔2021〕906号，2021年7月19日发布。

[②] 参见《重庆市人民政府办公厅关于印发綦江-万盛一体化发展规划的通知》，渝府办〔2021〕8号，2021年6月25日发布。

[③] 参见《日本地方自治法》，肖军、王树良译，上海社会科学院出版社2022年版，第112—113页。

遣，宝鸡市知识产权局执法人员参与该案办理。事后，榆林市知识产权局的上述做法获得国家知识产权局同意。国家知识产权局复函称，根据全国知识产权系统执法人员数量、能力不均衡的现状，国家知识产权局在全系统推进执法协作调度机制，包括人员、案件调度等内容，属于行政机关内部行为。二审后、再审裁判前的2016年12月，国务院印发的《"十三五"国家知识产权保护和运用规划》也规定了区际联合执法。但最高人民法院再审认为：第一，《专利行政执法证》所载执法地域是持证人工作单位所在行政区划的范围。宝鸡市知识产权局执法人员参与办案，与该案被诉行政行为以榆林知识产权局的名义作出相悖。第二，榆林市知识产权局接受派遣人员执法于法无据。在案证据仅有陕西省知识产权局协调保护处给局领导的报告，以及国家知识产权局的事后函复。第三，执法人员的调配手续不正式、不规范。①总之，最高人民法院认为异地调配执法人员应当履行正式、完备的审批手续。当然，如果有管辖权机关派遣人员参与执法，并以自己的名义承担法律后果，则是可以认可的。

（三）区际执法队伍

"联合执法队"在我国曾经普遍存在，在《行政处罚法》确立相对集中处罚制度后它也依然存在，有的还有地方性法规和地方政府规章的依据，②最近几年以来在行政规范性文件中出现得更为频繁。分析后可以发现，它有下列特点：第一，它是在一段时间内，针对多发性热点违法现象，部际或区际协同执法的临时性组织形式。第

---

① 参见最高人民法院（2017）最高法行再84号行政判决书（"西峡龙成专利行政案"）。
② 参见《江西省实施〈中华人民共和国消费者权益保护法〉办法》（2015）第46条第2款、《河北省海域管理条例》（1999）第25条、《克拉玛依市养犬管理条例》（2021）第16条、《南京市渣土运输管理办法》（2017）第43条。

二,它是由一个行政机关牵头、多个行政机关共同参与,对部际、区际违法现象的集体检查、集中调查、相互协同、依法移送,以及共享信息和证据的执法形式。其中,执法人员的参与基本上属于职员派遣,执法活动主要表现为行政事实行为的行政检查和行政调查,工作机制主要表现为集体讨论、充分沟通和共享证据。第三,对作为法律行为的行政强制措施和行政处罚,各参与方需要依各自的职权分别作出决定,而不能以联合执法队或其办公室的名义作出决定。第四,实行"属地管理"原则,不同层级行政机关联合执法的以最低层级行政机关为标准确定案件管辖。第五,各参与机关各自承担执法经费。政府对联合执法进行拨款的,仍按各参与机关分配。[①]

对区际联合执法队如何作出法律行为即行政行为,有的作了明文规定。《河北省海域管理条例》(1999)第 25 条规定,联合执法队伍要"依法行使各自的职权";《南京市联合执法工作规则》第 2 条规定,参与联合执法的行政机关应"依据法定职责,分别作出行政处理决定(包括行政处罚、强制等)"。汕头市政府曾规定"不得以'联合执法队'的名义出具执法文书",[②] 中山市政府也曾规定"不得以'联合执法办公室'的名义出具执法文书"。[③] 但也有的地方却规定,联合执法队可以"依法采取停止供电、强制拆除等强制措施,坚决予以取缔关闭",[④] 从而可能导致联合执法队是否具有行政主体资

---

① 参见《温州市财政局、温州市水利局关于下达 2022 年度珊溪水源保护属地联合执法经费的通知》,温财农〔2022〕7 号,2022 年 4 月 27 日发布。

② 参见《汕头市政府关于城市管理暂行实施联合执法的通知》,汕府〔2002〕78 号,2002 年 5 月 26 日发布。

③ 参见《中山市人民政府关于中山市城区城市管理暂行联合执法的通知》,中府〔2002〕96 号,2002 年 9 月 4 日发布。

④ 参见《来宾市兴宾区人民政府办公室关于印发来宾市兴宾区木材加工企业规范化管理工作实施方案的通知》,兴政办发〔2020〕18 号,2020 年 8 月 25 日发布。

格的法律困境。有地方法院认为,"公民、法人或者其他组织认为'联合执法队'或者类似性质的联合执法活动在执行职务过程中侵犯其合法权益,提起行政诉讼的,应根据原告的诉讼内容及请求事项由该临时组织成员中有行政管理职能的机关为被告,如果该临时组织或执法活动中的成员均无相应的管理职能的,由组织该临时机构的主管机关或人民政府为被告"。[1]

上海市金山区与毗邻的浙江省平湖市两地综合行政执法局,2022年8月31日相互赋予对方管辖权,在两地共建的张江长三角科技城设立了联合执法队。它实行双队长制,同时受两地园区管委会领导。它在执法事项清单范围内,开展共同执法,实现了"一块牌子、两地人员、协同作战、结果互认"。[2]它属于区际共设机构,但其职权仍限于执法检查,因而并未取得行政主体地位。

毗邻区行政机关间的联席会议、职员派遣和联合执法队都只是毗邻区域联合执法组织的组建形式,形成了介入式组织结构。它们在没有改变行政机关各自的执法主体地位,没有突破法律界限的情况下,实现了毗邻区域行政机关间的相互融合,契合了毗邻区域联合执法的需求。

三、毗邻区域联合执法的程序机制

线索通报、信息共享、定期会商、共同研讨、移送管辖、协助调查、证据互认、协助执行,以及统一执法流程和案卷标准等,都是毗

---

[1] 《北京市高级人民法院关于行政诉讼中若干问题的意见(试行)》,1994年2月18日北京市高级人民法院审判委员会讨论通过。
[2] 参见季张颖:《首支跨区域联合执法队成立》,载《上海法治报》2022年9月2日,第一版。

邻区域联合执法的普遍性程序机制。其中,具有重要法律意义的有管辖权、联合调查和协助执行。

(一)毗邻区域联合执法的管辖权

《行政处罚法》第22条第1句规定:"行政处罚由违法行为发生地的行政机关管辖。"违法行为发生地包括违法行为的准备地、着手地、实施地、经过地和危害结果发生地。上述地域的行政机关对违法行为都有管辖权。该条第2句规定:"法律、行政法规、部门规章另有规定的,从其规定。"《火灾事故调查规定》第7条规定,跨行政区域的火灾,由最先起火地的公安机关消防机构管辖,相关行政区域的公安机关消防机构予以协助但并无管辖权。《食物中毒事故处理办法》第3条第2款规定,对跨辖区的食物中毒事故,食物中毒发生地的卫健部门具有管辖权,食物中毒肇事者所在地的卫健部门提供协助但无管辖权。

毗邻区域联合执法制度的任务不是解释法律,而是在法律及其解释已经明确,在对本地有危害影响又确实没有管辖权的情况下或者在虽有管辖权但查处确有困难的情况下,而与相邻区域行政机关的协同执法。它的实现形式之一是交叉检查,将发现的违法案件移送给有管辖权的行政机关实施处罚。在江苏省生态环境厅开展环境保护交叉检查中,镇江市环保局对南京市企业的环境保护检查时发现浦口区丹桂路36号的南京某公司存在违法排污行为,遂依法移送给所在地浦口区环保局。一审法院认为,"浦口区环保局作为浦口区环境保护行政主管部门,具有对在本行政区域内有关环境违法行为进行监督、管理、查处的法定职权"。[①]二审法院支持了一审

[①] 江苏省南京市中级人民法院(2019)苏01行终274号行政判决书("南京运昶案")。

法院的上述认定。

如果联合执法参与方发现违法行为，无管辖权而径行强制或处罚的，则构成超越职权。天津市有关部门组织了全市从严治理机动三轮车的联合执法。被告天津市公安交通管理局河北支队所属的派出所民警参与了联合执法。在天津火车站广场世纪钟附近，原告王金海驾驶的未悬挂牌照的银灰色三轮车被包括被告民警在内的多部门联合执法人员扣留，存放在河北区停车场内。原告起诉要求法院判决确认被告的扣车行为违法，归还原告的机动三轮车并赔偿损失。法院认为，被告依法"负责河北区区域内道路交通管理工作，而事发地点天津站前广场世纪钟附近在河东区区域内，被告无权对河东区区域内的道路交通实施管理工作，该扣车行为属于超越职权"。[①]

对类似王金海案中需要当场决定的行政强制措施，是否可以引入追缉权而取得管辖权？《海关法》第6条第6项规定："进出境运输工具或者个人违抗海关监管逃逸的，海关可以连续追至海关监管区和海关附近沿海沿边规定地区以外，将其带回处理。"但除此以外，法律并未规定连续追缉的管辖权，即使公安机关办理行政案件也无此职权，如果违法行为逃入邻地就只能望而叹之。原告姜振维驾车无证运输卷烟，途径被告辽阳市烟草专卖局辖区。被告接到举报后前去现场，直至在毗邻的鞍山市达道湾高速公路口查获嫌疑车辆。[②]被告虽然从本辖区连续追缉到毗邻区域，但并不因此拥有地域管辖权。当然，《行政处罚法》第25条第2款规定了指定管辖。在姜振维无证运输卷烟案中，被告通过指定管辖获得了地域管辖

[①] 天津市河北区人民法院（2015）北行初字第49号行政判决书（"王金海案"）。
[②] 参见灯塔市人民法院（2019）辽1081行初71号行政判决书（"姜振维案"）。

权。该案法院认为,"本案中查获地虽为辽宁省鞍山市达道湾高速公路口,但经辽宁省烟草专卖局稽查总队指定管辖,本案被告辽阳市烟草专卖局对姜振维涉嫌无烟草专卖品准运证运输烟草专卖品一案具有地域管辖权"。[1] 不过,基于依法行政原则,行政机关应当在实施强制行为之前取得指定管辖权;情况紧急的,依据《行政强制法》第19条的规定,应当在24小时内补办手续。

指定管辖制度是以级别管辖制度为前提的。如果没有级别管辖制度,也就没有指定管辖。如前所述,我国的行政执法在多个领域都已经改革为一级管辖,即由市县行政机关管辖。执法权下沉到基层,意味着县级行政机关的执法权已经转移到乡镇政府,县级行政机关不再具有执法权,乡镇政府具有最终管辖权,仍属于一级管辖。上级行政机关不再管辖行政执法案件,只具有指导权、协调权和监督权。指导协调监督权并不意味着指定管辖权。因为指定管辖只是直接共同上级才有的职权,而指导协调监督权几乎是所有上级机关都具有的职权。

这也就向我们提出,在联合执法检查中需要采取行政强制措施,而有管辖权的行政机关并无参与的情况下,如何解决行政强制措施的管辖权?第一,在有管辖权的行政机关不在场的联合执法中,对并非必要的行政强制措施尽量不予实施;在场执法机关没有行政强制措施事权的,不得实施行政强制措施。在上述情况下,在场的执法机关可以采取拍照等形式保全证据,然后移送有管辖权的机关调查、处理。第二,在有管辖权的行政机关不在场的联合执法中,对确有必要的行政强制措施完全可以借助现代通信技术取得有

---

[1] 参见灯塔市人民法院(2019)辽1081行初71号行政判决书("姜振维案")。

管辖权机关的委托书或协助调查函。也就是说,在场的执法机关可以电话联系有管辖权的行政机关,当场沟通委托事宜,并取得电子版委托书或协助调查函。《行政强制法》第17条第1款规定:"行政强制措施权不得委托。"这是指行政强制措施权不得委托给没有该事权的组织,而并不包括具有该事权的行政机关间的委托。第三,联合执法实施前应当经过充分讨论,牵头单位或者办事机构应当科学制定联合执法的工作方案,对可能发生包括有管辖权的行政机关不在场时如何实施行政强制措施在内的事务,都应有所安排。如果无管辖权的行政机关事先已经取得委托或协助调查请求,则可以避免出现越权实施行政强制措施的现象。第四,在设立具有行政主体资格的联合执法组织的情况下,毗邻区域行政机关也可以通过职权委托,将各自管辖权共同转移给联合执法组织。[①]

(二)毗邻区域行政执法调查合作

毗邻区域联合执法的程序机制之一是调查合作,实现证据共享或者证据互认。对此,我国早就有规定。早在1983年,国务院批转的农牧渔业部文件就指出,对主要渔场渔汛要"有计划地组织联合检查、互相检查"。[②] 在2007年,原国家环保总局等7部门就发布了跨界污染调查合作的文件。[③]2008年,环保部要求对跨界污染案的调查取证,相邻地方环保部门应"在规定时间内到达同一断面共同采样监测,一方无故不到或不按规定监测的以另一方监测数据

[①] 参见王辰阳:《沪苏浙省际毗邻区域实现城管共同管辖执法》,载光明网,2022年10月16日最后访问。

[②] 《国务院批转农牧渔业部关于发展海洋渔业若干问题的报告的通知》,国发〔1983〕134号,1983年9月1日发布。

[③] 参见国家环保总局等《关于加强河流污染防治工作的通知》,环发〔2007〕201号,2007年12月29日发布。

为准。双方对监测数据提出异议时,应保存水样,由中国环境监测总站负责监测"。[1]执法调查合作在此后查处侵犯知识产权和假冒伪劣商品的规范性文件中,发展为证据互认。国务院在2011年的规范性文件中指出,应建立包括调查取证和证据互认在内的区际执法协作机制。[2]各地为了贯彻国务院的指示,也纷纷制定了相应的地方性法规[3]和行政规范性文件,并逐步扩大到其他行政领域。如2019年沪苏浙皖市场监管部门联合发布的《长三角地区市场监管联动执法实施办法》第5条第2款规定,因查办案件需要,请求当地有管辖权的市场监管部门协助调查取证时,请求机关应根据对方要求,按照执法程序,积极做好调查取证等案件协查工作,并将协查情况和有关材料反馈给对方部门。2020年以来,有关行政调查合作的地方立法得到快速发展。

毗邻区域行政执法中的调查合作是以合法、公正为前提的。如前所述,地方行政机关是本地利益的代表者,有时甚至存在地方保护主义的倾向。因此,保证行政调查的合法、公正,是证据互认的基础。在韩桂林等跨行政区环境污染索赔案中,江苏省金湖县的当事人排放污染物,造成安徽省天长市当事人养殖业的损害。天长市主管部门委托省外中立机构进行检测。在谢印立等跨行政区环境污染索赔案中,山东省临沭县的当事人污染环境,造成江苏省东海县的养殖业损害。东海县渔政部门委托省外中立机构进行检测,并将

---

[1] 环保部《关于预防与处置跨省界水污染纠纷的指导意见》,环发〔2008〕64号,2008年7月7日发布。

[2] 参见《国务院关于进一步做好打击侵犯知识产权和制售假冒伪劣商品工作的意见》,国发〔2011〕37号,2011年11月13日发布。

[3] 参见《广东省查处生产销售假冒伪劣商品违法行为条例》(2012、2020修订)第17条和《广东省食品生产加工小作坊和食品摊贩管理条例》(2015)第31条。

取得的检测报告抄送给了临沭县渔政部门。两案的致害人都认为，只有受害人所在地主管部门的委托而致害人所在地主管部门未参与委托，属于单方委托，不具有公正性。但不仅韩桂林等案的审理法院，且在国家环保总局等关于共同检测文件施行后发生的谢印立等案审理法院，都未采信致害人的质疑，[①]对跨界污染取证合作规则未保持协同态度。

（三）毗邻区域行政机关的协助执行

协助执行是以执法"结果互认"为前提的。在理论上，执法"结果互认"并不是新问题、新制度，而只是行政行为公定力的体现，但在区际联合执法中却具有重要的实践意义，要求双方行政机关的自觉意识。

协助执行是毗邻区域联合执法的重要任务之一。在跨界水污染案中，根据《行政处罚法》所规定的违法行为地管辖制度，受害地系违法行为结果发生地，受害地行政主管部门具有行政处罚管辖权。如果受害地行政主管部门依据《水污染防治法》第83条，对致害地违法行为人作出责令改正或者责令限制生产、停产整治的行政处罚，则需要致害地行政主管部门的协助。但在需要致害地行政主管部门投入较多执行力量的情况下，其实将案件移送致害地行政主管部门管辖更为切实可行。

但有时却存在依法应当由两地分别管辖的情形。比如，企业既有注册地又有生产地。法律上规定，生产地行政机关对企业所作出的整改措施，除了监督辖区内的该企业生产组织执行外，还需要注

[①] 参见江苏省高级人民法院（2002）苏民终字第043号民事判决书（"谢立印等案"）、安徽省滁州市中级人民法院（2016）皖11民终513号民事判决书（"韩桂林等案"）。

册地行政机关协助监督该企业执行。[①]

当然,行政机关可以依法申请法院强制执行。在法律上,法院的强制执行是不受行政区划限制的。最高人民法院也代表各级法院表示愿意积极支持区域合作。[②] 但如果存在地方保护主义的话,无论是行政机关执行还是法院执行,困难都是相同的,且行政机关具有比法院更多的执行资源。

毗邻区域行政机关间的协助执行是联合执法中的一项制度,是区域合作机制的组成部分。与有关区域合作制度的衔接是协助执行机制取得成效的关键。当前,国家在23个省(自治区、直辖市)建立了12个涉危险废物环境区际联防联控或联合执法机制,推动危险废物跨省转移"白名单"试点、处置设施共建共享机制,[③]国务院已经批准上海探索协助执行与失信联合惩戒相衔接,让失信者在一地失信、各地都受限制。[④] 失信联合惩戒将是毗邻区域协助执行的一项有效法律机制,当然它本身还在进一步探索和完善之中。[⑤]

[①] 参见《医疗器械生产监督管理办法》第58条。
[②] 参见《人民法院服务和保障长三角一体化发展司法报告》,2021年11月2日最高人民法院发布;《最高人民法院关于为京津冀协同发展提供司法服务和保障的意见》,法发〔2016〕5号,2016年2月3日发布;《最高人民法院关于为成渝地区双城经济圈建设提供司法服务和保障的意见》,法发〔2021〕4号,2021年1月13日发布。
[③] 参见黄润秋:《国务院关于研究处理全国人大常委会固体废物污染环境防治法执法检查报告及审议意见情况的报告——2022年6月21日在第十三届全国人民代表大会常务委员会第三十五次会议上》,载《全国人民代表大会常务委员会公报》2022年第4号,第689—694页。
[④] 参见《国务院关于上海市进一步推进"证照分离"改革试点工作方案的批复》,国函〔2018〕12号,2018年1月31日发布。
[⑤] 参见张鲁萍:《环境领域失信联合惩戒:实践展开、制约因素与规制路径》,《征信》2022年第6期,第30—34页。

本节结语

本研究发现,在执法权下沉和实行一级执法体制后,级别管辖不再发挥作用,区际联合执法尤其是毗邻区域联合执法的需求更加强烈。毗邻区域联合执法的法治基础并不是区域合作的一般法律制度,而是"地方组织法"上的跨行政区协同工作机制条款和《行政处罚法》及单行法上的职务协助条款。当前,毗邻区域联合执法的组织形式有联席会议制度、职员派遣和联合执法队,具有重要意义的程序机制有管辖权制度、联合调查及证据互认制度、以结果互认为基础的协助执行制度。从司法上观察,当前的联合执法还需要进一步规范,尤其不能以联合执法组织的名义直接对相对人作出处罚决定。司法机关应当对毗邻区域的联合执法担负起监督职责。

毗邻区联合执法要取得预期成效,还需要相应的制度保障。在较早时期,联合执法的保障制度是基于科层关系而建立的,包括:第一,考评制度。如《农资打假省际联合执法协调配合机制》[①]规定:"农业部农产品质量安全监管局将对各省执行本机制情况进行年度考核并予通报,对于案件办理及时准确的,给予表扬,对案件办理拖延推诿的,给予批评。"广东省也将生态跨行政区执法联动作为一体化评估的重要指标。[②] 第二,与资金资源相挂钩。如《农资打假省际联合执法协调配合机制》规定:"本机制年度考核结果将与下一年的农资打假项目资金安排挂钩。"第三,追责制度。如《商务行政处罚程序规定》第55条规定,对无故拒绝协助其他商务主管部门办理跨行政区域案件的,上级商务主管部门或有关部门依法责令改正,可

[①] 农办质〔2012〕51号,2012年9月11日发布。
[②] 参见广东省人民政府:《推进珠江三角洲区域一体化工作评价指标及评价办法》(试行),粤府函〔2011〕58号,2011年2月28日发布。

以对直接负责的主管人员和其他直接责任人员依法给予行政处分；情节严重构成犯罪的，依法追究刑事责任；对当事人造成损失的，应当依法予以赔偿。

现在的行政执法实行一级执法体制，毗邻区域联合执法并不是按照科层关系，而是毗邻区域行政机关协商建立的，应该更多地通过第三方评估来促进合作。但"地方组织法"第80条第2款规定："上级人民政府应当对下级人民政府的区域合作工作进行指导、协调和监督。"也就是说，上级机关的事前指导和事后考评、追责仍然是可行的。

第二节 区际联合应急制度的实施[①]

本节导语

《突发事件应对法》第17条规定，国家建立健全突发事件应急预案体系，包括国家突发事件总体应急预案和国家突发事件专项应急预案，以及地方各级、各部门应急预案，并规定了从国务院到乡级政府以及各部门制定应急预案的职责。为此，国务院建立了应急预案管理制度，包括区际联合应急制度。《突发事件应急预案管理办法》（国办发〔2013〕101号）第7条第5款规定："鼓励相邻、相近的地方人民政府及其有关部门联合制定应对区域性、流域性突发事件的联合应急预案。"第8条第6款规定："联合应急预案侧重明确

[①] 本节原标题为《跨行政区联合应急制度的实施状况分析》，首发于《行政法学研究》2022年第1期。本研究在实施中，得到了程雁雷、傅士成、章剑生、王青斌、尚海龙、喻少如、窦家应、刘羿、彭传德、董鑫旺、雷白鸽、尹凡等十多位友人、同学的协助，得到了调查对象的大力支持。第一稿完成后，得到李德旺、徐楠芝等的指正。在此一并致以诚挚感谢！

相邻、相近地方人民政府及其部门间信息通报、处置措施衔接、应急资源共享等应急联动机制。"对区际联合应急制度,国务院有关部门通过制定本部门的应急预案管理办法作了重申和强调。[①] 那么,地方主体对这项制度的实施在新冠疫情前是否做了充分准备,在新冠疫情中实施了没有,以及实施效果如何?

一、区际联合应急制度的实施数据

(一)地方主体实施准备的数据检索

对区际联合应急制度的实施准备工作,地方主体一般都会以文件等书面形式记载。为了分析实施准备状况,2020年5月8日在北大法宝数据库用《突发事件应急预案管理办法》第7、8条规定的"联合应急"为关键词做全文检索,获得地方性法规12份,地方政府规章1份,地方规范性文件166份,地方工作文件320份。通过阅读、比对,去除与区际联合应急无关的数据后,得到有效数据160份。当然,这一检索的局限性在于,如果数据库未收存联合应急的数据,如果数据库中的文献未以"联合应急"而以其他文字表述,则无法被检索到。事实也确实如此。统计发现,160份区际联合应急数据分布在我国除港、澳、台地区外的30个省级行政区,不包括西藏。通过百度检索,发现有《西藏自治区城镇燃气行业应急预案》。该预案规定:预案启动后,自治区燃气突发事件应急工作领导小组的主要任务之一是协调事故发生地相邻地区配合、支援救援工作。[②] 因

---

① 参见《气象部门应急预案管理实施办法》(气发〔2014〕68号)第6、7条,《电力行业应急能力建设行动计划(2018—2020年)》(国能发安全〔2018〕58号),《马传染性贫血消灭工作实施方案》(农医发〔2015〕26号)第3条第3项,等等。

② 参见《西藏自治区城镇燃气行业应急预案》,载西藏自治区住房和城乡建设厅官网。

此，本节的数据只能大体上反映现实状况，统计只能以检索到的数据为依据。

在新冠疫情防控中，各地制定的很多文件涉及区际联合应急。例如上海市人大常委会《关于全力做好当前新型冠状病毒感染肺炎疫情防控工作的决定》第2条规定："各级人民政府及其有关部门应当……形成跨部门、跨层级、跨区域防控体系，……"第8条规定："市、区人民政府根据疫情防控需要，可以与长三角区域相关省、市建立疫情防控合作机制，加强信息沟通和工作协同，共同做好疫情联防联控。"本检索、统计和分析的目的是为了检视新冠疫情前的实施准备情况。

实施准备数据的形式基本上是行政规范性文件，仅有5件属于地方性法规。这可能是因为，《突发事件应对法》等法律、法规并未明文规定区际联合应急，因而各地在制定该法的实施条例时也缺乏可供细化的条款。设定区际联合应急制度的《突发事件应急预案管理办法》并非行政法规，因而习惯上地方主体也不会以规章的形式落实。它是由国务院以办公厅名义发布的行政规范性文件，发文对象是"各省、自治区、直辖市人民政府，国务院各部委、各直属机构"，因而落实的形式基本上是行政规范性文件。5份地方性法规都是关于流域水环境治理的立法，所规定的区际联合应急源于《环境保护法》第20条。[①] 严格说来，5件地方性法规并非为直接落实《突发事件应急预案管理办法》而制定。不过，它们的制定或修改都是基于政府的议案，所规定的区际联合应急与《突发事件应急预案

[①] 该条第1款规定："国家建立跨行政区域的重点区域、流域环境污染和生态破坏联合防治协调机制，实行统一规划、统一标准、统一监测、统一的防治措施。"第2款规定："前款规定以外的跨行政区域的环境污染和生态破坏的防治，由上级人民政府协调解决，或者由有关地方人民政府协商解决。"

管理办法》的规定相契合,且数据量不大,因而没有予以排除。

(二)区际疫情防控合作的调查

观察区际联合应急制度的实施状况,理想的方案是在同一维度即事件上进行调查和比较。自2013年建立这一制度以来,全国性的突发事件就是新冠疫情。但在全国范围内调查新冠疫情的区际联合防控非常困难。本研究还有一个潜在的问题意识。当下,我国各地对区域合作表现出了充分积极的态度,普遍反映法律资源不足。区际联合应急就是一种区域合作制度,且有疫情防控的迫切需求。那么,从制度到良好的法律秩序需要哪些因素或受哪些因素的影响?

基于问卷调查的可能性,结合区域合作秩序的考虑,本研究把区际疫情防控合作的调查限定在区域合作良好的区域。京津冀、长三角、珠三角和川渝四大区域在区域合作中走在全国的前列,俨然已成为韦伯所说的"基于理性动机下的利益平衡"而结成的"联合体"[①]。为此,本研究以上述四大区域为调查范围。其中,京津冀区域范围明确,长三角区域包括江苏、浙江、安徽和上海,珠三角区域仅限于广东省;川渝区域而不是成渝区域,是因为调查范围不限于成渝。武汉城市圈建设了多年,区域合作在全国也较有代表性。但武汉的新冠疫情在全国最为严重,是由中央直接组织、指挥疫情防控的。兄弟省市对武汉的救援,并非基于合作而是中央的派遣。因此,本研究没有把武汉城市圈纳入调查范围。

有关京津冀、长三角、珠三角和川渝四大区域的区际疫情防控

---

① 参见〔德〕马克斯·韦伯:《经济与社会》(第一卷),闫克文译,上海人民出版社2020年版,第167页。

合作,媒体已经有所报道,并已有学者作过梳理。[1]但是,所报道的区际疫情防控合作都局限于省级,未涉及省级行政区内的市、县区际疫情防控合作及其成效和原因,未做定量分析,而只是缺乏联系的一个个事实。[2]重要的是,"科学的研究领域不以'事物'的'实际'联系为依据,而是以'问题'的'思想'联系为依据"。[3]为此,我们有必要按研究任务设计问题及逻辑做内部观察,即对行政机关的工作人员开展问卷调查,比较四大区域的区际疫情防控合作,了解其对区际联合应急制度的实施状况,探究实施区际联合应急制度的实施效果或者未予实施的原因。

本问卷调查的对象为四大区域的省、设区的市、县级政府(办公厅、室)、应急部门、卫健部门以及乡级政府的工作人员。如表9-1所示。本研究假定该四级三类人员应当掌握本机关在应对新冠

表9-1 区际联合应急问卷调查对象

单位:份

区域	省级			设区的市			县级			乡级	合计
	府办	应急	卫健	府办	应急	卫健	府办	应急	卫健		
京津冀	3	3	3	1	1	1	3/1	3	3	3	24/1
长三角	4/1	4	4	3	3	3	4	4/1	4/1	4/1	37/4
珠三角	1	1	1	2	2	2	2	2	2	2	17
川渝	2	2	2	1	1	1	2	2	2	2	17
合计	10/1	10	10	7	7	7	11/1	11/1	11/1	11/1	95/5

注:表中斜杠后的数字表示未回收或无效的问卷调查表数量。

---

[1] 参见欧阳鹏等:《应对重大疫情事件的跨区域联防联控机制探讨》,《规划师》2020年第5期,第61—63页。

[2] 参见〔法〕E.迪欧凯姆:《社会学方法的准则》,狄玉明译,商务印书馆1999年版,第93页。

[3] 〔德〕马克斯·韦伯:《社会科学方法论》,韩水法等译,商务印书馆2015年版,第21页。

疫情中的区际联合应急信息。本问卷在致函中说明了什么是或者不是区际联合应急，以及本问卷调查的意义和保密承诺。本问卷共设计了10个问题，另在问卷最后提示调查对象可以作补充说明。在10个问题中，Q1为调查对象所在机关级别，Q2为调查对象所在机关类型，即政府（办公厅、室）、卫健部门和应急部门。其余8个问题将在下文的相应部分介绍，总的思路是：有没有实施区际联合应急措施，有的话选择采取了哪些措施，效果如何，效果好或者不好的原因是哪些；没有采取区际联合应急措施的原因是什么？每个政府（办公厅、室）、应急部门、卫健部门各1份。直辖市没有设区的市，从2020年6月27日起共发放问卷95份，截至2020年11月24日共回收有效问卷90份，编号后作为本研究的统计对象。

（三）地方主体实施数据的分析思路

对经验事实的分析，很重要的就是"将它们分类，再根据它们出现差异的原因进行有系统的归纳，最后通过比较其不同结果得出一般的公式"。[1] 本研究对数据的分析思路，总体上分三个维度：不同区域、不同层级和不同类型的主体。在每个维度上，又设定了相应的统计指标。这些统计指标是经验事实的固有特征。"划分事实的方法并不取决于社会学家本人，即不取决于它的特殊才智，而取决于事物的本性。"[2] 事物的特征或"本性"有时会合乎规律地重复出现，从而构成一种类型。因此，事物的类型不是根据先天的标准进行划分的结果，而是聚集的结果。但同时，事物的特征又是很多

---

[1] 〔法〕E. 迪欧凯姆：《社会学方法的准则》，狄玉明译，商务印书馆1999年版，第45页。

[2] 同上书，第55页。

的,并不是本研究都需要的。"只有始终无限多样的单个现象的某些我们赋予其一般文化意义的方面,才值得我们去认识,唯有它们才是因果解释的对象。"[①] 因此,这些统计指标又是本研究基于分析地方主体实施状况的需要而选择的结果。

二、区际联合应急制度的实施准备

(一)实施准备的地方主体

检索数据表明,为实施区际联合应急制度开展准备工作的地方主体齐全,覆盖了省、设区的市和县三级,以及人大、政府和政府部门各类国家机关。(如表9-2所示)在开展实施准备工作的主体类型中,政府最多,合计128个,占全部数据的78.8%。在地方主体的层级上,设区的市数据最多,占55.0%。基于数据库数据的有限性和检索词的局限性,某些数据不一定被检索到,因而数据的多少并不能说明哪些主体对区际联合应急制度的实施准备更为积极。

表9-2 区际联合应急数据的制定主体

单位:份

	人大	政府	部门	合计	占比
省级	1	47	16	64	40.0
设区的市	4	71	13	88	55.0
县级	/	8	/	8	5.0
合计	5	126	29	160	/
占比	3.1	78.8	18.1	/	100

[①] 〔德〕马克斯·韦伯:《社会科学方法论》,韩水法等译,商务印书馆2015年版,第33页。

为了了解四大区域各地方主体的实施准备情况,问卷调查设定了两个问题。第一即Q3,"您所在的机关,是否有应急预案?"选项为"有""没有"和"不知道"。在90份问卷调查中,统计发现,除上海有1个区府办回答"没有"、重庆有1个区府办回答"不知道"外,其他88份问卷都表示本机关制定了应急预案。这说明,四大区域的地方主体对实施应急预案制度都做了积极准备。第二即Q4,"您所在机关的应急预案中,是否有区际联合应对的内容?"选项为"有""没有"和"不知道"。对这一问题的回答,统计结果如表9-3所示。可以发现,在应急预案中编制区际联合应急最积极的是川渝区域。令人疑惑的是珠三角区域反而表现不佳。根据广东省政府的文件,公共突发事件应急协作机制是评估珠三角区域9市一体化的重要指标,[①] 表现应该更为突出,但数据上却没有显示出来。

表9-3 四大区域调查对象区际联合应急预案情况

单位:份

区域	有 选择数	%	没有 选择数	%	不知道 选择数	%	未作答数
京津冀	18	81.8	2	9.1	2	9.1	1
长三角	27	84.4	2	6.3	3	9.4	1
珠三角	13	76.5	2	11.8	2	11.8	/
川渝	16	94.1	/	/	/	/	1

注:表中百分比系指选择"有"的份数占该区域作答份数之比。

统计表明,在四大区域的省、设区的市、县和乡四级机关中,应急预案中有区际联合应急内容的情况如下:省级机关26份,占该级

---

① 参见广东省人民政府:《推进珠江三角洲区域一体化工作评价指标及评价办法》(试行),2011年2月28日,粤府函〔2011〕58号。

作答数的89.7%；设区的市级机关18份，占该级作答数的90.0%；县级机关18份，占该级作答数的94.7%；乡级机关8份，占该级作答数的88.9%。在四级机关中，制定区际联合应急预案表现最积极的是设区的市级机关。

从调查对象类型统计，在应急预案中有区际联合应急内容的情况如下：政府（办公厅、室）未作答2份，回答"有"27份，"有"占该类作答数的79.4%；应急部门全部作答，回答"有"21份，"有"占应急部门作答数的77.8%；卫健部门未作答1份，回答"有"22份，"有"占卫健部门作答数的84.6%。统计显示，卫健部门在三类机关中积极性较高。

（二）实施准备的内容和领域

通过对160份检索数据的整理，可以把实施准备的内容分为机制建设和工作安排两类。机制建设就是地方主体根据《突发事件应急预案管理办法》第7条第5款的规定，对区际信息通报、处置措施衔接、应急资源共享及其他措施，通过其实施办法和应急预案加以落实；工作安排主要包括区际联合应急培训、演练、监督检查和工作总结等。因此，机制建设可以看作地方主体对区际联合应急制度的第一次落实，工作安排可以看作地方主体对区际联合应急制度的第二次落实或具体推进。160份检索数据所涉及的领域，可以分为综合性和专业性两类。综合性领域的检索数据系地方主体对所属各级各部门行政机关有关区际联合应急的统一安排，专业性领域的检索数据系地方主体对某一专门领域区际联合应急的落实。同样，可以把综合性数据看作地方主体的第一次落实，把专业性数据看作是地方主体的第二次落实、具体推进。

根据统计，160份实施准备的检索数据在内容上主要是机制建设，占全部检索数据的76.3%；少量为工作安排，占全部检索数据的23.8%。160份实施准备的检索数据在综合性领域和专业性领域的分布相差不大，分别为56.3%和43.8%。

观察四大区域，发现机制建设的积极性在总体上略高于全国平均水平，分布的领域更趋平衡。就四大区域的比较观察，珠三角区域对机制建设比其他区域的积极性更高，工作安排的积极性相对靠后；川渝区域在工作安排上比其他区域更积极，但机制建设的积极性却相对靠后。珠三角区域对专业性的区际联合应急更积极，京津冀区域对综合性领域的区际联合应急更积极。如表9-4所示。珠三角区域立足于专业性领域建设区际联合应急机制，这可能与广东省政府的要求有关。广东省政府文件明确要求把区际环境联合应急、城市水资源联合应急和公共突发事件联合应急等专业领域的联合应急作为评估珠三角区域一体化的重要指标。[1]

表9-4 四大区域实施准备的内容和领域

单位：份

主体	内容 机制建设 选择数	%	工作安排 选择数	%	领域 综合性 选择数	%	专业性 选择数	%
京津冀	8	80	2	20	7	70	3	30
长三角	21	75	7	25	16	57.1	12	42.9
珠三角	17	94.4	1	5.6	4	22.2	14	77.8
川渝	10	71.4	4	28.6	8	57.1	6	42.9
合计	56	80	14	17.5	35	50	35	50

---

[1] 参见广东省人民政府：《推进珠江三角洲区域一体化工作评价指标及评价办法》（试行），2011年2月28日，粤府函〔2011〕58号。

从政府与部门的角度观察，全国各级地方政府更注重于机制建设，占政府类数据的83.3%；多为综合性领域，达69%。地方政府部门则更偏重于工作安排，占部门类数据的58.6%，多为专业性领域，达89.7%。在四大区域中，京津冀、长三角和川渝区域的地方政府和部门，对内容和领域方面的偏好契合全国的规律。但珠三角区域的地方政府在其15份检索数据中属于专业性领域的却多达73.3%，更重视把区际联合应急机制运用于具体领域。

从层级观察，县级主体的检索数据太少，在此略过，仅比较省和设区的市两级主体。该两级主体都比较重视机制建设，机制建设数占各级检索数据的73.4%和77.3%；在综合性和专业性两大领域基本保持平衡，综合性数据分别占各级检索数据的50%和42%。基于数据量太小，在此不比较四大区域省市两级主体数据的内容和领域。

（三）实施准备的内容特点

通过与《突发事件应急预案管理办法》所规定的区际联合应急制度的比对，可以发现地方实施准备内容的四个特点。第一，地方主体的实施机制在内容上比区际联合应急制度更加概括、简单，所发挥的是援引性、指引性功能，即规定在有区际联合应急需要时按《突发事件应急预案管理办法》规定办理。这体现了地方主体具有较强的技术能力开展实施机制建设，但显得有些盲目，未明确本地本部门的需求，没有做细化推进。第二，地方主体的实施机制仅仅对区际联合应急制度进行了简单的复制，所发挥的是强调、重审和传递功能。这表明地方主体虽然有实施准备的态度，但既没有摸清本地本部门的实际需求、没有细化推进，也缺乏相应的技术能力建设实施机制。第三，地方主体的实施机制对区际联合应急制度作了具体化。如《上海市质量技术监督局突发事件应急预案管理实施办法》(2017)第7、16条规定了区际联合应急的责任主体,即相关处室、局属单位;区际联合应急的对象,即相邻、相近的苏浙两省有关部门(单位);区际联合应急预案的类型,即一般性应急预案和专门性应急预案;区际联合应急的机制,即信息通报、响应和处置措施衔接、应急资源共享和各方职责分工等。这表明地方主体对区际联合应急制度的实施不仅有态度,而且有能力结合本地、本部门需求加以认真落实。第四,地方主体对区际联合应急制度的实施工作安排,即开展区际联合应急演练、监督检查和工作总结等。这表明地方主体对区际联合应急制度的高度重视,并且旨在积极发挥该制度的实际作用。相比较而言,具体化的实施机制建设以及工作安排在态度上更为积极,而对区际联合应急制度的复制在态度上较为消极。统计显示,在160份检索数据中,比区际联合应急制度更概括的占38.8%,区际联合应急制度的复制占22.5%,区际联合应急制度的具体化占15%,以及工作安排占23.8%。也就是说,超1/3的数据显示地方主体在很积极地开展实施准备工作,超1/3的数据显示地方主体在较为积极地开展实施准备,有不足1/4的数据显示对实施准备工作比较简单、机械。

在比制度更概括的实施机制这项指标上,除长三角区域接近全国平均水平外,京津冀、珠三角和川渝区域运用得更加积极,即援用性或指引性机制的运用更加普遍。在制度的复制这项指标上,四大区域都低于全国平均水平,尤其是京津冀和珠三角区域为0份。在制度的具体化这项指标上,除川渝区域为0份外,京津冀、长三角和珠三角区域都明显高于全国平均水平。如表9-5所示。这些表现说明,除个别情况外,四大区域的实施准备在结合本地实际方面具有更积极的态度和更高的技术能力。结合珠三角区域的实施准备多为专业性领域,可以更好地理解其在制度具体化指标上的上佳表现。

表 9-5 四大区域实施准备的内容特点

单位:份

特点	京津冀		长三角		珠三角		川渝	
	选择数	%	选择数	%	选择数	%	选择数	%
比制度更概括	5	50	9	32.1	10	55.6	7	50
制度的复制	0	0	5	17.9	0	0	3	21.4
制度的具体化	3	30	7	25	6	33.3	0	0
工作安排	2	20	7	25	2	11.1	4	28.6

总之,地方主体对区际联合应急制度基本上能通过书面形式开展实施准备,四大区域的地方主体表现得尤为突出。这些包括区际联合应急预案在内的实施准备。

三、区际联合应急制度的实施检验

新冠疫情对区际联合应急制度是一次大考验。在此,我们通过对四大区域地方主体的调查以了解区际联合应急制度的实施状况,并比较各大区域、各级各类主体的实施积极性以及对区际联合应急措施的偏好。其中,Q5 关于调查对象以及 Q7 关于调查对象同级部门或所在辖区对区际联合应急措施的偏好,在区域和层级比较时可以累积统计。

(一)区际联合应急的主体广泛

1. 各区域主体的实施积极性。问卷表 Q5:"在本次新冠疫情防控中,您所在的机关采取了哪些区际联合应对措施?(可多选)"问卷表 Q7:"在本次新冠疫情防控中,您的同级部门或所属辖区内实施了哪些区际联合应对措施？（可多选）"对两个问题设定的选项均为："（1）信息通报""（2）处置措施衔接""（3）应急资源共享"及"（4）其他"。统计发现，除了Q5和Q7分别有13和8份问卷未作答外，调查对象均表示采取了1—4项不等的区际联合应急措施。也就是说，作答的调查对象在本次新冠疫情防控中，全部都实施了区际联合应对措施，四大区域各主体均表现优秀。

问卷表Q6："在本次新冠疫情防控中，您的同级部门或所属辖区内是否采取了区际联合应对措施？"设定的选项包括"有""没有""不知道"。在回收90份有效问卷中，对本题未作答的1份，回答"没有"的3份，回答"不知道"的7份，回答"有"的79份。也就是说，调查对象同级部门或所在辖区实施了区际联合应急措施的占调查对象数的87.8%，四大区域各主体的总体表现高度积极。从四大区域的比较来看，如表9-6所示，以川渝区域表现最为积极，京津冀和长三角区域相对靠后。

表9-6 四大区域调查对象同级部门或所在辖区的区际联合应急措施

单位：份

区域	有		没有		不知道		未作答
	选择数	%	选择数	%	选择数	%	
京津冀	19	82.6	1	4.3	3	13.0	/
长三角	27	84.4	2	6.3	3	9.4	1
珠三角	16	94.1	0	0	1	5.9	/
川渝	17	100	0	0	0	0	/

注：表中的百分比系选择份数占所在区域作答份数的比例。

2. 四大区域各级主体的实施积极性。在Q6本次新冠疫情防控中调查对象的同级部门或所在辖区是否实施了区际联合应对措施，省级机关全部作答，其中回答"有"的26份，回答"没有"的0份，回答"不知道"的3份,回答"有"占该级作答数的89.7%;设区的市级机关全部作答,其中回答"有"的20份,回答"没有"的0份,回答"不知道"的1份,回答"有"的占该级作答数的95.2%;县级机关全部作答,回答"有"的24份,回答"没有"的3份,回答"不知道"的3份,回答"有"的占该级作答数的80%;乡级机关未作答1份,回答"有"的9份,回答"有"的占该级作答数的100%。统计表明,调查对象的同级部门或所在辖区对区际联合应急最积极的是乡级政府。其实,乡级政府并无同级部门,其下并无政府机关而只有作为基层群众性自治性组织的村委会、居委会。但在突发公共卫生事件中,村委会和居委会在法律上具有协助职责。① 在本次抗疫中,各地政府纷纷成立指挥部,事权集中上收,领导下沉指挥。作为一种特殊现象,本节暂时模糊处理乡级政府与村委会、居委会的界限,将它们作为"基层主体"一并统计。

上述对调查对象中区际联合应急占比的统计,所反映的是制度实施的普遍性和广泛性。从这一维度上观察,四大区域主体在本次新冠疫情防控中,普遍实施了区际联合应急措施,表现优秀。其中,从区域比较看以川渝最佳,从层级观察以基层表现最佳。

(二)区际联合应急的措施运用充分

各地方主体对区际联合应急措施的运用充分。Q5作答的77个地方主体中,有70个地方主体采取了2项以上的区际联合应急措施,占作答数的90.9%;累计选择了217项次区际联合应急措施,平均每个作答主体选择采取了2.8项次。Q7作答的82个地方主体中,

---

① 《突发公共卫生事件应急条例》(2011修订)第40条规定:"传染病暴发、流行时,街道、乡镇以及居民委员会、村民委员会应当组织力量,团结协作,群防群治,协助卫生行政主管部门和其他有关部门、医疗卫生机构做好疫情信息的收集和报告、人员的分散隔离、公共卫生措施的落实工作,向居民、村民宣传传染病防治的相关知识。"

有75个地方主体认为同级部门或所在辖区地方主体采取了2项以上的区际联合应急措施。

基于Q5的统计，区际联合应急措施运用上的充分性的分区情况如表9-7所示。其中，珠三角区域平均每个主体3.1项次，频次最高；川渝区域平均每个主体2.4项次，频次最低。京津冀区域选择1项措施的主体仅占作答数的5.3%，选择2项措施的主体仅占作答数的15.8%，选择3项以上措施的占比最高（78.9%）。因此，从主体运用区际联合应急措施的充分性上看，珠三角和京津冀区域表现得最佳，川渝区域落后。

表9-7 四大区域区际联合应急措施的频次

区域	未作答数	总数	平均数	1项措施 个	1项措施 %	2项措施 个	2项措施 %	3项以上措施 个	3项以上措施 %
京津冀	4	56	2.9	1	5.3	3	15.8	15	78.9
长三角	6	76	2.8	2	7.4	5	18.5	20	74.1
珠三角	2	47	3.1	1	6.7	3	20	11	73.3
川渝	1	38	2.4	3	18.8	7	43.8	6	37.5

注：表中总数系所实施措施的数量；平均数系总数除以主体数所得。表中的"个"系指采取1项、2项或3项以上措施的主体数；"%"系指采取该项措施的主体数占作答数之比。

有关Q5四级三类主体运用区际联合应急措施的情况如表9-8所示。据此，可以统计出各级各类主体运用区际联合应急措施的充分性。按层级统计，结果显示：省级主体平均为3项次，设区的市级主体平均为2.6项次，县级主体平均为2.7项次，乡级政府平均为2.9项次。省级主体频次最高，设区的市级主体频次落后。仅运用1项措施的，乡级政府为0，最低；市级主体最高，占作答数的15%。运用2项措施的，省级主体最低，占作答数的7.4%；县级主体最高，占作答数的42.9%。运用3项以上措施的,县级主体最低,占作答数的47.6%;省级主体最高,占作答数的85.2%。也就是说,省级主体和乡级政府对区际联合应急措施的运用都比较充分。

表9-8 四级三类主体运用的措施

单位:个

层级	政府作答和选项				应急部门作答和选项				卫健部门作答和选项			
	答	1	2	3-4	答	1	2	3-4	答	1	2	3-4
省级	9	1	0	8	9	0	2	7	9	1	0	8
市级	7	1	1	5	6	0	2	4	7	2	1	4
县级	5	1	2	2	8	0	4	4	8	1	3	4
乡级	9	0	3	6	/	/	/	/	/	/	/	/

按类型统计,结果显示:政府、应急部门和卫健部门三类主体运用区际联合应急措施的频次比较均衡,分别为2.9、2.9和2.6项次。仅运用1项措施的,应急部门为0,卫健部门最高,为16.7%。运用2项措施的,卫健部门最低,为16.7%;应急部门最高,为34.8%。运用3项以上措施的,卫健部门最低,为65.2%;政府最高,为70%。因此,政府对区际联合应急各类措施的运用比较充分。

(三)对区际联合应急措施的偏好

1. 四大区域对区际联合应急措施的偏好。基于对Q5、Q7的累积统计,四大区域主体在本次新冠疫情防控中,对有关区际联合应急措施的偏好如表9-9所示。统计显示,对四项措施的偏好度呈依次减弱的态势。其中,对成本低廉、简单易行的信息通报,一致表现出了强烈偏好。从区域比较看,对处置措施衔接和应急资源共享均以珠三角区域表现最佳。珠三角区域的061号问卷作了补充说明:"本区联合应对主要有相邻区集中隔离酒店资源共享、相邻社区测温卡口设置资源共享。""其他"区际联合应急措施则以京津冀区域的表现较优;川渝区域对信息通报以外的措施表现落后。

表9-9 四大区域主体对区际联合应急措施的偏好

单位:份

区域	信息通报 选择数	%	处置措施衔接 选择数	%	应急资源共享 选择数	%	其他 选择数	%	未答 选择数	%
京津冀	39	100	32	82.1	23	59	14	35.9	7	15.2
长三角	56	100	49	87.5	34	60.7	19	33.9	10	15.2
珠三角	31	100	29	93.5	26	83.9	11	35.5	3	8.8
川渝	33	100	26	78.8	15	45.5	8	24.2	1	3

注:信息通报、处置措施衔接、应急资源共享和其他的比例,系选择份数与作答份数之间的比例;未答的比例系未答份数与调查对象数间的比例。

2.各级主体对区际联合应急措施的偏好。基于Q5、Q7的累积统计,从省、设区的市、县和乡四级来看,如表9-10所示。在本次新冠疫情防控中,四级主体对四类措施的偏好依次减弱,首选信息通报。四级主体中,基层和省级地方主体都偏好处置措施衔接和应急资源共享,县级主体则偏好对"其他"区际联合应急措施的探索。

表9-10 四级主体对区际联合应急措施的偏好

单位:份

级别	信息通报 选择数	%	处置措施衔接 选择数	%	应急资源共享 选择数	%	其他 选择数	%	未答 总数	%
省级	54	100	48	88.9	42	77.8	21	38.9	4	6.9
市级	40	100	32	80	22	55	10	25	2	4.8
县级	46	100	39	84.8	20	43.5	18	39.1	14	23.3
基层	19	100	17	89.5	15	79	5	26.3	1	5

注:百分比关系同表9-7注;市即设区的市,下同。

3. 各类主体对区际联合应急措施的偏好。政府(办公厅、室)、应急部门和卫健部门在本次新冠疫情防控中对四项措施的偏好,同样都呈依次减弱的态势,同样一致首选信息通报。如表 9-11 所示。同时,政府比部门更偏好处置措施衔接和应急资源共享,应急部门则偏好"其他"区际联合应急措施。

表 9-11 三类主体对区际联合应急措施的偏好

单位:份

类型	信息通报		处置措施衔接		应急资源共享		其他		未答	
	选择数	%	选择数	%	选择数	%	选择数	%	选择数	%
政府	30	100	27	90	20	66.7	11	36.7	6	16.7
应急	23	100	19	82.6	15	65.2	10	43.5	4	14.8
卫健	24	100	19	79.2	12	50	7	29.2	3	11.1

注:百分比关系同表 9-7 注。

一般而言,处置措施衔接和应急资源共享相对于信息通报,系更为实质性的区际联合应急措施。因此,处置措施衔接和应急资源共享应该作为判断区际联合应急积极性更重要的指标。基于这一认识,从区域比较观察,珠三角区域对区际联合应急更为积极;从层级观察,省级和基层主体比县、市级主体更加积极;从主体类型观察,政府比职能部门发挥了更积极的作用。"其他"区际联合应急措施在某种程度上可以视为创新和探索。由此分析,京津冀和县级主体更为积极。除信息通报以外的区际联合应急措施的积极表现程度,基本上与各主体的职权、物质资源和创新能力优势以及实际需求相一致。

四、区际联合应急制度的实施评价

(一)未采取区际联合应急措施的原因

在回收问卷之前,并不了解调查对象是否全部都实施了区际联合应急。以部分主体未采取区际联合应急为假设,在问卷中设计了Q8调查本次新冠疫情防控中,没有采取区际联合应对措施的原因。设定的选项有:"(1)没有想到","(2)没有需求","(3)自顾不暇","(4)与外地沟通困难,没协调成功","(5)两地的防疫政策不一致","(6)两地的分担不均",以及"(7)已经有上级机关的统一布置、协调"。如前所统计,结果是所有调查对象都实施了区际联合应急,对这一问题未作答数共41份,超过了调查对象数的30%,达到了45.6%,已经没有总体上统计的意义。但如前所统计,调查对象同级部门或所在辖区仍存在未采取区际联合应急措施的现象,同时京津冀浙4省市的未答数并未超过调查对象数的30%,问卷仍值得重视。

如表9-12所示,在本次新冠疫情防控中,京津冀浙的调查对象认为未采取区际联合应急措施的原因首要的在于已经有上级机关的统一布置、协调,这占全部作答数的65.4%;另外,天津的调查对象认为主要在于没有需求,北京的调查对象则认为还在于两地的防疫政策不一致。区际联合应急与层级指挥构成反比关系,只有在层级指挥缺席时才能得以发挥作用。本次新冠疫情严峻,地方性空间有限。正如一份无效问卷所补充说明的:"作为基层政府,我们最主要的是执行上级疫情防控指令,对区际联合防控了解不多。"也就是说,他们所做的工作是否属于区际联合应急,是否采取区际联合应急,都系上级政府的指示。因此,通过调查京津冀浙4省市获得的认识,应该可以成立。

表 9-12 京津冀浙未采取区际联合应对措施原因的作答情况

单位:份

省市	(1)	(2)	(3)	(4)	(5)	(6)	(7)	调查数	未答数
京	0	0	0	0	3	0	3	6	1
津	0	4	1	2	1	0	2	7	1
冀	0	0	1	0	2	1	7	10	2
浙	0	0	1	1	1	1	5	7	0

注:表中第一栏有"( )"的序号,系Q8选项号。

(二)区际联合应急制度的实施效果

为分析区际联合应急制度的实施效果,本次调查设定Q9:"如果已经采取了区际联合应对措施,您对其的效果评价是(可多选)",设定的选项有(1)节省了抗疫人力,提高了效率,(2)节省了抗疫财力,实现了资源平衡,(3)在控制疫情的同时,方便了群众,(4)操作起来复杂,效果不理想,以及(5)不如上级机关统一布置、协调。结果显示,未答的5份,作答的调查对象中选择(1)的占84.7%,选择(2)的占71.8%,选择(3)的占75.3%,选择(4)的占8.2%,选择(5)的占21.2%。如表9-13所示。也就是说,7成以上的调查对象认为区际联合应急的效果是积极的,效率是第一位的,方便群众是第二位的,资源平衡是第三位的。四大区域对区际联合应急效果的满意度比较一致,但四大区域对效果不尽理想的评价差别比较大。

表 9-13 区际联合应急效果评价情况

单位:份

区域	(1)选择数	%	(2)选择数	%	(3)选择数	%	(4)选择数	%	(5)选择数	%	未答
京津冀	16	76.2	15	71.4	15	71.4	3	14.3	3	14.3	2
长三角	26	83.9	23	74.2	24	77.4	2	6.5	6	19.4	2
珠三角	14	87.5	10	62.5	11	68.8	1	6.3	4	25	1
川渝	16	94.1	13	76.5	14	82.4	1	5.9	5	29.4	0
合计	72	84.7	61	71.8	64	75.3	7	8.2	18	21.2	5

注:表中的比例系选择数占作答数的百分比。表中第一栏有"( )"的序号,系Q9选项号。

通过新冠疫情的检验,有的区域认为,要充分发挥区际联合应对措施的效果,还应更积极地做好实施准备工作。041号问卷补充说明认为:"建议各级党委、政府和部门把'预防为主'的原则真正做实做到位,确保出现重大突发事件后,能够从容应对。同时要加大对应急等相关知识的宣传教育,让社会公众不断提高思想认识,了解相应的常备知识。"067号问卷补充说明认为:"建议进一步完善区际联合应对突发事件的体制机制,统一标准体系,开展联合演练,提高应对的能力和水平。"

(三)区际联合应急效果不尽理想的原因

为了分析区际联合应急效果不尽理想的原因,本次调查设计Q10,有6个选项:(1)应急预案还有不完善之处,(2)两地的防疫政策不一致,(3)执行中情况太复杂,(4)担心在本地受问责,(5)群众不配合,以及(6)上级没有要求。结果有15份问卷未作答,占调查对象数的16.7%,总体有效。但安徽和河北各有3份问卷未作答,均达到调查对象的30%;上海有3份问卷未作答,达到调查对象的42.9%。上述3个省级行政区的问卷无效，不予统计。

从有效问卷的总体来看，区际联合应急效果不尽理想的首要原因：执行中情况太复杂的，占作答数的73.0%；应急预案还有不完善之处的，占作答数的65.1%；两地的防疫政策不一致的，占作答数的42.9%；担心在本地受问责的，占作答数的15.9%；群众不配合的，占作答数的11.1%；上级没有要求的，占作答数的7.9%。068号问卷补充说明认为："区际联合应急难以奏效的原因，一方面是受各为其主、各负其责的本位主义影响，另一方面也受各自的财力、物力、人力等行政资源影响，换个角度考量，'犁别人的地、荒自己的田'既不符合常理也无法律或政策支撑。至于预案在应急事件处置中的作用发挥，目前观察不明显，有些预案是纸上谈兵且束之高阁，作用发挥明显的更多是行政干预及长官意志。"至于群众不配合的原因，001号问卷补充说明认为："有时候群众对防疫政策理解不到位，即便有关部门大力宣传，百姓对政策好多都是一知半解，不利于相关措施的开展。"当然，各省市的情况略有不同。

从有效问卷来看，省、设区的市、县和乡四级调查对象对区际联合应急效果不尽理想的原因，也有不同态度。如表9-14所示。关于应急预案还有不完善之处，呈越基层越普遍的认识，并且基层地方行政主体认为这是首要原因。高层地方行政主体的态度却相反，认为首要的原因是执行中情况太复杂，且层级越高越是普遍。市级机关普遍认为，两地的防疫政策不一致是区际联合应急效果不尽理想的第三位的原因。对采取区际联合应急措施在本地被问责的担心，基本呈越基层越普遍的状态，唯一例外的是县级机关，以其占比最高，超过了作答数的1/4。群众不配合，在市、县、基层三级主体中以直接面对群众的基层行政主体占比最高。但有点难以理解的是，离群众最远的省级机关的占比居然还高出基层行政主体近5个百分点。对区际联合应急不尽理想是因为上级没有要求，省级机关和基层行政主体几乎都持否定态度，但设区的市和县级机关却认为真实存在，且是排在第五位的原因。

表9-14 四级主体区际联合应急不尽理想的原因对比

单位：份

		（1）	（2）	（3）	（4）	（5）	（6）	对象	未选
省级	选择数	11	9	17	2	4	1	20	2
	%	61.1	50	94.4	11.1	22.2	5.6		
市级	选择数	10	8	11	2	1	2	15	1
	%	71.4	57.1	78.6	14.3	7.1	14.3		
县级	选择数	15	10	14	5	1	2	21	2
	%	78.9	52.6	73.7	26.3	5.3	10.5		
基层	选择数	5	0	4	1	1	0	7	1
	%	83.3	0	66.7	16.7	16.7	0		

注：表中的占比系选择数占作答数的百分比；第一栏有"（ ）"的序号，系Q10选项号。

如表9-15所示，三类主体一致认为，区际联合应急效果不尽理想的前四位的原因依次为：执行中情况太复杂，应急预案还有不完善之处，两地的防疫政策不一致，以及担心在本地受问责。政府认为，群众不配合是第五位的原因；卫健部门认为，上级机关没有要求是第五位的原因。在本次新冠疫情防控中，相对于政府和卫健部门，应急部门并非冲在最前面的主体，但担心在本地被问责和群众不配合两项指标上的感受却特别强烈，占比远远高于其他两类主体。

表 9-15 三类主体区际联合应急不尽理想的原因对比

单位：份

		（1）	（2）	（3）	（4）	（5）	（6）	对象	未选
政府	选择数	16	8	18	3	2	1	25	3
	%	72.7	36.4	81.8	13.6	9.1	4.5		
应急	选择数	12	11	14	5	4	2	19	2
	%	70.6	64.7	82.4	29.4	23.5	11.8		
卫健	选择数	13	8	14	2	1	2	19	1
	%	72.2	44.4	77.8	11.1	5.6	11.1		

注：表中的占比系选择数占作答数的比例；第一栏有"（）"的序号，系Q10选项号。

除问卷所列明的原因以外，问卷补充说明认为还有以下原因：第一，区际联合应对依赖于传统的机要保密渠道，不够便捷高效（012号问卷补充说明）。第二，不同行政区域的管理层级和规定并不对应，因而影响效率（084号问卷补充说明）。第三，所跨行政区越大，联合应急越困难。"如相邻或相近几个乡镇街道分属不同的区级人民政府，就可能存在各乡镇街道的防疫政策不一致、信息通报不通畅、处置措施衔接错位、应急资源无法共享等各种情况，还会存在浪费抗疫人力、财力、应急资源等情况"（056号问卷补充说明）。

本节结语

（一）结论

通过检索数据和问卷调查，可以发现地方行政主体对区际联合应急制度的实施准备都比较积极。实施准备的内容大多是综合性的机制建设，包括应急预案及其管理办法。与区际联合应急制度相比，实施准备的内容更概括和简单复制的占61.3%，主要发挥了制度传导作用；具体化和工作安排的占38.8%，发挥了落到实处的作用。四大区域的主体在实施准备上的积极性高于全国平均水平。数据显示,川渝区域的积极性表现突出,珠三角区域虽然数据并不占优但却更注重结合本地本部门的实际情况。

通过新冠疫情防控的检验表明,区际联合应急措施在实施主体上广泛,川渝区域和基层主体表现更为突出。各地方行政主体对区际联合应急措施的运用充分,平均每个作答主体选择采取了2.8项次,珠三角区域和省级主体表现更为突出,川渝区域殿后。各区各级各类主体对信息通报、处置措施衔接、应急资源共享及其他区际联合应急措施四个选项的偏好,呈依次减弱的态势。各区比较而言,关于处置措施衔接和应急资源共享指标,珠三角区域表现最佳,川渝区域表现殿后;关于"其他"区际联合应急措施,京津冀区域更为偏好,表现出了创新探索精神。四级三类主体中,基层地方行政主体和省级政府都偏好处置措施衔接和应急资源共享,应急部门和县级行政主体则偏好对"其他"区际联合应急措施的探索。

区际联合应急的效果总体良好,其中效率指标达到了84.7%,方便群众指标达到了75.3%,平衡资源指标达到了71.8%;认为效果还不尽理想的仅占8.2%,不如由上级机关统一布置的占21.2%。关于效果不尽理想即有待继续完善的因素,从有效问卷的总体来看,首要因素是执行中情况太复杂,占作答数的73%;次要因素是应急预案还有不完善之处,占作答数的65.1%。对上述两项因素,高层地方行政主体与基层地方行政主体的态度截然相反。在本次新冠疫情防控中,相对于政府和卫健部门,应急部门并非冲在最前面的主体,但担心在本地被问责和群众不配合两项指标上的感受却更为强烈。

在本次新冠疫情防控中,有部分地区并未实施区际联合应急。

在京津冀浙的调查对象看来,这不是因为没有想到,主要也不在于自顾不暇或者两地的分担不均;首要的在于已经有上级机关的统一布置、协调,这占全部作答数的65.4%。

(二)推论

奥地利法学家欧根·埃利希倡导"活法"。"活法不是在法条中确定的法,而是支配生活本身的法。这种法的认识来源首先是现代的法律文件,其次是对生活、商业、习惯和惯例以及所有联合体的切身观察。"[①] 他以"活法"否定制定法的观点已经受到法学界的批判,但从生活关系发现规律、上升为法律,或者从生活关系认识制度的实施、功能和效果的观点仍是可取的。因此,行政法学不仅是立法学、解释学,而且也是研究行政法制度得以运行、行政法秩序得以形成的学问。

1. 需求-资源-技术-习惯。本研究表明需求、资源、技术和习惯共同影响着区际联合应急制度的实施。

通过检索和梳理数据发现,区际联合应急制度的实施准备大多是综合性的机制建设(占61.3%),甚至简单的复制达到了总数的22.5%。这说明,在需求不明的情况下,实施准备具有很大的盲目性。珠三角区域实施准备需求明确,针对性强。它的机制建设虽然也达到了94.4%,但却有77.8%分布在专业性领域;其机制建设的具体化和工作安排达到了44.4%。在新冠疫情防控合作中需求的牵引尤为明显,是否采取区际联合应急措施以及采取何种措施,都取决于具体的需求。这就可以解释基层主体在处置措施衔接上的突出表现,县级主体对"其他"区际联合应急措施的更为

[①] 〔奥〕欧根·埃利希:《法社会学原理》,舒国滢译,中国大百科全书出版社2009年版,第545页。

偏好,以及省级主体和基层主体评价实施效果之影响因素的强烈反差。

制度的实施需要资源的支撑。四大区域的主体在区际联合应急制度的实施准备上优于全国平均水平,与我国的经济发展水平一致。在区际联合应急的4项措施中,越需要资源支撑的措施使用频率越低。在四大区域中,实施准备和主体广泛性上表现优异的川渝区域,在新冠疫情防控合作的措施频次和资源共享措施上倒置为殿后,而珠三角区域却跃居第一。正如002号问卷表补充说明中所说的:"科层制的管理体系,分灶吃饭的财政政策,协同应急不花钱的好办,花钱的难办。"经济因素的决定性作用既是马克思主义法学的基本原理,也为法社会学所肯定。"任何法律秩序的权威保障都以一定方式依赖于社会团体的一致行动,而社会团体的形成又在很大范围里依赖于物质利益的安排。"[1]制度实施的资源支撑不限于经济或物质资源,还包括制度资源。不同层级、不同类型的主体在制度上具有不同的资源,甚至不同区域主体的制度资源也有差异,因而对区际联合应急措施的选择也不尽相同。

技术能力也是影响制度实施效果的因素。从实施准备的制度向下传导看,概括性规则比复制更具有技术含量。珠三角、京津冀和川渝区域的概括性规则虽然都超过了五成,但珠三角和京津冀区域的复制都是0,川渝区域的复制比高居第一。实施准备中的具体化和工作安排,虽然受需求的牵引但更需要技术能力。提升区际联合应急效果的两大主要因素执行中情况太复杂以及应急预案还有不完善之处,都反映了对技术能力的需求。

---

[1] 〔德〕马克斯·韦伯:《论经济与社会中的法律》,张乃根译,中国大百科全书出版社1998年版,第33页。

韦伯把法律秩序分为两种,即依法办事所形成的法律秩序和基于习惯而形成的法律秩序。全国各地的区际联合应急秩序自然是法律制度实施的结果。但在法律制度环境相同的情况下,四大区域的实施准备却优于全国平均水平,四大区域在新冠疫情防控合作中的表现又各有千秋,可以说有习惯因素的影响。"惯例是一种典型的、根据常规的统一行动。行动者'习惯于'这样做,并且毫不思索地模仿着做。这是一种集体性行动,没有谁'要求'这样做。""习惯是指在没有任何(物理的或心理的)强制力,至少没有任何外界表示同意与否的直接反映的情况下做出的行为。"[1]珠三角区域合作经过近二十年的建设,各主体在持续的互动中,不断地根据对方的行为预测对方的稳定态度,从而判断确定性,[2]形成了良性合作循环。长三角区域在本次调查统计中的表现并不突出,可能各方主体有待进一步习惯。

2. 制度建设-实施推进。《突发事件应急预案管理办法》第7、8条为地方主体提供了区际联合应急制度,是新冠疫情防控合作秩序的主要基础。这给区域合作的启示是,国家应尽快建立实践所需要的制度。037号问卷补充说明指出:"区际联合应对是一项很好的探索,本身是对打破行政区域界限、寻求资源配置效益最优解的重要渠道,可以为基层治理在长三角一体化战略中的实践路径提供良好方案。这一方案的获取,既需要基层的自主探索,也需要在此基础上的螺旋上升、顶层设计。"在我国,即使有习惯秩序也往往需要转换成为制度秩序,才具有形式合法性。

---

[1] 〔德〕马克斯·韦伯:《论经济与社会中的法律》,张乃根译,中国大百科全书出版社1998年版,第20—21页。

[2] 参见同上书,第30—31页。

当然,新冠疫情具有全国性,可以说主要是中央事权。区际联合应急的良好表现很大程度上有赖于中央对该制度实施的指挥和推进。地方主体落实中央或上级疫情防控决策的态度,是一种基于中央事权的区际协同,而不完全是地方主体纯粹基于需求的合作。053号和070号问卷补充说明指出:在抗击新冠疫情中,本地区自上而下,均按照疫情防控指挥部的统一布置、协调与其他区及外省市联防联控,且"只要以指挥办名义向外地指挥办函请协助,均能得到有效的配合、支援、协助","未发生区际联合应急的情况"即自主性区际合作。

通常所说的区域合作或地方合作主要限于地方事务,且需合作事宜因时因地而异。与科层制按命令行事不同,合作体相互间构成一种利益性组织即"邻居式共同体",基于利益安排开展平等、自愿的竞争与合作。[①] 这样,区域合作不可能像疫情防控合作一样由中央或上级设立指挥部层层推进、落实,而需要地方主体基于需求自主合作。但区域合作像疫情防控一样,除了制度保障外,还需要由中央或上级主体予以指导和推进。

(三)不足

本次检索和调查数据有限,每个行政机关只有1份问卷表,因而在问卷表无法回收或者无效时导致该行政机关数据的空白,难以更全面地反映客观情况。同时,也有的调查对象反映该问卷不适于对省级或"北上广深"地区的调查,因为它们具有充裕的资金和丰富的应对措施(051号、071号问卷补充说明)。

[①] 参见〔德〕马克斯·韦伯:《论经济与社会中的法律》,张乃根译,中国大百科全书出版社1998年版,第326—333页。

第三节 跨界污染纠纷的司法态度[①]

本节导语

21世纪初以来,国内区域合作逐渐兴起,对环境的协同治理呼声尤为高涨。对此,学者们从管理学、灾害学、环境学和法学等角度开展了很多研究。这些研究基本上是从治理角度加以论证的,取得了很多"制度+技术"的成果,在法学上形成了"立法+行政"的基本研究思路。[②] 但对区域合作法制除了从法律治理角度的研究以外,还需要从纠纷处理即司法角度加以考察。"法学的任何科学阐释都必将以法官法学作为出发点。"历史上"将司法判决引入现行法的阐释之中,这被认为是一项开拓性的创新"。这是因为,"法官推动了法学"。[③] 他们在为判决进行证成的过程中,作出了可适用于未来同类案件的规则化表述。从司法角度可以观察,行政机关是否恪守区域合作规则,法院有没有本着区域合作思维审理案件,以及今后应该如何完善制度。

在我国国内,区域合作纠纷主要是通过双方协商解决或共同上

[①] 本节原标题为《基于区域合作思维的跨界污染纠纷处理》,首发于《法学家》2017年第4期。

[②] 参见陈海嵩:《国家环境保护义务的溯源与展开》,《法学研究》2014年第3期,第62—81页;王俊敏、沈菊琴:《跨域水环境流域政府协同治理:理论框架与实现机制》,《江海学刊》2016年第5期,第214—219页;孟庆瑜:《论京津冀环境治理的协同立法保障机制》,《政法论丛》2016年第1期,第121—128页;西宝、陈瑜、姜照华:《技术协同治理框架与机制——基于"价值-结构-过程-关系"视角》,《科学学研究》2016年第11期,第1615—1624页。

[③] 〔奥〕欧根·埃利希:《法社会学原理》,舒国滢译,中国大百科全书出版社2009年版,第19、188、262页。

级机关协调解决的,①很少进入司法渠道。我们能够观察到的进入司法渠道的样本,主要有行政区域边界纠纷、跨区移民安置补偿纠纷和跨界环境污染责任纠纷。跨界环境污染责任纠纷以跨界水污染责任纠纷为典型。作者通过中国裁判文书网,在"民事案件"中以案由"水污染责任纠纷"为关键词检索,发现进入司法的跨界水污染责任纠纷案并没有想像的那么多,只有下文所引用的三个,尤以《侵权责任法》(已失效)实施后的"天长-金湖"案②为典型。另从北大法宝数据库检索到一个跨界污染案即"东海-临沭"案③。

本节拟以"天长-金湖"案裁判文书为重点讨论对象,以其他三案裁判文书为辅助性讨论对象,以案例所涉区域合作为视角,以侵权责任的合法权益——侵权事实——法院态度为框架,分析跨界污染纠纷处理的普遍规则,探讨司法在区域合作中应扮演的角色,从而促进区域合作法制在治理与司法上的对接。基于本节所设定的问题和目的,作者不准备在法律学说上展开演绎,而拟运用实定法规定和判例经验加以论证。

---

① 参见叶必丰:《区域合作的现有法律依据研究》,《现代法学》2016年第2期,第38页。

② 高邮湖水域为国家所有,连接江苏和安徽两省。韩桂林等15名受害人系安徽省天长市渔民,在高邮湖内白荡湖的天长市水域从事围网养殖。该水域的上游水口之一,是江苏省金湖县境内的利农河(黎龙河)。利农河沿岸的两致害人即环宇公司和昊华公司排放污染物,导致韩桂林等15人所养殖的鱼和家禽死亡,直接经济损失共计四百三十七万余元。安徽省天长市法院一审判决两致害人赔偿全部直接经济损失,安徽省滁州市中级人民法院二审判决驳回两致害人的上诉,维持原判(详见《安徽省滁州市中级人民法院(2016)皖11民终513号民事判决书》)。下文中,凡引用该裁判文书的,不再一一注明。

③ 1999年9月11日、2000年6月28日,山东省临沭县境内的两家企业通过沭河排放污水至江苏省境内的石梁河水库,导致江苏省东海县境内97家养殖户的网箱养鱼大量死亡。受害人遂向法院起诉致害人并索赔[参见《江苏省高级人民法院(2002)苏民终字第043号民事判决书》]。下文中,凡引用该裁判文书的,不再一一注明。

一、基于区域合作思维的合法权益确定

当时有效的《侵权责任法》的立法宗旨是"保护民事主体的合法权益"(第1条)。我国所奉行的是权利法定主义,[1] 权利法定的具体形式包括立法、司法判决、仲裁裁决、合同约定以及行政行为。

(一)超范围养殖的合法权益

"天长-金湖"案中的合法权益系由行政行为即养殖证创设。对于养殖证所许可范围内养殖的水产系合法权益,当事人并无异议。二审判决认为:"韩桂林户持有《水域滩涂养殖证》,其养殖行为得到政府许可,系合法使用养殖水面进行渔业养殖。"判决在此确认了受害人韩桂林所持有的养殖证系许可证,构成司法判决的基础性行为,对法院认定合法权益具有拘束力;确认经许可的养殖户具有合法养殖权,所养殖水产属于合法权益。在民事诉讼中,法院把设定公民权利的行政行为称为实质性行政行为,按该行政行为认定公民的合法权益已经是一种普遍性的司法惯例。[2] "天长-金湖"案有关合法权益的上述认定,遵循了已有的司法惯例。该案中合法权益的争议在于,超许可范围养殖的水产是否属于合法权益。二审法院认为:"至于其超面积养殖的部分,……天长市渔政渔港监督管理站出具书面材料证明超面积养殖部分的养殖证在办理过程中,故韩桂林户超出养殖证面积的部分鱼类损失在本案中不应扣除。"在污染事故和纠纷已经发生的情况下,受害人所在地渔业主管部门为受害

---

[1] 参见王涌:《财产权谱系、财产权法定主义与民法典〈财产法总则〉》,《政法论坛》2016年第1期,第111页;张鹏:《物债二分体系下的物权法定》,《中国法学》2013年第6期,第67—69页;张巍:《物权法定与物权自由的经济分析》,《中国社会科学》2006年第4期,第129页。

[2] 参见叶必丰:《最高人民法院关于无效行政行为的探索》,《法学研究》2013年第6期,第46页。

人补办养殖证是否需要听取致害人的意见,补办的养殖证是否可以溯及既往地认定原超范围养殖属于合法权益,以及是否可以拘束法院,基于本节主题所限,暂不讨论。基于区域合作思维,在此讨论受害人所在地渔业主管部门补办养殖证是否需要听取位于水域上游的致害人所在地渔业主管部门的意见。

对已有行政行为的撤销或变更,本身构成一个行政行为,应遵循法定程序。在已有养殖证的情况下,对持证人超范围养殖部分补发养殖证,实属对原养殖证的变更。但有关法律规范未规定养殖证补发的程序。在这种情况下,行政机关可以遵循行政行为实施时的程序。当时有效的《渔业法实施细则》第10条第2款规定:"全民所有的水面、滩涂在一县行政区域内的,由该县人民政府核发养殖使用证;跨县的,由有关县协商核发养殖使用证……"在"天长-金湖"案中,高邮湖水域尽管跨受害人所在地天长市和致害人所在地金湖县,但涉案养殖水域却在受害人所在地天长市辖区内,并没有跨天长市和金湖县。正因为如此,"天长-金湖"案中受害人原有的养殖证系由天长市渔业主管部门核发,无须与金湖县渔业主管部门协商核发。因此,现养殖证的补发也不适用"协商核发"规则。

在实定法上并无要求的情况下,相邻地区的行政机关是否就不需要协商核发养殖证呢?在未实行中央与地方分权的情况下,即使存在地方利益,严格地说地方政府机关还不是地方利益的主体。在法律上,"严格的中央集权制不承认地方行政区有任何的法律生活",国家是"整个国土上唯一的公法人"。[1][2] 1993年,我国

---

[1] 〔法〕让·里韦罗、让·瓦利纳:《法国行政法》,鲁仁译,商务印书馆2008年版,第48页。

[2] 同上书,第51页。

实行了中央与地方的财政分权。[1] 经过二十多年的实践，2016年国务院印发了"国务院央地事权划分意见"，确立了中央与地方的事权和财权分立规则。我国中央和地方的分权改革具有重要而深远的意义，是推进国家治理体系和治理能力现代化的有力举措。基于央地分权，地方政府具有自己的利益，是地方利益的主体。我国的中央与地方分权改革还在推进之中，但地方利益已经获得政策上的认可。

中央与地方分权的目的是缩短行政流程，以便公共服务更贴近公众，让公众更便于参与；是为了贯彻宪法上的民主集中制原则，充分调动地方的积极性和主动性，更好地代表和服务辖区内公众。地方政府基于分权具有自己的特殊利益，有权按其特殊利益作出决定，但不可以完全各自为政，而需要本着契约精神，与邻为善，平等协商。"既然每个地方行政区注定要解决自己特有的问题，那国家法律就不是什么援军救兵了"，而目标却又是"建成一个亲密无间的共和国"，[2] 因而就更需要强调地方合作或区域合作来回应区际矛盾。

在服务理念下，行政程序除了法律上的强制性规定外，也是可由行政机关裁量的。[3] 为了实现正义，对行政程序的裁量应遵守有关规则，包括所作的选择足以实现行政目的和符合正当程序原则。[4]

---

[1] 参见《国务院关于实行分税制财政管理体制的决定》，国发〔1993〕85号，1993年12月15日发布。

[2] 〔法〕让·里韦罗、让·瓦利纳：《法国行政法》，鲁仁译，商务印书馆2008年版，第124、132页。

[3] 参见郑春燕：《服务理念下的程序裁量及其规制》，《法学研究》2009年第3期，第98页。

[4] 参见最高人民法院行政审判庭编：《中国行政审判案例》（第3卷），中国法制出版社2013年版，第128—131页。

就本节主题而言,受害人所在地渔业主管部门对补发程序的裁量,应足以促进区域合作,因而应听取致害人所在地渔业主管部门的意见。否则,基于地方行政机关均为本地方利益主体的认识,受害人所在地渔业主管部门就存在自己当自己案件法官的嫌疑。

(二)养殖水域规划

《渔业法》第11条第1款规定:"国家对水域利用进行统一规划,确定可以用于养殖业的水域和滩涂。单位和个人使用国家规划确定用于养殖业的全民所有的水域、滩涂的,使用者应当向县级以上地方人民政府渔业行政主管部门提出申请,由本级人民政府核发养殖证,许可其使用该水域、滩涂从事养殖生产。……"该款在第一句规定水域利用规划的基础上,第二句规定了养殖许可,建立了养殖许可应以水域利用规划为基础的法律逻辑。该款的文义表明,养殖证的核发和养殖权的设定应以水域利用规划为前提。同时,该款所规定的水域利用规划即水域功能区规划,在规划体系中属于专项规划。国务院明确规定专项规划是有关行政审批的依据:"专项规划是以国民经济和社会发展特定领域为对象编制的规划,是总体规划在特定领域的细化,也是政府指导该领域发展以及审批、核准重大项目,安排政府投资和财政支出预算,制定特定领域相关政策的依据。"[①]

在跨界污染"东海-临沭"案中,就存在对水域利用规划的争议。致害人辩称,该水域水质本来就不适合渔业养殖,不应规划为渔业功能区;该水域利用规划系由江苏省人民政府单方面编制,未与山东省人民政府协商,不具有合法性。致害人遂认为,损失应由

[①] 《国务院关于加强国民经济和社会发展规划编制工作的若干意见》,国发〔2005〕33号,2005年10月22日发布。

受害人自负。一审法院认为，所涉水域由政府文件确定为三类水体，具有渔业功能。根据当时有效的《水污染防治法实施细则》第7条的规定，二审法院认为，水域功能区和水体保护区是两个不同的概念，水体保护区规划应与上游省人民政府协商编制，水域利用规划即水域功能区规划由辖区政府独立编制。受害人进行养殖的水库在江苏省境内，只是水源之一来自山东省。因此，根据当时有效的法律和有关规定，"东海-临沭"案判决认定水域利用规划合法并无不妥。

随着区域合作治理理念的兴起，国务院积极探索了发展规划的区域合作机制，在2005年的"国务院发展规划编制意见"中要求，省级总体规划草案在送本级人民政府审定前，应由其发展改革部门送相关的相邻省（区、市）人民政府发展改革部门与其总体规划进行衔接；相邻地区间规划衔接不能达成一致意见的，可由国务院发展改革部门进行协调，重大事项报国务院决定。这是总体规划编制的法定程序，不仅具有形式意义而且具有实质意义，即不仅仅应遵循征求和听取相关的相邻地方行政机关的意见而且必须与相关的相邻地方行政机关协商一致。国务院的上述要求不仅适用于省级总体规划的编制而且也应参照适用于县级总体规划的编制。当时有效的《渔业法》第3条第2款规定，各级人民政府应当把渔业生产纳入总体规划。这表明，尽管水域利用规划即渔业功能区规划现在仍由水域所在地行政机关独立编制，但却需要以征求和听取相关的相邻地方行政机关意见并以协商一致的总体规划为依据。"天长-金湖"案当事人对渔业功能区规划未发生争议，裁判文书未涉及渔业功能区规划。但从国务院发文系2005年，"十二五规划"的规划期系 2011—2015 年来看,受害人所在地人民政府编制总体规划是需要遵守上述法定程序的,水域利用规划即渔业功能区规划是需要以该总体规划为依据的。

二、基于区域合作思维的取证及其审查

"环境污染责任的构成要件为:1.行为人有污染环境的行为;2.环境污染致使国家、集体的财产和公民的财产、人身及环境享受受到损害的事实;3.污染环境的行为与损害事实之间有因果关系。"[1]上述三个方面都需要证据加以证明。基于受害人的个人能力所限和行政机关的环境保护职责,污染责任纠纷中大多数证据系通过行政调查取得。

(一)基于同一行政区思维的取证及审查

"天长-金湖"案致害人对通过行政调查取得的证据,在二审中提出了质疑,概括起来包括三个方面:第一,一审判决所采信的、支持受害人索赔的证据,系受害人所在地主管部门单方面调查取证,没有致害人所在地主管部门的参与。第二,一审判决未采信足以支持致害人免责的,由受害人所在地主管部门委托省外中立机构所作的检测报告。第三,一审判决采信了由受害人所在地和致害人所在地主管部门共同调查,但由受害人所在地主管部门单方面制作、未经致害人所在地主管部门同意和盖章的调查报告。二审法院就上述争议审查认为:第一,上述证据足以证明鱼和家禽大量死亡的事实,至于导致死亡的原因和数量由其他证据证实;第二,受害人主

---

[1] 广西壮族自治区高级人民法院(2014)桂民申字第 254 号民事裁定书("彭光演等案")。

管部门的委托系单方面擅自委托；第三，行政调查虽然没有致害人所在地主管部门的参与，但受害人所在地主管部门依法有权调查取证，不能以单方面调查取证否认所取得证据的合法性、真实性和客观性。"东海-临沭"案致害人也曾在二审中质疑行政调查中的单方面委托鉴定："黄渤海区监测站……接受单方委托,鉴定结论没有按规定送达所涉及的山东方面,属程序违法。两份报告不能作为本案的定案依据。"二审法院认为,"黄渤海区监测站依据农业部的有关规定,接受当地渔政管理部门的委托进行调查鉴定,并依规定将有关报告抄送山东省渔政管理部门,程序并不违法"。该案致害人与"天长-金湖"案致害人,以及该案审理法院与"天长-金湖"案审理法院,对"单方面委托"得出了相反的结论。

如果双方当事人在同一行政区内,行政机关作为执法主体系独立于致害人和受害人以外的第三方,其调查取证或者委托鉴定系履行法定职责。如果没有其他证据证明行政机关偏私,则行政机关的这类调查取证具有中立性和合法性。根据当时有效的《最高人民法院关于审理环境侵权责任纠纷案件适用法律若干问题的解释》[①]第8条和第10条的规定,这类行政证据可以作为法院认定损害事实的证据。

(二)基于区域合作思维的行政调查取证

"东海-临沭"案发生在1999年9月和2000年6月,当时区域合作机制严重缺乏。按照同一行政区思维,"东海-临沭"案的单方面委托并非纠纷一方当事人的委托,而是有管辖权行政机关在行政

---

① 2015年6月1日,法释〔2015〕12号。该解释于2020年被法释〔2020〕17号修正,本节所引内容未变化。

调查中的委托。这样,致害人的质疑就难以成立。

"天长-金湖"案发生在2014年6月,区域合作机制已经逐渐建立。2007年,国家环境保护总局等七部门就印发了《关于加强河流污染防治工作的通知》①。2008年,环境保护部专门制定了《关于预防与处置跨省界水污染纠纷的指导意见》②。该指导意见要求上下游环境保护部门协同调查处置,上下游政府协商处理纠纷。它明确指出:一旦发生跨省界水污染事故,相邻地方环保部门应"在规定时间内到达同一断面共同采样监测,一方无故不到或不按规定监测的以另一方监测数据为准。双方对监测数据提出异议时,应保存水样,由中国环境监测总站负责监测"。

在组织法上,环境保护部和农业部与地方环保和农业行政部门之间既有领导关系又有指导关系。③ 在有关行为法上,原则性表述是环境保护部和农业部分别负责或主管全国环保和农牧渔业行政工作,具体规则则表现为对省级环保和渔业行政部门行政行为的审批或备案。④ 有关行为法往往只规定环境保护部和农业部对公众的指导,而不规定对地方环保和渔业行政部门的指导。环境保护部和农业部等对地方环保和渔业行政部门的指导,往往是根据行为法以外的政策实施的。它们的有些文件,名为指导而实际内容却是强制性的。上述2008年环境保护部的文件名为"指导意见",但所引述内容却是地方环保行政部门并没有裁量余地的强制性规则。这一

---

① 环发〔2007〕201号,2007年12月29日发布。
② 环发〔2008〕64号,2008年7月7日发布。
③ 参见"地方组织法"第66条第1款。
④ 参见《环境保护法》第10条第1款、第15条第2款、第16条第2款;《渔业法》第6条第1款。

问题是需要通过中央与地方的分权改革加以解决的，但就现行实定法来看，地方环保和渔业行政部门在处理跨界污染纠纷时应当予以执行。地方环保和渔业行政部门基于环境保护部和农业部的政策制定、资源配置和考核评估地位，在实施时大多也愿意接受它们的领导或指导。河南省环保厅会同河南省水利厅就根据环境保护部的上述行政规范性文件制定了实施性规定：上游污水下泄导致下游污染的，上游地区政府应负责查清事故原因及主要责任者，向下游地区政府通报调查结果，并协助下游地区对主要责任者依法追究责任；如果无法查明具体责任者并进行赔偿的，则由上游地区政府承担责任并提供相应补偿。如果上游地区因受过境水污染或不可抗力造成下游水污染损害，则上游地区政府免于承担相应的责任和赔偿。[1]河南省环保厅的上述规定严于环境保护部的行政规范性文件，有所创新和突破，但却符合《环境保护法》第15条和第16条的立法精神。

"天长-金湖"案裁判文书未表明，经多番检索也未发现受害人所在地的安徽省环保厅曾制定实施性规定。但不论是否有制定实施性规定，环境保护部等的行政规范性文件都是适用于受害人所在地安徽省的。受害人所在地主管部门在事故调查中应当遵守，与致害人所在地主管部门共同调查取证，共同制作调查报告并加盖双方公章确认。受害人所在地主管部门没有遵守环境保护部等国务院主管部门的规定，实属违反法定程序；如果以受害人所在地有关主管部门系地方利益主体的视角，则其单方面调查取证构成了"自己当自己案件的法官"，违反正当程序。

---

[1] 参见河南省环境保护委员会办公室《关于印发防控与处置跨界水污染事件意见的通知》，豫环委办〔2011〕5号，2011年5月10日发布。

(三)基于区域合作思维法院应持有的态度

1. 法院对行政规范性文件应持有的态度。行政规范性文件是否拘束法院对民事诉讼证据的审核和认定？最高人民法院《关于裁判文书引用法律、法规等规范性法律文件的规定》[1]第6条规定：对于法律、法规、法律解释或者司法解释以外的规范性文件，根据审理案件的需要，经审查认定为合法有效的，可以作为裁判说理的依据。最高人民法院的规定为各地法院在民事诉讼中引用行政规范性文件设定了两个条件：(1)根据审理案件的需要。一般而言，该需要就是认定事实和适用法律的需要。认定事实需要证据，适用法律需要解释。就本章主题而言，该需要表现为认定证据真实性、合法性和关联性的需要。当一方当事人对另一方当事人提交的证据提出质疑时，该需要就成为一种现实。"天长-金湖"案致害人质疑受害人主管部门单方面调查而形成的证据，质疑受害人所在地和致害人所在地主管部门共同调查却没有致害人所在地主管部门盖章的证据，法院在没有更具权威性的法律文件时，就需要引用环境保护部等有关区域合作的行政规范性文件来审核、认定。(2)经审查认定为合法有效。行政规范性文件的制定曾一度失控。有的行政机关甚至与一方当事人恶意串通，制定严重侵犯另一方当事人合法权益的行政规范性文件。[2]现在，各省级人民政府都制定了行政规范性文件备案审查的规定，行政规范性文件逐步得以规范。但有些行政规范性文件仍然存在违法情形，需要作合法性审查。[3]合法性审查

---

[1] 法释〔2009〕14号,2009年10月26日发布。
[2] 安岳县元坝乡、努力乡1569户稻种经营户与安岳县种子公司水稻制种购销合同纠纷案,《最高人民法院公报》1986年第3期。
[3] 参见叶必丰:《规则抄袭或细化的法解释学分析——部门规则规定应急征用补偿研讨》,《法学研究》2011年第6期,第86页。

的要件包括权限、内容、程序和形式要件。[1]这种审查既可以由行政机关进行也可以由法院进行，既可以在行政诉讼中进行也可以在民事诉讼中进行。法院在"天长-金湖"案中，在有审理需要的情况下，对有关区域合作的行政规范性文件既不作审查又未予引用。

2. 法院对区域合作应持有的态度。立法和行政对打破行政区壁垒，推进区域合作作出了很大努力，制定了一系列区域合作条款，建立了多种多样的区域合作机制。基于法制统一原则，法院更应反对地区分割。在纠纷进入司法的情况下，法院应保障区域合作条款的实施和区域合作机制的运行。法院应秉持区域合作思维，修复破裂的区际关系，与邻相睦，援引有关区域合作的行政规范性文件，促进区域合作。最高人民法院公布的典型环境案例德州振华公司大气污染案，就鼓励地方各级人民法院"及时与政府部门沟通，发挥司法与行政执法协调联动作用"，[2]包括区域合作上的司法与行政的联动作用。同时公布的典型环境案例——贵阳乌当区定扒造纸厂水污染责任纠纷案，提倡主管部门联合调查。[3]尽管该联合调查系同一行政区内有关部门和组织的联合调查，但对跨界污染查明事实、化解纠纷的意义是相同的，因而可以认为最高人民法院也鼓励受害人和致害人所在地主管部门联合调查取证。

对行政机关应当联合调查而单方面调查所取得的证据，法院应如何对待？《最高人民法院公报》所载宋莉莉案裁判摘要指出："行

---

[1] 参见叶必丰：《行政行为原理》，商务印书馆2014年版，第81—93页。
[2] 《中华环保联合会诉德州晶华集团振华有限公司大气污染民事公益诉讼案》，载《人民法院报》2015年12月30日，第3版。
[3] 《中华环保联合会、贵阳公众环境教育中心与贵阳市乌当区定扒造纸厂水污染责任纠纷案》，载《人民法院报》2015年12月30日，第03版；广西壮族自治区防城港市中级人民法院（2014）防市民一终字第377号民事判决书（"振华污染案"）。

政机关在对房屋拆迁补偿纠纷作出裁决时,违反法规的规定,以拆迁人单方委托的评估公司的评估报告为依据,被拆迁人提出异议的,应认定行政裁决的主要证据不足。"[1] 该裁判摘要的态度是,对"违反法规"单方面委托鉴定而形成的报告不予采信。该法规是指当时有效的《江苏省城市房屋拆迁管理条例》第19条所规定的"对被拆迁房屋进行房地产市场价评估的机构由拆迁人和被拆迁人共同选定"。

基于前文关于受害人所在地行政主管部门单方面调查取证违反法定程序或正当程序、法院应当引用有关区域合作行政规范性文件的讨论,以及宋莉莉案裁判摘要,"天长-金湖"案等跨界污染案审理法院不应采信应当联合调查而单方面调查所取得的证据,不应采信对应共同委托而单方面委托的鉴定报告。

三、跨界污染纠纷审理中的司法中立

根据《民事诉讼法》第8条的规定,法院在所有案件中都必须平等对待当事人,坚持司法中立。跨界污染纠纷的审理,进一步凸显了平等对待和司法中立的重要性。

(一)平等对待的担忧

从"天长-金湖"案的审理来看,平等原则的贯彻令人担忧。关于合法权益,二审法院承认养殖证系许可证,对许可范围内养殖的水产按行政行为公定力予以认定;对超范围养殖的水产却不按行政行为公定力认定,认为受害人所在地主管部门没有认定为非法养

---

[1] 宋莉莉诉宿迁市建设局房屋拆迁补偿安置裁决案,《最高人民法院公报》2004年第8期。

殖，且已有受害人所在地主管部门出具的正在补办手续的书面证明，主张不应被排除在合法权益之外。关于损害事实证据的质辨，同样是单方面的调查、监测，法院对有利于受害人（法院辖区内）的予以采信，对有利于致害人（法院辖区外）的则不予采信。这种现象具有普遍性。最高人民法院在公布典型案例——马恩本安置补偿款案时就认为："由案件发生地的人民法院审理跨行政区划的行政案件，难以避免当地法院出于保护本地当事人利益的不正当考虑，出现不公正裁判的情况。"[1]

"公正不仅需要真正存在，而且需要使人相信它是存在的。"[2] 平等对待的担忧首先表现为管辖权异议。民事诉讼一般按原告就被告原则确定地域管辖。但《民事诉讼法》第28条规定："因侵权行为提起的诉讼，由侵权行为地或者被告住所地人民法院管辖。"跨界污染纠纷中的当事人双方都不在同一行政区域，受害人在起诉时往往基于平等对待的担忧选择本地法院。基于同样的担忧，致害人则往往提出管辖权异议。在中国生物多样性保护与绿色发展基金会案中，致害人不服平凉市中级人民法院作出管辖异议的民事裁定，提出上诉称："本案指控的水污染侵权行为地在宁夏回族自治区固原市内，所有被告均位于固原市内。……且固原市与本案有密切联系，也有利于查明案件事实。因此，本案应当移送固原市中级人民法院审理。"甘肃省高级人民法院认为，环境民事诉讼案件的"侵权行为地就是污染环境、破坏生态行为发生地和损害结果地"。甘肃静宁县城居民饮用水源为渝河、东峡水库。东峡水库地处渝河下

---

[1] 《马恩本诉黑龙江省嫩江县人民政府不履行发放安置补偿款法定职责纠纷案》，载《人民法院报》2016年11月1日，第3版。

[2] 王名扬：《英国行政法》，中国政法大学出版社1987年版，第154页。

游,位于隆德县和静宁县交界处。"因此,本案损害结果地为甘肃省平凉市静宁县,平凉市中级人民法院对本案享有管辖权。"①

基于平等对待的担忧,致害人又往往敏感于法院的每项审理安排。"天长-金湖"案受害人在起诉致害人的同时,也将致害人所在地的金湖县人民政府和金湖县环保局列为共同被告。致害人申请将受害人所在地的天长市渔政渔港监督管理站、天长市人民政府追加为被告,未获一审法院同意。致害人上诉时认为一审法院未作裁定就不同意申请属于违反法定程序,未作裁定就擅自同意受害人撤回对金湖县人民政府的起诉属于违反法定程序。其实,在有致害人时,行政机关不承担赔偿或补偿责任;②在无法查明致害人时,或者在行政机关的建设排污行为导致侵权时,需要通过行政诉讼确定补偿责任或赔偿责任。③受害人在有明确的致害人时将有关行政机关列为民事诉讼的共同被告,致害人要求在民事诉讼中将有关行政机关追加为共同被告,都于法无据。"天长-金湖"案致害人之所以申请追加被告,目的在于分摊责任,而根源在于平等对待的获得感。当这种公平对待感觉不良时,必将导致上诉和不断申请再审。

(二)司法中立的努力

司法的本义是居中裁判,平等原则要求司法中立,没有偏私;正

---

① 甘肃省高级人民法院(2015)甘民一终字第00186号民事裁定书("绿色基金会案")。

② 参见湖北省高级人民法院(2016)鄂民申2362号民事裁定书("周国权案"),江西省九江市中级人民法院(2015)九中民一终字第737号民事判决书("杨水平案")。

③ 参见湖北省武汉市中级人民法院(2014)鄂武汉中民二终字第00907号民事判决书("陈永学案");河南省环保厅《关于印发防控与处置跨界水污染事件意见的通知》,豫环委办〔2011〕5号,2011年5月10日发布。

当程序要求"不能当自己案件的法官",实现司法正义。为了强调司法的中立性,欧根·埃利希甚至说:"法院不是作为国家的机关而是作为社会的机关产生"的,"法院从来就没有完全被国家化"。[①]央地分权使得地方政府成为地方利益的主体,但这是行政治理意义上的分权,而不是司法意义上的分权。"单一制国家的地方行政区只在行政管理方面有自治权",[②]在司法领域,地方并无自治权。司法是统一的,不存在中央和地方司法的区别。地方各级人民法院只是国家设在地方的法院,不存在自己的利益,不是地方利益的主体。包括央地利益、不同地方利益,乃至国家利益与个人利益在内的各种利益关系,都需要法院来平衡和调整。在央地分权的背景下,地方各级人民法院在审理跨界污染纠纷案中更需要保持中立,避免一头扎进地方利益的怀抱。

保障司法中立可以借助于最高人民检察院和地方各级人民检察院的法律监督。对此,《人民检察院组织法》第 1 条和《民事诉讼法》第 14 条都有规定。并且,检察机关也对环境治理表现出了高度热情和积极性,最高人民检察院先后发布了《检察机关提起公益诉讼试点方案》[③]和《人民检察院提起公益诉讼试点工作实施办法》[④]。但是,检察院与法院具有同构性,本身也存在如何保证中立的难题,[⑤]因而很难保障法院的司法中立。

[①] 〔奥〕欧根·埃利希:《法社会学原理》,舒国滢译,中国大百科全书出版社 2009 年版,第 126 页。
[②] 〔法〕让·里韦罗、让·瓦利纳:《法国行政法》,鲁仁译,商务印书馆 2008 年版,第 48 页。
[③] 高检发民字〔2015〕2 号,2015 年 7 月 2 日发布。
[④] 2015 年 12 月 16 日最高人民检察院第十二届检察委员会第四十五次会议通过。
[⑤] 参见谭义斌:《论检察官的中立性》,《中南林业科技大学学报》(社会科学版) 2009 年第 5 期,第 63—69 页。

一方当事人不在法院辖区内的现象不限于跨界污染纠纷,而广泛地存在于各类民事案件。司法中立具有普遍性意义,必须从司法体制上加以创新完善。在以往,学界对外国的司法独立,所关注的主要是法官终身制和高薪制。其实,许多国家保障司法独立的还有划分与行政区划不一致的司法辖区。法、德、英、美、日等国都没有按照行政区划设置法院,而按照司法独立的需要另行确定了法院辖区。[1]我国为保障司法中立,党中央已经决定:"最高人民法院设立巡回法庭,审理跨行政区域重大行政和民商事案件。探索设立跨行政区划的人民法院和人民检察院,办理跨地区案件。"[2]根据这一决定,最高人民法院设立了6个巡回法庭,巡回区已覆盖全国,[3]并制定和发布了《关于巡回法庭审理案件若干问题的规定》。[4]最高人民法院在公布典型案例——马恩本安置补偿款案时指出:"最高人民法院设立巡回法庭,审理跨行政区域重大行政案件,能够排除地方干扰,作出公正裁判,监督下级法院依法独立公正行使审判权,充分保护外地当事人合法权益,及时有效化解行政争议。"[5]有关地方人民法院也进行了积极探索,借助原有的铁路法院组建了跨行政区法院。当然,新组建一两个跨行政区地方法院,

---

[1] 参见李卫平:《关于司法管辖区制度的几点思考》,《河南社会科学》2004年第4期,第64—66页;刘新魁等:《法国司法制度的特色与发展》,《法律适用》2004年第7期,第73—76页。

[2] 《中共中央关于全面推进依法治国若干重大问题的决定》,中国共产党第十八届中央委员会第四次全体会议通过,2014年10月23日发布。

[3] 参见李阳:《最高人民法院修改巡回法庭相关司法解释 明确六个巡回法庭的布局和巡回区》,载《人民法院报》2016年12月29日,第1版。

[4] 法释〔2016〕30号,2016年12月27日发布。

[5] 《马恩本诉黑龙江省嫩江县人民政府不履行发放安置补偿款法定职责纠纷案》,载《人民法院报》2016年11月1日,第3版。

并不能与重划司法辖区相比拟,并不能在整个组织体系上实现保障司法中立的目标。①

在现行司法体制下,贵阳市中级人民法院和清镇市人民法院从 2007 年起成立了环境保护审判庭和环境保护法庭,对涉环保案件实行集中管辖,得到了最高人民法院的肯定。最高人民法院公布的环境典型案例——贵阳乌当区定扒造纸厂水污染责任纠纷案指出:"为加大环境司法保护力度,贵阳市积极探索环境保护案件集中管辖和三审合一的模式,即由清镇法院生态保护法庭负责审理贵阳市辖区内所有涉及环境保护的刑事、行政、民事一审案件。本案被告地处贵阳市乌当区,清镇法院系按照上述环境污染案件跨行政区域管辖的规定受理并审理本案。"②贵阳市的经验现已被逐渐推广。③重庆市高级人民法院与其他相关部门就联合规定:"除依法应由上级人民法院管辖的以外,下列市第一、二中级人民法院辖区内的一审环境保护案件和非诉行政执行案件,分别由渝北区、万州区人民法院集中审理、审查并执行。"④

在现行司法体制下的上述管辖制度改革,对跨界污染纠纷的审理来说,已能基本保障司法中立,但仍有缺憾。环境案件的集中管

---

① 参见刘太刚:《重划司法辖区 强化统一国家意识》,《法学杂志》1999 年第 2 期,第 50 页;彭何利:《法院设置体制改革的方向与路径——比较法视野下的司法改革研究进路》,《法学杂志》2014 年第 3 期,第 42 页。

② 《中华环保联合会、贵阳公众环境教育中心与贵阳市乌当区定扒造纸厂水污染责任纠纷案》,载《人民法院报》2015 年 12 月 30 日第 3 版。

③ 参见闫起磊:《2014 年贵州省法院系统将推广环境审判"贵阳模式"》,载中国政府网;王玉洁:《8 家法院环境案件实行"三合一"归口审理》,载《海南日报》2017 年 1 月 12 日,第 1 版。

④ 《重庆市高级人民法院、重庆市人民检察院、重庆市公安局、重庆市环境保护局关于试点集中办理环境保护案件的意见》,渝高法〔2011〕383 号,2011 年 11 月 4 日发布。

辖是借助指定管辖制度建立起来的。在某些地方，被指定管辖的法院可以审理以本辖区公民、法人为一方当事人的跨界污染案件，因而就难以实现审理的中立性。如果像"天长-金湖"案一样的跨省案件都以最高人民法院巡回法庭作为一审管辖法院，那巡回法庭也将不堪重负。为此作者建议对级别管辖作相应的调整：第一，跨界污染纠纷案件双方当事人在本省（直辖市、自治区）内，但跨中级人民法院辖区的，属于《民事诉讼法》第18条第2项规定"在本辖区有重大影响的案件"，即以中级人民法院为第一审管辖法院。第二，跨界污染纠纷案件双方当事人跨省（直辖市、自治区）的，属于《民事诉讼法》第19条规定"在本辖区有重大影响的第一审民事案件"。这样，就至少可以保证当事人在上诉审可获得中立法院审判的机会。

本节结语

"若不存在携带法观念的人，那么就不存在法。"[①]21世纪以来，我国的区域合作不断推进，环境的协同治理渐成共识，地方合作机制逐步建立。但本节的讨论表明，区域合作还停留在制度建设和治理推进阶段，还没有落实到纠纷处理上。跨界污染纠纷的处理同样需要确立区域合作思维，保障区域合作法制的实施，修复区际关系，强调联合调查，强化司法中立，平等对待双方当事人。本节的三个基本结论是：第一，在财政分权体制下，地方行政机关是地方利益的主体，未与另一方当事人所在地行政机关协商，对跨界污染纠纷所作的行政行为，属于违反正当程序。第二，法院应受区域合作规则

---

① 〔奥〕欧根·埃利希：《法社会学原理》，舒国滢译，中国大百科全书出版社2009年版，第87页。

的约束，重点从行政程序审查涉案行政行为和行政调查的合法性。第三，法院本身需要坚持司法中立，在条件成熟时按独立审判需要划定法院辖区，在现行司法体制下完善跨界污染纠纷案件的集中管辖和级别管辖制度，平等对待受害人和致害人。

后　　记

　　作者在珞珈山上待了 19 年后，2003 年回到了黄浦江畔，初来乍到就感受到了长三角区域市场之澎湃、社会之蓬勃、通行之便捷。作者为之激动，深受鼓舞，并决定投身其中。作者随后一直以自己的专业知识观察、跟踪长三角一体化的新现象、新事物，思考地方性难题的破解，分析国家治理和公法学的普遍意义。

　　本书系作者 20 年观察和思考的总结，其中第一章第一节集中介绍了作者基本的态度。本书各部分内容都曾以论文的形式发表。由于写作时间跨度很长，作者在本次出版时分别进行了重写、补充、删减、合并或修改，然后按系统化需要进行了逻辑性缝合和熨平。即便如此，也肯定存在不少谬误和难圆之处。本书也并非面面俱到的讨论，而是以问题为导向的思考。在此敬请读者批评指正。

　　非常感谢在此项研究中提供经费支持的基金组织，论文写作、发表过程中认真评阅的专家，专业、辛苦的杂志社编辑，以及积极贡献宝贵意见的友人和学生。非常感谢出版本书的商务印书馆，以及热情、周到和专业的吴婧女士。

叶必丰
2023 年 9 月 3 日